心理学导论

（第2版）

Introduction to Psychology

张厚粲　许　燕◎主编

献给国际著名心理学家、教育学家和社会活动家张厚粲先生！

“走进心理学”课程是北京师范大学心理学专业为新生开设的入门课程，张厚粲先生每年都亲自进行讲授。2020年7月，《心理学导论》出版，张厚粲先生在北京师范大学出版社举办的心理学云端讲坛，首次以线上的方式为全国各地的心理学学子主讲了这一经典课程。

第一讲
走进心理学：心理学的前世今生

第二讲
我们如何认知世界

序　言

心理学以怎样的力量指引我们一路前行

2022 年 12 月 24 日，此书的主编、95 岁的国际心理学家、教育学家和社会活动家张厚粲先生匆匆离世，留下的是她对心理学的一生情缘。她 14 岁立下学习心理学的志向，从未后悔过。晚年的张先生说："如果我能还原到 18 岁，让我重新选择，我还要选择心理学!"张先生用七十四年的职业人生、用八十一年的心理情怀，诠释了何谓"择一事、从一生"的执念。

心理学：

以怎样的魅力吸引了张先生等前辈要为其付出一生？

以怎样的力量成就了张先生那代人的辉煌事业巅峰？

以怎样的方式让心理学家们能够用其知识服务人类？

这本书会告诉你答案，同时，也回答了我们每个人为什么要学习心理学。

一、心理学——解答科学问题

心理学是关于人的一门科学，它研究的重要问题之一是人脑的功能。人脑是人体的核心结构，脑就如同人体的发动机，是人类最复杂、最神秘的器官，脑决定着人的生死判决——脑死亡，即人意识的某种消亡。21 世纪是脑科学发展的时代，各个科学领域的科学家们汇聚在这一主题下，研究着人脑"黑箱"中的科学谜题。例如，人脑与人工智能(AI) 如何融合？类脑芯片技术？天才脑和障碍脑的机能？意识、睡眠和梦的生物基础？如何实现记忆的长期存储？人为什么会成瘾？孤独症的人脑奥秘？如何攻破老年失智症？但是，民众也不是吃瓜群众，他们也有特别关注的问题，例如，如何将思想转化为文本与数字？ChatGPT 的出现对人类学习是喜还是忧？机器人的出现会取代人类吗？什么新生事物会促进人类自身的进化？治愈抑郁症的秘钥在哪里？器官移植会使人的性格改变吗？心理学为什么不叫"脑理学"？等等。

同时，心理学也在关注脑科学研究成果对人类的正—反作用力。例如，运用虚拟现实技术（VR)，虚拟环境与虚拟化身对人具有积极影响还是消极影响？斯坦福大学（Bailenson et al.，2023）研究发现，个性化的虚拟化身和优美的虚拟环境对人的心理恢复、产生积极体验具有积极作用。另外，ChatGPT 给学习带来了巨大冲击，教育该如何借势，或需要改变什么才能够抵御 ChatGPT 的负效应？如何克服 AI 带来的“恐怖谷”效应，等等。

哪里有人，哪里就有心理学。人类有很多问题正在探索中，需要我们去了解人脑的原理，才能有效地去解决这些问题。

二、心理学——解答社会问题

心理学是一门中间学科，兼具自然科学和社会科学的跨学科性质。人是具有社会文化属性的高等动物，脱离社会就不能构成人类生活，就难以形成人类不同于生物世界里低等生物的高级心理和不同于物理世界中机械工具的温暖情感。社会心理学探索了各种形态中社会人的心理现象，人与环境、人与物品、人与自己、人与他人、个体与集体、团队间的关系问题。例如，人的心理会受到所在环境的影响，在全球化新型冠状病毒感染疫情大流行下，我们亲历恐惧焦虑情绪流行，看到周围人抑郁症激增（人与环境）；在物质横流的社会里，当人们更看重物质生活的优劣，以金钱为生活目标时，就形成了物质主义价值观（人—物）；在与自己内心对话时，觉知自我，反省不足，接纳缺陷，就能够形成充满正能量的积极乐观心态（人—自己）；在亲子关系中，父母对孩子的不恰当教养方式，会导致孩子出现终身心理残疾，会让孩子在不同成长时期出现焦虑症、抑郁症、犯罪等心理问题（人—他人）；在个体与集体的关系中，孰轻孰重，形成了不同的集体主义-个人主义价值取向，也构成了舍己为人、自私自利的性格特征差别（个体—集体）；在一个团队互动中，内群体与外群体的互动原则是不同的，道德严苛常常针对的是外群体，而对内群体则会出现道德许可现象（群体—群体）。在生活中，我们会发现林林总总的人生百态。

解决社会心理问题，需要建设健康的社会环境，塑造良好的人格品质。习近平总书记在党的十九大报告中指出要加强社会心理服务体系建设，培育自尊自信、理性平和、积极向上的社会心态。“十四五”规划和 2035 年远景目标纲要中，都提出要维护社会稳定和安全，健全社会心理服务体系和危机干预机制。心理学成为建设健康中国、平安中国、幸福中国的学科基础，走上了“迈向人民的心理学”之路。

三、心理学——解答自身问题

心理学是为人类自身服务的一门学科，它研究的核心问题之一是自我，力求解答人类的千古之问——我是谁？我从哪里来？我到哪里去？每个人都会面对自己的很多问题与困境，人们力图找到原因，完善自我。我为什么会自卑？心理学家阿德勒会告诉你自卑的心理根源；人为什么会焦虑？心理学家霍妮会告诉你焦虑的社会根源；人如何减轻抑郁？贝克的认知疗法可帮助人们走出困境。心理学家认为，一个人出现心理疾患，主要源于自我的问题。自我心理学解读了其中的机理，弗洛伊德认为，当人面对现实窘境时，自我会启动心理的保护机能，防备挫折对人的伤害，自我的防御机制会暂时让人处于安全地带。当防御机制无法抵抗挫折时，人就有可能出现心理危机。

回答自身的问题，就要了解自我。自我非自私，自我是心理的核心结构，包含自我认知（知）、自我感受（情）、自我调控（意）。自我还具有能动性功能，人的主观能动性就是出自自我，它是推动个体成长与发展的动力。自我也是心理健康的关键要素，当自我缺少控制力量与统领地位时，心理就会瓦解、分裂。自我完善是个人成长的体现，所以我们常听到"追寻自我""自我实现""自我超越"等高频词汇。2022年，习近平总书记在党的二十大报告中再次强调要重视精神卫生与心理健康。因此，自我建设是心理健康的重要主题。

四、心理学——解答人生问题

心理学是关于人生的一门科学，它研究你人生中遇见的很多问题。心理学会伴随你的人生，它时时刻刻都记录下你的心路历程。面对各式各样的人生问题，有些人自己试图去解决，通过积累人生经验为伤痕累累的心灵敷上防护膜，有些人则通过学习心理学知识去寻找答案，为自己的人生旅途保驾护航。因此，心理学成为人人热选之科学。

心理学知识会告诉你：智力发展的关键期在几岁？有哪些记忆术可以提升记忆力？在同一情境中，为何你看到的世界与我看到的世界不同？真的是"江山易改本性难移"吗？恋人分手的理由常常冠以"性格不合"，相恋双方是性格互补好还是性格相似更长远？调适心理压力有哪些原理与方法？面对百年之未有大变局，我们如何在乌卡（VUCA）时代生存？如何做好自己的生涯规划？等等。人生有很多境遇等着你去经历，学习心理学知识，随时可以解答你所遇问题，让你将成功秘钥握在手中；在你困惑无助时，给你温暖与支持。

什么时候是学习心理学的最佳时期？大学。大学生已经卸下了高考的压力，自主学习提供了知识选择的自由，心理学常常是大学生首选的公共课。大学时代也是开始认真思考未来人生发展方向与生活方式的时期，他们走出基础教育阶段的保护暖房，开始经风雨见世面，直接面对社会、职业、科学、自我等问题，急切地需要能够帮助他们答疑解惑的心理学知识。

心理学的价值是伴随着你学习的深入而提升，学好心理学，走好人生路。

这本《心理学导论》（第二版），是以通俗易懂、言简意赅、贴近生活的方式来讲述心理学知识，保持了第一版的"精简知识、启动兴趣、强调应用、促进成长"的特点。教材在内容上强调科学性、基础性、前沿性；在功用上强调规范性、实用性与有效性；在风格上强调简明性、通俗性与趣味性。这本书不仅是各专业大学生学习心理学的公共课教材，同时也是广大心理学爱好者的优选自学读物。

第二版比第一版增加了两项内容：

一是依据张厚粲先生的未竟遗愿，加入了“意志”一章内容。2021 年，张先生曾说“心理学研究的对象，简单地说，就是知、情、意。人不同于动物，不仅有知，还有情和意，有理想，有信念，有克服困难、追求理想的决心和意志。”“我要在书中加入意志这一章。”根据张先生的思想，在本书中加入第十章意志的内容，并融进了当今现象、新近研究与相关理论。

二是以融媒体的方式扩展了每章的知识内容。融媒体版比第一版纸质版增加了大约 7 万字的新内容，突破了纸质版无法容纳的知识，栏目形式也是多元化，文字与视听相结合。融媒体内容分为以下栏目：

知识链接：补充相关的阅读材料，内容上更贴近于日常生活，有助于读者理解该章节的主题。

扩展阅读：推荐与主题内容相关的精彩书籍。

影视推荐：推荐经典的电影，让读者在影视中更深入地体会相关章节的内容。

演讲推荐：精选与主题内容相关的 TED 等的演讲视频。

学术前沿：展示最新的学术研究成果以及学者们是如何开展研究的，结合这些研究，读者能够对章节内容有更为深刻、全面的理解。

心理测验：读者可以通过心理测验来自查、自评本人的心理健康状况，在学习相关知识的过程中，也更好地了解自己。

知识运用：依据相关知识，介绍知识应用的范例或方法等，使读者能够活学活用。

热点问题：针对当前社会中某一现实热点或焦点问题，且可以用本章节中的知识来解读。让学生组成讨论小组对问题展开讨论。本栏目只给出可以运用的知识点，不给出答案。

《心理学导论》是由张厚粲先生主持的教学团队来完成的。张厚粲教授负责第一章至第五章内容，黎坚教授负责第六章至第九章内容，许燕教授负责第十章至第十六章内容。感谢姚梅林、舒华、宋合义、樊富珉、闫巩固等教授前期的付出。第二版新增的融媒体内容由许燕团队来完成，焦丽颖、薛莲、赵锦哲、史慧玥、于孟可、郭震、代艳、寇翼麟、王焱灼、任卓参与写作与整理。最后，感谢策划编辑周雪梅博士对本书所做出的贡献。

新时代下的心理学以崭新的面貌展现于我们面前，散发出无限的魅力，学习它，给我们增添了思考与智慧，给我们输送了前行的力量与动力。虽然张厚粲先生已经离我们而去，但是她给我们留下了知识宝库，她的生命光彩并未散去，她用知识继续照亮我们的人生道路。我们将此书献给在人生旅途上不断探索、不断成长、不断完善的读者们。

许　燕

2023 年 4 月 10 日于北师大后主楼 1410 房间

原　序

心理学是与人发生最密切关系的学科之一，哪里有人，哪里就有心理学。随着生命科学时代的到来，心理学在人类生活中越来越凸显其重要的地位与作用。

早在1879年心理学从哲学母体中分离出来，就以其实验科学的特点展现出无限扩展的可能性。最初，心理学有三大应用功能：首先，可为广大的正常人提供完善自我、幸福人生的作用；其次，可为优秀人才提供发挥潜能、追求卓越的作用；再次，可为心理创伤者提供治疗疾患、平稳心态的作用。然而，在大众眼里，心理学常常被局限在第三功能——治疗心理疾患上，一旦出现心理问题就被误解为精神疾病。这使得心理学成为只为精神病患者服务的学科，逐渐被大众所疏远，心理科学甚至被污名化。时至今日，社会发展与科学进步揭开了心理学的神秘面纱，其学科价值越来越被大众所认识。心理学不仅有助于个人成长、促进个体身心健康，在国家发展建设中也具有重要作用。虽然心理学科产生于西方，但是心理学思想在中国文化中早已存在。古人在《大学》中就阐明了心理的基础性作用“正心，修身，齐家，治国，平天下”，明确了“心”在个人修养、家庭和睦、国家建设、世界和平上具有的重要作用。1918年，孙中山在《建国方略》中首次提出，心理建设具有与国家建设同样的地位。2006年党的十六届六中全会通过的《中共中央关于构建社会主义和谐社会若干重大问题的决定》中明确提出要“注重促进人的心理和谐，加强人文关怀和心理疏导，引导人们正确对待自己、他人和社会，正确对待困难、挫折和荣誉”。在和谐社会建设中突出了心理和谐的作用，第一次以执政党文件的形式将心理和谐的问题提到如此高度。2016年，国家卫健委、中宣部等22部门联合印发《关于加强心理健康服务的指导意见》，强调加强心理健康服务的重要意义，提出了大力发展各类心理健康服务的总体要求。2017年，习近平总书记在党的十九大报告中提出，要加强社会心理服务体系建设，培育自尊自信、理性平和、积极向上的社会心态。2019年1月，习近平总书记在中央政法委工作会议上再次强调要健全社会心理服务体系和疏导机制，塑造自尊自信、理性平和、亲善友爱的社会心态。

由此可见，从古至今，国家建设、社会建设、家庭和谐、个体发展等各个方面都对心理学提出了要求，强大的需求使得心理学已经成为现代人的热选知识之一。越来越多的人开始关注心理现象，越来越多的人开始阅读心理学书籍寻求答案，越来越多的人开始选择心理学专业探索其中奥秘。

大学时期，是青年人开始思考人生发展、探索未知世界的时期，心理学知识为学生提供了思考的知识基础，掌握心理学知识成为众多大学生选择心理学课程的主要目的。为了适应当前社会发展与民众心理发展的需求，心理学教材层出不穷，心理学书籍在市场上到处可见。但是，一本好的心理学书籍或教材要具备科学性与实用性的结合，既要让读者学习到准确的心理学知识，又要让读者学会运用所学知识。本书以《国家高等学校本科心理学专业教学质量国家标准》的最新要求为标准，力求通俗易懂、言简意赅地讲述心理规律，并结合生活实际来解答心理问题。它不但是各种专业的大学生学习心理学的公共课教材，同时也是广大心理学爱好者的优选自学读物。本书在内容上强调科学性、基础性、前沿性；在功用上强调规范性、实用性；在风格上强调简明性、通俗性与趣味性。具体特点体现在以下几点。

1. 精简知识

心理学导论是一门入门课程，可供心理学专业和非心理学专业的初学者学习的课程，为了保证一学期的教学课程能够完成心理学基础知识的学习，本教材的撰写原则是浓缩知识、简化语言，尽量运用通俗易懂的语言来描述各种心理现象与规律，力求减少读者的认知负荷，以便在轻松的状态下学习心理学知识。同时，本书收入了一些新进展和新的知识表达，力求反映心理学学科的前沿动态。

2. 启动兴趣

在学习心理学知识的过程中，许多心理学爱好者常常是满怀兴趣来，带着失望离开。部分原因是这些人对心理学的片面了解所致，例如只关注弗洛伊德以及与心理咨询有关的内容，当接触到心理学的基础知识时，与他们的初始印象不同了，就觉得枯燥无味，失去兴趣。任何一门科学，要掌握它都要先从基础知识学起，因为有效的应用必定建立在对科学知识理解的基础上。心理咨询仅仅是心理学的一个分支，在我国社会转型与快速发展的现阶段，人们所出现的心理适应问题日益增多，对心理咨询与心理健康领域的关注度也越来越多。但是要深入理解心理咨询知识与原理，必须学好心理学的基础知识。《心理学导论》强调心理学各分支领域的基础知识，并在每一章的开头都用一个现实例子和插图引出该章内容，力求使知识更加活化，启动学习者的兴趣，以便理解有关知识，提高应用的效能。

3. 强调应用

知识只有被应用才具有生命力。大学生学习心理学的主要目的是将心理学知识运用于日常生活与学习中，这对于大学生的心理健康和学习生活至关重要。本书在进行内容结构的编排和知识点的筛选时，就力求与学习者的生活紧密结合。本书不但介绍了个体心理学的各种认知过程（感知、学习与记忆、思维等）、个体差异、心理健康，还详细介绍了群体心理学中的人际交往、社会态度与行为的内容。虽然心理学的应用价值越来越受人们重视，但是心理学的知识还传播得不够，很多知识的表述过于深奥而不能深入人心。为此，我们进一步简化了知识的表述，强化了知识的运用，并在每章都设定了知识扩展、生活中的心理学等辅助栏目，目的就是为读者扩展知识并展示心理学知识的应用。

4. 促进成长

心理学的应用性还表现在它对人生的指导意义上。心理学也是生活的哲学，它告诉我们如何认识自我、完善自我，让我们能了解认知心理学知识，有效地运用感知、记忆、思维等心理功能，提高学习能力；了解智力与人格知识，明白个体差异的表现特征，也让教师可以因人而异、因材施教。学习心理学知识，还可以让我们学会自我分析，扬长补短，激发潜能，成就自我。大学阶段是自我成长的重要时期，希望同学们能够通过心理学知识的掌握，学会将其运用于自我成长与发展中，以塑造良好人格，建构人生之路，有效地发挥个人潜能，贡献于国家和社会。

《心理学导论》的第一版是由张厚粲先生主持的教学团队来完成的。张厚粲教授负责第一章、第二章、第三章、第四章、第五章、第八章内容，黎坚教授负责第六章、第七章、第九章、第十章内容，许燕教授负责第十一章、第十二章、第十三章、第十四章、第十五章内容。感谢姚梅林、舒华、宋合义、樊富珉、闫巩固等人前期的付出，以及策划编辑周雪梅博士对本书所做的贡献。

心理学带给人们科学知识，带给人们对生活的思考，带给人们实践知识的动力，带给人们提升能力的方法。当你们开始阅读这本书时，也就开始了探索心智和行为奥秘的旅程。我们愿将此书献给在人生旅途上不断探索、不断成长、不断完善的读者们。

张厚粲

2019 年 11 月于北师大后主楼

目　录

第十章　意　志/204

第十一章　人　格/233

第十二章　社会态度与社会行为/261

第十三章　人际交往/286

第十四章　毕生发展/311

第十五章　心理健康与异常/331

第十六章　压力与挫折应对/358

第一章 绪 论

【本章要点】

1. 什么是心理学?
2. 心理学的历史发展。
(1) 古代的心理学思想。
(2) 心理科学的建立与主要派别。
3. 心理学的研究方法和应用。

在开始学习心理学之前，如果要问：什么是心理学？你对心理学有什么认识和期望？你希望通过学习心理学解决什么问题？尽管你们可能做不出很完满的回答，但是每个人在头脑中都会有一个初步的答案，如有人说心理学研究如何改进学习，或研究如何提高记忆；有人说学习心理学可以了解怎样使儿童得到全面发展，或有益于改善自我、调节身心，以便更好地适应环境；也有人说心理学研究各种心理障碍的产生与治疗；还有人希望用心理学对睡眠和梦做解释；等等。这些答案各不相同，彼此相差很远，但都有一定的道理。正如瞎子摸象，每个人都触及了它的一部分而未能理解全貌。待学完本书，你就会发现，原来心理学涉及面极广，内容丰富复杂，它探讨人们生活中多方面的心理活动规律，可用以指导实践，是在现代社会中与你、与我、与每一个人生活和工作都紧密联系的一门科学。

本章开宗明义，首先需要明确什么是心理学、心理学的历史发展过程，以及它的主要研究方法和应用范围。

第一节 什么是心理学

心理学的英文名称是“psychology”，它是由两个古希腊文字“psyche”和“logos”所组成的。“psyche”的含义是“心灵”“灵魂”；“logos”的含义是“讲述”或“解说”。二者合起来就是“对心灵或灵魂的解说”。这可以说是心理学的最早定义。但心理学在历史上长期隶属于哲学，该定义只具有哲学意义，并没有对具体概念做出一个科学的解释。在心理学成为一门独立的科学以后，其研究内容和重点经过多次演变，直到20世纪中期以后才相对地统一于如下定义，即“心理学是研究人的心理和行为活动规律的科学”。

面对这个定义，首先我们需要明确，心理学研究人的心理，那顾名思义就应该是研究人的心理活动规律，而为什么说也研究人的行为活动规律？要回答这个问题，我们必须先要正确理解二者之间的关系。我们知道，心理学是以人的心理活动为研究对象的，然而心理活动发生在头脑内部，不能够直接地被观察或测量，那么如何才能够进行研究和了解呢？幸好，心理活动是在行为活动中产生和发展，并在行为中有所表现的；同时，人的一切外显行为都受心理活动所支配。比如，你哭表示你悲伤，笑表示你高兴；趋近表示喜爱，逃跑表示害怕；等等。在这里，哭、笑、趋近、逃跑等外显的行为活动都受你当时的心理状态和心理活动所支配。因此，通过对行为活动的观察、了解，我们就有了探讨内部心理活动的可能；给你讲笑话引你笑；告诉你某个好朋友在门外摔倒受伤，你由于担心会立刻向外跑去救助。不同的心理变化都在行为上得到表现。心理和行为相互依存，相互影响，二者都在外界环境影响下发生和发展。它们如何变化和相互转换都遵循一定的规律，心理学研究的目的就是要探讨这些心理和行为活动的规律，使我们对人的心理能够做出科学可靠的解释，从而进一步对行为加以预测、调整和控制。

当然，不同社会环境、身体条件、年龄和性别的人，他们的心理活动有很大的不同，对同一件事情的心理和行为反应也不一样。但是这些不同仍然是受共同的心理活动规律制约的。一个掌握了各种心理活动产生发展规律的人，就可以对人们的行动做出解释，从而调节或控制他人的行为。比如，一个组织者在动员群众去参加一项活动时，他肯定会说参加这个活动多么重要、内容丰富有意义、该地景色优美、能够收获很大值得参加，在他的宣传鼓动下大多数人都会去；但是如果他不想要人们参加，他就会说这个活动虽然有一定意义，但是在接待上有些问题还没解决，去的人多了恐怕会惹麻烦，等等，这样参加的人数肯定就少了许多。总之，心理活动是内隐的，不能直接观察，而行为是外显的，它的产生和发展变化受内隐的心理活动所支配。反过来，心理活动也只有通过行为才能得到表现，才能发挥作用和有所发展变化，二者紧密联系。要掌握一个人的心理，对他有一个清晰全面的理解，需要从研究他的行为入手；而要了解、预测、调节和控制人的行为，更需要探讨人们复杂的心理活动规律。因此，从实践的意义上讲，我们认为：心理学是一门以解释、预测、调节和控制人的行为为目的，通过研究、分析人的行为，揭示人的心理活动规律的科学。

心理活动不能被直接观察，但它并不是虚无缥缈无法捉摸的。它是人在与外界交往中受到外来刺激影响后，在头脑中产生的——正如人体中胃是消化器官一样，脑是心理的器官。它在身体内外各种刺激的影响下才产生活动，受人体生物学规律的支配。因此总括起来，当前比较公认的，对心理的定义如下：“心理是脑的机能，是现实的反映。”也可以说：脑是心理的器官，客观现实决定心理内容。同时，人作为物种发展中最高等的生物，具有社会性特征，人的一切活动都无法摆脱社会、文化方面的影响。这就使得人的心理更为复杂，心理学的研究兼有自然科学和社会科学的双重性质。

上述心理学的定义现在已经被人们普遍接受。但是它来之不易，是经历了几千年无数学者的探究，在不断讨论和争议中逐步明晰，并且随着社会的进步和科学的发展不断演化形成的，至今并未终结。以下我们将对心理科学发展的历史做简要概述，它有助于我们对当代心理学的理解，使心理学在社会的发展、人民生活水平的提高以及个人的身心健康与学习中起到积极的作用。

《什么是心理学》

第二节 心理学的历史发展

一、古代的心理学思想

人类自古就对自身及周围所发生的问题有浓厚的兴趣，每个人都想更多地了解自己。几千年以前，古希腊时代的大思想家，如苏格拉底、亚里士多德、柏拉图等人就都在思考人的问题。当时人们普遍认为，人的“灵魂”是天生的，而“知识”是上帝给予的。但是亚里士多德强调人的某些知识来源于经验，这是一种朴素的唯物主义思想。这一思想被传承下来，对后来心理学发展有很重要的影响。因此过去人们普遍认为心理学起源于古代西方的思想家。然而，我们发现在差不多同一个时期，中国古代的大思想家们也关心“心理”，孔子和孟子等都有许多关于心理、人性等问题的论述和讨论，如“人之初，性本善”等是在探讨人性问题。孔子的论述很多，他曾对人的智力提出有上智和下愚之分。孔子还注意到他的众多弟子在心理特点方面各不相同，对每个人的特点做了描述，如赐也达（子贡通达情理），求也艺（冉求多才多艺），柴也愚（高柴愚笨），参也鲁（曾参迟钝），师也僻（子张偏激），由也喭（子路鲁莽）。依据这些认识，孔子在指导学生方面提出了因材施教的思想；当别人问孔子为什么对不同学生的同一问题给出了不同答案，孔子说“求也退，故进之；由也兼人，故退之”（《论语》先进篇），这充分体现了“因材施教”心理学思想的应用。其后一百年，孟子（约公元前372—公元前289）指出心是身体的产物，并且关于人性问题，提出性本善，以及人性在外界影响下可变等论述。此外，孟子明确指出心理可以测量。他的名言：“权，然后知轻重；度，然后知长短。物皆然，心为甚”，是心理测量学思想最早产生于中国的铁证。此后，在中世纪的漫长发展过程中，中国又有文官考试、儿童智力测查（如七巧板）等多种实践活动相继出现。

综上所述，有关心理的思想在全世界都是自古就有，但是各种意见并不相同。直到19世纪后期，1879年德国学者冯特（Wilhelm Wundt，1832—1920）建立了第一个心理学实验室，心理学才脱离哲学成为一门独立的学科，称为心理科学。过去那些有关心理的论述，由于研究方法是思辨的，不能被证实，都隶属于哲学范畴，不能算是一门独立的学科，只能被称为心理思想。然而，我们在开始对心理学进行学习和研究时，从发展的角度来看，还是应该对古代的心理学思想有一定的了解。为此，我们的学习也从被公认的名言“心理学有一个长远的过去和一个简短的历史”来开始。

《心理学的故事：起源与演变》

二、心理科学的诞生与发展中的主要派别

19世纪后期，生理学、物理学、化学等自然科学都已经相当发达，当时活跃的学术气氛对新学科的产生具有重要影响。德国的冯特原来是一位哲学家和生理学家，他认为心理学的研究对象是心理、意识，即人对直接经验的觉知。但应该如何研究呢？在当时自然科学大发展的学术氛围中，受实验方法普遍兴起的影响，他想到是否也可以用自然科学的实验方法研究心理，参照化学把物质分解成各种元素进行实验，如“水”可以分解成“氢”和“氧”，心理学是否也可以同样地通过实验方法分解出心理构成的基本元素和它们的组成结构，来研究心理的性质和作用呢？根据这一思路，冯特于1879年在莱比锡大学建立了世界上第一个心理学实验室，试图用实验的方法来研究人的心理现象，从而使心理学从哲学中脱离出来成为一门独立的学科。这一行动标志着科学心理学的诞生，冯特也因此被称为心理学的始祖（见图1-1）。

1. 冯特的构造主义心理学

冯特设想用实验的方法来探索和分析构成人的心理的基本要素，再逐一找出它们之间如何形成一定的组织结构，即心理、意识。找出各元素之间的关系和规律后，就可以理解心理的性质及其活动规律。冯

图 1-1 冯特（Wilhelm Wundt）

特认为感觉是心理的最基本元素，在他的实验室里研究最多的是感觉和知觉。因此，冯特的心理学被称为“元素主义”的，或“构造主义心理学”（Structuralism，或译“结构主义心理学”）。

冯特的莱比锡实验室曾吸引了很多世界各地的优秀学者来学习，后来他的一些学生，如铁钦纳（Edward Bradford Titchener，1867—1927）、霍尔（Granville Stanley Hall，1844—1924）等把冯特的学说带到美国广泛传播，对心理学的发展起了重要作用。直到 20 世纪 20 年代，随着其他学派的出现，构造主义心理学的影响才逐渐减弱。在冯特的众多来自世界各地的学生中，也有一位中国学生，那就是早期的北京大学校长蔡元培。虽然他回国后没有继续心理学研究工作，但是在他的支持下，我国第一个心理学实验室于 1917 年在北京大学成立。

2. 机能主义心理学

任何一门独立科学的形成，都要经过一段不同思想认识之间的争论才逐步达到统一。心理学界不同学派观点之争尤为突出，最早出现在构造主义和机能主义心理学之间。

冯特的构造主义心理学思想在欧洲兴起的同时，另一位学者威廉·詹姆斯（William James，1842—1910）在美国对心理、意识的研究提出了不同观点。詹姆斯接受了达尔文的进化论思想，认为依据自然选择的原理，任何物种的特性都必定是为某种目的服务的，人类的意识肯定是其最重要的特性，必须研究它的功能才能对它有所了解。

詹姆斯反对构造主义心理学将心理、意识简化到只用元素和结构来解释。他认为心理学应该研究意识的功能。他相信意识是不断变动的，并提出“意识流”的概念，认为意识不是一种静态的结构，而是在与环境相互作用中，不断流动和变化的心理过程。因此，詹姆斯倡导的心理学被称为机能主义（functionalism）心理学。

此外，詹姆斯还认为心理学的研究不应该局限于实验室以内，还要考虑人是如何调整行为以适应环境不断提出的要求的。为此，后来他的一些追随者走向了发展、教育等应用心理学方面的研究。1890 年詹姆斯发表了他的经典著作《心理学原理》一书，书中详细地阐述了他的有关意识流的思想，在心理学史上留下了深远影响。

3. 格式塔心理学

在构造主义心理学被冯特的学生铁钦纳带到美国去发展的同时，它在自己的发源地——德国却受到了一定的批判。1912 年在德国出现了另一个心理学派别，称为

"格式塔心理学"或"完形心理学"（Gestalt Psychology）。其主要代表有三人：韦特海默（Max Wertheimer，1880—1943）、苛勒（Wolfgang Kohler，1887—1967）和考夫卡（Kurt Koffka，1886—1941）。

"格式塔"一词，是德文"gestalt"的译音，其含义是"整体"，或称"完形"。格式塔心理学明确指出：构造主义把心理活动分割成一个个独立的元素进行研究并不合理，因为人对事物的认识具有整体性，心理、意识不等于感觉元素的机械总和。格式塔学派强调整体性，"整体大于部分之和"是格式塔心理学的名言，它在知觉的层次上研究人是如何认识事物的，主张以整体的结构观来研究心理现象。作为一种学派，格式塔研究的结果在当时产生了一定的影响，至今在有关知觉的实验中还包含很多格式塔规律。

经典条件反射在生活中的运用

4. 行为主义心理学

20世纪初期在美国，正当构造主义与机能主义争论不休，但都未能把心理的实质讲清楚时，出现了另一个崭新的"第三者"——行为主义（behaviorism），它从根本上改变了心理学的发展进程。

行为主义心理学的代表人物是华生（John Broadus Watson，1878—1958）。华生宣称心理学作为一门科学，只能研究可观察的行为，因为科学的研究成果必须是能够重复的，而心理带有主观的性质，不能直接观察、不能重复，所以不能作为科学的研究对象。华生主张把心理看作一个黑箱，我们不知道，也不必去管它里面装了什么，在刺激作用于有机体的情况下，只有作为反应活动的外显行为是可以观察的。因此心理学应该以行为作为研究对象。华生的研究路线可以用"刺激—反应"公式（S—R）表示，他坚持心理学是研究行为的科学，因此他的理论被称为行为主义心理学。

华生行为主义心理学思想的形成在很大程度上受俄国生理学家巴甫洛夫（Ivan Pavlov，1849—1936）的影响。巴甫洛夫依据动物实验的结果提出了有关学习的条件反射学说。1908年他到美国演讲，给了华生很大的启发。华生认为狗可以通过训练建立条件反射，人也有类似的情况。如果我们经常给人的某种行为施以强化，那么这种行为就会得到维持并且加强。因此，强化很重要。华生认为，我们只要找到不同事物之间的联系，再根据条件反射原理给予适当的强化，使刺激和反应之间建立起牢固的联系，那么就可以预测、控制或改变人的行为。

总之，华生否认心理，强调行为，认为人的一切行为都是在后天环境影响下形成的。华生有一句颇为偏激的名言，他说："你给我一打儿童，在良好的、由我做主的环境中，不管他们的天资、能力、父母的职业和种族如何，我可以任意地把他们培养成医生、律师、艺术家、大商人，或者乞丐或小偷。"

行为主义后期的另一位著名代表人物是美国心理学家斯金纳（Burrhus Frederick Skinner，1904—1990）。斯金纳的理论对华生的行为主义有所发展，斯金纳同意行为主义的基本原理，明确指出任何有机体都倾向于重复那些指向积极后果的行为，而不去重复那些指向消极后果的行为。斯金纳早期也是在实验室中训练各种动物，他曾训练大鼠（小白鼠）、鸽子等动物做打球等非自然的行为，并且取得了成功。后来他又发现这个原理同样可以适用于人类，甚至可以推广到人的社会行为。斯金纳与华生思想的区别在于他并不否认人的内部心理活动的存在，但是他们都坚信人的一切行为是由外部环境决定的。行为主义通过实验方法研究外部环境与行为反应之间的关系，对后来心理学的发展有重要影响。

行为主义从 20 世纪 20 年代兴起，一直流行到 50 年代才逐渐衰落。主要原因在于整个科学的发展，特别是计算机科学的兴起，人们需要了解人的内部心理活动规律。在这种情况下，虽然行为主义作为一个心理学派别已经衰落，但是它的影响深远，一方面，它的客观研究方法得到肯定；另一方面，在计算机辅助教学、行为改造和心理治疗等应用领域，行为主义观点至今仍然占有一定的地位。

5. 认知心理学

20 世纪中期以后，计算机科学的发展要求了解人是怎样认识外界的。只有把人的认识活动规律了解清楚后，计算机才能够模拟运算。按照信息论的观点，认识过程就是从信息输入到输出的过程中所经过的一系列活动。为了说明心理活动如何对信息进行加工，必须研究解决“黑箱”中发生的问题，这就构成了推动认知心理学产生的重要外部动力。从心理学本身的发展来看，自从冯特建立心理实验室以来，实验室的心理研究一直没有停止，并且逐步取得了一些成果。比如，在记忆研究方面，研究者发现了短时记忆和长时记忆有所不同；在大脑受到外伤以后，人们对近期发生的事情不能回忆，反而能回忆起童年的事；在儿童研究中，研究者也发现儿童在发展的不同阶段其思维表现有不同水平；等等。这些都证明内部心理活动规律是可以通过实验等方式揭露的。在这种情况下，美国心理学家奈瑟（Ulric Neisser，1928—2012）于 1967 年把各种研究成果加以总结，写成《认知心理学》一书，从而出现了认知心理学（Cognitive Psychology）这一术语。它的产生标志着心理学又发展到了一个新的阶段，心理学不只是要研究行为，也要研究作为行为基础的内部心理活动规律。

所谓认知，指的是人在与外界交往中起重要作用的各种认识活动，从简单到复杂，主要包括感知、记忆、想象、思维。认知心理学的主要目标是探讨以思维为主的高级认识过程在头脑中如何进行的活动规律。然而，认知心理学家也坚信要想充分了解一个人的心理和行为，必须研究他的全部内部心理活动，人的意识、情感情绪、动机、意志、性格等心理活动和特征都应该包括在心理学的研究对象范围中。事实上，现代认知心理学的观点及应用已经扩展到教育、社会生活、工业生产等各个领域。对于人类的一切心理现象，当前的心理学都是用信息加工的观点来研究和解释的，受到了广泛的认可与欢迎。

此外，我们也要看到现代心理学的发展是在过去很多学者研究的基础上产生的。认知心理学与以往的心理学派别的不同点在于，它不像以往的心理学派一般都是在反对其他学派的基础上，由某一个心理学家独立提出来的一套理论体系，而是在很多学者不同研究的基础上产生的。认知心理学更是吸取了各个学派的合理成分，兼容并蓄并不断加以发展。例如，它既吸收了“格式塔”的整体观，把人脑的活动视为一个整体来进行研究；同时对行为主义的“刺激—反应”、强化理论也予以承认和应用。随着现代科学技术的进一步发展，20世纪中期以后，很多研究发现心理、行为和大脑活动三者之间也是相互作用的。例如，用电极刺激脑的特定部位可以引起动物的情绪反应；甚至运用生物反馈技术，人可以做到对某些内部自主性生理活动（如血压、心跳等）的自我控制。此外，运用电生理［如事件相关电位（ERP）］的方法或脑成像［如功能性磁共振（fMRI）］技术，使人们对心理活动的脑机制有了较精确的深入了解，这些进步促使现代心理学的研究范畴中，又增加了它的生物学基础——认知神经科学的研究。

你所不知的大脑秘密

总之，心理学发展到今天，其研究水平不断提高，研究对象也日益明确。心理学为了了解、预测和控制人的行为，曾有过不同的派别，尝试过不同的方法，现已明确心理学要发展，必须研究在客观刺激作用下身体内部的神经活动规律，即心理产生的生理机制。但是我们不应忘记，人是最高级的社会性生物，不同的社会文化背景与自然环境共同对人的心理发生影响。因此，心理学的研究要继续发展，也不可忽视复杂的社会影响因素，近年来社会心理学继认知神经科学之后也蓬勃兴起，照亮了全面揭示人类心理奥秘之路，标志着心理科学的发展进入了一个更加光辉灿烂的新时代。

聪明的汉斯

聪明的汉斯（Hans）是20世纪初德国一匹著名的马。它的绝顶聪明表现在它会做算术题。它的主人带着它到各地表演。如果问它2+7等于几，它会用前蹄拍打9次。一般情况下，凡属加、减、乘、除，甚至简单平方根的题目，汉斯都能正确回答，因此它的名声大振四方。不过有些科学家对此表示怀疑。但又如何解释呢？

1904年秋，有一批专家去做调查。多数人被当场的精彩表演所吸引，没有发现问题。

但其中一位心理学家奥斯卡·普丰斯特（Oskar Pfungst）却猜想汉斯是否根据其主人的某些无意识动作在做回答。于是他使用了严格的控制手段，结果当汉斯看不到主人或它的主人看不到写出的题目而不知答案时，汉斯就无法正确回答问题了。马的主人对此感到非常失望，但是他愿意配合共同研究。经过反复试验，最后普丰斯特终于找出了原因：主人的一些无意识动作对汉斯起了暗示作用。当主人的身体稍微前倾时，汉斯就开始拍打前蹄；而当他的身体稍微挺直，眉毛略微翘起或鼻孔张开时，汉斯就停止拍打。汉斯的确是一匹不平凡的马，但它的聪明不在于会做算术题，而在于它能够辨识主人身体上的细微变化，并以之作为暗示信号而行动。

上述故事给我们的启示：对听到的特殊事件进行批判性思维，考虑其内心机制，提出假设，再用科学方法加以实证检验，是科学心理学的主要态度和研究方法。

心理学研究从脱离哲学开始，到目前涵盖了体内的生理机制和体外的社会影响研究，已取得很大成绩，在服务于社会的应用实践中也有很大影响，这是心理学发展的主流。但是在漫长的发展过程中，也有一些针对某一方面的理论，做出了很好的成绩。简单介绍如下。

《当尼采哭泣》

6. 精神分析学说

精神分析理论（psychoanalysis）是奥地利精神病医生弗洛伊德（Sigmund Freud，1856—1939）在治疗心理障碍的实践中提出的一种观点。他认为如果不研究病人心理障碍的原因，而只是从外部行为上去进行改造，是不可能达到治病目的的。在理论上他认为人的一切行为是由一种时常不被意识到，也不受控制的内在力量或冲突驱使的，所以也称心理动力学观点（psychodynamic）。弗洛伊德指出每个人除了表现出来的有意识活动外，还有一些思想、记忆和愿望由于环境的要求及社会的限制不能够表现出来，它们长期被压抑着，处在不被觉知的意识下层，但会对行为产生影响。为此，心理障碍的治疗，必须首先通过谈话等方法去获取资料，再进行专业性精神分析，以发现和揭示病人在潜意识中存在的问题。只有找出病人患病的内在心理根源后，精神分析师才能予以治疗。虽然这种方法没有科学实验的坚实基础，但它是大量实践经验的总结，在应用中取得了良好的效果。

精神分析学说在欧洲影响很大，不过弗洛伊德过分强调人的性本能在潜意识中的作用，认为人在性方面的压抑是多种心理障碍产生的原因，因此在理论上曾引起争论，在中国更受到批判。随着心理学的发展，精神分析学说的理论也有发展，目前不仅其方法在精神病治疗中仍有使用，而且心理动力学观点对人格、动机等方面的研究也起了一定的积极作用。

7. 人本主义心理学与积极心理学

产生于20世纪中期，以美国的罗杰斯（Carl Rogers，1902—1987）和马斯洛

（Abraham Maslow，1908—1970）为代表的人本主义心理学（Humanistic Psychology），既反对精神分析学说认为行为受潜意识中的冲突支配，又指责行为主义的许多结论来自对简单动物行为的研究，以及把一切行为归因于不受控制的环境。人本主义学者认为精神分析和行为主义两种观点都没有把人看作自己命运的主人，失掉了人的最重要特性。人本主义从社会科学的角度强调人的社会性特点，主张人有自由意志，是一种具有选择能力的、有理性的生物，在本质上与动物完全不同。人的行为主要受自我意识的支配，人们都有一种指向个人成长的基本需要。

总之，人本主义心理学，给人的心理本质做出了新的描绘，试图从整体的角度研究人，强调心理学在改善人的生活、帮助人实现自我满足方面的作用，对心理咨询和心理治疗的实践确实产生了重要影响。不过人本主义观点主要是通过思辨方法所做的理论上的推测，不能用实验来加以证明，其风格与实证科学研究不同，它是心理学发展中一条与众不同的研究路线。不过，我们也要看到，人本心理学的发展目的不是仅仅影响个别领域和学派，而是提供新的研究方向和研究思维。它代表了心理学研究者对人类价值的尊重、求同存异的广阔胸怀以及探索人类行为新领域的广泛兴趣。近期又有与之研究领域相近的积极心理学（positive psychology）出现，其领导人塞利格曼（Martin E. P. Seligman）解释积极心理学的总体目标是使人们对爱、工作、玩耍的体验更加快乐。比如，有的学者可能研究乐观心理与行为，使悲观的人可以通过学习变得更加乐观和快乐。

谈论积极心理学

第三节 心理学的研究方法和应用

科学心理学从 19 世纪末产生，经过数十年理论上的争论，在 20 世纪上半期，当研究对象基本明确是心理活动的规律以后，行为主义的影响日益减退。少数用实验方法研究的认知活动规律取得了一些明显效果。例如，在记忆研究中遗忘曲线的发现、注意对知觉的影响等，都给人以重要启示，促使心理学又重视实验研究了。随着科学规律的不断积累，心理学研究有了更坚实的实验基础，研究范围更广，心理学置身于科学之林的地位自然进一步巩固，大步地走向繁荣。在进一步发展中，一些学者又提出人的社会性和个体差异对心理的影响不可忽视，过去实验心理学比较侧重学习心理，即认知活动方面，但心理活动内容复杂，研究者应配合多种研究方法，将获得的结果相互补充，从而进行整合分析。当前的心理学是以认知为主要研究对象，除了借助生理学和现代科学技术的发展取得了一些重要实验成果外，在研究方法上又增加了更加联系实际的调查和测验方法。

一、心理学的研究方法

心理学研究内容广泛，既属自然科学，又有社会科学性质，因此其研究方法也多种多样。下面只介绍最简单且在初步研究中常用的方法。

（一）观察法

研究者在明确了想要研究的问题以后，依据已有的知识经验拟订计划，确定研究目的，以某个集体，也可以是某一个人为研究对象，在研究对象不知情的状态下，按步骤给予刺激，详细记录其行为反应。事后通过数据处理进行统计分析，就可得出刺激与反应间关系的结论。为保证所得结果反映的是刺激与反应间的因果关系，可变换刺激多次观察。这种方法多用于集体活动的场合，如课堂教学、公众行为、商业广告等。在研究工作中，以单人为研究对象使用观察法的也很多，如探究幼儿的个性特征，或以因某种障碍不能自我表达者为被试的研究等。随着科学技术的发展，在心理活动过程中脑内的神经机制如何也可以通过观察去了解，如脑成像活动。

（二）实验法

研究不同领域的科学，虽然研究内容不同，但所用方法在本质上是一样的，心理学脱离哲学范畴被称为心理科学，主要就在于脱离思辨，采用科学的实证方法来检验理论。简单地讲，科学的实验法就是研究者在解决问题时，要先依据理论或经验对实践领域的某种现象或关系提出一个假设，再进行客观的检验的过程。被检验的假设可能被证实，也可能被否定。这个检验过程的核心就是力求实证。在实验过程中，由主试者控制条件变化即自变量，被试者做反应，即因变量显示变化，通过研究者直接体验或仔细观察，二者间的联系或关系得到明确，就是取得了实证结果。

任何学术信息或科学规律，都不是仅凭推理、常识，甚至是听领导讲话获得的。研究者在观察或实践中得到第一手材料，需要再加以复杂的实验或逻辑推理分析，才能得出结论，进而对人的心理与行为做出科学解释，也就是得出了某种理论或规律。现已公认实证研究必须依次经过以下几个步骤：①提出假设；②实验，即完全受主试控制的检验；③收集客观数据；④统计分析结果；⑤总结，即接受或否定假设；⑥研究结果的发表。此外，实验结果应该是可以重复和复制的。总之，实验设计要求严格，除周密设计外，用精密的实验器材收集数据以及在数据处理中精准的统计技术都对实验结果有重要影响，虽然心理学实验内容多样，但各方面要求较高，程序复杂，操作难度大，它主要关注结果的科学性和客观性，而不以推广应用为目的。实验法是支持和带动心理科学进一步向前发展的先锋，意义深远并且十分重要。

（三）调查法

调查法是对个性心理与社会心理中的态度、偏好等心理特性的研究，基本上是在自然状态下进行的，不能由研究者控制，并不适用实验法。但可以有计划地观察或编制调查表或问卷由被试做回答，一般是集体进行，事后由专人分析结果，具有经济适用的优势。它的价值取决于问卷编制的清晰合理性，也取决于回答的真实性和准确性。对个人进行调查时，也称案例研究——对于有突出特点的个人或事件，可以观察、访谈、调查其全部资料等多种方法并用，然后经过细致的综合分析，得到其他任何方法都达不到的结果，获取到非常有价值的信息。它经常是在较广泛调查的基础上进行的。调查表的编制与调查情况是否属实，都对结果有重要影响。

（四）测验法

测验法是运用已有的测验或根据需要自编的测量工具，对被试加以了解，得出量化解释的方法。其最初主要以心理测验的方式进行，设计多种对人格、智力和特殊能力的测评工具。20 世纪 80 年代以来，测验法在我国教育和人力资源领域做出了重要贡献。用定量方法对人的心理和行为进行研究始于中国古代。孟子就曾说过“权，然后知轻重；度，然后知长短。物皆然，心为甚”。为了提高测验的效能，研究者首先要考虑测验的信度和效度须符合测量学标准。随着统计学的发展，数据分析水平的提高，测验法在施测的方法上也进行了不断的改进。例如，从纸笔测验到计算机化；增加面试，进行情境模拟，组织评价中心。测验方法的效能在很大程度上取决于测验的质量与适当性选择。心理测量方法的应用可以有效加强实验研究成果的说服力，尤其是近年来，测验法在我国的教育考试改革和职业选择中得到广泛应用。在咨询心理学中它可以帮助你分析原因，解除焦虑，避免抑郁，维护身心健康，更好地适应环境。

二、心理学研究中的伦理问题

在进行心理学研究时，除去适当方法的选择外，还有一个必须要注意的问题，那就是心理学研究中的伦理问题。由于心理学以人的内心世界为研究对象，有时会不可避免地涉及个人隐私，所以心理学工作者的职业道德品质和专业素质至关重要。虽然我们都尽量公正，但如果无意间对一项研究设计得不完善，那么参加这项研究的人就有可能受到身心伤害。相关的伦理问题就涉及这种可能性。没有人希望这种伤害真正发生，但是问题并没有那么清晰简单。比如，在实验中让被试解决一个根本不可能解决的问题，从而使他们受到了严重的心理挫折，这样做符合道德吗？美国斯坦福大学一位著名心理学家的监狱实验就受到质疑，引起了讨论。或者在一个有关攻击行为的实验中，采用侮辱被试的方法来激怒被试是可以接受的吗？这些问题有时很难回答，甚至不同的心理学家有时也会给出不同的答案。此外，研究者必须要对研究中获得的有关被试的个人信息绝对保密。这一切在社会生活中深受关切，专业性的心理学会制定并且在努力推行心理学工作者的伦理准则。

心理学实验中的伦理

三、心理学的主要应用

心理学研究的内容复杂多样，心理的活动规律一方面受神经系统和大脑活动规律制约，另一方面也受社会文化因素的影响。因此，心理学是一门内容丰富并且复杂多样的学科。人们对它的研究和了解，对自身生活的方方面面都会发生影响。当前社会在进步，国家在发展，我国的心理科学在社会生活诸多方面都日益明显地发挥着独特作用。首先，从个人方面来讲，人们通过掌握各种心理现象和心理活动的规律，可以加深对自身的了解。自己的某些行为为什么会产生，某种心理特征是如何形成的？能否改变？我还有哪些潜能有待发挥？如果我发现自己的认知能力不能满足需要，当自己具有的某些性格特征不符合时代要求时，该怎么样去解决等。当然这些与先天遗传、后天环境和教育影响都有关系。但是学习掌握有关的心理学知识，还是会对人们的日常生活和学习有些许帮助的。例如，背诵诗词，有的人读很多遍也记不住，或即使当时记住了，又保持不住，很快会忘掉，怎么办？我想学习心理学对记忆过程的分析就可能会对背诵有所帮助。例如，诵读时应力求理解，不要死记硬背，在学习后即时开始复习，按照遗忘曲线的理论，及早开始并合理地组织复习，记忆效果就肯定会有所提高 。再如有的人的人际关系处理不好，深感压力，紧张，心理咨询可以帮助他们分析原因，解除经常性的焦虑，避免抑郁，维护身心健康，更好地适应环境。

心理学服务社会，当前主要在教育、组织管理和心理健康领域，取得了明显的效果。

（一）教育工作以培养人为对象，心理学是一切教育工作的基础

加强对教育对象的了解，是做好一切教育工作的前提。发展心理学和教育心理学为素质教育的实现提供理论依据。在当今世界，心理学的作用日益扩大，早已不局限于教育培养的内容领域。改进教学方法，提高教育质量，都需要以了解学生的心理活动为基础。心理测量学在教育考试和评估方面起重要作用。它以量化手段，在客观化、科学化方面提高了考试的准确性和评估的质量。20 世纪 80 年代起，我国高考改革研究取得了重大成绩，继而推动了全面的教育改革工作。20 世纪 90 年代

后期为了更好地贯彻因材施教原则，研究者又编制出升学指导测验，备受年轻人欢迎，其应用影响到人力资源领域，意义深远。

积极的师生关系有利于学生的长期健康

（二）以人为本，人职匹配

工业/组织心理学（“I/O”心理学），是当前心理学服务社会的主要领域。它帮助企业或各级管理机构招募人才，选拔合适的人与合适的职位相匹配，安排培训、奖惩、提升，并恰当地组织团队。依据心理学合理地设置生产环境和安排最有效的操作流程，使员工在理想的工作氛围中发挥自己最大的潜力，既提高绩效又感到幸福，产生成就感。随之而来的自然是企业员工激发出更大的工作热情，取得创新性成果。心理测量学在人才选拔、培养和提高方面做出了重要贡献，同时也得到了很大发展。从单纯的纸笔测验—面试—模拟现实—评价中心，日益多样发展，加上计算机化的改进，收效更加明显。此外，销售心理学、广告心理学等研究有利于企业发展，帮助企业了解如何有效地抓住商机，设计和推销产品，树立品牌，既提供最好的社会服务、满足不同顾客的需求、繁荣市场，又会使企业本身获得最大效益。近年来，电子商务的兴起、大数据的应用，又给管理心理学的研究和应用在方法与技术上指出了新的努力方向。

游戏化人才测评？不仅仅是有趣

（三）心理健康和心理咨询

世界卫生组织（WHO），在1947年对什么是健康，提出了正确理解。健康不仅是没有疾病和衰弱的表现，而且是在生理、心理和社会适应方面的一种完好状态。健康的含义对医学产生了影响，出现了生物—心理—社会模式。在1989年，健康的定义又扩展到社会精神文明状况，提出健康的综合概念：生理、心理、社会适应道德品质的良好状态。健康定义改变的原因在于20世纪70年代以后，疾病和死亡规律的改变：从肺病、伤寒，转到心因性疾病，如癌症、心脑血管病、胃溃疡。

心理健康的标准：良好的自我意识；认识自我，接纳自我，善待自己；和谐的人际关系。社会发展变快，生活要求日益繁多，当你感觉到加到你身上的需求与你对此应付的能力不平衡时，就会感到压力，如面临威胁、持续不断的精力消耗、未来事件的不确定性等。心理学研究发现个体的评价在其中起重要作用，“并非事件本身，而是你对事件的认知会造成不同”，建立良好的人际空间和人际关系是重要的解决办法。压力会使人产生抑郁情绪，人能够自知也能自己主动化解抑郁情绪。但是，当自己真的解决不了时，可以求助于心理咨询。心理咨询是帮助你分析原因，以助人自助为基本原则的一种辅导活动，在我国发展很快并且已得到社会认可，但进一步提高心理咨询质量也还是我们重要的努力方向。

测一测你的心理状态

思考题

1. 什么是心理学？
2. 简述心理学的主要派别。
3. 心理学有哪些主要研究领域？
4. 你希望通过学习心理学解决什么问题？
5. 你认为学习心理学有什么意义？

第二章
心理的生理基础

【本章要点】

1. 神经元和突触。
2. 神经系统的组织。
3. 脑的结构。
4. 大脑的分区与功能。
5. 脑的一侧化问题。
6. 探讨人脑奥秘的方法。
7. 内分泌系统。

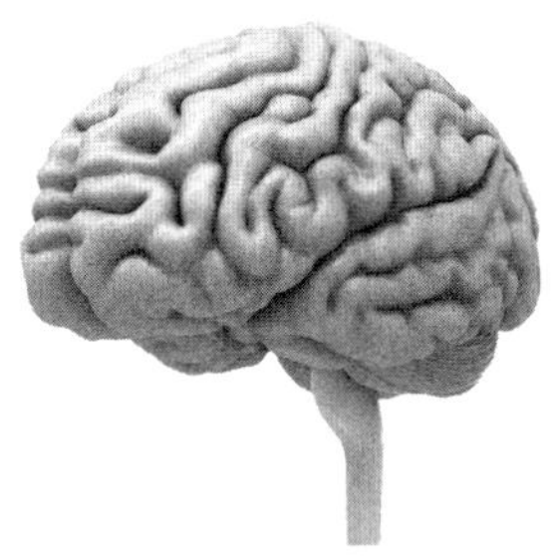

神经系统是人和动物一切生理现象和行为产生的内部物质基础，尤其是它的最高部位——脑，起着最重要的作用。所有的心理活动，如感知、意识、学习、记忆、思维等都在脑中完成。脑和神经的任何损伤都会对心理和行为造成影响。本章首先介绍神经系统的结构和机能，然后讨论脑作为心理的器官如何进行活动。

第一节 神经元

神经系统是结构复杂、功能高超的系统。人类至今未发现在宇宙中有任何物体可以与之相比拟。

这么做，你就能长出新的脑细胞

一、神经元

神经元（neuron）是神经系统内接收、综合和传递信息的基本单位，是神经系统的基本构成单元。其重要特性是具有信息传递的功能，能够将信息从一个神经元传至另一个神经元。神经元可以分为三类：大部分是中间神经元（inter-neuron），它们只起神经元之间的联系作用，负责彼此间的传输；感觉神经元（sensory neuron），数量较少，负责从神经系统外部接收信息，包括来自身体外部环境和体内器官的各种刺激，如外界的光、声，皮肤的压，热，以及体内器官的疼痛等，并将刺激传入脑内进行处理；运动神经元（motor neuron）根据脑的决定，将支配动作的信息经神经系统传递到肌肉组织来实现身体的各种活动。神经元一般由三部分组成：胞体（soma）、树突（dendrite）、轴突（axon）。它的形态多种多样。图 2-1 是一个典型的神经元模式图。信息在树突处被接收，由细胞体经过轴突传到突触处，再传递给另一个细胞的树突。轴突是一条又细又长的纤维。在人类的很多神经元轴突外包有髓鞘，它将轴突与其他物质绝缘，从而可以加快信号的传递速度。轴突末梢通过分泌一种叫作神经递质的化学物质来进行信息传递。

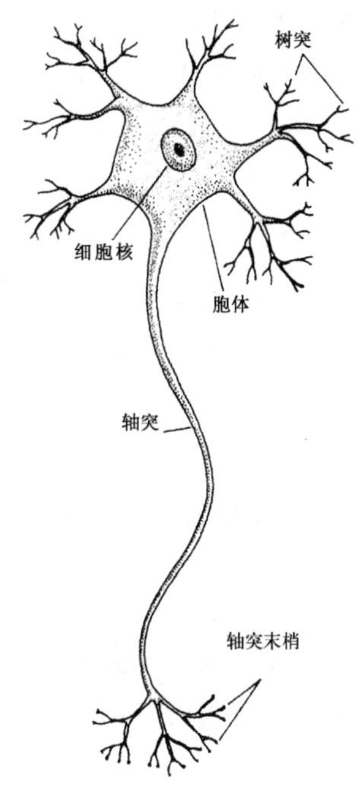

图 2-1　神经元模式图

二、神经冲动

神经元在受到刺激时，就在其内部引起一种复杂的电化学反应，内容即信息，以冲动的方式流动，称神经冲动（neural impulse）。研究发现，在神经元内外都有带电离子。

在静息状态下，由于细胞膜外钠离子浓度较高，膜内钾离子浓度较高，而细胞膜对两种离子的通透性不同，造成了膜内外 40～90 毫伏的负电位差，即静息电位。

当神经元受到来自外部或其他神经元的刺激时，细胞膜上的电离子发生连续有规则的变动，导致细胞膜内外断续出现正负电位变化。这种发生在神经元上的短暂的电位变化被称为动作电位。一个动作电位被激起后，神经冲动就作为一种信号，沿着轴突一节一节地向下传递，强度保持不变，具有“全或无”的性质。它所承载的信息需要从一个神经元传递到另一个神经元，但这种传递不同于一般情况下两个物体之间的直接递送，而是发生在一个特殊的、神经元之间的连接部位——突触。

三、突触—神经元之间的连接

突触（synapse）是不同神经元之间相连接的地方，但必须注意两个神经元并不直接接触，它们之间有一定间隙，叫作突触间隙（synaptic cleft）。信息必须通过这个间隙才能保证两个神经元之间的通信。为此，在相互连接的神经网络中，我们又可以将向间隙发放信息的神经元称为突触前神经元，将接收信息的神经元称为突触后神经元。

信息如何通过突触间隙呢？通常的过程如下。典型的突触有几个侧支，每一个侧支的结尾都有一个小的突起，叫作末梢结。当动作电位到达末梢结时，它会释放特定的神经递质（neurotransmitter）。神经递质通常储存在轴突的末梢结内，当一个动作电位到达突触末梢后，细胞膜去极化，造成突触间隙中的钠离子和钙离子流入末梢结，促使负责传递信息的神经递质释放到突触间隙。神经递质通过突触间隙再到达突触后细胞的相应部位并与其受体结合，这样便实现了信息的传递。

当神经递质与一个受体分子结合引起突触后细胞膜上一个受体位置的电压变化，叫作突触后电位（post-synaptic potential，PSP）。当突触后电位发生时，细胞膜这个位置的通道便开放，允许特定的离子进出细胞。突触后电位不像动作电位那样遵循“全或无”的法则，而是级量反应。在这类反应中，电位幅值随阈上刺激强度增大而提高。这一过程可持续几十毫秒，而且只局限在突触后膜的一个点上，并不向四周扩散。但假若邻近的突触后膜也同时发生突触后电位，则两个突触后电位又是可以总和起来的。

细胞之间发放的信息有两种：兴奋性的和抑制性的。兴奋性突触后电位（EPSP）具有增加突触后神经元发放动作电位的趋向，抑制性突触后电位（IPSP）则与之相反，具有降低突触后神经元发放动作电位的趋向。兴奋性和抑制性两种动作电位对神经系统的功能都很重要。

一个神经元上的许多突触后膜，若同时或间隔几毫秒相继出现，其兴奋性或抑制性的结果可以加和（空间总和与时间总和）。如果总和的兴奋性突触后电位超过这个神经元的单位发放阈值（25～70 毫伏），这个神经元的全部细胞膜就会去极化，整个细胞将作为一个单位而产生 70～110 毫伏的短脉冲。这就是快速的单位发放，也就是神经元的动作电位。它又可以迅速沿神经元的轴突传递到末梢结，经突触的化学传递环节，再引起下一个神经元的突触后电位。所以，神经信息在脑内的传递过程，总起来讲，就是从一个神经元“全或无”的单位发放到下一个神经元突触后电位的级量反应的总和后，再出现发放的过程；它是一个“全或无”的变化和级量反应变化不断交替的过程。

四、神经递质和行为

由上所述，神经元之间是借助化学物质进行信息交流的，因此神经递质是行为的基础，它对于从肌肉运动到身心健康的一切活动都起非常重要的作用。目前已经发现 50 多种神经递质，每种都有其独特的组成成分。表 2-1 显示几种主要的神经递质及其与行为的关系，它们的失衡会导致某种心理障碍，如精神分裂症或老年性痴呆。

为什么焦虑时人会不思茶饭?

表 2-1　几种主要的神经递质

神经递质	正常功能	不平衡会导致的问题
多巴胺（dopamine，DA）	产生愉悦和回报的感觉，与随意运动有关的中枢神经系统神经元使用它。	精神分裂症 帕金森病
5-羟色胺（5-hydroxytryptamine，5-HT）	调节睡梦、心情、疼痛、攻击行为、食欲和性行为。	抑郁症，某种焦虑症，强迫症
去甲肾上腺素（norepinephrine，NE）	通常抑制脑和脊椎神经发放的神经递质，但使心肌、肠和尿殖道兴奋。	高血压，含量过低时与抑郁症有关
乙酰胆碱（acetylcholine，ACh）	活跃运动神经来产生骨骼肌的收缩，与调节注意、唤起和记忆有关。	某些肌肉障碍老年性痴呆症
γ-氨基丁酸	是中枢神经系统神经元中最普遍的抑制神经发放的神经递质。	焦虑症，癫痫症
内啡肽（endorphin）	指所有在结构和作用上与使人上瘾的物质相类似的化学物质。有助于解痛，也可能与某些愉快情绪有关。	鸦片上瘾会降低递质水平

知识扩展

神经系统的可塑性（plasticity）

从对神经元的结构和活动方式讨论开始，人们很容易产生神经系统结构固定、不变的印象。事实并非如此，神经系统，尤其是脑，其构造具有相当大的可塑性。它随着人的经历而变化。尤其是在轴突、树突和突触的微观层面上，这种变化最为突出，甚至有时可以被肉眼看出。例如，专业音乐家颞叶皮层的一部分比一般人的要大 30%。我们虽然不能断定这是否因长期训练所致。但有研究表明，刚开始进行音乐训练的儿童与不进行音乐训练的儿童相比，其大脑并无显著差异。这一结果表明差异是在训练过程中逐渐出现的，而不是在训练开始时就有的。过去人们相信，自幼儿早期以后，神经系统不再产生新的神经元。

近年来，研究者发现了未分化的细胞，即干细胞，它能够在大脑的某几个区域分化为新生的神经元。尽管尚不能确定在人类大脑中是否有这种分化，但实验证明至少有几个物种有这样的分化。

可塑性特征使大脑能适应不断变化的环境条件。以伴随着眼睛失明带来的变化为例：通常人的大脑枕叶皮层单独主管视觉，然而生来失明的人，其枕叶皮层没有接收到视觉信号输入，其他系统的轴突逐渐侵入到枕叶皮层，取代了那些原定感受视觉输入的轴突。数年之后，他们的枕叶皮层变得对触觉信息和语言信息敏感起来，他们增强了通过触摸做精细区分的能力，也就有了阅读盲文的能力。而对于后天盲人来说，枕叶皮层的重构就不那么广泛。总之，如果你专心于某一类工作，你的大脑会进行重组，使你越来越适合这种类型的工作。

第二节 神经系统的构成

上一节我们谈到了神经细胞之间以通信方式进行的联系是行为的基础。然而大量的这种神经细胞基础联系又如何组织起来构成一个完整的系统，共同实现人的行为活动呢？这一节我们就来讲述整个神经系统的构成。

神经系统可分为外周神经系统（peripheral nervous system，PNS）和中枢神经系统（central nervous system，CNS）（见图 2-2）。

一、外周神经系统

除脑和脊椎以外的全部神经都属于外周神经系统。外周神经系统又可分为非自主神经系统（somatic nervous system）和自主神经系统（autonomic nervous system，ANS）。

非自主神经系统又称为躯体神经系统，由与骨骼肌和感受器相连接的神经组成。其作用是将皮肤、肌肉感受器的信息与其中枢神经系统相连接：传入神经纤维（afferent nerve fibers）将信息从身体外周传到中枢神经系统的轴突；传出神经纤维（efferent nerve fibers）将信息从中枢神经系统传到身体外周的轴突。这样，躯体神经系统就像一个有进入和外出两条单行线的通道，它能够使人感受到外部世界，并对之做出反应活动。

自主神经系统是控制心肌、平滑肌和腺体的系统。顾名思义，自主神经系统是一个独立自主的系统，虽然它最终还是受中枢神经系统控制的。自主神经系统分为交感神经系统和副交感神经系统两个部分。交感系统控制身体的能量资源，在身体需要释放储存的能量时最活跃。副交感神经系统一般保持体能，维持体内同化活动，即管理能量的补充。交感神经系统和副交感神经系统在机能上有相互拮抗的作用。例如，在夏天吃饭时，副交感神经系统活跃刺激胃肠蠕动，增加消化液分泌量，加强能量吸收和储存。同时交感神经系统也在活动，使汗腺分泌汗液消耗能量。如果这两个部分工作配合不好，人就会生病。

解密幻肢痛

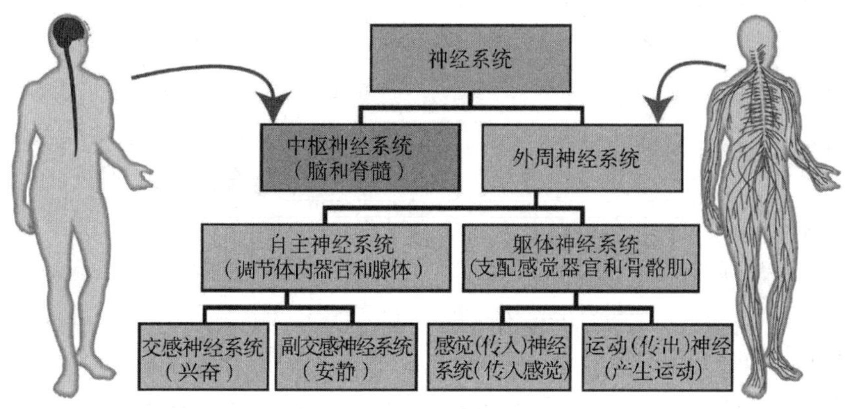

图 2-2　神经系统的构成

二、中枢神经系统

中枢神经系统包括脑（brain）和脊髓（spinal cord）。它们悬浮在特殊的营养物脑脊液（cerebrospinal fluid，CSF）（也称“粥”）里面，接受着大量的血液供应。此外，还有血脑屏障用以防止粗重的化学物质的侵入。

脊髓是脑向下延伸的部分，通过外周神经系统将脑与身体其他部分连接起来。它共包括 31 对脊神经，作用是把信息从脑传到运动神经元，以支配身体各部分的肌肉运动。

脑是中枢神经系统的最高部位，是神经系统的核心，由数十亿个相互作用的细胞构成。它的作用在于综合体内外的信息，调理身体行动，使我们能够进行感知、言语、思维、记忆，进行计划、创造和梦想等一切行为活动。

心脏会影响大脑感知吗？

第三节 脑的结构与功能

一、脑的三个主要部分：后脑、中脑和前脑

脑可以分为三个主要部分：后脑、中脑和前脑（见图 2-3）。我们将从位于最后的、脑与脊椎相连的低级部位谈起，逐步到达前脑，进而全面了解人脑的结构与功能。

（一）后脑

后脑包括小脑和脑干的两个较低级部分——延脑和脑桥。延脑与脊椎连接，负责大部分非意识的但是基本的功能，如呼吸、心跳、保持肌肉弹性和调节血液循环；脑桥位于中脑和延脑之间，是包括数条纤维的纤维束，与睡眠和觉醒有关。此外许多脑神经是经由延脑或脑桥与外周相连的，起中继站的作用，神经通路由此连到脑的其他部位。

（二）中脑

中脑位于后脑和前脑的中间，与某些感觉过程有关。人类的中脑控制眼球移动，它传送三对脑神经来控制眼部肌肉。

中脑神经元轴突能传到较高层的脑部位，并能释放一些与自主肌肉活动有关的神经传导物。脑干内部连通中脑和后脑的神经纤维组织被称为网状结构（reticular formation），其轴突能够延伸到脑的更高层中枢——前脑，这个系统对肌肉反射、呼吸和痛觉起作用。它更重要的功能在于调节睡眠和觉醒。网状结构中上行纤维的激活对保持脑的觉醒状态非常重要，如果这部分受到损伤，人就会昏迷，这条通路也叫作网状激活系统（reticular activating system）。

（三）前脑

前脑是脑中最大、最复杂的部分，包

括很多重要的结构：丘脑（thalamus）、下丘脑（hypothalamus）、边缘系统（limbic system）和大脑（cerebrum）。前三者位于脑干顶部，它们的上面是大脑，大脑表面由一层灰色的皮质覆盖着，称为大脑皮层（cerebral cortex），是有机体进行复杂心理活动的最主要部位。

丘脑是一个中间站，到达前脑的感觉除嗅觉外，一切信息必须经过丘脑到达大脑皮层，它在整合不同感觉信息方面起重要作用。

下丘脑是前脑基部的一个结构，位于丘脑之下，参与基本生物需要的调节。下丘脑的功能之一是控制自主神经系统。另外，下丘脑也是大脑和内分泌系统的联络站。

边缘系统是大脑皮层下一个松散的联络网，包括一部分的丘脑和下丘脑，没有明确的边界，对控制记忆和情绪起重要作用。它的两个主要结构是杏仁核和海马。杏仁核可能与记忆有关，这与老年性痴呆患者的脑的这一部位明显受损现象相一致，但是脑的很多其他结构也与记忆有关，所以说人们对于它的确切功能还不完全清楚。

大脑是由两个满布褶皱的半球组成的，是人脑最大、最复杂的部位。覆盖在大脑表面的大脑皮层或称皮质（cortex），是由通向大脑的大量神经元的细胞体所组成。如果将皮层上的褶皱拉平，总面积大约 2 平方英尺（约合 1890cm^2），包含了 70%以上的中枢神经系统的神经元。左右两个半球之间由横跨的神经纤维相连接，这些纤维共同构成胼胝体（corpus callosum）。

大脑皮层的功能有一个重要特点，即它的不同区域功能专门化（见图 2-3，2-4）。最明显的是对感觉的分析和运动的控制。两半球的皮层被外侧裂和中央沟分为四个小区，分别称为：枕叶（occipital lobe），

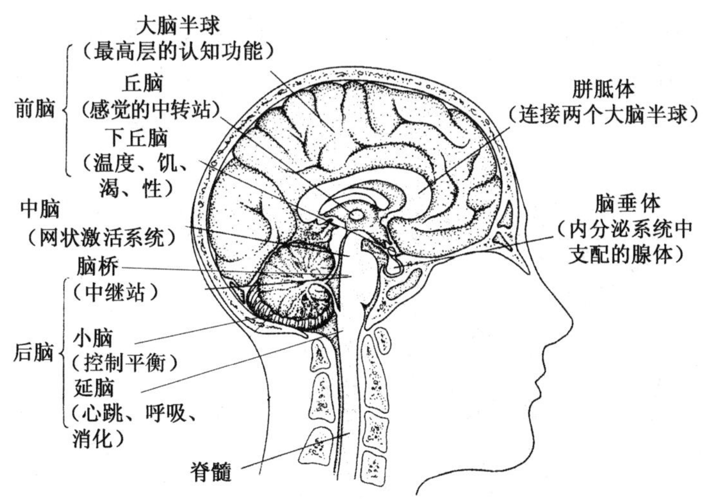

图 2-3　脑的结构图

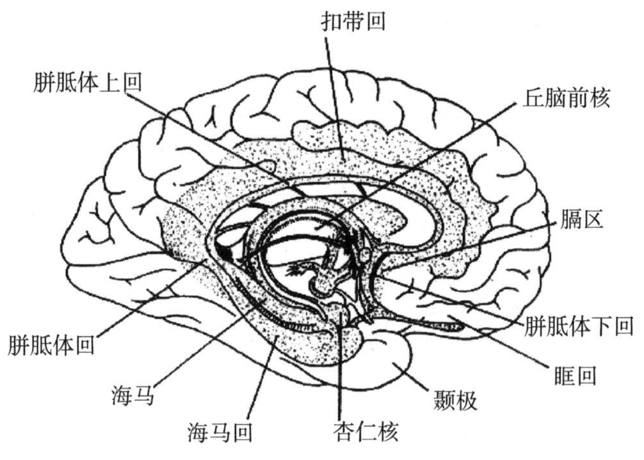

图 2-4　边缘系统

位于大脑后部；颞叶（temporal lobe），位于头的两侧，耳的上方；顶叶（parietal lobe），位于头顶部；额叶（frontal lobe），位于前额部分，是皮层上最大的一个区域。视觉区位于枕叶皮层，负责接受并加工视觉信息。听觉区大部分隐藏在颞叶皮层的深部，接收并加工来自双耳的信息。大脑左侧颞叶受到损伤时影响个体对语言的理解。感觉区在后中央回，与身体感觉有关。运动区位于前中央回，支配所有随意肌的运动。控制身体某部分的运动皮层的大小，并不以肌肉运动部分的大小为转移，而取决于运动的多样化和精确性（见图 2-5，2-6）。例如，掌管精细运动的手指和唇舌的皮质部分，就远比联系肩部和大腿的皮层部分大。在对一组乐器演奏者的研究中，研究者已经证实了小提琴手由于长时期的拉琴训练，他们的与左手指相联系的皮层部分确实比其他人的有所增大。额叶上位于运动区前端的很大一部分皮层称为前额叶皮层，主要与复杂智力活动有关，但其作用至今尚未完全被揭露。过去研究认为最抽象的思维在这里进行，但近年的研究又指出皮层的最前端部分掌管着表象记忆

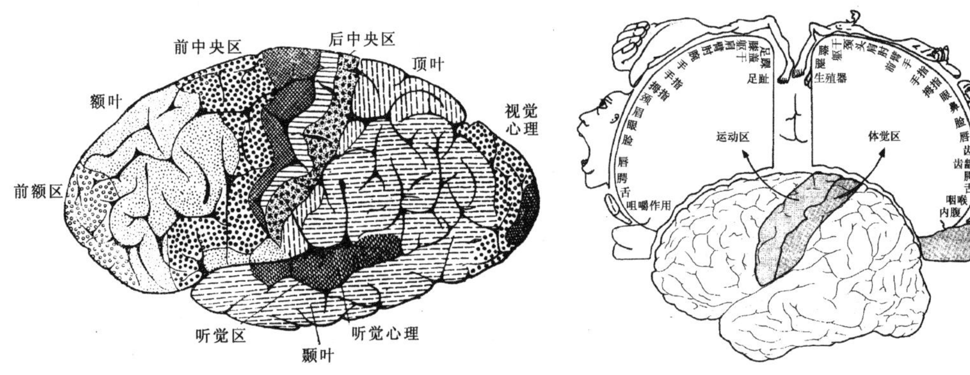

图 2-5　大脑皮层分区图

图 2-6　大脑皮层的运动区图

的某些方面。除上述四个具有不同功能的特殊皮层区外，人类大脑皮层的 80%属于联合区（association area)。每一个半球都分成前后两个联合区，它们具有多种功能保证各部分协作，可以帮助人们解读感觉信息，制订行动计划，进行决策采取行动，而这就是人类比其他动物更优秀的地方。

总之，大脑皮层是神经系统的最高部位。它的不同区域在功能上有一定的专门化，对视觉信息的分析集中于大脑皮层枕叶，对听觉信息的分析主要在颞叶进行，而对运动的控制则由大脑皮质的运动区来实现。此外，人脑具有其特有的高级功能，最突出的是语言，这些高级功能中至少有一部分也是由专门化的神经元网络所控制的。

社交隔离与饥饿感

二、大脑功能的一侧化：左脑与右脑

近几十年来，大脑功能一侧化的研究受到广泛关注。其研究目的主要集中于探讨脑的左右两半球对各种认知和行为功能的控制是否有所不同。研究结果显示，大脑两半球在功能上确实具有一定的差异。但在一般情况下两半球主要是协同活动，因此不被个体觉察。

最早是 1861 年，法国外科医生布洛卡(Paul Broca）在临床观察中，首先发现了脑功能的特异化现象。他的一个病人在 30 年间除了能发“Tan”这个音以外，不能说话。死后尸体解剖发现，病人大脑左半球额叶第三额回上有一块鸡蛋大小的损伤，表现为脑组织退化与脑膜粘连，由此布洛卡得出大脑左半球参与言语控制的结论。随后很多相关研究都表明，左脑在言语产生上起重要作用，有阅读中枢、书写中枢和表达中枢（见图 2-7)。同时研究也发现了右脑在面孔识别等表象认知和形象思维方面具有一定的优势。这种大脑功能一侧化现象的发现，对于开展人类认知的复杂心理加工过程的研究产生了巨大影响，在心理的生理机制研究中有重要意义。但是由于在健康人的日常活动中，大脑的左右两半球协同活动，在一般情况下，对于轻微损伤，两半球可以产生相互补偿作用，因此在日常生活中是不能被个体觉察的。

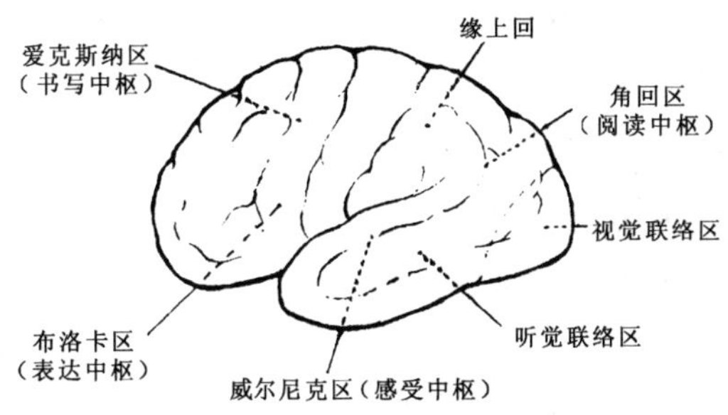

图 2-7　脑内的语言中枢

（一）裂脑人的研究

临床上为了减轻癫痫病发作的痛苦，有时将患者连接两半球的纤维切断，使患者成为裂脑人。这样的手术只是在没有其他治疗办法的情况下才可以进行，极为罕见，然而这种手术却给科学研究带来了分别研究两个半球功能的最好机会。通常每个半球与对侧肢体相联系：左半球控制右手、右腿、右脚等的活动；右半球反之，与身体左侧相联系。视觉和听觉更复杂些，两只眼睛收到的信息都传到脑的两侧，但脑的两侧对进入的刺激如何反应仍有区别，即视野右侧的物体投射到两眼的左侧，再将信号传到脑的左半球。同时视野左侧的物体投射到两眼的右侧，再将信号传到脑的右半球（见图 2-8）。听觉与此类似，来自左侧的声音先在右脑登记，右侧来的声音先在左脑登记。人们通常意识不到这种不对称性，因为两半球紧密联系，一个半球接收的信息通过胼胝体使另一半球得到分享，它们是协同活动的。而对于裂脑人的研究发现了两半球在功能上的明显不同。右半球有其特殊的天赋，对于很多视觉现象，如在空间关系、颜色辨别、面孔识别等分辨任务上，明显地优于左半球。

两半球不相联的裂脑人的脑里存着两种思维。一个裂脑患者说，当他全神贯注地阅读右手拿着的第一本书时，如果突然把书从右手移到左手，他的左手可能会把书放下，显然他的右半球对阅读不感兴趣。另一个患者说，他发现有时他的左右两个半球在穿什么衣服上有争执，当右手给衬衫扣纽扣时，左手便以同样的速度解开。可以看出，当协作功能消失时，在某种程度上裂脑人体验着两个独立的意识流。

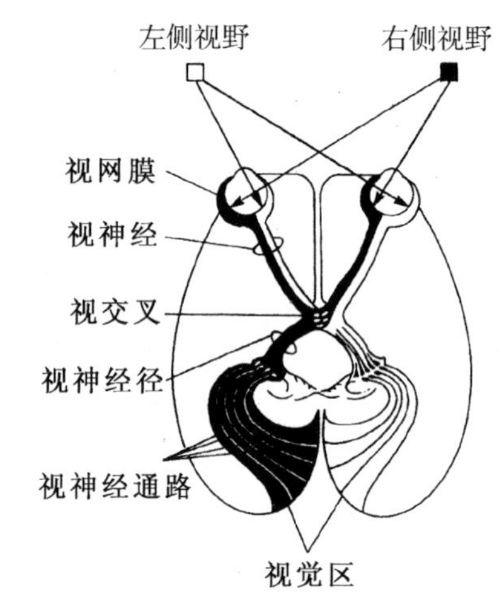

图 2-8　视觉区关系图

通过对正常人脑半球功能有一侧化特点的研究和学习，我们了解到脑的一侧与另一侧相沟通，身体一侧的症状可能来自另一侧脑的损伤；并且对于大多数人来说，言语是左脑的功能，左半球主要控制言语过程，如讲话、阅读、书写、数学运算和逻辑推理等行为活动，而右半球通常控制如空间认知、音乐、艺术、想象和创造力等形象性强的非言语过程与行为（见图 2-9）。因此我们能够对日常生活中常见的各种脑损伤现象做出初步判断。当生活中有人因突发性意外事故，如中风或车祸，造成脑部受损伤或失效而出现某种症状时，我们可以依据以上的原则，在医生做出诊断前，猜测出病人的脑部受损部位。不过总体来讲，大脑两半球是协同活动的，过度强调脑的一侧化特点，只从兴趣表现出发，对儿童过分重视文娱活动的错误教育思想值得警惕。教育者在强调品德教育，注重科技文化学习，提高思维创新能力的同时，应加强音体美的训练，大力开展文娱体育活动，这对于全面开发脑的功能、培养儿童全面发展具有重要的现实意义。

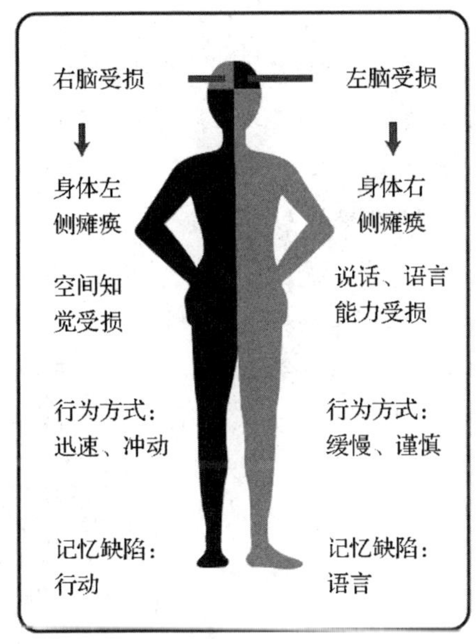

图 2-9　左脑和右脑受损的效果图

（二）左利手与右利手

另一个与脑的两半球组织相关的问题是左利手或右利手的问题，即一个人在大多数情况下偏好使用哪一只手。这个问题容易观察，看起来比脑的一侧化简单，其实它的原理相当复杂。一个人偏好用哪一只手并非是绝对的，中国人习惯用右手写字的占多数，但其中可能有些人用左手掷球和使用剪刀。应用大量问卷所得的研究结果发现，不是每个人都能归类到左利手或右利手的。美国大约有 90%的人为右利手，7%～8%的人为左利手，其余的人是两手混用的。中国也是右利手更多。在不同文化条件下，左利手的比例不同，但最多的也达不到半数。

为什么大多数人是右利手？它产生的原因始终令人困惑。无论环境决定论者还是遗传决定论者都未能对此现象做出有力的解释。环境决定论者提出，因为人出生在右利手的世界里，各种工具都是为右利手的人所制造的，并且来自父母、教师等各方面的社会压力，使得人们多偏于右利手。我们承认环境的影响，但也看到它起不到决定性作用。最明显的事例是，写字和使用筷子，从儿童时期开始，学校和家庭下大力气矫正使用左手的儿童，但收效甚微。另一些遗传决定论者认为它是生物学的原因所造成的。这种说法与不同文化间的差异相符合，但是又解释不了下述问题：例如，左利手似乎是一种隐性特质，因此当父母都是左利手时，生下的孩子应该全都是左利手。然而事实上，在父母同为左利手的孩子中，左利手所占的比例只不过占 35%左右。上述两种理论在解释上的困难，使得人们去寻求另外的解释。很多研究者怀疑这是否与脑的功能一侧化有关，但是如何把脑的功能与手的一侧化联系起来至今还未成功。

为什么有的人是左撇子？

生活中的心理学

与左利手相关的事件

20 世纪 90 年代开始，人们发现生活中有许多现象与左利手相关联。例如，在孤独症、精神分裂症和智力落后的人群中，左利手所占比例比正常情况下大；脑的一侧化异常即语言中枢位于右脑或左右两脑都有的人，大多数是左利手。这些现象虽然不很明显，但引起对左利手看法上的混乱。尤其引起人们注意的是哈利本（Diane Halpern）和科伦（Stanley Coren）于 20 世纪 90 年代初期指出手的一侧化优势与寿命有关。他们从 5000 人的样本中发现左利手所占的比例随年龄增大而减小，在 20 岁时为 13%，30 岁时为 5%，到 80 岁时只占 1%。这一个惊人的与死亡率有关的发现，迫使他们继续研究下去。他们在近 1000 份的死者调查中，将男女分开，以左利手和两手混用合为一组与右利手组做比较，结果发现，在左利手和两手混用组中，男人的寿命比右利手短 10 年，女人的寿命比右利手短 5 年。如何解释呢？他们提出两个最重要的因素：一是左利手容易出事故，因为社会上的一切器械都是为右利手准备的，如安全杠，制动闸等的安装对他们很不利；二是左利手可能与他们在出生时受到神经损伤，如早产、难产、缺氧有关，使得他们容易受到影响寿命的各种伤害。与此观点相一致，后来许多研究也发现很多左利手的人有出生时不顺利的经历。这个理论正好也解释了在孤独症、精神分裂症和智力落后的人群中，左利手比例较大的原因。

《追寻记忆的痕迹》

第四节 探讨人脑奥秘的研究与发展

人类的大脑被称为世界上最复杂的事物，从外表上看，它仅仅是一大团生物组织，而它却可以进行注意、记忆、思考、解决问题、决策，表现出偏见以及完成不可思议的复杂任务。我们对它的认识也经过了一个由浅入深、十分漫长的过程。随着科学技术的进步，多数人对心理活动的生理机制问题不再满足于思辨、推理，人们得以对大脑内部的生理活动进行一定程度的观察和记录，这可以检验和修正之前心理学提出的理论模型，推动心理学向更高的水平发展。医学界首先从疾病治疗中提出了能够反映大脑的全景、揭示大脑的奥秘的比较重要的学说。

当然理论不一定完全正确，已有的神经成像技术也有待进一步改进和完善。本节将首先简述近代科学家对大脑的认识过程以及由此产生的主要学派，然后简述近年来兴起的一门探索心智与大脑关系的学科——认知神经科学，以及它的主要研究手段。

一、脑科学研究的几个学说

（一）定位说

定位说开始于19世纪由德国医生加尔和施普尔茨海姆（Franz Joseph Gall，Johann Gaspar Spurzheim）领导的颅相学（phrenology）运动。其主要观点是，人的颅骨形状与大脑皮层的发育程度是相对应的，细致地分析头颅形状可以深入描述与颅骨相对应的人格。他们宣称大脑有35个左右的特异性官能，这些官能被认为由特异性的脑区负责，包括从最基本的认知功能（如语言和颜色知觉）到一些更细微的能力（如希望和自尊）。

英国的神经学家杰克逊（John Hughlings Jackson）对脑损伤病人的观察结果，也为定位主义提供了有力证据。他注意到，癫痫病人在痉挛时总是以一种有特点的方式运动，就像是刺激了大脑中一幅与身体相对应的图中的某一点，于是他提出了大脑皮质的拓扑地形图观点：在大脑皮质特定区域中有一幅与身体各部位相对应的图的表征。

更重要的发现是在法国，在1861年布洛卡（Paul Broca）医生发现了一位语言障碍病人脑损伤的确切位置是左半球额下回后部，后来就称这部分脑区为布洛卡区，这是第一次得到了人的大脑皮质上有机能定位的直接证据，之后这一主题又被德国神经学家威尔尼克（Carl Wernicke）发展。在1876年，年轻的威尔尼克报告了一个卒中病人的案例。不同于前面所讲的布洛卡区的病人，这位病人可以流畅地讲话，但他所讲出的话没有意义。他也不能理解书面语和口语。这位病人的损伤是位于左半球更靠后的区域，颞叶和顶叶的交界处附近，这个区域后来被称为威尔尼克区。

近年来，脑成像的大量研究揭示了大脑某些脑区与进行特定认知操作的关系，在某种意义上也支持了定位学说。只有极少数医生在动物研究中发现特定脑区的损伤并不引起特定的行为缺陷，仍相信大脑作为一个整体参与行为的整体说。

（二）神经网络学说

随着神经科学和认知神经科学的发展，人们逐渐认识到各种心理活动都是由不同脑区协同活动所构成的神经网络来实现的，而这些脑区可以通过不同神经网络参与不同的认知活动，并在这些认知活动中发挥不同的作用。

随着现代科学技术的发展，神经成像分析技术的提高，研究者不仅可以比较精确地分析不同脑区的特定功能，而且能有效地分析不同脑区间的功能联结、脑功能与结构的关系等，从而揭示出不同神经网络在执行特定认知功能中的作用。

（三）认知神经科学出现

正当神经心理学开始蓬勃发展之际，大多数心理学家迫切需要将脑科学与认知科学结合起来，对大脑的工作方式做更深入的了解。因此认知神经科学应运而生。认知神经科学是在传统的心理学、生物学、信息科学、计算机科学、生物医学工程，以及物理学、数学、哲学等学科交叉的层面上发展起来的一门新兴学科，对人类的所有初级和高级的精神活动的心理过程与神经机制开展研究。

简言之，它是研究脑是如何创造精神的。著名心理学家坎赞尼卡、约翰・米勒和珀斯纳（M. S. Gazzaniga，George Miller，M. I. Posner）等，都为这门新学科的产生做出了重大贡献。认知神经科学研究的关键是在认知概念和理论的指导下采用精巧的实验设计进行认知实验 。

二、脑科学研究技术

（一）电生理技术

1929 年，德国精神病学家伯尔格（Hans Berger）发明了一种仪器，利用置于头皮表面的电极记录脑电活动的快速变化，从而获得脑内电活动的大致模型，即脑电图（electroencephalograph，EEG）。脑电图上由一系列曲线表现的脑电波（brain wave）显示着脑电活动的一般情况，在不同情况下脑电波之间的差异反映的就是某些心理活动的变化。EEG 常用于脑损伤和神经失常的诊断。EEG 能够提供以毫秒计的数据，因此能测量出大脑对光、声等刺激的反应。在研究方面，EEG 常用来鉴定被试是否在做白日梦，也能记录被试在解决数学问题这类特殊行为时的脑电活动模型。

大脑扫描器带你了解自己

（二）脑成像技术

脑成像技术（brain-imaging procedure）指通过显影成像技术对脑的结构与功能状态进行研究的一类方法，它随着现代科学技术的发展不断改进，为人类研究活脑结构与功能提供了新的手段。

1. 计算机断层扫描（computerized axial tomography，CT 或 CAT）

计算机断层扫描是将 X 射线照相和计算机处理方法结合起来观察活脑的组织病变的技术。使用时，将病人的头安置在一个大的圆圈形仪器中，其中装有 X 射线管，有一个光检测器，能够测定出通过病人脑的 X 射线量。X 射线管和检测器可在圆圈内移动，它们连续旋转，不断改变 X 射线的方向。可以记录下每一道光束被吸收的量，再由计算机算出每一条光径上的每一点总共吸收了多少 X 射线，然后画出图像。因为正常的组织和病变的组织对 X 射线的吸收量是不同的，所以可以在图像上看到脑瘤、血栓、脑积水等的影子。虽然 CT 已成为一种重要的医疗手段，但是作为研究方法它有一个重大局限，即它只能显示脑结构，而不能显示脑的神经活动。

2. 正电子发射断层扫描（positron emission tomography，PET）

正电子发射断层扫描是 20 世纪 70 年

代末80年代初出现的一类新型脑成像技术，是研究脑的各个部分代谢活动的一种新技术。PET利用注入病人体内带有放射性的化学物质（放射性葡萄糖），记录当神经活动时，人脑各功能区的放射性活动。通过在一个绕着病人头部的环上安放的射线侦测器，将得到的信息传导至计算机上，就可以计算出脑内有高度神经冲动的部位，从而画出图像。可以说PET为研究脑功能提供了相当精确的解剖定位。其不足之处是大脑必须暴露在射线之下。

3. 功能性磁共振成像（functional magnetic resonance imaging，fMRI）

脑成像的理论远在19世纪50年代初就已开始，但直到1973年才出现第一张脑成像的照片。功能性磁共振成像方法的依据是利用置于大脑外部的磁性探测器检测和比较大脑不同区域的氧合血红蛋白与无氧血红蛋白的数量，通过计算机得出脑内不同区域的工作情况。对所产生的微小磁场变化进行摄影，然后制成脑内活动的系列图像（见图2-10）。

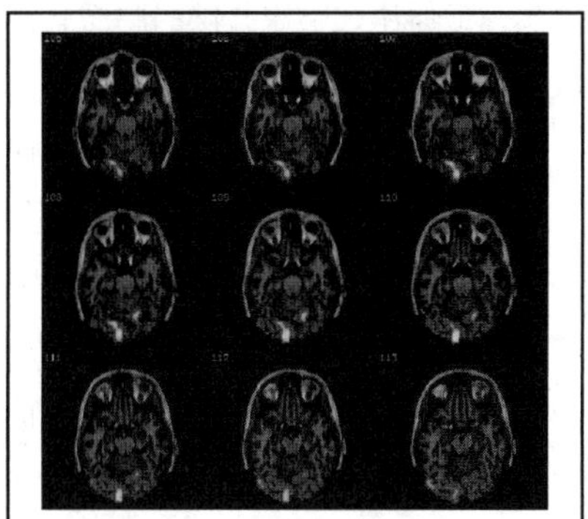

Courtney C. M., 2011. *The Technological Citizen.*

图2-10 fMRI的脑内活动成像图

《读心的机器》

fMRI是当前在医学诊断和科学研究工作中最强有力的、广泛应用的工具。除空间信息外，它对时间信息也有一定的分辨率。在使用过程中它不会使病人暴露在任何有害的放射线下，是它优于其他脑成像技术的重要特点。

4. 光学成像技术

光学成像技术测量局部氧代谢和血流改变引起的内源性信号。基于内源性信号的光学成像（intrinsic optical imaging）创伤性较小，因此更适合研究认知活动的神经机制。

内源性光学成像技术以近红外作为光源，近红外穿透性较好，无须开颅就可观察脑组织活动，因此可直接被用于人脑的研究。这种技术被称为近红外谱分析技术（near-infrared spectroscopy，NIRS）。NIRS已开始用于语言和记忆等高级功能的研究。与PET和fMRI相比，其造价非常低廉，技术支撑背景优越，在认知科学研究中的作用会越来越大。

人机接口

综上所述，认知神经科学是认知科学与神经科学相结合的产物，它建立在现代认知心理学和现代神经科学的基础上，具有高度的跨学科性和学科交叉性。它要求来自不同领域，特别是实验与认知心理学、神经生理学、神经解剖学、计算机、统计学及物理学等领域的研究者合作完成。

第五节 内分泌

神经系统是脑与身体其他部分通信的主要渠道。但是，除神经系统对有机体进行整合性的神经调节以外，身体还有第二个通信系统对行为也很重要，即进行体液调节的内分泌系统。内分泌系统与下丘脑相联系，由通向身体各个器官的腺体组成，它是靠腺体向血液里分泌化学物质来实现信息传递的（见图 2-11）。由腺体分泌的化学物质名叫激素或称荷尔蒙（hormone），它是这个通信网络里的信使。

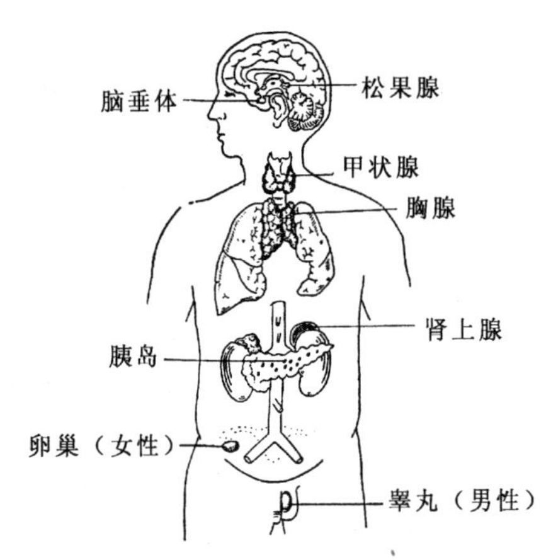

图 2-11 人体的内分泌系统

如果我们把神经系统的通信比作电话系统，其职责是把信号从固定的线路上传到目的地的话，那么就可以把内分泌系统的通信比作广播系统，它通过激素将大量信息传播到全身，但这种信息只能被具有特殊受体的细胞读取。内分泌系统的活动速度不如神经传递得快，图 2-10 显示了人体的内分泌系统。内分泌腺也被称为无管腺，如胃腺、汗腺，它们没有特定的通道，但同样具有受体，只是它们与受体的距离比突触的受体距离远。激素被分泌后，直接流入血液，通过血液运送到全身，与靶细胞上的特殊受体相结合。实际上，一些化学物质具有双重功能，在分泌到内分泌系统时是激素，到神经系统时就是神经递质（如去甲肾上腺素）。有一些腺体的分泌与体内环境的变化相呼应，以保持与这些环境的平衡。例如，肠胃分泌的激素可以帮助控制消化；甲状腺分泌的激素是一种碘化合物，可以促进细胞的氧化作用，增进新陈代谢速率，以维持身体的正常生长和骨骼发育；肾上腺分泌的激素在血压调节中起一定作用；胰腺分泌的胰岛素具有降低血糖的作用。

内分泌系统和神经系统的信息传递并非各自独立的，而是相互配合的。例如，在应激状态下，下丘脑将信息向自主神经系统和经脑垂体到肾上腺的两个通道发送。作为反应，肾上腺就分泌大量的激素扩散到体内各个部分，为应对紧急事件做好准备。激素在人类的生理发展上起着重要的调节作用。例如，脑垂体分泌的促性腺激素可以影响性腺，在个体出生前指引着外生殖器的形成；到青春期，激素的增长水平又决定了第二性征的出现。激素的这种随着发展而变化的效能显示了遗传程序怎样对行为发生影响。

月经会传染?

思考题

1. 简述神经元的主要结构和作用。
2. 何谓突触？它在神经系统通信中起什么作用？
3. 简述神经系统的主要结构和功能。
4. 简述大脑皮质的区域划分和各自的主要功能。
5. 简述布洛卡区的位置和它的功能特点。
6. 如何理解脑的功能一侧化？应该如何看待左利手现象？
7. 如何看待脑成像技术在心理学研究发展中的作用和意义？
8. 什么是内分泌系统？如何理解它的作用及其与神经系统的关系？

第三章
意　识

【本章要点】

1. 意识的概念。
2. 意识的不同形态。
3. 无意识的意义和作用。
4. 生物节律及其对生活的影响。
5. 睡眠和梦。
6. 对催眠的正确理解。

心理学上谈到意识一般有两种情况：一种是把它当作心理的同义词使用，另一种则是将意识视作心理的高级水平。在心理学产生初期，冯特的构造主义心理学和美国詹姆斯的机能主义心理学都认为心理学是研究心理和意识的科学。但构造主义心理学以分析心理和意识构成的基本要素为目的，虽然其关心的是科学的问题，并且进行了实验研究，但主要使用的是对自身经验进行观察的内省法；而到机能主义心理学时，詹姆斯提出意识流的概念，他关心的是意识如何工作和起什么作用，把心理学引向现实生活中的应用。但是由于意识的抽象性和复杂性，在缺乏正确的理论基础，也缺乏科学手段的情况下，二者都未能揭示心理或意识的实质。在此之后，行为主义学派兴起，华生等行为主义心理学家完全否认心理和意识，从此对意识的科学研究中断了。直到 20 世纪中期以后，认知心理学兴起，以探讨内部心理活动规律为目标时，才又开始有了对意识的研究。

现代心理学把意识视为心理的高级层次，认为意识为人类所独有。尽管我们承认很多动物也有心理，它们能看，能听，甚至也有一定的情绪表现，一些高等动物，如大猩猩还会有简单的思维，但是它们没有意识，不能进行有目的、有计划的复杂活动，只有人才能够用语言进行复杂的思维活动，形成意识。

由于意识一词容易和哲学概念相混淆，加上它本身固有的抽象性质，过去大多数心理学教材为了避免唯心主义之嫌，都不提意识。随着科学的发展，为了彻底揭示人的心理活动规律，对意识这个最复杂问题的研究已经不可避免。为此，我们在具体阐述人类各种心理活动之前，先对意识及其各种形态进行一些必要的阐述。

第一节 意识的概念

一、什么是意识

意识（consciousness）作为心理活动的一种高级水平，为人类所独有。一般把意识定义为一个人对于自己心理活动的觉知（awareness）。

意识活动的内容包括以下几个方面。

①对外部事物的知觉。你能觉察到外部发生的事情，如教师正在向你提出一个很难回答的问题。

②对内部刺激的知觉。你感觉到自己不会回答，内心着急又感到羞愧，于是心跳加快，面部发热。

再如，现在我正在讲课，不仅要思考要讲的内容，还要观察听众的反应，自己觉知到由于心情比较紧张，讲得不是很清楚，于是要努力控制自己、稳定情绪，更好地组织内容。从表面上看，我只是在进行讲课这一项活动，其实在我头脑中进行的心理活动非常复杂。这种情况就是人所特有的意识活动。儿童早期，就没有这种意识。

意识是每个人都会接触到的一个重要现实，自古以来就引起很多学者的思考，并对此开展研究。然而怎样去研究意识却是个历史上长期未解决的问题。冯特认为心理学是研究意识的，如何研究呢？他受到在化学研究中分析方法的影响，通过意识的构成元素即感觉来研究，因此他做了大量感觉实验。当然，这些简单的感觉实验不足以揭示复杂的意识规律，并且他的实验靠内省法，解释有明显的主观性，所以冯特和他的后继者铁钦纳等人都未能解决心理意识的实质问题。美国机能主义心理学家詹姆斯认为意识是一个不断进行的连续体，认为把它分解成一个个构成元素的研究方法不可能解决整体问题。因此，他明确提出“意识流”的概念，用以描述各种感觉、表象、思维、情感等，具有流动性的现象。我们承认意识是一个连续不断的活动过程，从清晨睁开眼睛开始，意识活动就在不断地进行，时强时弱，但很难被打断。而詹姆斯只是看到了意识连续不断活动的现实，却没有对“意识流”的实质进行解释。待到行为主义时期，华生则明确地反对意识，认为心理学应以行为作为研究对象，只需要研究刺激和行为的关系。因此，行为主义的心理学被称为“没有心理的心理学”或“不要意识的心理学”。直到 20 世纪中期以后，认知心理学重新被提上了日程。

心理学有很多假说、很多命题，最根本的是每个人都知道自我的存在，为此认知心理学要研究意识。现代科学的发展，给我们提供了很多手段，使我们能够对心理的生理基础了解得更为清楚，另外许多实验研究也提供了一些借鉴，因此，对意识的研究正在日益深入地进行。

《我是谁，或什么》

第二节 意识的不同状态

现代科学研究的结果发现，意识本身具有几种不同的状态。

一、可控制的意识状态

可控制的意识状态是心理活动的主要状态，人在清醒时各种心理活动不断地积极进行，人生的绝大部分学习和工作都在这种状态下完成。它在个体出生以后逐渐形成，直到生命终结。

在意识的主要状态里，有一个非常重要的心理现象被称为注意。注意的投入首先显示了在繁杂的环境中人的心理活动不完全受外界支配，而是具有选择性特征的。注意表现为意识的指向性和集中性。它的指向性保证了当前心理活动的方向，使人能够在复杂的内外刺激影响下，按照一定目的去认识某个刺激或完成某件事情；集中性指意识投入的多少，它直接关系到意识在一定方向上保持的强度和持久性，决定心理反应的清晰程度。集中注意才能够使人对环境中各种刺激的认识最清晰，能够按照一定的目的和计划去完成一件事情。比如说，你在接受了一个任务后，知道这件事很重要，必须认真对待，于是把全部的注意集中起来指向该任务的完成，这时我们说你是在有意识地认真工作。这是意识的第一状态，也是最重要的状态。

注意是意识的指向和集中，高强度的注意可以保证心理活动对当前对象清晰完整的反映。同时，非常集中的注意也会使意识对其他邻近部分处于抑制状态，而不发生反应。例如，当一个人全神贯注地读书时，他听不见周围环境中的喧闹噪声，通常所谓“视而不见，听而不闻”，就是注意高度集中的表现与结果。

人们为了提高工作效率，在清醒的意识状态下可以有意识地加强注意的积极作用，这种注意是有意注意。然而，有时人们也会不由自主地被那些强烈、新颖或有趣的事物，尤其是活动着的刺激物所吸引，不自觉地对它们产生注意，这种注意称为无意注意。无意注意不可能长久维持，但掌握了它的产生规律，有利于我们人为地控制环境。例如，当遇到课堂上儿童们嬉笑吵闹，互传文具，全然不关注前面的教师和他所讲的内容时，有经验的教师不是去高声制止而是突然停顿，这时通常能收到嬉笑声戛然而止，儿童的目光转向讲台的效果。这就是利用了无意注意的心理学规律。

二、自动化的意识状态

在自动化的意识状态里，人们对自己的行为似乎有所意识，但又不太清晰。例如，你现在一边听课一边做笔记，你能意识到你在写字，但每个字是怎么写出来的你并不很清楚，它不需要你费很大的努力，不需要你有意识地注意怎样写每一个字。人们在做很多事情时都是这样的。又如，我们刚开始学骑车时，手也紧张，脚也紧张，既要注意保持平衡，又怕撞到他人，结果手脚不能协调，很容易跌倒；而在学会骑车以后，我们可以一面骑车一面谈话，完全没有问题，只是到了拐弯处要注意看周边环境，话就少说几句，因为这时注意又转移到手脚协调的骑车活动上面去了。当然，拐过弯以后，我们又可以继续谈话。手脚配合继续前进，已经成了自动化的过程，根本不需要很多意识参加、不再需要认真地考虑了。在这种情况下是否能说骑车活动完全没有意识参与呢？当然不能。因为它还是按照一定目的完成了预定的行程，只不过意识的参与成分相对较少而已。应该说，自动化的意识状态是意识的第二状态。它本身要求很少的注意，并且它不妨碍同时进行的其他活动。

《思考，快与慢》

三、白日梦状态

白日梦是指那种只包含很低水平意识努力的意识状态。它介于主动的意识状态与在睡眠中做梦二者之间，似乎是一方面清醒着，另一方面在做梦，通常在不需要集中注意的情况下自发产生。在听课时，谁都有过听着听着脑子就开了小差的时候。我们不能认为白日梦是无意识的，因为这时你还具有一定的意识活动，尽管教师在讲什么你完全没听清楚，但是你还知道他正在讲话。白日梦的内容总是与个体有一定关系的。实际上，白日梦与未来的活动有关，带有计划性或排练的性质，而且只有自己懂得。白日梦不是真正的做梦，而是意识处于一种迷糊状态。白日梦的产生是自动化的，不需要很费劲。比如，你这时在教室里听课，听得很没兴趣，不自觉地就会去想其他事情了，有时自己也很难控制。但是如果教师的课讲得非常吸引人，当你感到很有趣味时，你就不会做白日梦了。白日梦谁都会做，也都做过，只是多少不同；白日梦的内容无所谓好坏，它就是大脑的活动在改变状态。一个人的意识状态实际上在不断地变化着，精力集中的是一种，自动化的是一种，迷迷糊糊的又是一种，这是意识的第三种状态。人在临入睡而没有真正睡着的时候，意识也是处于一种迷糊状态的。

四、睡眠状态

过去很长的一个时期，睡眠被错误地认为是身体和意识都停止活动的一种状态。20 世纪 50 年代以后，随着科学的进步，特别是脑电研究的发展，人们逐渐认识到，睡眠时意识并未完全停止，还有一定的活动。并且睡眠时脑部神经系统仍在活动着，因此可以对此加以研究。但是对睡眠的研究相当困难，因为它需要特殊的睡眠实验室，而且还要给被试戴上脑电、心电、眼电、肌电等各种实验仪器，整个人好像上了手术台一样。在这种情况下被试都是自愿的，通常他们需要经过几天的适应，才能在实验室里正常入睡。研究结果发现，人的睡眠是相当复杂的。在睡眠中，意识并非完全停止，人在清醒时脑电描记器显示脑波的频率大约是 14 赫兹。当你放松下来，逐渐感到困倦时，脑波的频率降低为 8～12 赫兹。

当你睡着时，脑电图会显示出进一步的变化。随后，你的脑电波整个夜晚都以一定的模式进行着周期性的活动（见图 3-1）。整晚的睡眠可以划分为若干个循环往复的周期。

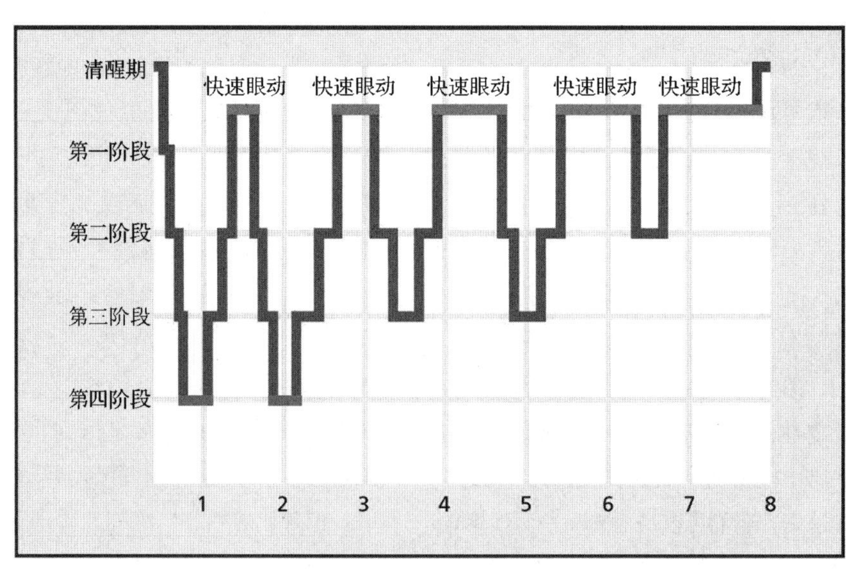

图 3-1　睡眠阶段

• 在第一阶段睡眠中，脑电波会显示某种慢速的脑波（θ）活动，以及与人们清醒时脑波相似的快速脑波（β）。

• 在接下来的第二阶段睡眠中，脑电波通常会显示更慢的脑波，并穿插着一些睡眠梭形波，这种短促的快速脑电波可靠地标示着睡眠第一阶段的结束。

• 再接下来的两个阶段（第三和第四阶段），每个阶段的时间长度逐步减短，人渐渐地进入了更深层的放松阶段。心律和呼吸渐渐放慢，脑波也大幅度变慢。δ 脑波第一次出现。大约入睡后半小时，睡眠周期的最深点在睡眠的第四阶段出现。

• 当第四阶段结束时，脑电活动开始增多，入睡的人反向经历睡眠的各个阶段。

• 当再次进入睡眠的第一阶段时，脑电波再次显示快速的 β 脑波。此外，第一阶段快速眼动（REM）阶段开始。几分钟后，睡眠周期的各个阶段开始重复。

总括起来，通常在睡眠过程中，大多数人的睡眠具有如下特点：①一般要经历 5 个或 6 个周期的循环，每一个周期大约 90 分钟；②最深度的睡眠发生在入睡后不久，即周期的第三、第四阶段；③随着睡眠的进行，后续每一个周期的熟睡时间（第三、第四阶段）比前一个周期中的时间减少，而快速眼动睡眠的时间却越来越长。

知识扩展

睡眠中的警戒点

在战争年代，我偶然见到一位医生，他在经历了好几个不眠之夜后沉沉睡去。

这时又有一群伤兵来到，需要立即治疗，但人们怎样都叫不醒这位医生。于是我用柔和而清晰的嗓音在他耳边低声说：“大夫，重伤员到了，需要你急救。”医生立即就醒来了。

对此可以做如下解释：人们起先试图喊醒他，是对他的大脑深处的抑制部分发生作用，而我喊叫的是他的“警戒点”，即那个即使在酣睡中也醒着的、不受抑制或只受微弱抑制的部分。“警戒点”的细胞，并不是完全抑制的，而是处于“反常相”的状态。它们对于弱的刺激比对强的刺激更敏感，因此我用低的声音叫醒了他。

兴奋传到脑的“警戒点”可以解除大脑皮质原来处于深度抑制状态的其他部位的抑制。例如，一位熟睡在自己生病的孩子床边的母亲，别人怎样高声叫喊也不能把她叫醒，然而孩子极微弱的呻吟声却能使她立即从熟睡中醒来。一个磨面工能在雷雨中熟睡，但在他的磨盘停止转动时他能马上醒来。

此外，动物也有“警戒点”。因此马是站着睡觉的，蝙蝠低垂着头睡觉却并不坠落，而章鱼在睡眠时总有一条腿醒着“值班”。

资料来源：［苏］柯·柯·普拉图诺夫：《趣味心理学》，张德等译，18 页，长春，吉林人民出版社，1984。

研究发现，睡眠对身体和心理有恢复的功能：由身体补充能量供给，同时受损的脑细胞可以得到修复。但我们到底需要多少睡眠，首先取决于遗传因素。大体上不同物种对睡眠有一定的需要范围，但还存在着个体差异。个人特征和生活习惯也与此有关。比如，那些比一般人需要更多睡眠的人，往往比常人更紧张，更担忧，更有艺术气质，更具创造力；而睡眠较少的人则更具有活力，更加外向。此外，一个人锻炼的多少也会影响所需睡眠的多少。从发展的角度看，人在一生中睡眠时间的长短和睡眠不同部分占总睡眠时间的比例，随着年龄的不同而持续发生变化。新生儿每天睡大约 16 小时，其中大约有一半是快速眼动睡眠。小学生的快速眼动睡眠占 30%；成人的占 20%；老人的占 10%～15%。并且老人总的睡眠时间越来越少，一般说老人睡眠不沉。人的睡眠总时间大约占人一生的三分之一时间（见图 3-2）。

快速眼动睡眠的重要性

五、潜意识或无意识

精神分析学家弗洛伊德（Sigmund Freud）把意识比作冰山一角，最早提出人们平时所感知的只是意识的一小部分。大量证据已经证实了他的这个想法，心理活动的很大部分我们可称之为无意识或潜意识（unconsciousness，sub-consciousness）。无意识也包括不同的层次，从自动运行以维持基本生理机能的过程，到能够对意识和行为产生微妙影响的心理过程。其最简单的形式就是对那些如果给以某些提示，能相对容易地回到意识中的事件的记忆。还有较复杂的更深层次，就是那些由于受到某种条件限制而不能表现出来的思想意识，包括记忆、思想和愿望等。它们由于受到压抑，处在不被觉知的意识下层，但对意识还是有影响的。在弗洛伊德的精神分析理论中，这部分潜意识组成了每个人心理的主要部分，并作为性欲和攻击欲望的来源。尽管弗洛伊德的理论在心理治疗领域有很大影响，但终究缺乏科学证实，不被广泛接受。当代认知心理学以科学的方法研究指出：意识之下的心理过程并不像弗洛伊德所描绘的，是那样冲动而邪恶的，它的作用似乎是将大部分资源都用来完成一些背景任务，如筛选接收的各种感觉信息，而不是用来压抑有关创伤经历的记忆，尤其不只是性欲方面的冲动。由此看来，认知心理学的观点认为，潜意识可以对我们可能遇到的信息流进行监控、分类、废弃和存储，比弗洛伊德给潜意识赋予了更大的作用。

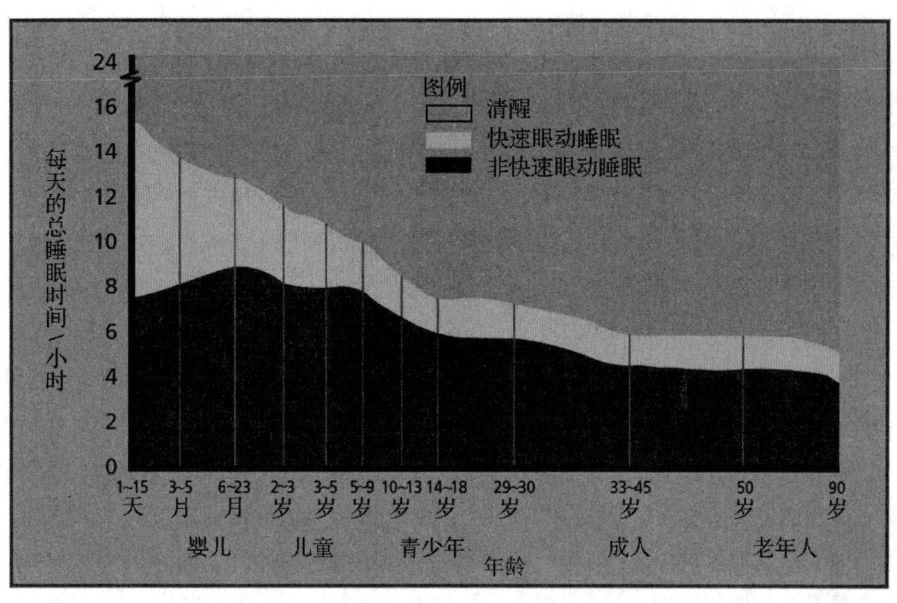

图 3-2 人在一生中睡眠时间的变化

第三节 生物节律与梦

一、生物节律：意识状态的周期性变化

所有生物都受自然界周期性变化的影响，特别是白天和黑夜交替变化的影响。对于人类而言，最重要的就是昼夜节律（circadian rhythm），即身体大约每 24 小时循环变化的模式。它的主要表现为睡与醒的周期性循环。此外，也还有一些生理方面的，如血压、排尿、荷尔蒙分泌等的节律变化。一般人都知道，在一天中人的体温在下午达到顶峰，在夜里熟睡时降至最低点。研究指出，人们一般在体温开始下降时发困欲睡，当体温上升时醒来。对这种周期性节律的控制由每个人自己的“生物钟”负责，它随时监控着时间的进程，也称生物节律。

人的生物节律在 4 种时间循环上与人的行为相联系，即它与 1 年、28 天、24 小时和 90 分钟长短近乎对应。年度与季节性循环与性活动的模式和心境障碍的发作（如抑郁）相联系。女性的月经周期与 28 天至 1 个月相联系，尽管不很准确，但这种循环与情绪变化有联系；男性虽然无明显变化，但这种循环对他们的内分泌也有影响。90 分钟的周期与人们的警觉性、白日梦和饥饿有关，也称为人的心理活跃期，因此一般在工作安排上，以每 90 分钟后稍事休息的效果最好。在上述 4 种周期性活动中，年、月、90 分钟三种循环对人的心理状态影响不算很大，而每日周期则有重大影响。

对于大多数人来说，正常的睡眠—清醒周期要比 1 天的时间稍长一些。当被长期置于没有任何时间线索的环境中时，大多数人的昼夜节律大约是每 25 小时一个周期。但是在一般情况下，人们会每天依据光照和习惯性的例行活动来进行调节，因此自觉感受到的心理反应不明显。然而，事实上由于昼夜节律的存在，任何与生物钟不相符的活动都影响着个体的情绪和行为。如果将工作时间从白天变为夜晚就会出现这种效果。人们为了考试开夜车也会引起类似的现象。人们在环球飞行时一般出现的飞行时差（jet lag）是最明显的实例。它通常表现为旅途结束后，人们长时间地感到发困、懒散、食欲不振。进行跨时区旅行的人大多会注意到，一天的时间变长比变短更容易适应一些。因此，当人们从中国向西飞行时（如从北京去巴黎），日子变长所造成的时差反应要比向东飞行（如从巴黎回北京）所造成的时差反应困扰较小，适应起来相对比较容易些。这种受时差影响引起身心困扰的大小因人而异，可能持续几天，只有当新的生物钟建立起来后它便自动消失。研究表明，飞行时差所造成的身心困扰绝非产生于旅途疲劳，因为用同样长的时间做南北方向旅行（如从我国东北到印尼），由于处在同一个时区之内，就不会出现这种问题。了解昼夜节律问题，在工业心理学上有重要意义。因为清醒和睡眠的周期性对工厂在时间安排上的倒班制度有影响。总的说来，倒班制度对工人不利：倒班使睡觉时间不固定，生物钟被打乱，睡眠不好，心烦意乱，工作效率降低，还容易发生事故。怎样能使工作安排既符合生产需要，又较少破坏工人的生理心理活动规律，使倒班工人产生的困难降到最低程度呢？《科学》杂志上曾经发表过一个由美国学者（Czeisler & Moore-Ede）所做的实验：将被试分成两组，A 组从原来上午 8 点上班改为下午 4 点上班，即把班次往后推，开始换班那一天的时间被延长；B 组从原来下午 4 点上班改为上午 8 点上班，即将班次往前提，有一天的时间被缩短。另外，在 A、B 两组中各有一半人是一周倒一次班，另一半是三周倒一次班。几个月以后研究者发现，往前提的那一组感觉到心里特别地不舒适，而往后推的那一组则感觉问题不大，心理的不满意感相对少许多；再有，一周倒班一次的工人与三周倒班一次的工人相比，前者特别感到因不断地调整时间而心情极不舒畅。研究结果进一步证明了生物节律既影响睡眠质量，也影响白天的清醒程度和工作效率。这个研究同时为合理地安排生产提供了一定的科学依据。与飞行时差相比，倒班更难适应，那是因为倒班是在原有环境中进行的，周围情境未变，缺少有助于调整自己生物钟的各种客观线索，如日出日落，周围的人上班、上学，商店的营业时间等。

紊乱的昼夜节律如何影响癌症的发生发展

二、关于梦的解释

人一定要睡觉，而睡觉就一定会做梦，并且梦的内容离奇多样又不能控制，从古代开始就不断有关于梦的研究和传说。然而限于科学水平，那些对梦的解释主要靠思辨，大多认为做梦是神灵来传达意旨，是唯心主义的。现在我们认识到梦是人在睡眠中，神经系统继续活动的结果。人在清醒时头脑很活跃，是受思维控制的；在做梦时，大脑不完全休息，有时也相当活跃，但它不受控制。梦是人在睡眠中，尤其在快速眼动睡眠时期，神经系统活动的结果。梦也是一种心理活动，只不过不受意识控制而已。前面讲过，意识活动有不同程度的变化，有时候它的变化是不被觉察的，也就是进入了所谓的无意识状态。实践中不止一次地证明了这种无意识活动的存在。例如，在医院进行手术时，病人已经被麻醉了，医生突然发现一个问题，随便地说了一句："呀，这可能是癌症，不是囊肿吧！"尽管手术后化验结果是良性的，医生告诉病人没有问题了，但病人自那以后就怎么都觉得不对劲，情绪总是比较忧郁。问他怎么了，他说不出来。问题出在何处呢？弗洛伊德对此首先提出这是无意识的问题，实际上医生讲的话病人听到了，但他没有清楚地意识到。尽管没有意识到，但仍然起了作用。还有一个类似的实验：对于实验组的病人，当他们在手术台上的时候，医生说了一句，他的嘴唇怎么这么紫，赶快加氧气；而对控制组的病人就没有说这一句。结果控制组的病人手术后很快就痊愈了，而在实验组的病人中有半数人长时间没有完全恢复。再仔细询问，有些人就说自己好像嘴唇不太好，需要加氧气。这可以证明，病人在麻醉后虽然失去了知觉，但实际上他还是听到了医生的话，在麻醉状态下神经联系仍然可以建立，只是没有达到意识的水平，这就是无意识的问题。这个事实应该引起医务工作者们的注意。无意识的问题常常引起人的心理矛盾，如何解释呢？按照弗洛伊德的精神分析观点，所有的无意识都是有关性的问题，由于受社会伦理道德的限制，人们不能明白地说出来，它只能在无意识里起作用，结果就会引起一些心理障碍。精神分析的工作主要在于分析和发现那些隐藏在无意识里的东西，把真正的病因挖出来予以解决。这种方法在心理治疗中是起作用的。科学心理学的发展，使我们认识到：无意识肯定存在，但它决不完全是有关性的问题的。如何利用和解释无意识问题，在心理治疗和心理咨询中起相当重要的作用。

关于梦的内容，大量调查结果指出，它并不像宣传的那样离奇古怪，只不过由于人们容易记住，也愿意向外叙述的大多是那些较为离奇的梦，才增加了梦的奇特性。心理学家霍尔（Calvin Hall）总结分析了一万多个梦境后指出，总的说来大多数的梦具有一般世俗的性质，可能是将家庭、朋友和同事等某些特征加以联系组成的，因此有一些梦相当普遍。霍尔认为，梦境倾向于来自人的内部冲突，并带有性别特征。例如，很多人都做过有关攻击、性和不幸事件的梦，并且他发现，人们很少梦到公共事务。因此，我们可以认为梦境的第一个重要特征是自我中心，梦境主要与自己有关，并且具有一定性别差异。例如，陌生人常出现在男人的梦里，而女人的梦里常有儿童；男人对梦境的报告常涉及汽车、武器和攻击性行为，而女人的报告里则会涉及服装、珠宝，并不时有被攻击的事件。梦境受生活环境影响，与当前的生活事件有关是梦的第二个重要特征。如果你正经受着严重的经济困扰，或担心即将到来的考试，它们都会在梦中出现。实验证明，给睡眠中的人施以外在刺激可以影响他所做的梦。例如，当一个人正处在快速眼动睡眠阶段时，轻轻地给他的手臂上洒一些水，过少许时间将他唤醒并问他做了什么梦，有 42%的人的梦中有水，或下雨，或洗澡，或游泳，或洪水泛滥等。有人发现在家里当闹钟的响声未能把他唤醒时，常会出现同样的梦，这可以解释为闹钟的响声被无意识地听到了，但是被当作机器声或警报声结合到梦境中了。梦总是由某种刺激引起一些神经细胞活动的结果，只不过它没有被清醒地觉察，也不能被控制而已。此外也有一种所谓带预见性的梦，如梦见腿被狗咬伤，过几天腿真的长了瘤。这如何解释？缺乏科学知识的人可能认为这是“神灵”在给你托梦预示腿要坏了，其实这是由身体内部刺激引起的。腿上长瘤，它不是一天就表现出来的，刚开始时刺激相当微弱，没有达到感觉阈限，因此当你清醒时很难觉察而已。因为人们在清醒状态下，生活要求他们应该主要关心外界事物，对微弱的内部刺激自然就很难觉察得到，但进入睡眠后，大部分神经细胞都处于抑制状态，这些刺激就相对强烈起来，使人们有了一些觉察而又不能控制，因此就有可能将它与其他有关事物不自主地联系起来构成梦，如梦见腿被狗咬伤，或骑车把腿摔坏了等。这就是为什么做梦可能有一定预见性的科学解释。

《梦的解析》

第四节 意识的特殊现象

一、催眠

（一）催眠的性质及其产生

催眠（hypnosis）是由催眠师诱导而出现的一种类似睡眠又非睡眠的意识恍惚状态，最早提出于 18 世纪。在巴黎有一位喜欢浮夸的奥地利医生名叫麦斯迈尔（Franz Anton Mesmer），他宣称能够通过一套复杂的方法，应用“动物磁力”治疗病人，其中包括能使病人躺在手臂上面进行治疗。按现代理论理解那大概就是一种暗示力。据传法国政府准备出很多钱购买他的治疗方法，但他不肯，这可能是由于他自己也没有把握，最后他被当作骗子驱逐出城。不过，虽然这个想象从此以后不再公开地得到信任，但一些实际工作者仍然追随着他的路线，麦斯迈尔的名字也继续流传。后来，一位苏格兰医生布雷德（James Braid）对该现象产生了兴趣，于 19 世纪提出“催眠”一词，并且宣称它能够不用药物而使手术病人被麻醉，从而得到了传播。遗憾的是，不久更为有效和可靠的麻醉剂出现了，使催眠术的发展再次受到影响。

催眠通常是从催眠师进行诱导开始，他使用一套系统的程序使被催眠者显示出高度的受暗示性（suggestibility），主要表现为被动地放松、反应性降低、注意范围变得狭窄和幻觉增强。诱导催眠的技术通常是催眠者反复地轻声告诉被试：你感到了疲倦、发困和朦胧欲睡，并且清楚地描述应该发生的身体感觉，例如，你的两臂在下坠，脚在发热，眼皮变得沉重，抬不起来了等。在这种情况下，许多被试逐渐接受影响进入了催眠状态。

（二）催眠易受性

研究结果指出，人们对催眠的受暗示性存在很大的个体差异。每个人对催眠的反应性是一种稳定的可测量的特质，可以通过各种特定的量表进行测查。舞台上富有戏剧性的催眠表演给人们一种催眠师具有催眠力量的印象。但实际上，真正的明星是被催眠的人，催眠师更像一个富有经验的引路人。有些人甚至可以自我催眠，通过给自己一定的暗示，让自己进入催眠状态。

决定催眠能否成功的唯一重要因素是被催眠者的易受催眠程度，也叫催眠易受性。它可以通过测量人们对标准化暗示的响应程度来测量。不同个体的催眠易受性不同，从完全不响应到完全响应不等。一个高度易受催眠的人能够被暗示做出各种行为，如移动手臂、各处行走、产生幻觉、遗忘重要事情以及对疼痛毫无感觉。正因为如此，易受暗示的人所“恢复”的记忆并不可信。美国斯坦福大学教授希尔加德（Ernest Hilgard）于 1965 年所做的“斯坦福催眠感受性量表”（Stanford Hypnotic Susceptibility Scale，SHSS）被公认为最有效的测量工具。图 3-3 显示了 533 名十八九岁的青年被试在第一次使用“斯坦福催眠感受性量表”进行实验时所得到的结果。

关于受暗示性的实质，过去人们曾认

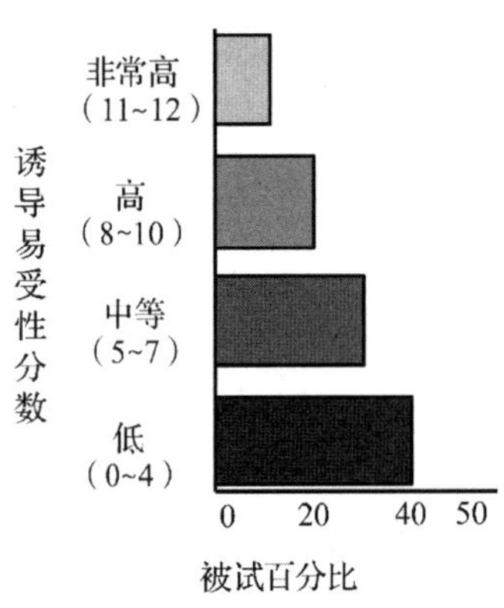

图 3-3　第一次接受诱导催眠时达到的催眠程度

为它属于一种人格特质，与易受吸引和表象清晰有关，但研究表明两者的相关很低。再考虑其他方面，研究者发现对催眠的受暗示程度与一个人的态度和期望密切联系。凡对催眠持积极态度，相信催眠的可能性，同时又对该催眠者表示信赖时，他就容易很好地配合，接受暗示并取得成功。这也与我国常用的一句谚语“心诚则灵”正相符合。

知识扩展

斯坦福催眠感受性量表

暗示的活动	通过的标准
姿势改变（你弯下身去）	不须强迫就自动弯下身去
闭上眼睛（你的眼皮越来越沉重）	不须强迫就自动闭上眼睛
手向下垂（你的左手垂下去）	在 10 秒内左手垂下 6 英寸（1 英寸约等于 2.54 厘米）
手臂定位（你的右臂无法移动）	在 10 秒内右手举不到 1 英寸
手指并拢（你的手指无法分开）	在 10 秒内手指无法张开
手臂僵硬（你的左臂开始僵硬）	在 10 秒内手臂弯曲少于 2 英寸
两手合拢（你的两手相向合拢）	在 10 秒内两手合拢 6 英寸之内
口语抑制（你说不出自己的姓名）	在 10 秒内无法说出自己的姓名
幻觉现象（你眼前有一只苍蝇）	被试挥手试图将之赶走
眼睛失控（你无法支配你的眼睛）	在 10 秒之内睁不开眼睛
醒后暗示（醒后请坐另一把椅子）	醒后表现出有移动的反应
失忆测验（醒后你将忘记这一切）	所能记忆的催眠中项目少于 3 个

（三）催眠的现实用途

由于催眠可以对人的心理和生理机能产生强大影响，所以，催眠除有时被用作表演项目外，它也是一种有用的研究工具。通过使用进入被催眠状态的志愿者，研究人员可以诱发暂时的心理状态，如焦虑、抑郁和幻觉，而无须寻找真正拥有这些心理问题的被试。比如，一个实验研究与听觉丧失有关的心理问题，那些被催眠暗示丧失了听力的大学生报告说，他们觉得自己多疑，而且会遭到他人排斥，因为他们听不到其他被试正在说什么，并认为其他人是故意背着他们说悄悄话，故意要把他们排除在社交圈之外的。催眠在心理治疗上也有用处，它可以让患有恐惧症、恐高症、对某种小动物非常惧怕的人降低对恐惧源的敏感。催眠也可以使他们放松应对压力。此外，治疗专家还发现，催眠可以消除某些不良行为，如吸烟。一种经常使用的技巧是在人的大脑中植入可以削弱患者对于烟草渴望的催眠后暗示。总之，人们的思想意识除了受外界直接刺激的影响外，也会受到来源不明确的自身内部的暗示。实践证明，对于那些非常容易受暗示的人来说，在控制疼痛方面，催眠有时的确比常规的麻醉方法更有效。

《爱德华大夫》

（四）催眠理论

催眠从江湖魔术发展到科学研究的对象，曾经有多种理论对其实质做出不同的解释，但至今没有得到很好的解决。下面介绍影响最大的两种理论。

1. 催眠是角色扮演（role playing）

对催眠的一种非常流行的看法是将它与睡眠相联系，认为它是转变了的意识的另一种特殊状态。然而脑电波研究发现催眠状态下的脑电波形态与清醒状态下的完全相同，因此对催眠是意识的特殊状态的看法不予支持。于是巴伯尔（Barber）和斯潘诺斯（Spanos）等人提出了角色扮演理论，认为催眠产生于被试在催眠者的诱导下过度合作地扮演了另外一个角色；并且指出，是被试对角色的期望和情境因素，引导他们以高度合作的态度做出了某些动作。

2. 催眠是分裂的意识状态

很多学者坚持催眠是意识的另一种状态，而不是角色扮演，因为即使最合作的被试也不同意在不给麻醉药的条件下进行手术。根据实验结果，斯坦福大学教授希尔加德（Ernest Hilgard）提出催眠的意识分裂理论，认为催眠将心理过程分裂为两个同时进行活动的层面：第一个层面为接受暗示以后所经历的意识活动，性质可能是扭曲的；第二个层面是被掩蔽的、当时难于觉察的意识经验，但其性质是比较真实的，希尔加德称之为“隐蔽观察者”，它与本人的正常意识一起运作。希尔加德曾经展示过，进入催眠状态的人在把自己的手放入冰水中时，并没有感觉到疼痛，但是他们能对如下指示做出肯定的反应："如果你身体的某部分感觉到疼痛，请举起你的右手食指。"希尔加德相信，聚焦于疼痛感觉的注意力转移到了隐性观察者身上，这样正常的意识就感觉不到疼痛了。意识分裂是生活中一种经常出现的正常体验。例如，长途驾驶的人对交通信号和其他车辆做出了一系列反应但多不能回忆，就是由于当时意识明显地分裂为驾驶汽车与个人思考两部分了。正是由于隐蔽观察者的存在，人在催眠状态下不会完全接受暗示而失去自我。

最近的理论试图在这些不同的观点中找出共同的基础。也许每一种都有它正确的地方，也许催眠状态就像正常的清醒状态一样，既包括分裂的意识状态，也包含一定的动机和期望，甚至还有社会互动，这至今还是一个没有被完全解决的课题。

二、心理促动药物的影响

有些药物在使用后能使心理产生一定的变化，称为心理促动药物（psychoactive drug)。它们的作用与一般外在刺激物一样，是使人的心理在感知觉层面上发生改变，但是在加大剂量后，严重的则会引起思维、情绪及行为活动方面的改变。心理促动药物主要分三类，这里我们不讲它们的医疗效用，只谈在医疗用途以外它们对意识产生的副作用。

（一）镇静剂

镇静剂主要是指鸦片、海洛因、吗啡之类药物。这类药物有毒，有镇静和麻醉的作用。其特点在于少量服用没有妨碍。患者在服用后首先产生一种轻微的欣快感，可以消除情绪上的紧张。由于它降低了神经系统和行为的活动性，最后将导致睡眠。

（二）兴奋剂

兴奋剂是指可以提高神经细胞的兴奋性和行为活动性的一类药物。它的范围很广，效用从轻到重差别也很大，包括咖啡因、尼古丁、可卡因（cocaine)、安非他明（amphetamines）等。通常的经验是当人比较困倦但又需要继续工作时，喝一杯咖啡或茶来提神是有帮助的；但如果临睡前喝两杯浓咖啡，神经过于兴奋就很难入睡了。个体对兴奋剂的反应存在很大的差异。但是用重度兴奋剂制成的毒品，如冰片等，则肯定会引起人的过度兴奋，活动不能停歇，不能入睡和妄想狂等状况。

无论是镇静剂还是兴奋剂，适量服用都有积极作用。但问题在于长期服用会造成对它的依赖，即使人上瘾（addiction)。对药物上瘾的结果会出现两种情况：一种情况是生理上的，表现为先是增强对药物的耐受性，即必须加大剂量才能产生同样的效果，然后转变为身体上因缺药而出现剧烈难忍的病痛，从而急切地渴望得到药物才能使痛苦减轻；再一种是心理上的依赖，表现为没有药物各方面都极端地不能适应，思维不能集中并且心情烦躁，完全不能进行正常的心理和行为活动。由此可见，这些药物虽然最初没有害处，但长期或过度地服用以后，就必然严重地伤害身心，而且会在文化、道德、社会、法律等多方面造成严重的恶劣影响。因此，对上瘾的危害需要加强宣传，尤其是对于青少年要加强教育和法律上的约束。

如何科学地饮用含咖啡因的饮品

（三）迷幻剂

迷幻剂（hallucinogens）指的是另一类对人的心理和情绪有重要影响的药物，其特点是能够使意识，尤其是使感知觉发生扭曲。最常见的是麦角酸（LSD）和墨斯卡灵（mescaline）。迷幻剂使人产生欣快感，增强感觉的敏感性，并且使时间知觉错乱。有些人还能产生像深度做梦般无法描述的神秘感，觉得自己整个身体与外界分不开，把现实全部扭曲。正因为如此，在有些社会文化中它被用在宗教仪式上。但是，在情绪变化的另一极端，迷幻剂也可能产生梦魇般的焦虑、恐怖和妄想狂。此外，它还能够造成思维和判断的混乱。如果被坏人利用，它将给个人和社会带来极大危害。

知识扩展

拮抗成瘾理论

有一种拮抗成瘾理论（opponent process theory of addiction）认为，当情绪A发生时，随即触发与它相反的情绪B以恢复平衡，所以净感情的强度为A—B。B随着A发生的次数增多而加强，于是A受B抵消的程度也随着A发生的次数增多而加大，这就使得所引起的总情绪效应变得越来越弱。同时也表现出越来越强的反弹效应，即较强的B情绪被引起。任何情绪刺激（包括药物）的效应都服从这一规律。吸毒上瘾就是由于毒品的效应随服用次数的增加而减弱，即毒品所引起的愉快感越来越弱，这就使得需要的吸毒量越来越大，这是一种超限抑制或保护性抑制的表现。当刺激的效应降低时，为了获得相同的体验效果，刺激物的量就需要相应地增加。爱好冒险游戏者所追求的险情越来越高也出于这同一原理。

资料来源：张述祖、沈德立：《基础心理学增编》，24页，北京，教育科学出版社，2003。

总之，各种心理促动药物都可以使人的意识发生变化，如知觉歪曲、意志消沉，同时又使人上瘾，不只危害个人的身体健康，还很容易引起严重的社会问题，必须严格控制使用。不过心理促动药物的效能，受个人心理，如主观期待的影响很大，因此在严格限制心理促动药物的同时，加强思想教育和重视心理卫生，不断提高人们的心理健康水平具有重要意义。

思考题

1. 什么是意识？它与通常所说的心理有什么主要区别？
2. 不能自主控制的意识状态有哪几种？各有什么特点？
3. 你是如何看待无意识现象的？
4. 心理学家如何解释梦？
5. 什么是催眠？它与睡眠有何区别？
6. 请举例说明“日有所思，夜有所梦”这一现象。

第四章 感觉与知觉

【本章要点】

1. 感知觉的产生过程与作用。
2. 感觉适应。
3. 感觉阈限。
4. 信号觉察论。
5. 视觉和听觉。
6. 知觉的组织与特性。
7. 错觉。

人们在复杂多变的环境中生存，首要的工作是从外部世界获取信息并建立联系，只有通过联系，人们才能对环境有一定的认识和了解，才能对之加以适应来维持生活或提高一步进行改造。世界上存在着各种各样的客观刺激，它们以各种不同能量的形式出现，对人发生影响，有些来自外部世界，也有些来自身体内部。作为人的心理活动的第一步，是要将不同能量的刺激在神经系统的末梢转换成神经冲动，如在视觉活动中眼睛作为感官将光刺激转换成神经冲动。再经过传入神经（或称感觉神经）传递到与之相对应的大脑皮质的一定部位（脑枕叶部位）。神经冲动传到大脑枕叶，形成视觉；声音刺激通过耳内的末梢神经转换成神经冲动后传到大脑皮层的颞叶，形成听觉。同样地，其他多种感觉也都是通过类似途径在到达大脑的高级中枢后才形成的。这是人们对于感觉产生过程的一般理解，是脑的最基础的认知活动过程。然而，实际上各种神经冲动到达大脑中枢与它相对应的高级神经中枢后，并不停止，还要再进行高一级的加工，各种不同感觉神经末梢传递的信息需要加以组织，才得出对信息的认识，即加以理解形成知觉（perception）。知觉是对信息的解释。近代的大量研究都指出：事实上在感觉和知觉之间很难划分严格的界限。有些信息的解释是在感官中开始，到大脑后继续进行的，二者属于统一的加工系统，都受大脑高级中枢指挥。例如，经验可以对你同时得到的多种感觉信息进行组织，使你只将其中某些刺激组织起来，构成一个有意义的物品，并反映成为知觉对象，其余的很多刺激则比较模糊地联系在一起，成为图形的背景退居其后了。感知觉是人们认识世界的第一步，属于认知过程的初级阶段。

如上所述，我们解释了感觉与知觉是紧密联系不可分割的。最初的感觉过程的主要作用是产生信息，并向神经冲动转化和向脑的高级部位传输，其大部分属生理活动；随后在脑的高级中枢内进行组织才使人们揭露和理解其意义，产生了知觉。既然如此，为什么在心理学教科书中又总是把关于感觉与知觉的内容合为一章，却又分开解释呢？我想合并是因为从其作用来讲的，这二者相连接共同完成认知的开始，感觉还不能构成心理活动，所以没有必要作为心理学的单独一章单列，但是心理学成为科学是从冯特将感觉作为心理的基本元素，进行了大量实验开始的。它的作用和贡献意义深远，对于初学者来说容易接受，所以保留关于感觉的内容，与知觉联合起来，称为感知觉，这更符合信息加工原理对心理的解说。

第一节 感觉概述

一、感觉产生的基本过程

身体上各种不同的感官通过觉察声、光、热、气味等各种不同形式的能量去收集外界的信息，如耳朵听声音、眼睛看光亮、皮肤觉察冷热与施加在它上面的压力等，任何感觉的作用都在于收集信息，并提供给大脑以进行进一步的加工，虽然不同感觉收集的信息不同，产生它的机制不同，但作为一个加工系统，它的活动基本上都包括以下三个环节。

在感觉系统中，产生感觉的第一个环节是收集信息，包括一个辅助组织，如外耳的耳郭和眼睛的水晶体，它们的作用是通过一定的改变使之更有利于获取刺激。例如，我们日常所说的竖起耳朵来听是为了拢住声音，有利于人们听得更清楚；睁大眼睛去看，则是要靠变化水晶体的曲度使光线更好地在网膜上聚焦。感觉活动的第二个环节是转换，即把进入的能量转换为神经冲动，这是产生感觉的关键环节，其组织称为感受器。不同感受器上的神经细胞是专门化的，它们只对某一种特定形式的能量产生反应，如耳朵只听声音，眼睛只看到光线。实验甚至可以证明，重重的一拳打在眼球上，眼睛会冒金星，即视觉神经细胞只会产生光的反应；同样，使用电击，眼睛也会看到光亮。根据这些事实研究者提出了特殊神经能量学说。感觉活动的第三个环节是将从感受器传出的神经冲动经过传入神经的传导，将信息传到大脑中去进行更复杂的加工。然后感觉就变成了知觉。

《生物心理学（第十版）》

表 4-1 感觉系统的要素

感觉	刺激	感觉器官	感受器	具体感觉
视觉	光波	眼	视网膜上的视杆细胞和视锥细胞	色彩、亮度、形状、运动、材质
听觉	声波	耳	基底膜上的毛细胞	音调、响度、音色
皮肤觉	外部接触	皮肤	皮肤中的神经末梢	触觉、温觉、冷觉
嗅觉	挥发性物质	鼻	嗅觉上皮细胞的毛细胞	气味
味觉	可溶性物质	舌	舌上的味蕾	味道
疼痛	许多强烈的或极端的刺激；温度、化学物质和机械刺激等	周身的疼痛纤维网	专门的疼痛感受器，过于兴奋或不正常的神经元	剧烈疼痛、持续性疼痛
运动觉和前庭觉	身体位置、运动和平衡	半规管、骨骼肌、关节、肌腱	半规管里的毛细胞；与骨骼肌、关节和肌腱相连的神经元	身体各部分的空间位置

二、感觉的种类

感觉是认识的源泉。外界任何事物、任何信息都是通过感觉进入大脑的。然而人们对于感觉有几种却说法不一，通常是指视、听、触、味、嗅五种感觉。但是也有人提出这五种感觉以外的“第六感觉”，或称“超感知觉”（extrasensory perception，ESP）。超感知觉是指通过不同于人类正常感官而获得有关外部世界和其他人或未来的信息的可能性。研究超感知觉的科学称为“异常心理学”。例如，有人讲他能“读”出其他人头脑内的思想，或看出他人的未来。一百年来这种所谓的特异功能吸引了许多人去幻想，以至于到了近乎迷信的地步。至今西方还有人在进行探索。同时它也受到科学家们的严厉批判。批判超感知觉的首要问题在于它是否真实存在。为了证明这一点，重要的是排除其他感觉起作用的可能，于是出现了“隔纸认字”

和“念动移物”等特异功能的表演。这类表演有时成功，但多数不能保证能够重演，还有些表演者使用一些技巧去加强效果而被识破。虽然已有科学家指出手持带颜色的物体时，不同颜色反映出来的热量不同，温度感觉灵敏的人可能能够区分得出来。但总的来说，人们对超感知觉的研究至今没有统一的结论，第六感觉是否存在还有待于进一步的科学证明。

三、感觉适应

各种感觉反映的内容不同，但在产生过程中有一些共同规律。感觉适应就是其中很明显的一种。感觉器官在接收外界刺激时会引起反应，但是其强度大小不仅由该刺激决定，也受感觉器官本身状态的影响。感觉器官本身是一个可以变化的刺激探测器。研究发现，持续不断的刺激会使神经细胞的反应性逐渐减弱。由于刺激持续影响所引起的感受性变化的现象被称为感觉适应（sensory adaptation）。感觉适应是人们在生活中时常遇到的现象。例如，我们在吃糖后再吃苹果可能感到更酸，但先吃柑橘后吃苹果就会有发甜的感觉；同理，冬季的棉大衣刚穿在身上时感觉很重，但过一段时间，就感觉不到重了。此外，人们一般不会记得商场里的背景音乐，也是由于它没有强烈的音量和音调，长时间平淡地播放造成了人们的听觉适应。我们来做一个简单的实验：先将手放在冷水中停留一刻后拿出，再放到温水盆里，会感到水温较热；若先把手放到热水中再试温水，就会感觉水的温度较凉了。在嗅觉、重量感觉中也有这种适应现象。古语所说“入芝兰之室，久而不闻其香；入鲍鱼之肆，久而不闻其臭”正是这个道理。

生活中视觉的适应现象最明显，当你刚进入开演后的电影院时，你感到周围一片漆黑很难分辨方向，那是由于你长时间在外面明亮的环境中已经适应了亮光而对微弱光线不甚敏感。经过数分钟后，你的视觉感受性逐步提高，开始能够看见一些，大约 40 分钟恢复到视觉的最高水平，周围的一切事物又都清晰可见了。这表明你已经完成了暗适应，在黑暗中眼睛对光的感受性已大大提高了。但是假若这时电影结束，你又走出影院回到强烈的夏日阳光照耀下，你会突然感到一阵炫目，亮得睁不开眼睛，那是由于眼睛在刚刚发生的暗适应条件下，对光的感受性太高，是受强光刺激破坏所造成的。此时适应所需时间很短，只要几秒，视力就恢复正常。这种现象也称明适应。明适应和暗适应是由两种作用相反的神经细胞交替起作用完成的。两种适应是通过网膜上两种功能不同的神经细胞——锥体细胞（cones）和棒体细胞（rods）交替起作用来实现的。前者位于网膜中央，感光性差但能辨色；后者分布在网膜周围，感光性强却不能辨色。

四、感觉阈限

感觉总是由外界的物理量引起的。一般说来，物理量的存在以及它们的变化是感觉产生和发生变化的重要基础。人类对周围世界的感知范围很广，从最小的简单刺激，如一个微弱的声音、一束微弱的光线，到震耳的霹雳声、一场大型交响乐，或一幅内容复杂色彩绚丽的图画，都能引起感觉。但是如果有人要问，通过感觉神经传到大脑的刺激是否真的全都能够被感知呢？答案应该是：我们对世界的认知过程并非全能，它受一定刺激大小的限制，太强或太弱的刺激能量不能够被人觉察，同样地，两个刺激量之间的差距如果小到一定程度，也同样不能够被人觉察。研究指出在人与外界事物接触时，依据条件不同会出现不同结果，那种研究物理量和心理量之间的关系的科学称为心理物理学(psychophysics)，它是早期心理学研究的一个重要领域。它所提出的一些规律，至今仍然在实践领域中起着很大的作用。心理物理学的主要研究对象是感觉阈限。感觉阈限可以分为绝对感觉阈限与差别感觉阈限两种，下面分别加以说明。

（一）绝对感觉阈限

绝对感觉阈限（absolute threshold）是指最小可觉察的刺激量，即光、声、压力或其他物理量为了引起刚能觉察的感觉所需要的最小数量。感觉阈限越低，表明产生感觉者的感受性越高、越灵敏。当一个人在森林中迷路时，如果他的感觉阈限低，感觉灵敏，就容易看出远处有微弱亮光可借以辨别方向，或者能够听到远处搜寻人员的呼唤，这对于他的安全有重要影响。不同的人对于微弱刺激的感觉能力，即感受性有很大差异，然而尽管天生不同，它是能够通过训练有所改变的。

人类各种感觉的绝对阈限都是很低的，这对于保障生命安全有积极作用。一般说来，正常人的视觉可以觉察 30 英里（1 英里约为 1.6 千米）以外烛光的亮度；听觉可以在安静的环境中听到 20 英尺（1 英尺约为 0.3 米）以外的手表滴答声。但绝对阈限不是一个非常鲜明的界限，它只是一个可变的模糊界限，接近阈限的声音有时听得到，有时听不到，由于这个原因，绝对阈限的值需要多次重复测定去取平均值，或者更确切地说，绝对阈限是有 50％的机会被觉察的最小刺激量。表 4-2 显示了根据多数早期心理物理学家的研究成果总结得出的人类五种感觉的绝对感觉阈限。

表 4-2　人类五种感觉的绝对感觉阈限

视觉	黑夜里，30 英里以外的烛光
听觉	在安静环境中 20 英尺以外的手表滴答声
味觉	两加仑［1 加仑（英）≈4.5 升］水中的一匙白糖
嗅觉	弥散在三居室公寓空间的一滴香水的气味
触觉	从 1 厘米高处落到脸上的一个蜜蜂翅膀

绝对阈限变动的原因来自内部噪声和反应偏向两个方面。内部噪声是神经网络自发产生的随机的激活，由于神经系统无时无刻不在活动着，大脑中大量神经细胞处在自发激活状态下的神经背景上，就像屏幕上没有明晰图像而出现许多雪花般的闪光点一样。当人们在微弱光线下或安静

环境中觉察微弱刺激时，如果某一瞬间激活状态提高了，就可能被误认为是外来的声、光刺激，但当内部激活状态过低时，它与外来的微弱刺激相加又可能达不到能够被觉察的程度。影响绝对阈限变动的另一个原因是反应偏向，产生于一个人对刺激进行反应的意愿与疏忽，它反映一个人的动机和期望。假若报告错误会受到惩罚，他就会在不能肯定时不报告；而当一个人在期待着刺激出现时，他就会比他人更容易觉察到刺激。由此可见，人在刺激影响下产生感觉并非单纯地由客观刺激决定，主观的心理状态也有一定的影响。

人在刺激影响下产生感觉并非单纯地由客观的刺激强度等特性所决定的，来自感觉者本身的内部噪声和反应偏向的影响永远不可能消除，因此精确地用一个数值表示感觉阈限是不可能的。到20世纪60年代，一些科学家就不再追求对绝对阈限的精确测定，而提出一种人对接近阈限的刺激如何进行反应的数学模型，称作信号觉察论（signal detection theory，SDT）。

信号觉察论是一个关于人们对接近的刺激如何反应的数学模型。它不只与觉察微弱的声、光等简单刺激的能力有关，也涉及人们在其他方面的反应能力，如雷达观测员发现领空中有无敌机，球场裁判员发现队员们是否犯规等。信号觉察论认为人们能否觉察微弱刺激与人的感受性和他所设定的反应标准两个因素有关。感受性是指觉察刺激的能力，一般可以有大小之分，但是在微小差异的表现上每个人对给出肯定答案的标准不等，即主观心理状态的影响就无法直接计算了。具体表现在感觉系统的功能是要将感觉噪声与目标刺激的出现加以区分。反应标准是指为了使一个人做出“有”刺激的报告所需要的刺激量，与一种反映个人动机和期望的内在规定。

为了区分感受性和反应标准这两个因素并分别加以测定，我们可以应用以下来源于工程学的方法。首先对一个人进行多次要求觉察微弱信号的实验。目的是测定被试的反应偏向，其中有几次并不给信号。这样做可能出现四种结果：当信号出现并且被试反应为“有”时，称为“击中”；如果被试未能发现信号，其错误称为“漏报”；当信号并未出现而被试认为“有”时，称为“错报”；若无信号出现而被试反应为“无”时，称为“正确否定”。我们应该看到，假设一个被试在信号确实存在时，他报告“有”的概率为80%，如果我们不知道他虚报的概率，只依据实验结果就认为他的感受性很高，达到了80%的正确反应，而实际上这个结果是毫无意义的。因为如果他的虚报概率也是80%，我们的结论就应该说此人不能正确分辨有无刺激的差别。此外，研究者可以有意识地操纵被试的反应偏向。例如，通过奖励或惩罚改变被试的动机，或通过改变信号出现的概率来改变他对信号出现的期望，用以观察被试如何进行反应。

图4-1显示了信号检测理论对人如何决策的影响。

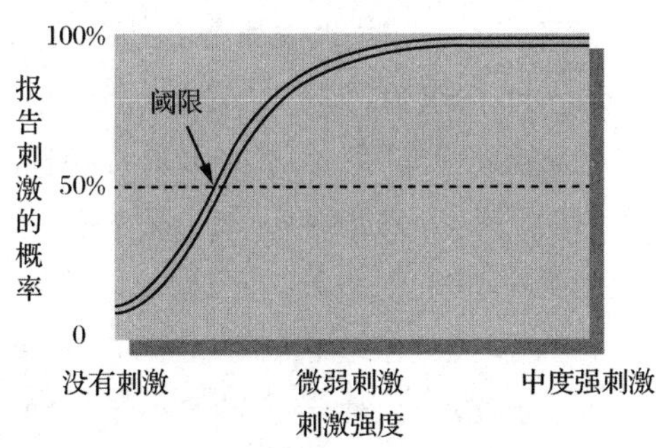

指导语a：正确报告光线出现了，你将获得10美分作为报酬，虚报则罚1美分。

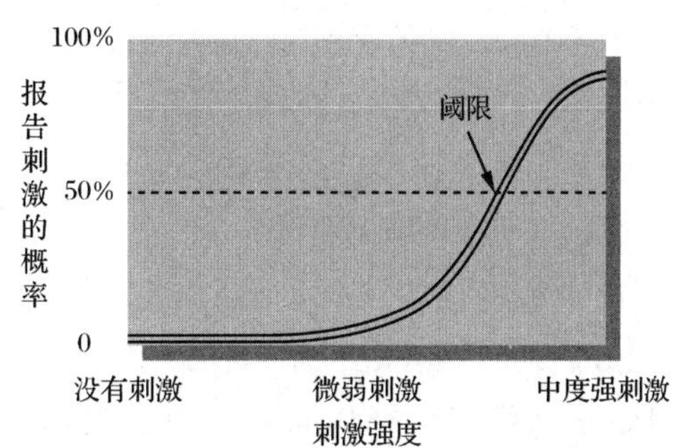

指导语b：正确报告光线出现了，你将获得1美分，虚报将罚10美分并将伴随一次电击。

图4-1 不同指导语对测试感觉阈限的影响

假设我们将判断信号出现的概率定为50%时，刺激的强度作为感觉阈限，被试对不同强度刺激的反应不同；如果告诉被试信号出现的概率增加到90%，就会发现被试对信号出现的期望增大，倾向于报告“有”的概率就会增加，在反应中出现“击中”的概率增加，同时“错报”也增加的结果。结果造成两次测试所得到的阈限值差别很大。

信号觉察论有很大实用价值。了解人们在信号觉察任务上发生错误的原因，有助于提高发现信号的准确性。例如，预知侦察任务的复杂性和设定行动步骤，可以唤起侦察者的高度警惕性。信号觉察论也应用在司法作证工作上。当司法人员要求证人在一排嫌疑者中指认出谁是罪犯时，由于这些人彼此相似并且他认为其中必定有一个是罪犯的错误倾向，一般设定的反应标准偏低，容易产生“错报”现象。因此，心理学家建议事先提醒证人，在一排被指认的嫌疑者中可能没有罪犯，这样就可以降低证人冒险误认的偏向，做出较为准确的判定。

信号检测论测量感受性的影响因素

（二）差别感觉阈限

差别感觉阈限（differential threshold）研究人们对两个刺激间最小差异的觉察。人们在生活中需要确定一个刺激的情况并不很多，更常遇到的情况是要去确定两个刺激相同还是不同。例如，音乐家需要确定发自两个声源的声音高度是否相同，喷漆工在粉刷墙壁时需要仔细观察两次调出的颜色是否有差异，调味师要能够分辨出多种不同菜肴味道的细微差别，医生从X射线摄片上看得出微弱的阴影更有助于肿瘤疾患的早期诊断与治疗。这种觉察刺激之间微弱差别的能力称为差别感受性。它在生活实践中有重要意义，可以通过实践锻炼而提高。差别感受性越高，意味着引起差别感觉所需要的刺激差别越小，即差别感觉阈限越低。由此可见，感受性与感觉阈限所指的乃是同一事物的两个不同方面。那种刚能引起差别感觉的两个感觉之间的最小差异称为最小可觉差（just noticeable difference，JND）。

研究发现，为了辨别一个刺激出现了差异，所需的刺激差异大小与该刺激本身的大小有关。例如，在 500 克的物品上增加 50 克，你会感觉到差异，但在 5000 克的物品上增加 50 克，甚至 60 克，你觉察不到。19 世纪德国生理学家韦伯发现，为了能够觉察到刺激变化，在所需要的最小变化量与原刺激量之间有固定的比例关系，称韦伯定律（Weber's law）。即差别感觉阈限并不是一个固定的数值，而是刺激变化量与原刺激量之间的一个固定比例关系。这个固定比例对不同感觉是不同的，而在相同质量的物体方面不变，用 k 表示，通常称为韦伯常数或韦伯定律。

表 4-3　不同感觉的差别感觉阈限——韦伯定律

感觉	韦伯常数（k）
电刺激	0.01
质量	0.02
声音强度	0.04
光的强度	0.08
味觉	0.08

资料来源：［美］E. 布鲁斯·戈尔茨坦（E. Bruce Goldstein）、［美］詹姆斯·R. 布洛克摩尔（James R. Brockmole）：《感觉与知觉》，第 10 版，张明等译，北京，中国轻工业出版社，2018。

表 4-3 显示不同感觉的韦伯常数，k 值越小表示该种感觉对差异越敏感。例如，重量感觉的 k 值是 0.02，表示在一件 3 千克的行李上，只要增加或减少 60 克就可以被觉察。人类视觉和听觉的韦伯比率远小于味觉和肤觉，这是在种族进化过程中根据生存需要适应自然的结果。不同职业的人，由于工作需要而经过训练，也可以使某种特定感觉的差别感受性有很大提高，如纺织工人能分辨 30 种不同的黑色，面粉工人能够靠触摸分辨各种不同的面粉等。

1860 年，德国心理学家费希纳（Gustav Fechner）对韦伯定律做了进一步的发展，提出它也可用于了解人们对刺激量的心理经验即知觉大小。费希纳指出由于最小可觉差是对刺激量变化的一个最小可觉察量，那么人们就可以用它作为测量知觉经验变化的单位。当刺激量越大时产生一个最小可觉差所需要的变化量越大，也可以解释为在物理量不断增加时，心理量的变化逐渐减慢。在物理量增大时，为了感知到同样的差异需要更大的刺激变化，这一规律称为费希纳定律（Fechner's law）。例如，25 瓦和 50 瓦两个灯泡的亮度差别看起来比 75 瓦与 100 瓦两个之间的差别更大。由于各种感觉系统的 k 值不同，严格地讲，费希纳定律为：由刺激引起的知觉大小是该感觉系统的 k 值与刺激强度的对数之积，见图 4-2。该图的 x 轴代表刺激强度，y 轴代表知觉强度。

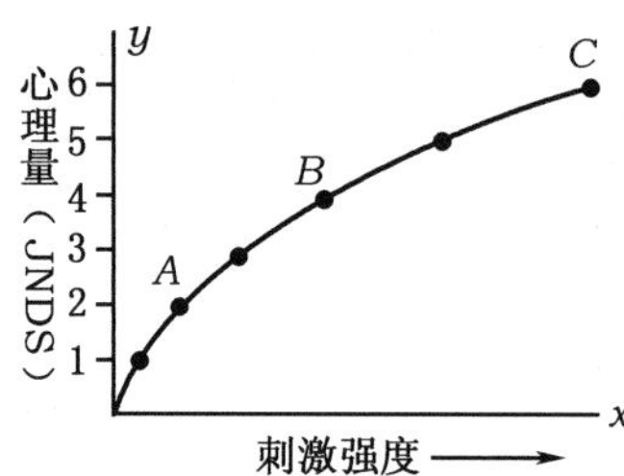

图 4-2　费希纳定律在视觉上的应用

图中 A 与 B 的差异在刺激差异量上与 B、C 之间不等，但引起的心理经验相等，都是两个最小可察觉差异。用数学的说法是，当知觉经验以算术级数增长（1—2—3）时，刺激能量以几何级数（1—4—9）增长，知觉经验与刺激强度之间在数量上是一种对数关系。

第二节 视觉

一、视觉的产生

光是一种被称为电磁辐射的能量。而作为人类视觉刺激物的只是电磁辐射的中间部分，称可见光谱（visible spectrum）。其波长在将近 400 纳米至 750 纳米（1 纳米$=10^{-9}$ 米）。波长更短的 X 射线和紫外线与波长更长的红外线与雷达射线等电磁辐射，都是人眼看不见的光，图 4-3 显示了可见光谱与电磁波的关系。自然界中的不同动物各有适合其生存条件的不同视觉系统。例如，鹰能够在高空中看见草丛里的小鼠，猫能够在极弱的微光条件下分辨物体。人的视觉虽然在某些方面似乎不如动物敏锐，但是人眼是一个非常完善的视觉系统，它既能看近处又能看远处，既能在亮光下看东西也能在昏暗处看东西，可以适应各种环境，并且更重要的是人的眼睛具有完美的色觉，使人能够欣赏到色彩缤纷的美好世界。

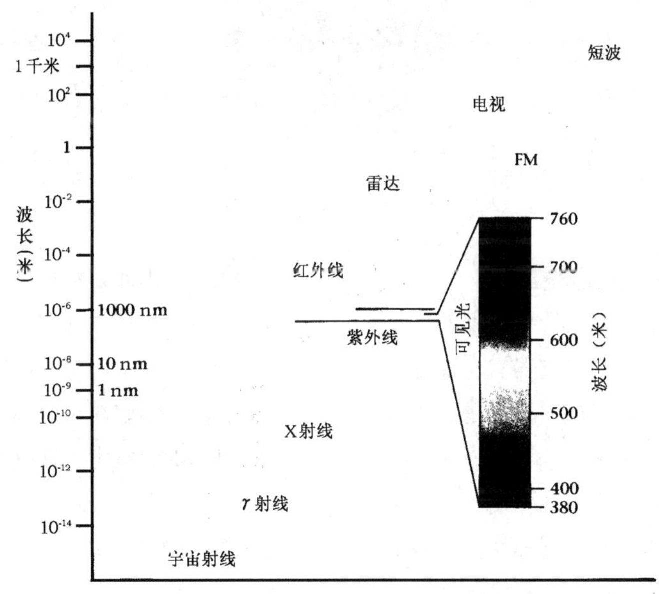

图 4-3　可见光谱与电磁波

（一）眼睛的构造

眼睛作为视觉器官有一个非常复杂和完善的结构。光波传到眼部首先要经过一些辅助组织的调节，才能投射到眼球底部并在视网膜上成像。眼球最外部是一个透明的保护层，叫作角膜（cornea），光线通过它进入瞳孔（pupil）。瞳孔是一个黑洞，位于带有一定颜色的虹膜（由淡蓝到棕色，人各不同）中央，通过虹膜的收缩和松弛可以改变瞳孔的大小，使适量的光线进入眼球。瞳孔的后方是水晶体（lens）。水晶体的曲度可以通过眼部肌肉的调节发生变化，以此来保证适量的光线能够恰好地聚焦在眼球后部的视网膜（retina）上成像

（见图 4-4）。

如果上述眼球的任一调节受到损伤，光线不能恰好聚焦在视网膜上成像，就会出现各种视觉障碍（近视、远视、斜视等）。随着年龄的增长，水晶体曲度变小，其可调节性也降低，因此老年人在阅读或看近物时就需要眼镜的帮助了。

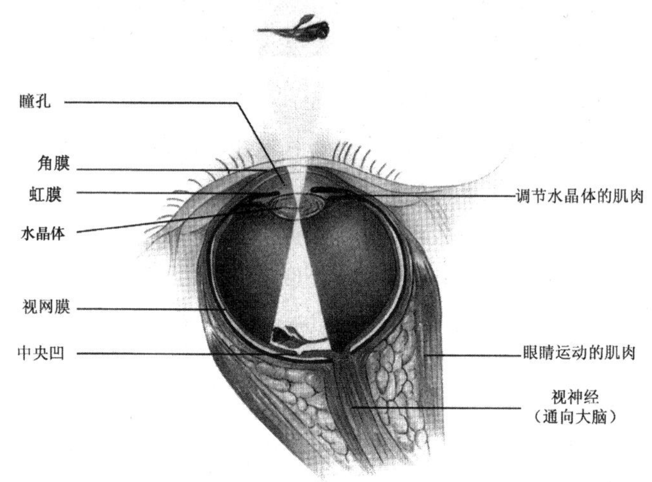

图 4-4　眼球的主要构造

（二）视网膜上的感光细胞

光能向神经活动的转换在视网膜上实现，视网膜是真正的感光器官。视网膜由多层神经细胞组成，最主要的是两种感光细胞——棒体细胞和锥体细胞（rods and cones），它们在光的刺激作用下，通过所含化学物质的变化传递视觉信息。感光细胞是专门化的，棒体细胞和锥体细胞不仅仅如它们的名称所示有不同的形状，它们的功能和在视网膜上的位置分布也不一样。棒体细胞的功能是对光的强度起反应，其对微弱光线敏感，但不能分辨颜色；锥体细胞则是对波长的反应专门化，在光亮条件下使人能够细微地分辨颜色，在人类视觉中最为活跃，对生活有重要意义。不过它对光的强度反应很差，当光线微弱时就不起作用了。因此，本章第一节中所谈到的视觉适应和生活中在昏暗条件下不辨颜色的经验，都是不同感光细胞起作用的结果。两种感光细胞在视网膜上的分布也不相同，锥体细胞集中于视网膜中心的被称为中央窝或黄斑（fovea）的一点上。当离开黄斑向视网膜边缘扩展时，锥体细胞逐渐减少而棒体细胞逐渐增加。这就造成了当你在昏暗条件下要想看一个细小的物体时，斜视比正视效果更好。同样地，人们在正目注视极微小的星光时有时似乎是看不见的。

（三）信息从眼睛向大脑的传递

光能经感光细胞转化成神经冲动后，通过视觉神经传达到大脑的视觉区才能产生视觉。由于视网膜上与视神经相交处是没有感光细胞的，因此在眼睛里就形成了一个盲点（blind spot）。不过在正常情况下，它并不影响视觉，因为你对视野中缺失的部分自动地进行了补偿。

寻找你的盲点

1. 闭上你的右眼，用左眼注视第一行右端的十字，将书立在你眼前约 30 厘米的地方，然后前后移动。当左侧的圆形消失时，就表明它是投射到盲点上了。

2. 继续闭着右眼，注视下面一行右端的黑十字，当横线左侧的缺口落入盲点时，横线就被看作连续的。这种现象有助于理解为什么我们通常意识不到盲点的存在（见图 4-5）。

图 4-5　寻找你的盲点

实际上是不敏感的部分由视觉系统做了补充，看起来成为背景环境的一部分了。

资料来源：Nolen-Hoeksema，Fredrickson，Loftus，Wagenaar，*Atkinson & Hilgard's Introduction to Psychology*，15th，San Francisco，Wadsworth Publishing Co.，2009。

视觉信号在视神经中从两只眼睛向大脑的传递过程并非直接地进行，中间要经过一次交叉，即视神经交叉（visual chiasm）。在交叉处，来自每一只眼睛的神经都分成两半，左边的通向左脑，右边的通向右脑（见图 4-6）。由于视网膜上的影像已经是左右相反和上下颠倒的，因此进入大脑右侧的形象原来是在人的视野左侧的，而进入大脑左侧的形象原来是在人的视野右侧的。

人造眼睛的原理

二、色觉

（一）色觉的特性

在一定强度下，一种波长的光引起一种特定的颜色感觉。然而，眼睛接收到的很少是单一波长的纯光。例如，日光是由各种波长的光波混合而成的，当日光穿过一滴水珠时，不同波长的光折射率不同，结果它们就分散显现为一条含有可见光谱上各种颜色的彩虹。

色调是颜色的基本特征或表现，如红色、绿色。它由混合光中起主导作用的波长所决定。在产生白、灰、黑系列的混合光中，由于没有起主导作用的波长，一般认为它们不具色调，我们称它们为无彩色或中和色。各种彩色依据它们在心理上的相似程度排列，可构成一个环形，称色环（color-circle）（见图 4-7）。在色环上，凡两种不同波长的色光相混合，都会产生位于两者中间的另外一种颜色，如红与黄相混合会出现橙色。

颜色感觉具有三种属性：色调（hue）、饱和度（saturation）与亮度（brightness）。

饱和度与光的强度有关。在一个颜色中，起主导作用的波长越强，表现出的色调越纯，也就是该颜色的饱和度越大。

亮度是指构成该颜色的全部光波的总强度。白色亮度最大，当其亮度减弱时，表现出一系列灰色，最终达到全部黑暗时，视觉消失。

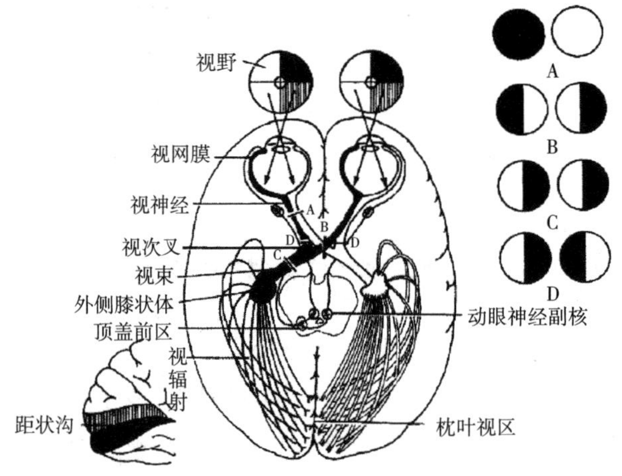

图 4-6　视神经交叉图

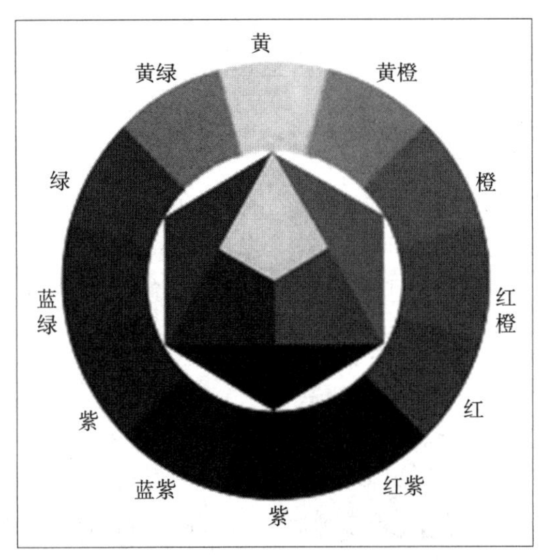

图 4-7　色环

（二）色觉的产生

关于色觉如何产生，有两种基本的视觉理论。最早有赫尔姆霍茨（Helmholtz）提出的三原色说。该理论指出任何颜色都能由三种波长的纯光，即红、绿、蓝三种颜色混合而产生。人具有三种不同形态的锥体细胞，它们分别对红、绿、蓝三种原色最敏感。人们以不同比例混合这三种原色，可以产生各种不同的颜色。事实上，生理学家已经发现了三种锥体细胞，并且也证明了它们的电活动是有三种类型的。然而三原色说对于有些视觉现象还不能做出很好的解释，如视觉后像。当光刺激终止了对感受器的作用后，它所引起的视觉并不立即消失，会出现一个短暂的驻留，被称为后像（afterimage）。后像有正后像与负后像之分。电影的原理是利用人们的正后像，使快速呈现的一组图像被看成了连续的动景。又如图4-8，注视位于左图中心的黑色圆点一分钟，然后把注视点转移到右图中心的×处，你会看到在白色背景上的一个黑色十字架，这种视觉现象被称作负后像。根据负后像原理，你会发现在注视任何一种颜色后，如红或蓝，在另一个白色背景上就会看到一个与它相反的颜色（在本例中为绿或黄），这就是颜色对比现象。

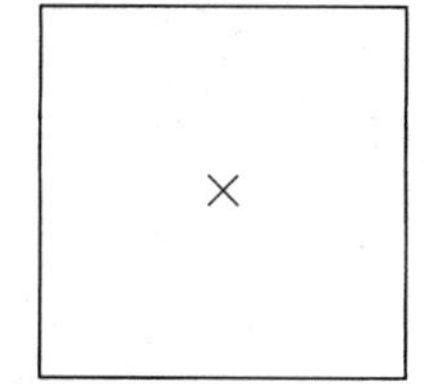

图4-8　负后像现象

为了解释这类颜色的对比现象，埃瓦尔德·黑林（Ewald Hering）又提出另一种颜色理论，称颉颃理论（opponent-process theory），简称四色说。他提出人眼对光反应的视觉基本单元是成对组织的，有红、绿、黄、蓝四种原色，加上黑与白共组成三对在光波影响下起作用。每一对的两个感受细胞，如红与绿、黄与蓝，其作用的方向相反，具有颉颃作用，表现为当其中一个停止作用后，另一个就被激活。所以先看红色，后像就是绿色。颉颃理论也能解释颜色互补现象。如果产生两种颜色的光波相混合结果出现灰色，这两种颜色就是互补色，互补色在色环上的位置是基本相对的，红与绿、黄与蓝是互补色。根据颉颃理论，互补现象是由两个互补色从相反方向刺激同一视觉单元，结果相互抵消而造成的。这三对相互颉颃的活动也已经得到了研究证明。但它们不是发生在视网膜上，而是发生在视神经通路中途的神经节细胞（ganglion cell）上。总之，三原色说可以解释视觉感受器的活动，四原色说可以解释视觉信息自感受器输出后在神经节细胞上的活动过程，两种理论相互补充，在解释人类色觉的复杂现象中都起着重要作用。

色盲和色弱的发生和遗传机制

第三节 听觉与其他感觉

一、听觉

鲨鱼通过皮肤上的简单神经末梢能够“听到”水下的声音，使它能够在水下生存。但是它不会分辨语音和欣赏音乐。人耳是复杂的听觉机构，通过空气的振动接收振幅和频率在一定范围内的声波，产生可以精密分辨差异的灵敏听觉，同时还可以欣赏多种声音组成的美妙音乐。耳的结构如图 4-9 所示。声波由头骨的振动传达到耳内，也可以使人产生对声音的感觉。

（一）声音与耳

空气振动传导的声波作用于人的耳朵产生听觉。由于声波的振幅和频率等物理特性，即波形特点不同，因此人们所听到的声音具有音强（loudness）、音高（pitch）和音色（timbre）三个属性，被称为感觉特性。音强是指声音的大小，由声波的物理特性——振幅，即振动的大小决定。音强的单位称分贝（缩写为 db）。0 分贝指在正常听觉下可觉察的最小的声音大小。音高指声音的高低，由声波的频率，即每秒的振动次数决定，常人听觉的音高范围很广，可以由最低 20 赫兹到 20000 赫兹［赫兹（Hz）＝周波 /秒）］。钢琴上的最高音符为 4000 赫兹，最低音符为 50 赫兹，中间 C 音为 256 赫兹，即此时的声波每秒振动 256 次。由于声波在一种媒介上的传导速度是恒定的，因此频率和波长成反比。日常所说的长波是指频率低的声音，短波是指频率高的声音。由单一频率的正弦波引起的声音是纯音，但大多数声音是许多频率与振幅的混合物。混合音的复合程序与组成形式构成声音的质量特征，称音色。音色是人能够区分发自同一个音高的不同声源的主要依据，如男声、女声演唱，或钢琴、提琴演奏同一个曲调听起来各不相同。

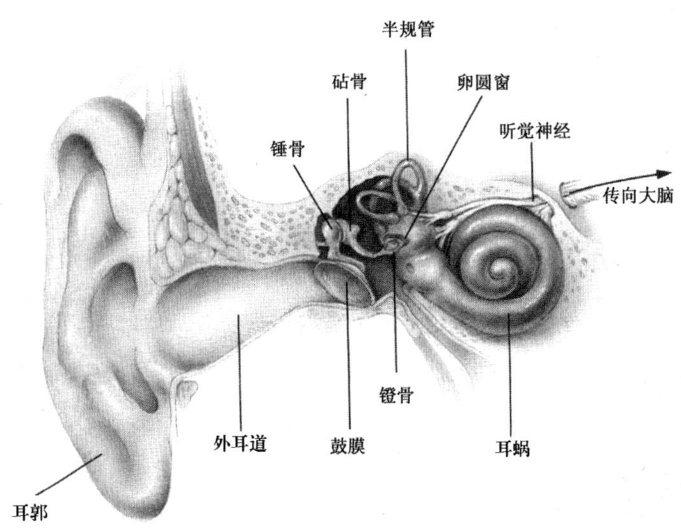

图 4-9　耳的结构

人耳是听觉器官，包括外耳、中耳、内耳三个组成部分。外耳包括耳郭、外耳道和鼓膜，是可以看到的辅助结构。它的作用是收集声音，集中起来传达到中耳的敏感部位。很多动物，如猫、狗的外部耳郭可以活动，从而更有效地收集声音。耳鼓也称鼓膜，将外耳与中耳分开，并且通过鼓膜的振动将声音传递给中耳的三块小骨。该三块小骨形状各异，名叫锤骨、砧骨和镫骨。它们将振动集中起来最后送到另一个叫作前庭窗的小薄膜而进入内耳中。内耳前下方的螺旋形管形似蜗牛壳，内部充满液体，名叫耳蜗（cochlea），是听觉的主要器官。当声波通过液体作用于耳蜗内基底膜时，它上面的一些长短不同的毛细胞就与听神经联系起来，将声音传向大脑。由于在和听神经联系时，基底膜上各个毛细胞的物理形态变化不同，改变了一些神经细胞的电活动，因此传向大脑的就是带有对声波的频率和振幅编码的信号，从而形成具有音高和音强的声音听觉。

（二）听觉理论

听觉系统如何对声波的作用产生出具有音强与音高的声音听觉呢？即听觉的编码问题。对于音强来说情况比较简单：在最弱和最强之间，听觉系统对声音强度的编码是按线性方式进行的，声音的强度越大，相应的神经细胞激活也越快。音高是由声波的频率决定的。人们如何区分不同音符之间的音高差别，即听觉系统如何对音高进行编码。这个问题经过长期研究，现在基本公认音高编码通过两种方式进行，已有的两个理论——位置学说和频率匹配学说是共同起作用的。

1. 位置学说（Place Theory）

位置学说最早由生理学家贝克西（Georg von Bekesy）提出。他的实验研究是打开头盖骨并在内耳耳蜗上打个洞，观察在不同频率的声音刺激作用下基底膜的变化。他的重要发现是，位于基底膜上的不同部位的毛细胞对不同的特定频率产生最大反应，基底膜上接近前庭窗部位的毛细胞对高频声音产生反应，越是远端部分的毛细胞越对频率低的声音产生反应，并且把该频率的信号传给听神经。听神经中每个神经细胞都对一个特定的频率最敏感，因此通过听神经中不同神经细胞的激活，人就听到了属于一定音高的声音。位置学说能够解释大多数声音的听觉现象，但对于低频声音，即人能够听到的最低频率，如 20 赫兹的声音，是找不到与之相对应的毛细胞的。因此位置学说对于声音如何编码还不能做出圆满的解释。

2. 频率匹配学说（Frequency-matching Theory）

有学者观察指出在极低频的声音作用下，整个基底膜被激活，而不只是它的特定部位。因此他们认为是不同频率的声音刺激基底膜，引起不同频率的神经细胞冲动并传至大脑的。实验证明，每秒 500 周波的声音引起的神经冲动也是每秒 500 次，即来自人耳的神经冲动的速率与刺激它的声音的每秒振动次数基本相同。然而，简单地用神经活动频率做解释的说法受到一定限制，因为没有任何神经细胞的激起在每秒 1000 次以上，所以简单的频率理论只适用于 1000 赫兹以下的低音。此后频率匹配学说又有了一定的发展。研究者认为对于 1000 赫兹以上的中度音高的声音，不只是由单独一个神经细胞，而是由一组神经细胞组合起来构成与之相匹配的频率，因此称频率匹配学说，也称排发说（volley theory）。

总之，神经系统似乎不是只用一种方式对各种频率的声音进行编码的。人们可以听见的音高范围极大，对于频率最低的声音是由激起频率与之相应的神经细胞来编码，对于从低等到中等频率的声音由频率匹配和基底膜上相应部位的毛细胞共同编码，而对高频声音的编码则只由激起基底膜上特定部位的毛细胞进行。

（三）失听问题

失去听觉，即耳聋问题可以源于不同原因。基本上耳聋可以分为三种：传导性聋、神经性聋和中枢性聋。传导性聋是由于外耳和中耳出现了问题，破坏了声波的传导通路，使之不能到达内耳的感受装置。最常见的情况是鼓膜破裂，大多数条件下可以通过医学手术修复。神经性聋是内耳或听神经出现问题造成的，在一定程度上神经性聋与年龄增长有关。随着年龄老化，耳蜗内的毛细胞和听神经内的神经细胞逐渐衰退，从而使听觉的灵敏度日益降低，但在其发展上，人们的个别差异很大。神经性聋也可能由巨大的噪声侵袭引起，如工厂中长期强大的噪声干扰，甚至声音较大的音乐持续影响都会引起长期的失听现象。中枢性聋则是由大脑听觉中枢出现问题或由特种异常的心理状态引起的，如大脑内的肿瘤可能破坏处理听觉信息的神经细胞而造成中枢性聋。过度的心理紧张导致精神状态失常也是中枢性聋的一个重要原因，但这种情况常常是可以恢复的。

戴耳机会损伤听力吗?

二、其他感觉

前面我们已经讲过了视觉和听觉。它们都是客观刺激先在感官转化成神经信号，再通过感觉神经传达到大脑的特定部位形成感觉体验。视觉和听觉在生活中起最重要的作用，但是，人们的生活环境复杂，在生活中还需要依靠其他感觉，如嗅觉、味觉、皮肤觉等。它们以类似的方式提供有关内部环境和外部环境不同方面的信息，在大脑的特定部位呈现不同的感觉。

（一）味觉

饮食文化的发展历史悠久。美味的食品是生活中一大享受。人类的味觉（gustation）基本上只有甜、咸、酸、苦四种，它们的不同组合可以产生出难以数计的多种味道。一个优秀的厨师需要数年培训，其目的在于寻求调制出四种基本味觉的最佳组合。味觉的刺激物是能够溶解于水的化学物质，其感受器是位于口内舌头表面的味觉细胞，我们称之为味蕾。

每一种味蕾对一种味道最敏感，但对其他味道也能有所反应。由于各种味蕾在舌上的分布不同，舌头的不同部位对不同味道更敏感，舌尖反应甜和咸，舌的两侧对酸更敏感，舌根部位更容易尝出苦味（见图 4-10）。味道混合在食品工业中很重要。人们已发现两条规律：一是味道独立，即不同味道混合后各自保留着独立特点。例如，人们普遍欣赏的甜醋菜肴，其显现出来的甜酸味中既甜又酸，味道甘美，但又不是一个中间味。二是相互抑制，当两种或多种味道混在一起时，原有味道强的可以遮掩弱的。例如，炒的菜太咸了，可以加些糖去调整；菜中有少许苦味时，也可以加糖去遮掩。

吃辣与攻击性有关

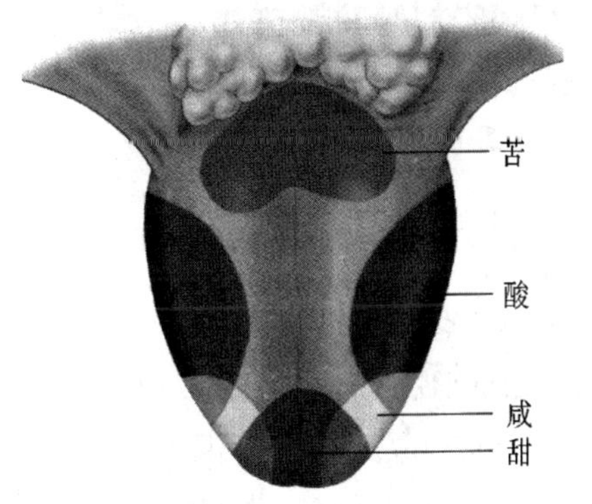

图 4-10　舌上的味觉区

（二）嗅觉

嗅觉（olfaction）的刺激物是空气中散布的或挥发性的化学物质。它们主要通过鼻腔，同时也能通过口腔后部传入位于鼻腔上部的嗅觉细胞，然后经嗅神经直接传入大脑。嗅神经是人的各种感觉传入神经中，唯一的一条不经过丘脑中转直接进入大脑的传导通路。大脑底部有个特殊机构称嗅球（olfactory bulb），嗅觉神经活动从这里向脑的各个部位分散，并且到达与情绪有关的部位最多。嗅觉对动物维持生命、相互交往有重要意义。对于人类来说，由于视觉和听觉的发展，嗅觉似乎不那么重要了。科学家们至今尚未对人类的嗅觉做出科学的分类。然而，由于嗅觉系统的特殊的解剖学特点，它和情绪有密切联系。例如，偶然通过一件旧衣服或日用品闻到过去恋人的一丝气味，会立刻引起你或爱或怨的情绪体验。气味不仅影响人们的情绪，也有助于人们对某些情境或人物的记忆。正是由于嗅觉具有情绪性特点，那些能够激活嗅觉并引发人们愉快情绪的香水虽然昂贵，但在现代社会中，尤其在年轻人中深受欢迎。

嗅觉和味觉都对化学物质产生反应，并且二者经常联系起来共同发挥作用。通常说某种菜肴味道好，主要是嗅觉在起作用。当你感冒严重时嗅觉失灵，再好的菜肴对于你来说也会失去味道。因此我们有时也将嗅觉与味觉视为一个感觉系统的两个成分，合称味道感觉（flavor）。

（三）皮肤感觉

人与外界直接接触时，覆盖在身体表面的皮肤向大脑传递压力、温度和疼痛方面的信息。它们的共同特点是没有特殊的感觉器官。其感受细胞的分布遍及身体各个部位。研究发现：身体不同部位皮肤的感受性不同，平均阈限越低的部位，皮肤敏感性越强（见图 4-11）。依据反应内容不同，皮肤感觉又可分为触觉、压觉、温度觉和痛觉。

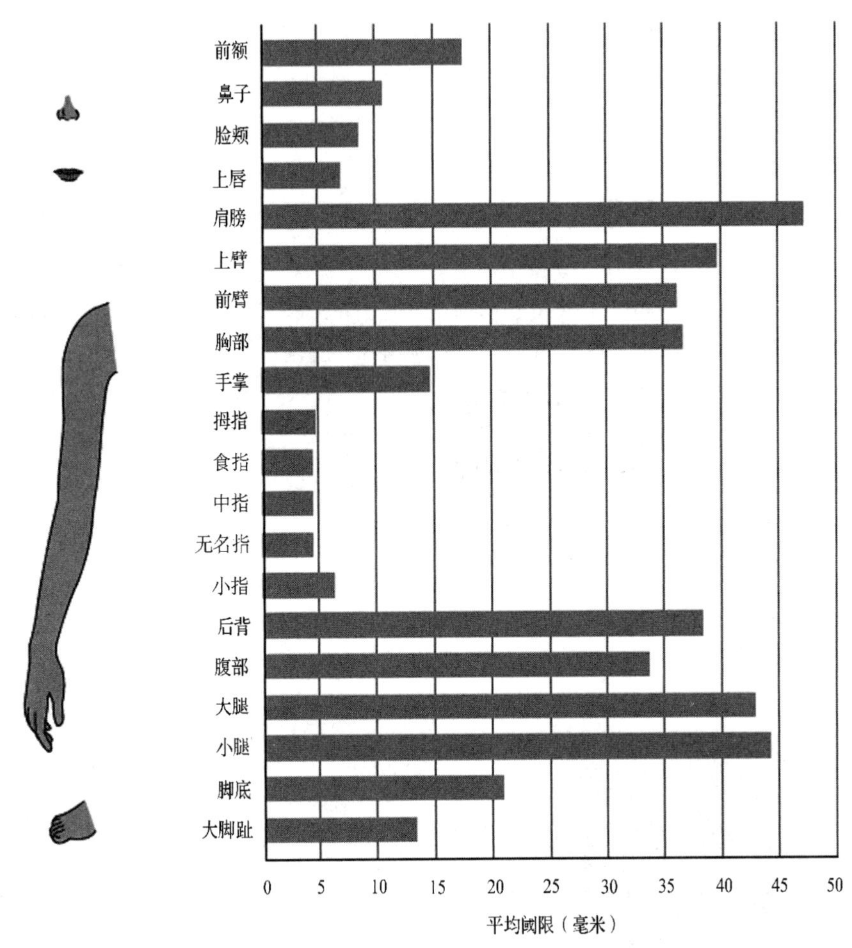

图 4-11　身体不同部位皮肤的感受性

1. 触觉（sense of touch）

触觉对于人类生存最重要。盲人失去视觉，聋人失去听觉，但他们通过触觉依然可以生活和学习，甚至可以从事一些很复杂的工作，如写作、创作音乐和雕刻等。然而假若一个人没有触觉，他将既不会站，也不会坐，甚至食物放在口中也不能吞咽，是无法生存下去的。触觉是由物理刺激影响使皮肤组织变形而产生的一种压力感觉。压力的变化是引起触觉的重要信息。恒定不变的刺激会造成触觉感受性降低，即产生触觉适应现象。例如，一旦把衣服穿好，你就不再感到它是穿在身上的，只有当你活动或改变姿势时，才又体会到它的紧压与限制。人们不只被动地接受刺激产生触觉，为了生存还需要主动地触摸物品以获得特定的信息。人体触觉最敏感的部位是指尖和唇部。指尖上集中了大量的触觉感受细胞，不仅对物品的粗糙程度反应最灵敏，并且辨认速度最快，因此盲人可以通过指尖活动识别盲文。

2. 痛觉

事实上，皮肤感觉在人类生存上起重要作用。它能使我们意识到对身体的危险的出现。它的感受器官在全身皮肤的位置和深度上不是平均分布的。图 4-11 显示了身体不同部位的皮肤感受性。人的皮肤可以承受很大的压力，但压力强度的巨大变化会引起另一种明显不同的感觉，即痛觉。痛觉提供外界刺激引起的身体效应。痛觉分两种：一种是尖利的刺痛，这种信息得到很快的传导；另一种包含多种类型，如慢性的疼痛、迟钝的疼痛和灼痛。它们的信息由不同神经纤维传递。痛觉对生存具有重要的保护作用，它的一个显著特点是与厌恶情绪紧密联系。事实上很多种感觉都具有情绪色彩，如看到鲜花精神愉悦，是因为它与美好的春天景色相联系；闻到菜香感到欣喜，是因为它意味着一顿美餐的到来。一般说来，感觉的情绪色彩是从生活经验中得到的，是后天学习的结果。然而，痛觉的情绪反应最直接，它具有特殊的神经通路，将痛觉刺激的情绪成分传到后脑和网状结构，从而引起厌恶的情绪体验。

对痛觉产生的一种解释认为，它是由神经细胞受损引起的。当细胞受损时，不论其来源如何，都会有痛的感觉。例如，过强的光与过强的声音都可能引起痛的体验。痛的体验不只是对刺激的物理反应，它的情绪反应和认知有关。事先做好接受痛觉的心理准备可以减轻痛觉，医学实践中利用转移注意等策略也可以在很大程度上减轻病人的疼痛感觉。

文化与痛觉

痛觉比其他感觉更多地受非直接刺激物的影响，如文化、期待和事前经验等。例如，古代印度有一种宗教仪式：在一位教士背上插两根坚硬的大铁钩，用捆在车上的一根粗绳把他吊在空中，然后送到附近各村庄去为儿童和农作物祈福。仪式中他挂在空中自由晃动，像是处于一种崇高状态，没有任何疼痛的表情。事后取出铁钩不用治疗，只靠一些草灰就很快复原。

资料来源：Atkinson & Hilgard，*Introduction to Psychology*，San Francissco，Wadsworth Publishing Co.，2009。

3. 温度觉

皮肤不仅能感觉到物体的压力，有时还能感觉到物体的温度。不同的感觉细胞对温度的敏感程度不同，因此温度感觉又分为温觉与冷觉。有一个简单的实验：用一个纤细的笔尖轻轻地触压一块皮肤上的不同位置，你会得到不同的感觉，特别是在鼻的上部、眼睑和口唇上你会明显地体验到一些引起冷觉的点。触点、温点、冷点和痛点在身体各部位的分布不同，如手背上的触点只是鼻尖上的七分之一，其痛点却比后者多 4 倍；前胸比额部冷点多，温点却比它少了一半。也有研究发现，一些对温度产生反应的细胞对触压也起反应，细胞激活的不同形式可以传递不同的刺激信号。例如，在一个细胞上一个短暂激活的平稳增加可能代表触压，激活的持续而有规律的增长可能是温觉信号，而变动的高频的激活则成为痛觉信号了。因此，究竟各种皮肤感觉是独立存在的，抑或只是触压觉的不同方面，迄今为止还是一个研究中的课题。由于同一神经细胞可能对触压与温度都起反应，因此这两种感觉之间有一定的相互作用。实践中已经发现，冷的或热的物品所引起的重量感觉，比它们在中等温度（接近体温）时重 2 倍以上。

（四）身体感觉

人的大多数感觉系统接收外部世界的信息。但对于大脑来讲，身体上的各个部位都是它的外部。那些能够提供信息，使你知道身体的位置和它的每一部分正在如何进行工作的感觉，被称为身体感觉（proprioceptive sense），包括肌动觉和前庭觉。

1. 肌动觉（kinesthesia），亦称动觉。它反映身体上各部分的相对位置。人们平时体会不到肌动觉的存在，但它无时无刻不在起作用。例如，当你的后背上某一点瘙痒时，你知道痒点的位置及移动手臂的方向和距离，这依据的是肌动觉的帮助。一个简单的实验：闭上双眼，向前伸出你的双手并使两个食指的指头相接触，第一次可能失败，但你稍事调整后一定能够成功。肌动觉的感受器是位于肌肉、肌腱和关节中的神经末梢，它们会在你做动作的时候，一直监视你体内肌肉的变化状况，反馈到大脑顶叶的相应部分产生感觉。经过长期训练，大脑能够自动化地应用相关的肌动觉信息时，人们就不再意识到它们了。小脑在运动调节方面起重要作用。

2. 前庭觉（vestibular sense）提供有关身体，特别是头部在空间中所处方向和位置的信息，起着保持身体平衡的作用，因此也称平衡觉。前庭感觉器官是位于内耳的三个半规管。这三个方向不同的半圆形管道内部充满着液体，当头部转动时，液体冲击管内的细胞纤维就把头部活动方向和位置的信号传到脑部。一些人能够在平衡木或钢丝绳上做各种惊险表演，都是由于他们的前庭觉和肌动觉较敏感，能够依赖它们的精密反馈完成。人们通常意识不到前庭觉，只有在过度刺激引起眩晕时，才对它有所体会。然而倘若失去了平衡觉，人将不能保持正常姿势，也不能在黑暗中直立行走，如宇航员在失重情况下的状态。长时间的旋转或突然地猛烈改变头部位置，会引起眩晕甚至呕吐。晕车、晕船等症状都是由于身体在体验加速度变化中头部运动所引起的，限制头部活动是减轻这类症状的方法之一。

第四节 知觉组织

假定你驱车在繁华的街道上快速驶过，周围的车辆、行人以及商店的橱窗和广告大多一掠而过，没有给你留下什么印象。然而，突然间一个熟悉的面孔在杂乱的人群中出现了。虽然岁月的流逝使他的头发已经花白，面容也显憔悴，但你仍然能很快地辨认出他是你多年不见的同窗好友，这就是视知觉。知觉是从环境中将一些感觉分离出来加以组织，并做出解释的一种比较复杂的心理活动。知觉在感觉的基础上产生，是一个比较复杂的认知过程。

感觉为知觉提供材料，但人们从知觉中所获得的信息远远超过感觉所提供的内容。生活中我们看到的是一个汉字、一幅图画，听到的是一声鸡叫、一支歌曲，而不是一堆散乱的颜色斑点或声音组合。将复杂多样的感觉信息加以组织，赋予一定的意义，并做出解释的过程是知觉。而知觉与人已有的经验分不开。人的知觉如何组织，有没有固定规律，以及经验在其中如何起作用是本节的主要内容。

一、图形与背景

人在知觉事物时，首先要从复杂的刺激环境中将一些有关内容抽出来组织成知觉对象，而其他部分则留作背景。知觉对象具有一定的意义，它的轮廓清晰，似乎突出在背景之上，而作为背景的部分则轮廓模糊，对你不具有意义，也不会给你留下很深的印象。图形与背景的组织原则不仅在视觉中明显，在听觉中也存在。例如，听交响乐时，主旋律就像是图形，合音就是背景。又如，当你在人声嘈杂的晚会上聚精会神地与人谈话时，远处其他人的谈话中一出现你的名字，你就会立刻意识到，并转向他继续倾听。这是知觉对象的转移，也就是知觉中普遍存在的被称作“鸡尾酒会效应”（cocktail party effect）的现象。

知觉中对象与背景的关系通常很明显，但有时也并不清楚。双关图形是最好的示例。如图 4-12 中的图 C，你可以把它看作两个人的面孔或一个花瓶，并且两者可以反复变动，但你不可能同时把两者都当作知觉对象，看到两种图像同时存在。

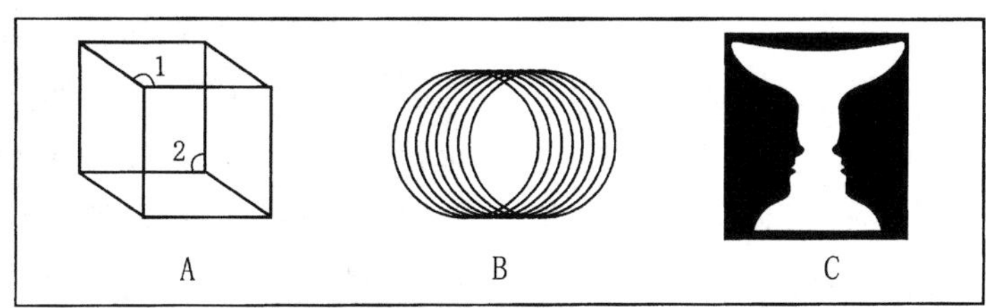

图 4-12　双关图形

图中显示了三个双关图形的示例。在图 A 中，你可以看到一个正方体，角 1 或角 2 离你更近；图 B 可以看成一个圆柱体，近端的方向朝左或者朝右；图 C 则可以看成一个花瓶或两张人脸。

资料来源：Douglas A. Bernstein et al.，*Psychology*. 2nd edition，Boston，Houghton Mifflin，1991。

二、格式塔组织原则

在人们知觉世界时有对象与背景之分，即使当许多刺激的物理特性相同时，人们也倾向于将其中一些联系起来构成图形，而使其他部分成为背景。20 世纪 30 年代，一批格式塔学派的德国心理学家对知觉做了深入的研究，反对构造主义学派只强调分析的做法，而认为心理现象是一个整体，整体决定其内在的部分，指出人在认知世界时，虽然总是从感觉事物的个别属性开始，但知觉到的总是一个完整的事物。然而"知觉不是感觉的总和"，人们对整体的知觉不等于，并且要大于个别感觉的总和。人们能够自动化地把多个刺激组成整体，这是由刺激本身的一些内在特性决定的。格式塔学派提出了几条知觉规律，在实践中被证实和广泛应用，这种强调整体和综合的观点对以后心理学的发展是有积极影响的。以下是几条主要规律示例，如图 4-13 所示。

下面请你按照说明，试着在个人经验中找出与下列知觉组织规律相应的实例。

图 4-13　格式塔知觉组织原则

1. 相似性（similarity），凡形状或颜色相近的物体容易被组织在一起。例如，一个身材高大的人站在一群比较矮小的同学中间，显得特别突出，是因为他难以被归入这一组，从而表现出"鹤立鸡群"的现象。

2. 接近性（proximity），凡距离相近的物体容易被知觉组织在一起。

3. 连续性（continuity），凡能够组成一个连续体的刺激容易被看作一个整体，如图 4-13，人们看到的总是两条曲线的交叉而不是上下分开的两个折线。

4. 封闭性（closure）或称良好图形（goodness），人们倾向于将缺损的轮廓加以补充，看成一个完整的封闭图形。

三、知觉的恒常性

格式塔组织原则使人们将各种感觉加以组织而构成一定的模式产生知觉。然而感觉是随外界刺激而不断变化的，人们如何能在刺激变化的情况下把事物知觉成稳定不变的呢？例如，从不同距离、不同角度看同一件物品，它在视网膜上成像的大小与形状是不同的，但我们还把它看成是同一个物品。又如，你的女友有时化妆，有时不化妆，有时披长发，有时梳辫子，形象每天不同，但你总能认得是她。这种现象被称为知觉的恒常性（perceptual constancy）。知觉的恒常性包括大小恒常性、形状恒常性与颜色恒常性。

（一）大小恒常性

一个人离我们越远，他在视网膜上成像越小，可是我们为什么还认为他的身高没有改变呢？一种解释是当物体向远处或近处移动时，大脑得到的信息一方面来自视网膜成像大小的变化，另一方面来自眼球自动调节而产生的距离知觉。大小知觉是由视网膜成像大小与距离知觉二者共同决定的，基于视网膜成像大、距离近，以及视网膜成像小、距离远两种组合，人们可以根据经验做出物体大小相等的知觉解释。然而由于具有了网像大小、知觉大小与距离知觉三者间关系的经验，有时也会给人带来不良影响。当实际距离相等时，人们可能会把视网膜成像小的物体看得比视网膜成像大的物体更远些。因此，当大量汽车需要拉开距离序列行驶时，小型汽车比大型汽车更容易引起追尾事故。

（二）形状恒常性

对物体形状的知觉不因它在视网膜上投影的变化而变化，称为形状恒常性。如图 4-14，当门打开时，它的视网膜成像由矩形变为梯形，但过去经验会自动地告诉你这个门本身没有变形。图 4-14 显示了一个开着的门实际上具有许多不同的形状，然而我们还是把它看成一个门。再如，当你漫步在画廊里欣赏作品时，你先从侧面看到画面，然后才转到它的正前方，这时它在你视网膜上的成像显然已发生了很大变化，但画面看上去保持不变。形状恒常性也与距离知觉有关，不过在这里距离信息更包含了同一物体远端和近端的距离之差。

图 4-14　形状恒常性

（三）颜色恒常性

在不同照明条件下，同一个物体反射到你眼中的光有很大差异，但它们的颜色看起来好像没有改变，这就是颜色的恒常性，它与经验有很大关系。例如，把煤放在日光照射下，把白纸放在阴影里，尽管前者反射的光比后者更多，但引起的知觉依然是煤较黑、纸较亮。又例如，在绿光照射下问你桌子上的橘子和香蕉各是什么颜色的，你肯定会把橘子看成橙色的，把香蕉看成黄绿色的。但是倘若在这种条件下让你说出各种纸片的颜色时，知觉结果就可能受到光照的影响了。颜色恒常性现象又一次地显示了经验在知觉中的作用。此外，任何事物都不是孤立存在的，对它的知觉判断与其背景有关。在日光照射下，

颜色恒常性

煤与周围背景相比仍然最暗，一张白纸与阴影的背景相比仍然最亮，这也是颜色恒常性产生的一个原因。

四、深度知觉

在知觉的大小恒常性和形状恒常性的特点中，我们都提到对距离的知觉。距离知觉亦称深度知觉（depth perception）。它使人们能够把二维的视网像解释为三维的世界，进而认识事物的真面貌。深度知觉的产生是由一定线索引起的。深度知觉线索来自两个方面：一方面是以刺激物的特性作为线索，另一方面则产生于视觉系统本身的特性。

（一）来自刺激方面的深度线索

画家在平面的画纸上作画，却使我们看出三维的立体画，这是由于画家很好地利用了人们在深度知觉中普遍应用的刺激线索。视觉刺激中最常使用的深度线索有以下几种（见图 4-15）。

图 4-15　深度知觉的刺激线索

1. 相对大小

如果认为两个物品大小接近时，视网膜成像较大的就被知觉解释为距离较近。

2. 视野中的高度

在视野中远处物体通常位置较高。

3. 遮挡

视野中远物是被近物遮挡的，部分被遮挡就成为一个很好的深度线索。

4. 线性透视

平行的铁轨向远处延伸时，会趋向于相交，因此两条直线越趋向接近，就表示距离越远。

5. 纹理变化

近处物体纹理清晰、细节分明，在移向远处时逐渐模糊、难以分开。因此纹理变化也是距离线索。

6. 光照与阴影

先请看图 4-16，它显示的是一个凹凸不平的锅炉表面，然后请你将书倒过来再看，发现有什么不同吗？很明显原来整齐排列的凸起铆钉变成了一排排小洞，而几个较大的凹进点却变成了鼓起的包。这是由于在日常生活中光线多是自高处向下照射，因此阴影与光照的位置也成了深度知觉线索。

图 4-16　光照、阴影与深度知觉

知识扩展

艾米斯（Ames）小屋

图 4-17 中显示的是通过艾米斯小屋的窥视孔看到的屋内景象：左侧角落里的女孩比右侧的男孩小很多。小屋的设计使人们的视觉发生混乱，由于在它引起的知觉中小屋是正常形状的，人们就会依据相对的视觉大小，看到男孩大很多。图 4-18 是小屋的真实设计，其左侧屋角的距离比右侧墙角大一倍，因此，人们在看远处的孩子时比看近处孩子时视角要小，但是由于其他线条，如窗户的设计，使得通过窥视孔引起的知觉中，小屋是正常的矩形，看不出距离差异，因此，人们从两个孩子的相对大小，可以看到不可能的差异。

图 4-17 艾米斯小屋

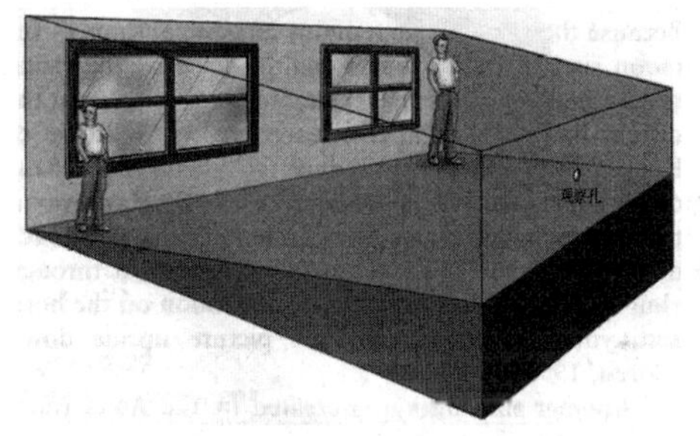

图 4-18 艾米斯小屋的真实形状

（二）来自视觉线索本身的深度线索

由于人眼的生理构造和位置，人们在看位于不同距离的物体时，引起不同的神经细胞活动，它们所提供的信息也为知觉提供了深度线索。最重要的是来自眼肌的调节（accommodation）与辐合（convergence）。眼睛在注视物体时，为了使进入眼内的光线聚焦在视网膜上，调整水晶体曲度的活动称为调节。在双眼注视一个物体时，为了使视网膜成像同时落在两个视网膜的中央，两条视线必须向注视点集中，这时操纵眼球的肌肉活动称为辐合，如图 4-19 所示。调节与辐合活动是自动进行的，但是它们所引起的各种神经活动却是深度知觉的重要线索。

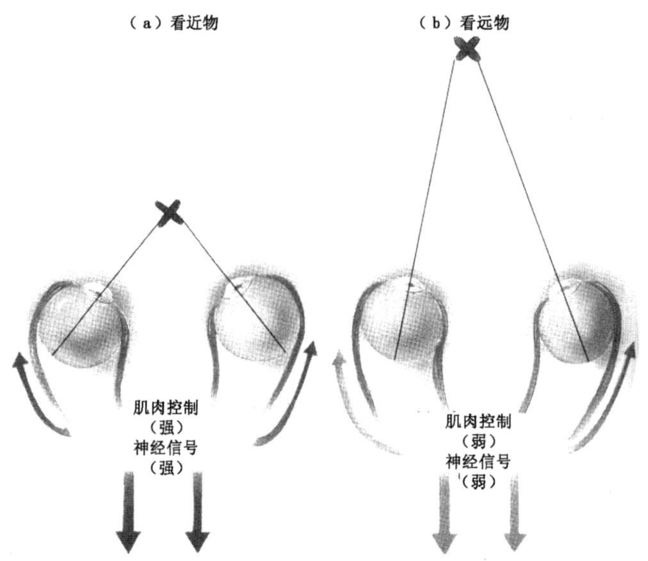

图 4-19　双眼辐合

由于两个眼睛的位置不同，同一物体投射到两眼的图像是有差异的，距离越远，差异越小，大脑把两个不同的信息结合起来使人知觉到一个具有深度的立体图形。立体图像和立体电影的作者们就是利用双眼视差（binocular disparity），将两种稍有差异的图片分别同时呈现给两只眼睛，引出了立体的视觉效果（见图 4-20）。类似于双眼视差作为深度线索的情况在听觉中也存在。声音进入两耳的时间差异，使人们能够辨别声音的方向。实验证明，如果一个声音出现在头部正前方到正后方所构成的平面上，辨别其方向比来自侧面的声音要困难许多。当一个人因伤病失去一只眼睛时，失去了双眼视差这个深度线索，虽然用单眼也能够看清事物，但在判断距离上会遇到很大困难，常表现为走路时不知深浅，容易跌跤。然而经过一段时间的训练，其他线索可对此加以补偿。

视崖实验

五、运动知觉

在有些知觉中，一个物体的特性不是它的大小、颜色和形状，而是它的运动。例如，运动员跑得有多快？汽车在向哪个方向行驶？人们对运动着的物体与对静物的知觉有很大不同。实验发现，在暗室中，只给一个人的双手、双肘、双肩、两大腿根、双膝和两个脚腕处放上亮光，只根据这 12 个光点我们一般不能辨认出这是人，但只要它一走动，就能被确认是人，甚至有时还能说出他的性别。这说明人在知觉事物时可以从运动中获得更多的信息。

眼前物体的运动会引起它的视像在网膜上的位置移动，但是单独靠视网膜成像的位置移动不足以解释运动知觉。因为当

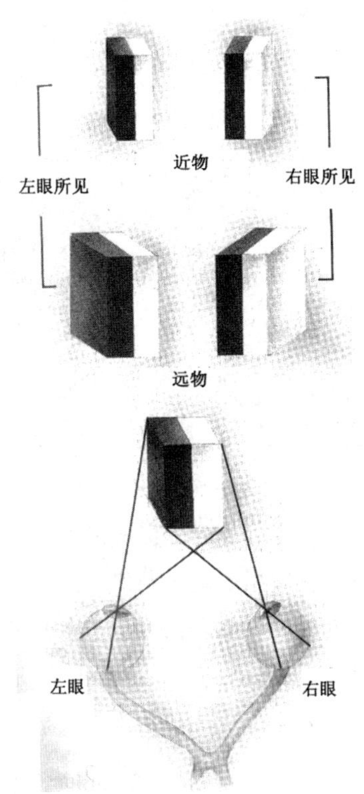

图 4-20 双眼视差

你头部活动或眼睛转动时，视网膜成像也在变化，你却不会把周围的桌椅墙壁都看成活动的。

运动知觉和深度知觉同样有一个将二维的图像向三维图像做解释的过程。这种转换是自动进行的，但需要有一些运动线索。以逼近现象为例，当一个物体的视网膜成像突然向视网膜四周迅速膨胀，并且在各个方向上速度相等时，你不会把它看成在固定位置上物体大小和形状的急剧扩展，而是体验到物体在向你面前逼近（见图 4-21）。

正常情况下，一个人在环境中活动时，不仅视网膜上的视觉不断地移动位置，同时还伴随着前庭觉与触觉的发生。例如，你在快速行驶的车上有时会感觉到来自背

图 4-21 飞行中的运动知觉图

后的压觉，同时头部向后微倾。若只有视觉中的网像不断地移动而不伴有身体上其他部分的感觉，如在模拟飞行、模拟驾驶中，甚至在有些电子游戏中，人反而会感到不正常，有时会产生眩晕的体验。

总之，运动知觉的产生依赖于来自网像的变化，头部和眼球运动以及多种身体感觉等各种信息的结合。英国心理学家登顿（Denton）曾应用这个原理解决了公路系统上的一个严重问题，即司机们通常在到达某一警戒线时不能很快地将车停下。他建议在将要到达一个警戒线时的一段距离内画上一系列间隔逐步缩小的横线。由于看到横线之间距离很快缩小，通常是与运动速度的增加相联系的，因此这种对加速度的知觉就迫使司机们较早地减慢了车速。在实施这种措施后，苏格兰某地取得了明显效果，事故发生率从原来 12 个月内 14 次降到 14 个月只有两次。

六、错觉

错觉（illusion）是不正确的知觉，是人们无意识地利用某些知觉线索对所见物体做了错误推论而产生的。当我们进行逻辑思维时，对自己的思考和推论过程是清楚的。然而在知觉中推论往往是自动进行

的、人们意识不到的。例如，看到远处和近处的人身高不变，开着和关着的门都是长方形等很多复杂的知觉现象，都是无意识推论的结果。但是在有些情况下，推理也会将我们引向歧途，产生各种错觉。目前，还没有一个理论能够解释所发现的全部错觉现象。但了解错觉，既可以有助于避免上当受骗，还可以在必要的场合有意识地加以利用，如果能够在广告上利用错觉现象则可以有效地强化宣传效果。最简单的视错觉是两条等长的直线，由于附加的箭头方向不同，可以造成长度上的明显改变（见图 4-22）。它是依据发现者命名的，被称为缪勒—莱尔错觉（Muller-Lyer illusion）。此外，常见的错觉现象还有以下几种，它们大多以发现者的姓氏命名（见图 4-23）。

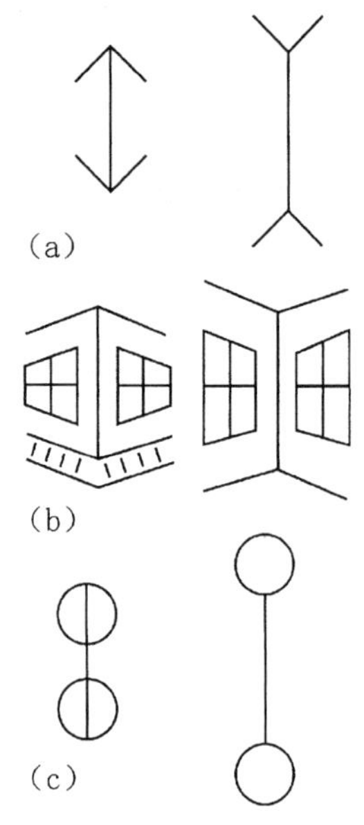

图 4-22　缪勒—莱尔错觉及其变式

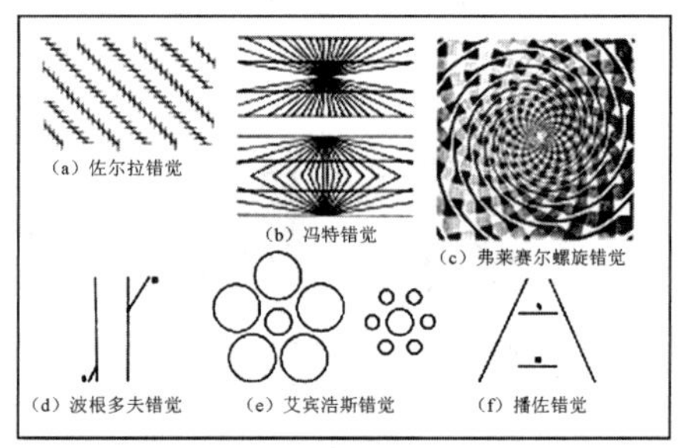

图 4-23　常见的视错觉

生活中也有一些错觉现象不是刺激物本身的结构所引起的。例如，你是否注意过初升的月亮看起来比月上中天时大，而且距离较近？有时前者能够比后者大 30%，原因何在？显然月亮的大小不会改变，这是一个困扰人们多年的错觉现象。尝试对它做解释的理论很多，如眼球运动方向的差别、空气透视的影响等，但是都未做出圆满的答案。当前最通用的解释为：月亮初升时在地平线之外，经过一系列的房屋树木等，地平线看上去就很远了，月亮在那么远的地方有如此大的视网膜成像，它必定是非常大的。与此相反，在月上中天时，我们不知道天有多么远，人与天之间也没有什么东西可参照，看起来天就像一个平面，因此月亮似乎也不太远。同样大小的视网膜成像在这种情况下就被解释成较小的月亮了。

思考题

1. 试说明感觉和知觉的关系。
2. 各种感觉之间有哪些共同特征?
3. 什么是阈限、绝对感觉阈限与差别感觉阈限?
4. 试简述视觉的三原色说和四色说。
5. 知觉有哪些主要的组织原则?
6. 什么叫知觉的恒常性?它都包括哪些内容?
7. 深度知觉线索主要有哪些?
8. 何谓双眼视差，它在知觉中起什么作用?
9. 试举例说明生活中的错觉现象。

第五章
学　习

【本章要点】

1. 如何从心理学的角度来定义学习？
2. 学习包含哪些不同方式？
3. 我们为什么要学习？
4. 学习的策略。
5. 怎样改变行为？矫正或塑造？
6. 教与学。教什么？怎么教？

人们之所以能够对周围的事物表现出各种不同的行为方式，在很大程度上是因为“学会了”，在不同情况下使用不同的方式进行反应，能够获得最满意的结果，包括表情、姿态、语言、动作。生活在世界上的不同地理位置，受到不同文化特征影响的人们，从出生开始为了生存也在学习，但他们表现出来的是具有另一种文化特征的行为方式。正是由于学习经验的不同，人们在各个方面都变得与他人有很大差异，是一个个独立的个体。例如，来自各国的外国人为了在中国开展工作或学习，都是从学习汉语“你好”开始，这表明交流是一种普遍的活动，会伴随我们终生。无论是穿衣、走路、体育锻炼，还是操纵机器、设计仪表、管理生产等，无不包含着学习。学习在塑造人类行为中起着极其重要的作用。你之所以成为你，学习是重要的影响因素之一。

本章将分四节来讨论学习问题。首先，介绍与学习有关的基本概念，以及学习的一般过程，学习的类型及学习的作用。其次，将介绍经典性条件作用与操作性条件作用，在说明二者区别与联系的基础上，进一步拓展条件作用原理在实践中的应用。再次，将介绍如何通过观察他人而进行学习，并且从生物进化的角度讨论学习的意义。最后，将针对学校生活，谈谈知识学习的几种策略，有效学习的途径，教师的职责，以及教学效果的检查——考试。

第一节 学习的一般概述

一、学习的定义

提到学习（learning），人们往往想到的是课堂上学生的知识学习，或是在工作场所中新手的技能学习，如学习外语、跳舞、驾驶汽车、计算机编程等。的确，这些活动都包含着学习，但从心理学的角度来看，它们表示的只是学习活动中的一些典型实例。事实上，从婴儿期到青春期再到成人期、老年期，直至死亡，我们的心理一直都在经历着变化。虽然产生变化的原因很多，但学习在其中占有最重要的地位。通过学习生活经验，我们获得新信息、新态度、新技能，甚至产生新的情感情绪；同样，我们也学会如何更好地学习，如何用新方法解决问题，甚至如何培养人格。因此，学习是每个人都经历的一种极其普遍又重要的心理活动。

学习的定义是什么，从心理学的角度来讲，学习就是由经验产生的，在个体行为或行为潜能方面的一种相对稳定的改变。学习的内容既包括知识和技能的获得，也包括各种行为习惯的形成和变化。其内容和性质可以是积极的，如遵纪守法、尊老爱幼、豁达乐观，也可以是消极的、邪恶的，如抽烟赌博、说谎诈骗、蛮横任性等。但我们也需要看到，如学习的定义所述，并非所有的行为变化都是学习的结果，它指的一定是那些相对持久的、由经验带来的变化，而那些短暂的行为变化，如由药物、疲惫、成熟、受伤等原因引起的变化，并不算是学习。如果在某门篮球课上的学生由于从美国国家篮球联赛（NBA）直播中看到了一种新的投篮方法，而他在自己接下来的比赛中也都尽力去采用同样的投篮方式，那么学习就发生了——学生的投篮方式，由于 NBA 运动员的展示而获得一种相对持久的变化。但是如果这个学生因打球而脚踝受伤，因运动过量而疲劳，或者由于练习哑铃而使手臂力量增强，造成了投篮方式的改变，这些改变就不是我们所说的学习。

由学习引起的行为变化并不总是立即可见的。比如，你在球赛中看见某个足球运动员做出一个你从未见过的精彩的过人动作，但当你再次站在足球场上，面对你的对手时，这种学习带来的变化并不一定会显现出来。请注意，在学习的定义中并没有严格限制变化的类型，可以是有意的，也可以是无意的，可以是你所期待的，也可以是你想回避的。例如，自从你吃了一次松花蛋之后你就开始厌恶这种口味，那么学习也发生了。尽管你对松花蛋的厌恶既非你所期待的，也绝不是有意的，但它仍然是学习的结果。

此外，我们还应该认识到，从生物进化的角度看，学习在本质上是一种适应行为。有机体要生存，必须适应环境及其变化，与环境保持动态平衡。适应包括生理与心理两方面：生理适应是在环境变化的作用下，有机体生理结构与机能及行为的变化，如为了适应地面活动，猿人逐渐发展出强壮的下肢；心理适应是在环境变化的作用下，个体心理结构与心理功能及行为的变化，如为了狩猎大型动物，人类需要学习语言从而完成沟通协作。因此，学习是有机体对环境的一种心理适应，并非人类所独有的，大多数动物也能学习。学习者与环境的相互作用是学习得以发生的客观基础。

经过多年的研究，心理学家已经分离出，并研究了学习发生的多种方式，因此我们现在可以理解不同的学习规律。在具体分析各种学习方式与学习规律之前，本节首先对学习的基本过程与分类、学习的功能以及人类学习的主要特点进行简单的介绍。

二、学习的一般过程

学习是怎样进行的？这实际上是一个关于学习的一般机制的问题，即经验结构是通过什么途径建立的。早在我国古代先秦时期，荀子就曾提出“闻—见—知—行”的学习活动模式，即：“不闻不若闻之，闻之不若见之，见之不若知之，知之不若行之，学至于行之，而止矣。行之，明也。”同时，他对这四个过程的关系也有所论述，认为：“闻之而不见，虽博必谬；见之而不知，虽识必妄；知之而不行，虽敦必困。”

《中庸》在继承有关认识论思想的基础上，进一步发展了前人的学习过程观，提出了更为科学的五步学习观：“博学之，审问之，慎思之，明辨之，笃行之。”五步学习观曾经引起了历代学者的普遍重视，在中国古代学习理论发展史上占有重要的地位。

近代，随着研究手段的更新及相关学科的发展，对学习的内部、微观过程的探讨受到重视，尤其是信息理论、计算机科学等领域的研究进展，为探讨学习的内在机制提供了有利条件。美国心理学家梅耶（Richard E. Mayer），1987 年在整合有关理论及学习过程模式的基础上，提出了一种简化的学习过程模式（见图 5-1）。

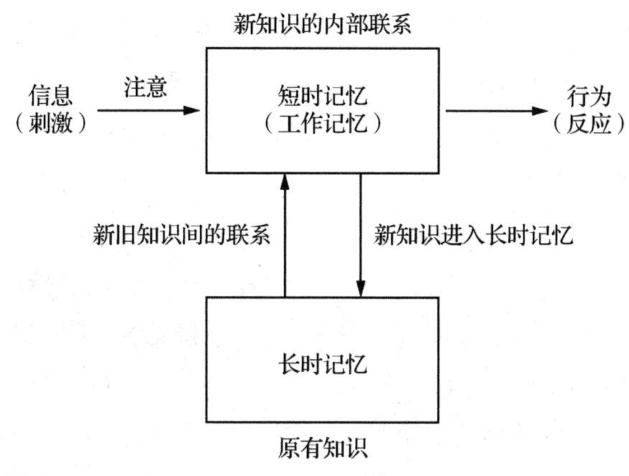

图 5-1　学习过程模式

资料来源：[美] 梅耶（Richard E. Mayer）：《教育心理学——认知取向》，林清山译，台北，远流出版事业股份有限公司，1991。

在上述模式图中，短时记忆是指信息被稍加注意而在头脑中保持很短的一段时间（大约 30 秒）的记忆，其容量只有 7±2 个信息单位。工作记忆实际上就是短时记忆，指同一概念的不同方面，工作记忆侧重于功能，短时记忆侧重于信息保持的时间。长时记忆是指信息经编码进入长期记忆库，能保持 1 分钟以上乃至终身的记忆，其容量巨大，可储存大量信息。短时记忆中的信息经复述后有可能进入长时记忆，一般情况下，只有经过复述，并了解信息之间的意义与联系，才能产生长时记忆。

根据梅耶的学习过程模式图，学习者在外界刺激的作用下产生注意，通过注意来选择与当前的学习任务有关的信息，忽略其他无关刺激，同时激活长时记忆中相关的原有知识。在新输入的信息进入工作记忆后，学习者找出新信息中所包含的各种内在联系，并与已激活的原有信息相联系。最后，经过理解的新知识被存储到长时记忆中。在特定的条件下，学习者激活、提取有关信息，通过外在的反应作用于环境。简言之，新信息被学习者注意后进入短时记忆，同时激活的长时记忆中的相关信息也进入短时记忆。新旧信息相互作用，产生新的意义并储存于长时记忆系统，或者产生外在的反应。

与其他的学习过程模式相比，梅耶的模式比较强调新旧知识之间的相互作用，具有重要的启示意义。学习过程是一个受到多种因素影响的复杂的心理加工过程。随着研究手段的更新与相关学科的影响，对学习过程的探讨也必将更加深入和准确。

三、学习的分类

学习现象多种多样，而学习的对象、内容、形式、水平等交错复杂，因此产生了不同类型的学习。了解学习类型，有利于我们采取相应的措施来促进各种学习。下面将列举几种较有代表性的学习类型。

（一）依学习内容划分

学习的内容多种多样，一般可以分为三大类。

1. 知识学习

知识是客观事物的特征与联系在人脑中的主观表征，可以表现为概念、命题、图式等不同形式，分别标志着对事物反映的不同广度与深度。知识的学习是通过一系列的心智活动，在头脑中建立起相应的认知结构的过程。知识的学习要解决的是认识问题，即知与不知或知之深浅的问题。

2. 技能学习

技能指通过学习而形成合乎法则的活动方式。它包括心智技能与操作技能两种。心智技能是指内在的心智活动方式，如各种学习策略、解题思路等；操作技能是指外在的操作活动方式，如各种体育运动技能。技能的学习比知识的学习更为复杂，它不仅包括认识问题，还包括实际执行问题。不仅要知道做什么、怎么做，同时还要能够实际做出动作。技能学习最终要解决的是会不会做的问题。

3. 社会规范学习

社会规范的学习是把外在的行为要求转化为主体内在的行为需要的内化过程。这种学习既包含对社会规范的认识问题，又包含执行及情感体验等问题，因此比知识和技能的学习更为复杂，是人类所独有的，并且在生活实践中不断发展。

（二）依学习方式划分

在认知心理学兴起后，根据布伯鲁纳（Jerome S. Bruner）和奥苏贝尔（David Paul Ausubel）等研究者的观点，学习可以依据其方式的不同分为接受学习与发现学习，或者意义学习与机械学习。

1. 接受学习与发现学习

接受学习（receptive learning）是指将别人的经验变成自己的经验，所学习的内容是以某种定论或确定的形式通过教授者传递的，无须自己去独立发现。学习者将教授者呈现的材料加以内化和组织，以便在必要的时候再现或加以利用。发现学习（discovery learning）则是指在缺乏经验传授的条件下，个体独立发现、创造经验的过程。

2. 意义学习与机械学习

意义学习（meaningful learning）是指学习者利用原有经验来进行新的学习，理解新的信息。新信息与学习者认知结构中已有的适当观念建立非人为的、实质性的联系。机械学习（rote learning）则是指学习材料本身无逻辑，或与学习者已有的知识经验缺乏联系，学习者只能靠死记硬背进行的学习。

在上述分类中有两点需要明确。首先，接受学习既可以是机械的，也可以是有意义的。在理解基础上的接受就是有意义的，反之是机械的。因此，不应将接受学习与被动的机械学习等同起来。同样，发现学习中也存在意义与机械的区分。动物通过盲目地尝试错误而获得某种经验，即属于机械的发现学习，而科学家的发明创造则是有意义的发现学习。其次，接受学习与发现学习并不截然对立，接受学习为高水平的发现与创造提供必要的知识和技能准备。例如，历史上科学的重大发明与发现都是在吸收前人经验和教训的基础上才能产生的。

学习与文化习俗

本尼迪科特（Ruth Benedict）于 1934 年出版了一本关于偏远地区文化的书，书中详细介绍了多布（Dobu）和祖尼（Zuni）这两个民族的文化差异：居住在巴布亚新几内亚的多布族人极具竞争性，他们会竭尽所能地获得更多财物，并且有着很高的攻击率和谋杀率；而祖尼族是印第安人的一支，其文化与祖尼人共享，并且都主动回避可能带来个人名誉的任何事情，可能正因为如此，他们的暴力事件发生率很低。本尼迪科特的书向我们讲述了学习经验在塑造人类行为的过程中的重要作用，如果在某些文化中，贪婪、野心、暴力很罕见，则可以证明这些特质并非人类的本性，而是个体从所处文化环境中，从其他人身上学习到的。

由于人们一般难以相信学习在塑造人格过程中起着如此巨大的作用，本尼迪科特又以求爱和结婚为例，进一步说明学习经验对不同文化习俗造成的差异。在祖尼社会中，男孩和女孩在青春期之前都是被严格分开的，婚前不允许有任何交往。如果男孩和女孩有任何形式的接触，其父母便会尽快安排他们结婚。例如，当一个素不相识的年轻女孩从小溪边提着水罐回来时，男孩向她讨一杯水，这就是祖尼人的求爱过程。如果女孩同意给男孩水，那么他们很快就会结婚。多布人的求爱方式则大相径庭。在多布社会中，男孩和女孩不仅可以一起玩耍，而且性游戏在他们之间也很普遍，并得到成人的许可。到了青春期，未婚男女之间频繁出现性行为的现象很常见，并且，性行为通常是在女方父母居住的房间中公开进行。

资料来源：B. B. Lahey，*Psychology*：*An introdution*，10th edition，New York，McGraw-Hill Education Company，2009。

四、学习的作用

学习是个体生存的必要手段，无论动物还是人类，为了生存，都需要与环境保持动态平衡，学习便是其重要手段。当然，由于物种进化水平不同，学习在个体的有效生存中所起的作用是不相同的。

学习在低等动物生活中的作用较小，

许多动物从一出生时就具有一生中所需要的大部分动作，为了生存，其行为的先天成分与后天的自然成熟起主要作用，而学习能力较低。随着物种进化水平的提高，学习能力和学习结果在个体生存与发展中所起的作用不断提高，本能行为的作用则相对减弱。人类是地球上生物进化最高端的物种，因此人类个体的学习对其生存和身心发展至关重要。个体的生理发展受“用进废退”的自然法则支配，学习包含着对已有基础的使用，因此对促进个体的生理发展起着重要作用，这一点在动物与人类的学习实验中都已被证明。同样，个体一生的心理发展无疑都是在不断的学习过程中得以实现的。从一个近乎无能的生物个体发展到一个具有多种技能和健康个性，并能很好地适应生活的社会成员，这一切都不是自发、自然形成的，而是通过不断学习来实现的。

除了对人类个体的影响，学习还可以促进人类社会的进步。学习是人类进化的助推器，人类有史以来就离不开学习，人类将来的发展、演化更需要学习。人类发展史从某种意义上讲也是人类学习史。学习与人类生存同步，与社会发展同步，是人类个体和人类社会发展的重要途径。

五、人类学习的特点

学习这一现象为人类和动物所共有，且具有某些共同的规律。但二者又具有本质的不同：动物的学习目的更多地局限于生理需要，主要是被动地适应环境；而人类则可以主动地适应环境或改造环境，具有能动性特点，并且人类的学习更多地具有社会性。

人类除了能够以直接的方式获取经验外，还能够通过社会交往等形式获取大量的间接经验。同时，人类的学习主要以语言为中介，这使得个体不仅能够掌握具体的经验，而且也使掌握抽象、概括的经验成为可能。这对于促进个体心理由低级、具体的水平向高级、抽象的水平发展有重要意义。

学生的学习除一般人类学习的共同性外，还有其特殊性。学生在教育系统中扮演着经验接受者的角色，因此，学生学习的根本特点仍属接受性的。虽然适当的发现学习也很重要，事实上越来越多的教育心理学家及教育工作者都认为，随着社会的发展，在学校情境中，通过学习者的主动构建而进行的接受学习，可以促进认知水平的提高，得出创新成果，是一种高效的，也是最主要的学习形式。至于少数习惯于原有的教学方式方法，而不加认真分析，又不考虑年龄特征，断然全盘否定学生学习的接受性，实际上就是否定了教育的作用，终将导致教育理念的混乱，无助于人才培养。

除了接受性这个根本特点外，我们还应明确学生的学习主要在于接受前人的经验，而非自身的直接发现，具有间接性。同时，学生的学习是在有计划、有目的、有组织的情况下进行的，前后学习材料相互关联，因此具有方向性和连续性。充分认识到学生学习的性质和各种特点，能够有效地促进学生的学习。

《应用学习科学》

第二节 经典性条件作用与操作性条件作用

我们身边随时随地发生着各种各样的学习。有些学习过程是我们能够明确意识到，并努力去完成的；另一些学习则比较“隐蔽”，以至于我们很难主动地创造机会对可能带来不良后果的学习进行矫正。正因为如此，我们需要对常见的学习现象进行了解。下面，我们将介绍两种最基本的学习现象——经典性条件作用和操作性条件作用，并对条件作用在实践中的应用加以说明。

一、经典性条件作用——基于联结的学习

经典性条件作用（classical conditioning）是指将中性刺激（原本不能诱发反应的刺激）与一个能诱发反应的刺激相匹配（一次或多次），致使中性刺激最终能诱发同类反应的过程。该现象最早是由俄国生理学家巴甫洛夫（Ivan Pavlov）于1913年发现的。

知识扩展

一只狗引发的心理学研究

对学习的科学研究始于20世纪初俄国生理学家巴甫洛夫在实验室中的一次意外发现。巴甫洛夫因研究唾液在消化过程中的作用而获得诺贝尔奖。为了研究唾液的分泌情况，巴甫洛夫将一个特制的导管穿过狗的腮部与其唾液腺相连。这个装置能帮助巴甫洛夫测量狗在咀嚼时的唾液分泌量（见图5-2）。在实验进行了几天之后，巴甫洛夫偶然发现，当实验人员端着盛肉末的盘子刚进入实验室时，虽然狗还没有吃到食物，但已经开始分泌唾液。实验人员的出现（也可能是其声音）诱发了原本只有食物才能引起的反射活动。

巴甫洛夫就此现象深入研究，逐渐揭示出一种基于两个刺激不断重复联结而产生的学习类型。这里的刺激是指任何能直接影响行为或意识体验的事物。由于狗的进食体验与送餐实验员的出现相联结，狗的行为产生了变化——只要送餐实验员一接近，狗就开始分泌唾液。回顾本章第一节所介绍的基本概念，我们不难发现这种变化就是学习。实际上，人类在刚出生的时候也只能用几种有限的先天反射活动对外部世界做出反应，但个体长大成熟后，就能够使用各种复杂的反射方式应对外部世界，这便是学习的结果。

此外，由于这是第一个在实验室条件下被研究的学习类型，因此这种学习被称为经典性条件作用，也被称为巴甫洛夫条件作用。

资料来源：B. B. Lahey，2009。

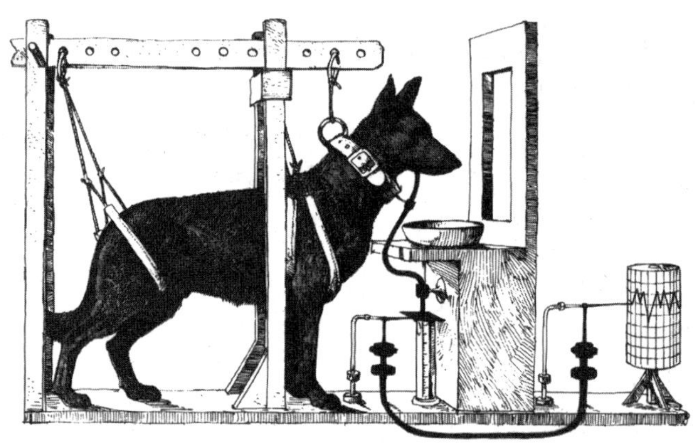

图 5-2　经典性条件作用的实验装置

尽管巴甫洛夫是第一个用科学方法研究经典性条件作用的学者，但亚里士多德早在距巴甫洛夫 2000 多年前就已经注意到，两种感觉经验如果不断地被一起重复体验，就会形成联结。联结是经典性条件作用的核心要素，如果你经常和同一个朋友去某个饭店吃火锅，那么当你一个人再去的时候，这个行为就会诱发你对那位朋友的回忆。基于联结的学习是我们日常生活的重要组成部分。我国古代流传下来的望梅止渴、谈虎色变等成语所描述的现象，也正是这种学习所导致的结果。

在进一步学习经典性条件作用之前，我们首先需要学习 4 个新的术语。尽管刚听上去可能会觉得很奇怪，但这些术语能很好地帮助我们将经典性条件作用延伸到日常生活中去，而不仅仅局限在分泌唾液的狗身上。

1. 无条件刺激（unconditioned stimulus，UCS）。在巴甫洛夫的实验中，肉末是无条件刺激。无条件刺激不需要任何学习就能诱发某些先天的反应。

2. 无条件反应（unconditioned response，UCR）。分泌唾液就是无条件反应。无条件反应是有机体对无条件刺激的一种非习得的、天生的反应。

3. 条件刺激（conditioned stimulus，CS)。原本送餐人员并不能诱发唾液分泌，但是当他和无条件刺激配对后，具有了诱发唾液分泌的能力，就成了条件刺激。除了送餐人员外，巴甫洛夫的实验也以灯光或铃声作为条件刺激。

4. 条件反应（conditioned response，CR)。当条件刺激出现时，狗开始分泌唾液。这种情况下的唾液分泌反应就是条件反应，即由条件刺激诱发的反应。

以铃声作为条件刺激建立经典性条件作用的基本程序如图 5-3 所示。

建立前：　UCS ——→ UCR
（食物）　（唾液分泌）

建立中：　CS+UCS ——→ UCR
（铃声稍前于食物相继出现）　（唾液分泌）

建立后：　CS ——→ CR
（铃声）　（唾液分泌）

图 5-3　经典性条件作用建立的基本程序示意图

经典性条件作用被称为一种学习形式，并不是因为它产生了新行为，而是因为一个已有的行为可以由新刺激诱发出来。同时还应看到，经典性条件作用的过程并不依赖于个体行为，不管狗是否分泌唾液，送餐人员和肉末都是配对相连的。经典性条件作用建立的关键在于刺激(CS) 和无条件刺激在时间上的紧密相连，刺激必须能够准确可靠地预示无条件刺激的出现。如果个体的行为可以决定刺激呈现与否，那么这个过程就不再是经典性条件作用了。经典性条件作用学习的应用远不止于解释狗的唾液分泌，事实上，它能够帮助我们理解人类许多重要行为背后的原因。

1920 年，行为主义学派心理学家华生与其同事共同出版了心理学界被引用次数最多的关于经典性条件作用的著作。华生认为人类的许多恐惧是通过经典性条件作用习得的。他还通过诱导一个名叫阿尔伯特（Albert）的 11 个月大的婴儿产生恐惧反应来验证这一理论。

首先，华生让阿尔伯特和一个小白鼠玩，观察发现阿尔伯特刚开始时并不害怕。随后，在阿尔伯特继续和小白鼠玩的过程中，实验人员在阿尔伯特背后用槌子大声敲打铁栏。正如我们能猜到的，槌子敲打的巨大声音把阿尔伯特吓得哇哇大哭。之后又重复了 7 次这样的行为，让小白鼠和巨大声音联结起来。最后，当再把小白鼠放在阿尔伯特附近，他会做出强烈的恐惧反应。换句话说，阿尔伯特通过经典性条件作用学会了恐惧反应。不仅如此，阿尔伯特还对其他带有白色皮毛的物品，如白兔、白胡子、白大衣等产生了同样的恐惧反应。当然现在来看，“小阿尔伯特实验”极不符合科学研究的伦理原则，因此不能重复实验并且受到了批评。

生活中的心理学

经典性条件作用的应用

不仅是我们的行为、情绪，甚至机体的免疫系统同样可以进行经典性条件作用。在一项经典研究中，阿德（R. Ader）使用某种药物（UCS）来抑制老鼠体内免疫细胞的激活（UCR），并且每次在老鼠喝糖水（CS）的时候就用药。经过几次配对后，老鼠只喝糖水就能抑制其体内免疫细胞的产生（CR）。经典性条件作用还能影响性唤起。例如，将雄鼠和性唤起的雌鼠放在一个特别的笼子里，中间隔了一道挡板，使得它们不能交配，但性唤起的雌鼠（UCS）诱发了雄鼠的性唤起（UCR）。现在的问题是，性唤起的雌鼠能否和实验用的特定笼子（CS）配对形成经典性条件作用，使得雄鼠看到这个笼子就能产生性唤起呢？研究者随后将一些雄鼠分别放到这个笼子中，并在笼中另一侧放入另一只性唤起的雌鼠，之后撤去挡板。与之前没有进入过这个笼子的控制组雄鼠相比，实验组雄鼠产生了性唤起，并更快地出现了交配行为，这一结果证明这个特定笼子确实可以作为条件刺激引发雄鼠性唤起的条件反应。经典性条件作用对性唤起的影响可以被用来解释那些异常的性癖好。例如，有的人会由于经典性条件作用被一些原本与性无关的物体性唤起，如鞋子、皮手套等。

资料来源：B. B. Lahey，2009。

在已经形成的条件作用基础上还可以建立新的条件作用，即通过训练，使其他一些中性刺激替代原来的条件刺激，同样引起条件反应，形成二级或更高级的条件作用。高级条件作用的形成过程如图 5-4 所示。

$$CS_1 \longrightarrow CR$$
$$CS_2 + CS_1 \longrightarrow CR$$
$$CS_2 \longrightarrow CR$$

图 5-4　高级条件作用建立的基本过程

由于人类具有语言，以语言充当刺激而引起的高级条件作用就更为复杂和常见。例如，望梅止渴是以梅子的视觉形象代替了吃到口中的酸梅子而引发的一级条件作用，而对于人来讲，只要谈到梅子就有唾液分泌，就是二级条件作用了。比如，人们常说的谈虎色变、考试焦虑、社交恐惧等，都是通过类似的过程形成的高级条件作用。

条件作用形成以后，若反复呈现刺激，却始终不再呈现无条件刺激，则 CS 最终将不能再诱发条件反应，这种现象被称为条件作用的消退。例如，巴甫洛夫实验中的狗在形成对铃声（C）的条件反应以后，如果以后又只给铃声而得不到食物了，其反应也会逐渐减弱，直至最后使铃声完全失去了食物信号的意义，其所具有的条件作用（R）也就消退了。反之，如果每次铃声响后都仍然喂食，则该条件作用就会长期保存。

二、操作性条件作用——基于行为结果的学习

经典性条件作用可以很好地解释动物和人类的一些反射性行为，其形成一般发生于有明显刺激的情境中，主要是它受到在反应之前出现的刺激的控制。但是除此之外，人和动物还有许多行为并不符合这种模式。有些反应不是简单的反射活动，影响它的不是发生在反应之前的刺激，而是在做出反应之后所得到的结果。例如，如果你每天都把车停在标明“禁止停车”的地方，那么你的车每天都会被拖走，这样过一段时间后你就不会再把车停在那里了。同理，如果你有一天在自习室里随机地坐在某一个座位“A”上，而这个A座位旁边有一位风趣幽默充满魅力的人主动过来和你说话，那么下次你可能还选择这个座位。在这些事例中，人们行为频率的上升或下降在很大程度上取决于他们此前行为的结果。

对于这种现象，斯金纳（B. F. Skinner）于1930年首次用操作性条件作用（operant conditioning）这一术语来加以描述。他认为有机体的行为活动不只是对刺激做出简单反应，在大多数情况下，是个体对环境的自主反应，而该反应所产生的结果会导致反应强度的增加，并最终与某一刺激建立起新的联系。斯金纳将这种自发产生的行为称作操作性行为，如上述的改变停车位置、选择同一个固定座位等。

操作性条件作用的另一个名称是由桑代克（E. L. Thorndike）于1913年提出的，称为工具性学习（instrumental learning），他强调这种反应是为了获得某种期望的结果而进行的，具有工具的性质。桑代克最早研究动物学习，20世纪初，他曾经用猫进行过一些问题解决的实验。他将饿猫放在一个可以看到箱外的食物的“迷箱”（puzzle box）内，如果猫自己能够按压其中的压板，就可以打开箱门得到食物。研究的目的是考查经过练习，猫用多少时间能够逃出迷箱。桑代克认为如果猫能思考，那么当它认识到解决方法时，就会突然地解决了问题，逃出迷箱奔向食物。但结果发现猫并没有突然间解决问题，而是逐渐地解决，表明猫的学习方式不是顿悟（insight），而是试误（trial and error），即盲目尝试并逐步减少错误的过程。桑代克根据研究结果，总结出几条学习的基本规律，主要的是效果律。效果律是指如果在某种刺激情境中，有一次反应得到了满意的结果，那么该刺激与反应的联系就得到加强。桑代克的效果律为斯金纳的操作性条件作用理论奠定了基础。

斯金纳在看到经典性条件作用不能完全解释人类行为时，从效果律上看到行为形成的一个基本规律，指出“有机体倾向于重复那些导出满意结果的反应活动”，从而提出强化（reinforcement）这一重要概念：强化是指使反应概率得以提高的手段

或措施。强化又分为正强化和负强化两种，正强化指通过呈现某种刺激使反应概率提高，而负强化指通过终止不愉快条件使反应概率提高。与强化相对的概念是惩罚，是导致反应概率降低的手段或措施。斯金纳以老鼠和鸽子等作为研究对象，设计了著名的研究工具——斯金纳箱（Skinner box），对操作性行为进行了大量实验（见图 5-5）。

《超越自由与尊严》

图 5-5　斯金纳箱

将饥饿的老鼠放入斯金纳箱，为了得到食物，老鼠在刚开始时无目的地到处乱动，偶尔一次按到压板，导致了食物的出现。此后，老鼠每次被放入箱内后，在压板周围活动的时间明显增多，获得食物所需的时间日益缩短。最后，老鼠逐渐学会了用按压板来获取食物。该过程可以表示如下：

辨别性刺激——→操作性反应——→强化刺激
（压板）　　　（按压板）　　　（食物）

在这种学习模式中，辨别性刺激是指影响动物获得食物的有效线索，即压板。强化性刺激是指能够提高操作性反应的概率的刺激，是操作性条件作用得以形成的关键要素。斯金纳认为在操作性条件作用的形成过程中，重要的是反应之后所伴随的强化刺激，即强化物，而不是反应之前的辨别性刺激。

强化物可以进一步区分为一级强化和二级强化。一级强化是指那些本身就具有强化性质，无须学习的强化物，如食物、水、温暖、新异刺激、性满足等；二级强化是指如果某个中性刺激与一级强化反复联结，最终自身也能获得强化性质（通过经典性条件作用被个体所习得）。例如，当你训练小狗的时候，如果要它完成一些复杂动作，就需要使用大量饼干之类的一级强化物。然而，如果你之前每次在喂小狗饼干的同时对它说“真乖”，这两种刺激在一定次数的匹配之后，口头表扬就会转化成二级强化物。因此，当小狗做出你所期待的行为后，只需要对它说“真乖”，这种强化方式相比于携带一大包饼干来说当然方便多了。表演者对舞台上在做精彩表演的动物使用的大多是二级强化。对于人类来说，金钱也是一种典型的二级强化，金钱对于儿童来说最初不是强化物，但当儿童知道压岁钱能换糖果的时候，它就能对儿童的行为产生效果。再如分数、奖章、社会地位、社会认可、掌声这些能激励人们的事物，都属于二级强化。

除了强化物的性质外，强化的时间、强化的次数等不同的强化程序往往会产生不同水平的强化效果。另外需要注意，强化并不是刻意安排才会发生的，行为的自然结果也具有强化作用。比如，当我们采取某种方式与顾客进行沟通时，顾客表现出很满意，这就是强化。事实上，人总是被自己的行为结果所影响，因此人是一直在通过操作性条件作用学习如何适应世界的。

操作性条件作用的一个很重要的应用是行为塑造（shaping）。在多数情况下，我们想要强化的反应基本上不会或很少自动发生。例如，你想通过正强化使一个三岁儿童学会打扫自己的房间。要是等待该行为自发地出现，不知你得等多久。在这种情况下，我们需要做的是强化那些与所期待的目标行为（打扫自己的房间）相类似的行为，从而逐步增加目标行为出现的可能性，直至其最后真的出现，这便是塑造（shaping）。塑造原理在实际生活中有重要意义。比如，大多数篮球新手都不会“三步上篮”，不管怎么强化，他们就是做不到。但我们可以通过行为塑造，先对他做得比较协调的姿势予以强化，之后再对恰当的起跳时机予以强化，最终他们可以被塑造成为优秀的篮球队员。

操作性条件作用的另一个很重要的应用是惩罚（punishment）。惩罚是导致反应概率降低的手段或措施。如果使用得当，惩罚将是一种用来减少或消除不当行为的有效工具。然而研究发现，使用惩罚时必须谨慎。在大多数情况下，虽然惩罚可以减少即时性不当行为发生的频率、持续时间和强度，但如果不结合对正确行为的引导与强化，单纯的惩罚并不能真正有效地改变受罚者的行为。这种不当行为潜能依然保留着，有可能会再次出现。不仅如此，惩罚还可能会伴随一些消极影响。例如，第一，使用惩罚对施罚者具有强化作用，使施罚行为的频率、强度都有可能上升，甚至有可能变成罪恶的虐待；第二，惩罚经常具有泛化抑制效应，有可能造成抑制范围扩大，影响了受罚者，尤其是儿童的正常行为发展；第三，惩罚会给受罚者带来消极的情绪体验，某些受罚者甚至可能表现出攻击性，从而衍生出更多的问题行为；第四，在现实生活中，有些教师、家长或其他权威人士还在采用体罚等不恰当的惩罚方式，更是明显地涉及了伦理问题。

经典条件反射和操作性条件反射的区别

三、条件作用的特点

前面讲了两种学习形式：经典性条件作用和操作性条件作用。为了更好地理解两者的性质与异同，下面我们对这两种条件作用进行对比分析。经典性条件作用与操作性条件作用的区别主要表现在以下三方面。

其一，经典性条件作用涉及两个刺激之间的联结，如音调和食物。操作性条件作用则涉及行为反应与相应结果之间的联结，如刻苦学习与得奖学金之间的联结。

其二，经典性条件作用通常涉及非自主行为，这些行为多由脊髓或自主神经系统控制，如恐惧、分泌唾液等。操作性条件作用则往往涉及更复杂的自主行为，这些行为通常受到躯体神经系统的调节。

其三，两者最大的区别在于使得条件作用得以发生的刺激的呈现方式不同。在经典性条件作用中，无论个体自身行为如何，无条件刺激始终与刺激配对，即个体不用为刺激或无条件刺激做任何事情。而在操作性条件作用中，只有当个体表现出需要的反应，才会出现强化刺激，也就是说，强化效应取决于反应的出现。

虽然存在上述的区别，但在经典性条件作用和操作性条件作用中也存在一些相似的现象，如刺激的分化与泛化，以及条件作用的消退。

（一）刺激的分化与泛化

很多时候，某种行为在不同情境下出现的概率不同。比如，当教师在教室上课时，学生一般表现良好，这是长期教育的结果，或者说是学生对于进教室建立了要表现良好的条件反射。但是教室的客观情况会有一定的变化：如果教师事前提醒学生，下一堂课的参观者对学校发展有重要影响，那么学生们在上课时的表现就会达到更高的水平，获得参观者更高的评价。从反应的角度看，就是对教室的情境刺激又做了分化。

人们在日常生活中，同样也会学习刺激分化。例如，在看到桑塔纳汽车的时候，我们会说“轿车”，而不是“货车”或者“面包车”；我们看到“行”字，如果当名词用，要读“háng”，可组词为银行、商行；如果当动词用，要读“xíng”，可组词为行走、步行。总之，无论动物或人类，他们在生活中都是先通过经典性条件作用建立起条件性反应，又通过条件作用进行刺激分化，从而逐步丰富和提高认知能力，和环境保持着平衡。

与刺激分化相对应的是刺激泛化，是指个体，无论人类或其他动物，并不总是需要对相似但不相同的刺激进行区分的。当两种刺激相近时，个体可能对两者做出同样反应，这在有些情况下是有益的。例如，当你的自行车链条发出某种摩擦噪声时，你可能会踢两脚，使噪声消失，当这辆车再次出现噪声问题时，你会再次使用“踢”的行为，解决了问题给你行动带来方便。但是，假设有一天你借用他人的自行车时，听到噪声你很可能发现“踢”的行为又自然地出现了，却没有能解决问题，这便是刺激泛化的结果。再如，儿童在成长过程中往往会经历这么一个时期，遇到任何一个成年男性就叫“爸爸”，导致妈妈感到尴尬，其原因也可以是他们的形象近似，容易引起刺激泛化。

（二）条件作用的消退

学习对于人类而言至关重要，通过学习我们才能够顺利地应对周围环境。然而，环境无时无刻不在变化，因此人类也不得不改变自己的行为去适应环境。如果我们只会学不会变，就很难在变化的环境中存活下来。我们设想一个人最初学会了走出家门向右转，到路口再向左走不远的路线能够到达汽车站，这个习得的行为很有用，能够节省时间，并多次得到正强化。但是当车站迁到路口的右侧时，你就必须改变路线，停止在路口时向左转的行为，使原来建成的反应终止，即条件反应消退（extinction）。

消退在经典性条件作用和操作性条件作用中都会出现，并且两者非常相似。在经典性条件作用中，只要两个刺激不再重复配对，条件作用就很快消退。而对操作性条件作用的消退，强化程式有一定的影响：通过连续强化程式建立的反应，比通过可变间隔进行强化建立的反应更容易消退，这是因为在连续强化中，个体更易于察觉强化物消失，不再出现了。根据这种规律，在幼儿培养教育中，对儿童的每一个积极行为都准确地及时强化并不一定最好，因为可变强化程式能维持积极反应更不容易消退。

《发条橙》

第三节 学习的认知因素与生物学因素

通过学习经典性条件作用和操作性条件作用，我们知道那是巴甫洛夫在生理学实验中发现了条件反射，继而进行研究，他认为条件反射活动可用以解释动物和人类的各种行为。这是对心理的生理机制研究做出的最早贡献。然而，动物和人类的行为复杂多样，随着心理学的发展，心理学家结合生活实际探讨动物和人类复杂的认知活动如何进行，下面介绍几种主要的理论。

一、动物认知

（一）认知地图（cognitive map）

加利福尼亚州伯克利大学的托尔曼（Edward C. Tolman）开创了学习认知过程的研究先河。他创设了一种实验环境，用迷宫对动物的学习进行观察，这种情境用特定刺激和反应之间机械的联结是无法解释的。在图 5-6 的迷宫中，托尔曼和他的学生发现，当迷宫中最初的目标通路（通路 1）被路障 A 阻断时，先前曾走过迷宫的老鼠会以最短的路径（通路 2）绕过路障，即使这种特定的反应在以前从未被强化过；而当 B 处也设置了路障时，老鼠会选择通路 3。老鼠的行为似乎表明，它们已经在起始点与食物所在位置之间建立了认知地图。老鼠并没有获得固定的肌肉运动模式，而是获得了食物所在地的知识，对迷宫整体布局的表征做出反应，而不是通过尝试错误盲目地探索迷宫的各个不同部分。

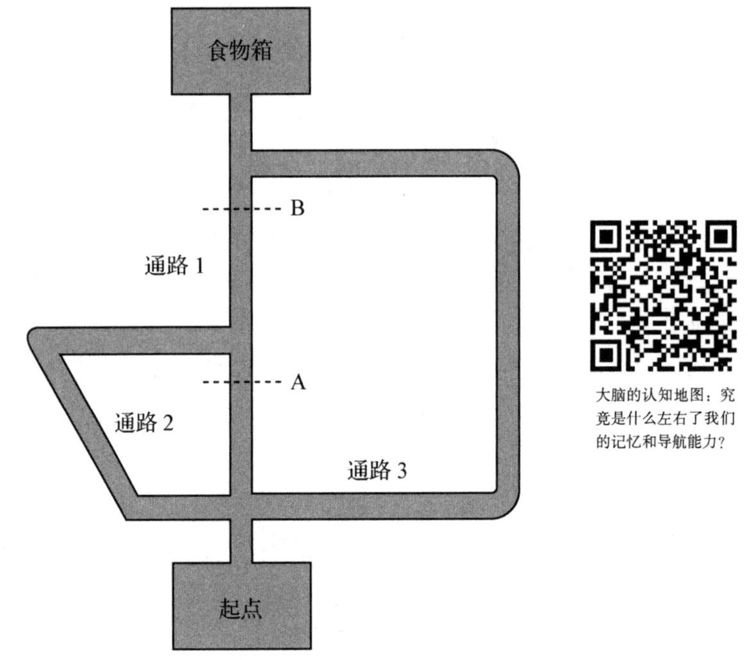

图 5-6 老鼠迷宫

研究表明，海马区（hippocampus）在诸如认知地图等的学习中起着重要作用。尽管这类研究大多数都用动物做被试，然而从动物身上得到的学习本质对于人类来说也具有一定适用性。

（二）潜伏学习（Latent Learning）

托尔曼在检验学习的认知观点时设计了另一个十分精巧的实验。假设我们允许老鼠在复杂迷宫中四处跑动，它们会学到什么吗？强化的观点认为，只有当我们在迷宫末端予以强化，将迷宫刺激与一系列特定肌肉运动模式相联结，学习才有可能发生，否则老鼠将什么也学不到。托尔曼却认为，即使没有强化，老鼠也会习得关于迷宫的认知地图。但除非我们能给出一个合适的理由（如食物）让老鼠跑向食物箱，否则我们未必能够直接观察到学习的发生，也就是说学习已经发生，只是还没有得到表现出来的机会。

在托尔曼的实验中（见图 5-6），三组饥饿的老鼠被放在迷宫起点处，并记录它们跑到终点（食物箱）所用的时间。第一组老鼠每次到达食物箱处都得到强化；第二组老鼠从未得到强化，因此它们只是在迷宫里乱转（到达食物箱的时间一直没减少）；第三组在最初十天并没有得到强化，但十天之后开始强化。由图 5-7 可以看出，老鼠跑到食物箱的时间突然减少，几乎和第一组的时间一样。托尔曼解释说，这些未经强化的老鼠其实和那些一直被强化的老鼠一样都已经学会有关食物箱位置的知识，但只有给它们一个合适的理由时，学习效应才会表现出来，这就是潜伏学习。

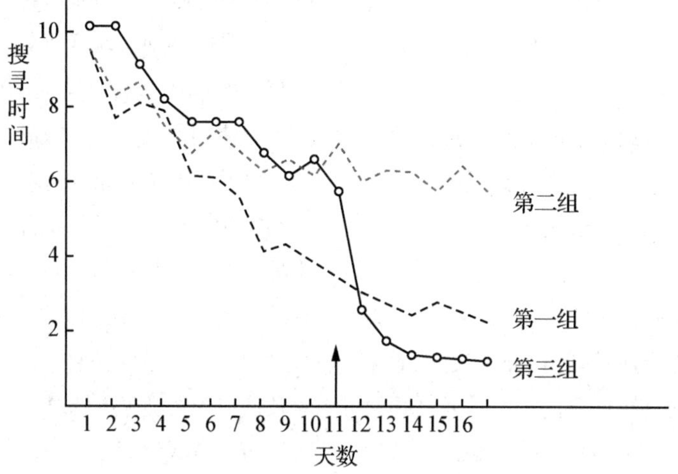

图 5-7 老鼠潜伏学习示意图

（三）顿悟学习（Insight Learning）

从某种意义上讲，对学习的认知观最有力的支持来自格式塔学派的德国心理学家苛勒（Wolfgan Kohler）设计的一系列实验。在第一次世界大战爆发时，苛勒正在访问特纳利夫岛（Island of Terenife），并被扣留于此。于是他借此机会设计了一些学习实验来研究岛上的黑猩猩。苛勒为笼子里的黑猩猩设计了一系列问题，并观察黑猩猩会如何一一解决。比如，他把一串香蕉挂在笼子顶部黑猩猩够不着的地方。刚开始，黑猩猩想跳起来抓香蕉，但是够不到。于是它们停下来，并坐在地上，看上去很气恼，直到有一只黑猩猩搬起笼子里的木盒子，把它们堆起来，并站在箱子上面去拿香蕉。从那时起，黑猩猩们就学会了如何堆叠箱子，并站在箱子上去取挂在笼顶的香蕉（见图 5-8）。

图 5-8 黑猩猩的顿悟学习

苛勒用其他黑猩猩做过许多类似的实验。比如，他把另一只黑猩猩关在笼子里，把香蕉挂在笼顶，笼子里只有两根能接在一起的竹竿。开始时黑猩猩尝试跳起，再试着向香蕉扔竹竿，但很快就放弃了。过了一会儿，黑猩猩突然拿起两根竹竿并拼接在一起，然后用拼成的长竹竿把香蕉捅了下来。此后如果再次向黑猩猩呈现这个问题情境，它就能很快地拼好竹竿并摘下香蕉。

通过上述两个实验，苛勒认为黑猩猩并不是通过逐步建立刺激与反应之间的联结来学会如何解决问题的，而是通过顿悟这种突然的认知变化来解决问题的。所谓顿悟，是指领会到自己的动作和情境，特别是和目的物之间的关系。黑猩猩获得香蕉的能力并非逐渐提高，而是突然从不会的状态跳跃到会，再跳跃到熟练。无论是经典性条件作用还是操作性条件作用，都很难解释这种顿悟式的学习。一方面，顿悟式学习并不是形成刺激—反应的联结，而是有机体在头脑中主动积极地对情境进行组织的过程，其实质在于构造一种完形（对事物关系的认知），需要以意识为中介；另一方面，从学习过程来看，这种知觉的重新组织，不是渐进地尝试错误的过程，而是突然的顿悟。这在人类认知过程研究中具有非常重要的意义。

二、观察学习

斯坦福大学的班杜拉（Albert Bandura）是当代最具影响力的持认知学习观点的心理学家。他最重要的贡献之一就是提出人们不仅可以通过条件作用进行学习，还可以通过观察他人进行学习。比如，蚕蛹或蜂蛹在我国某些地区被认为是美味的食物，某些外地游客通过看本地人享受吃蚕蛹或蜂蛹的过程，从而也学会该行为。同理，诸如说话方式、衣着风格、育儿技巧，以及一些更复杂的行为模式也都是通过观察学习而习得的。例如，当一个经验丰富的教学名师在台上讲课时，新教师都在教室后排专心致志地看。他们将通过观察学习获得大量的信息，而这些信息是很难从教育学习类书本解说中获得的。

班杜拉认为观察学习的存在证明认知在学习中起着重要作用。一个儿童若从小看他哥哥打棒球，那么他也能很快学会。他知道怎么握棍、挥棍，以及在第一次击中球之后该怎么跑位。班杜拉认为，凡是通过直接经验能学到的东西，通过间接观察也能学到，因为我们可以从他人的错误或成功中立即获益。正因如此，我们才不会像桑代克“迷箱”中的小动物那样，必须经过初期多次反复的试误，才能够掌握正确的行为模式或者操作方法。

在行为有机会发生并能被强化之前，很多认知学习都是通过观察进行的。在一项经典研究中，研究者让儿童观看一个成年人踢打一个充气玩偶的影片，然后研究人员将儿童带到游戏室，并把游戏室中的其他玩具全部拿走，只留下充气玩偶。实验组儿童踢打玩偶的次数显著地比没有看过该影片的对照组儿童更多，说明儿童通过观察学习，变得更具攻击性了。当然，恰当地利用观察学习也会带来许多积极的效果，如可以消除有些人对某一类动物的异常性恐惧。

事实上，虽然我们具备观察学习的能力，但并没有对所有观察到的行为都进行模仿。例如，我们更可能模仿的，大多是那些可能会被强化的行为，如榜样学习，即使有时我们对行为后果（被强化或被惩罚）并不清楚。对此，班杜拉认为，观察学习的发生也需要满足一定的条件。

一个完整的观察学习应该由注意、保持、复现和动机四个相互关联的过程组成。

（一）注意

要通过观察向榜样学习，个体首先必须注意观察榜样的行为及其结果。在这个过程中，榜样或示范者的特性、示范活动的复杂性，以及观察者自身的特性和过去经验等都会对注意的效果产生影响。

（二）保持

由于观察到的信息可能在短时期内没有应用的机会，因此它必须以表象或言语表征的形式被储存在观察者的长时记忆中。对于一些复杂的动作序列，观察者可能对全部过程都很感兴趣，却不一定能够记住全部动作，从而影响学习效果。

（三）复现

观察者在特定的情境下将观察到的行为方式再次表现出来。复现过程要求个体不仅在认知层面上知道要做什么，而且还要能够将已储存的信息转化为外部行为。对于某些行为而言，复现并不容易。例如，一些优美的舞蹈动作，很多人看明白了也不一定做得出来。在这种情况下，为保证准确地复现，个体还需要进行各种形式的练习，接受必要的反馈与矫正。

（四）动机

个体之所以模仿榜样的行为，是因为个体认识到该行为可以获得强化，因此产生一种推动力促使自己去注意、保持和复现榜样的行为。强化可以来自他人或来自自身，也可以是替代性强化，即观察者因注意榜样的行为受到强化，而自己又一次获得了强化。

由于人类能够非常有效地进行观察学习，近年很多心理学研究都在关注影视节目、电子游戏及网络媒体为儿童提供的榜样类型。很不幸的是，来自研究的结果和来自现实生活的报道都验证了我们的担忧。几十年的研究一致表明，影视暴力至少在三个方面会对儿童产生负面影响。首先，暴力影视节目会增加观看者的攻击性行为。媒体报告明确显示，在节目中多次出现各种不同的攻击性行为，由于儿童善于模仿，所以类似伤害无辜、破坏社会安定的事件也日益增多，这不得不让我们深刻地反省在不良影视作品中经常出现的人物，他们作为“榜样”所带来的危害。对于一个人，过多观看暴力影视节目所产生的攻击习惯，还可能为将来的反社会行为埋下种子。其次，频繁观看日常生活中的暴力事件，也可能促使儿童对其发生率估计过高，从而会过分担心自己有可能会成为这类暴力的受害者，以致阻碍了正常的人际交往和社交能力发展。最后，观看暴力影视节目还会降低儿童对暴力行为危害性的敏感度，使儿童在看到暴力行为时情绪的唤醒和悲痛水平降低。同理，儿童过度参与充满暴力的电子游戏，甚至成瘾，也会受到同样的危害。

除暴力与攻击方面的负面影响外，大量广告和影视节目还容易在儿童的食品偏好，对名牌服装的追求，以及加深性别角色刻板印象等方面产生消极作用，由模仿造成不良后果，值得警惕。

不过，研究者也发现当儿童观看有亲社会行为榜样的电视节目时，他们也可以学习亲社会型助人行为。总之，大量研究指出，我们必须严肃认真地对待儿童善于模仿和观察学习这一事实。除加强学校教育外，家庭教育和社会教育也不能放松。作为家长，必须切实履行儿童管理者的义务，帮助儿童选择恰当的观察学习榜样；作为影视媒体管理者的政府机构，则应该建立健全影视作品管理制度，提供完整准确的影视作品分级信息。

媒体中的暴力画面会让你在生活中变得更加暴力吗？

三、生物进化与学习

虽然学习会对人类和动物的生存、生活产生很大影响，但我们也不能过分地夸大心理过程的功能。例如，我们不可能教会海豚飞翔，也不可能教会鹦鹉潜水。人类的学习能力并不是无限的，它受到许多生物学因素的影响和制约。

比如，人类对蛇有一种天然的惧怕，这种行为反应不需要太多强化就可以很好地发挥作用，毕竟毒蛇可以致人死亡，它是远古时代人类祖先的主要天敌之一。但是，现代社会生活中也有一些潜在危险，如电插座也能电死人，可是哪怕采用行为主义的强化原理，我们也很难对电插座产生恐惧感。很明显，进化过程让我们学会了一些很有用的恐惧，似乎天生就害怕那些对于我们祖先来说很危险的事物。

美国西北大学的米尼卡（Susan Mineka）及其同事证明，在观察学习中生物准备性也同样能让我们更易学会某些恐惧反应。在一个精巧的研究中，研究人员准备了两部影片。第一部影片的内容是一只野生猴子在看到假蛇之后表现得很害怕，而看到假花之后却不会；第二部影片的内容则相反，是野生猴子在看到假花之后很害怕，而看到假蛇却不害怕。研究人员给一组在实验室里长大的猴子观看第一部影片后发现，正如预期的那样，猴子们对蛇的恐惧反应迅速增加。而当研究人员给另一组在实验室里长大的猴子看第二部影片时，却发现猴子不会害怕花。同人类一样，猴子似乎从生物学上就已经被设定为害怕一些事物（蛇），而不会怕另一些事物（花）。

加西亚（John Garcia）及其同事在另一种学习形式中也证明了生物因素的作用。我们甚至可以用日常生活中过去的一些经历来说明这类实验。近年来很多儿童都把巧克力当作最好吃的食品。一次偶然的机会，儿童 A 一口气接连吃下了几十块巧克力。一个多小时后，他感到恶心想吐，非常难受。于是接下来好几年他都不再吃巧克力了。这就是所谓的习得性味觉厌恶（learned taste aversion）。习得性味觉厌恶的例子能够很好地证明生物学因素在学习中的作用。在这里，儿童是通过经典性条件作用习得对巧克力的厌恶的：巧克力是刺激，恶心感是反应性刺激。但是仔细想一想，这两个刺激仅配对过一次，习得性厌恶却持续了多年，并且刺激和反应性刺激间隔了一个多小时。通常刺激和反应性刺激间隔时间稍长是不能形成经典性条件作用的。由此看来，在上述情况下发生的学习效应，证明我们处在一种高度的“准备状态”。从进化角度看，这种“准备状态”非常有意义：因为只有那些能很快避开让它们生病（甚至可能有毒）的食物的物种才更可能存活下来，而那些反应较慢的物种很可能就在进化的过程中消亡了。

治疗癌症的过程最能说明“准备状态”给当代人类带来的负面效果。像化学疗法、腹部放射等有效的治疗方法通常都有一定的副作用，病人在接受治疗不久之后就会觉得恶心想吐。接受治疗的患者不仅很不舒服，而且吃饭也没胃口，体重下降，这又进一步使他们的健康问题变得复杂。华盛顿大学的伯恩斯坦（Ilene Berstine）认为，频繁的恶心呕吐可能就是病人没胃口的原因之一。为了检验她的假设，她给即将进行化学治疗的一群癌症患儿吃了一种混合了枫叶和黑胡桃的、口味特殊的冰激凌，并且在这些儿童完成化疗后再次给他们呈现这种冰激凌。结果发现，与那些接受其他治疗（即治疗本身不会带来恶心呕吐的反应）的儿童相比，在治疗之后几乎没人再愿意吃这种冰激凌，很明显他们都对治疗前吃的食物产生了习得性味觉厌恶，并且在一段时间之后这种厌恶感会泛化到其他食物。幸运的是，伯恩斯坦及其同事想出了一些能解决该问题的策略。首先，治疗之前禁食能减少治疗后恶心的概率；其次，在治疗前吃一些味道十分特殊的食物，有助于患者在治疗后将味觉厌恶只转移到这些味道特殊的食物上，可以为那些不太重要的普通食物做挡箭牌。有研究者发现，在化学治疗前让患儿玩电子游戏，也有助于减轻治疗后的恶心反应。

习得性味觉厌恶动物保护中的有效利用

加西亚及其同事在救助野生动物时极具创造性地应用了习得性味觉厌恶。在美国西部某些州，养羊的农场主与野生动物保护人员之间存在严重冲突。因为狼咬死了农场主很多羊，所以农场主也大量猎杀狼，以致狼的生存受到威胁。加西亚团队对此想出了一个好方法，可以让狼不再偷吃羊，这样它们也就不至于再被猎杀。研究人员证实，如果农场主先把羊肉加上某种能让狼恶心呕吐的化学物质，再放到牧场周围，狼吃了羊肉后就会呕吐，那么它们就会很快地习得味觉厌恶，不再对羊肉感兴趣。通过这种方法，最后终于使得狼和羊保持了和平共存。

资料来源：Gustavason，Kelly，Stweeney & Garcia，“prey-littium aversions. Ⅰ：Coyotes and wolves，” *Behavioral Biology*，1976，17，61-72。

第四节 有效的学习策略

对于大学生而言，无论学习哪种专业、哪门课程，掌握哪种知识、技能，拥有一些有效的学习方法、学习策略都极为重要。因为学习策略是进行有效学习的工具，是提高学习能力、学会学习的前提条件。尽管我们尊崇古人“头悬梁、锥刺股”的刻苦学习精神，但若只有苦读而没有巧学，只能是事倍功半。有些人被称作“高分低能”，其“低能”的原因之一就是缺乏学习能力，而学习策略是构成学习能力的一个重要成分。

“工欲善其事，必先利其器。”学生如果能够掌握必要的学习策略，提高学习能力，就可以少走弯路，减少不必要的盲目尝试，提高学习效率。尤其是在当今信息时代，拥有学习策略就如同拥有一把开启知识大门的金钥匙。本节将列举几种常用而有效的学习策略。

《学习之道》

一、复习策略

复习策略解决如何对所学内容进行适当的重复学习，主要用于信息的长时记忆与保持，我们应采取适当的复习策略来减少遗忘。

（一）复习的时间

应该注意及时复习和系统复习。及时复习可以较大限度地控制遗忘，但它并非一劳永逸，要想长期保持所学到的内容，还必须进行系统的不断复习。根据研究，有效的复习时间最好做如下安排。

第一次复习：学习结束后的5～10分钟，如下课后将要点加以背诵；或者阅读后尽快用自己的语言来表述所学的内容。

第二次复习：学习当天的晚些时候或学习结束后的第二天。重读有关内容，将要点用自己的语言描述出来。

第三次复习：一星期后。

第四次复习：一个月后。

第五次复习：半年后。

在每次复习时，究竟用多长时间是最

有效的呢？是否复习时间越长，记忆效果越好呢？研究发现，人们对事件的开始和结尾具有较强的记忆，而对位于中间的记忆较差。比如，若连续复习 3 小时，可能产生开始与结尾两头记忆效果好而中间记忆效果差的现象。为解决这一问题，人们可以将连续的集中复习时间分解成几个较小的单元时间，中间穿插短暂的休息。这样，就能够增加开始和结尾的数量，进而提高记忆效果。至于每一单元的复习时间，可根据学习材料的趣味性与难易程度而定。

（二）复习的次数

学习完某些新内容后，复习多少次最有利于记忆？这涉及过度学习的问题。所谓过度学习，是指在恰能背诵某一材料后再进行的重复学习，而这种重复学习绝不是无谓的重复，相反，它可以加深记忆痕迹，从而增强记忆效果。一般而言，过度学习的程度在 50%至 100%时效果较好。比如，当你识记某一材料时，如果读 6 遍刚好能够记住，那么最好你再多读三四遍。但要注意，这并不意味着重复次数越多越好，超过 100%的过度学习反而会引起疲劳、注意力分散甚至厌烦情绪等不良效果。

（三）复习的方法

要注意选择有效的复习方法。研究发现，许多人经常反复地、一遍遍地阅读某种材料，以期达到记忆的目的。这种方法虽然也能够使学习者最终记住有关内容，但事实上，它并不是一个非常有效的复习方法。更好的方法是尝试背诵法，即阅读与背诵相结合，一边读，一边尝试着背诵。这样可以使注意力集中于学习中的薄弱环节，避免平均分配学习时间和精力，进而达到提高学习效率的目的。此外，还应尽量调动起多种感官来共同进行记忆，眼到、口到、耳到、手到、心到，多种形式的编码和多通道的联系可以增加信息的储存和提取途径，自然就使记忆的效果得到了增强。

复习的主要目的在于使信息在头脑中牢固保持。一系列研究证明，只有理解了的信息才比较容易记忆并长久保持，反之，呆读死记的内容既难记，又容易遗忘。因此，复习策略应该与其他的学习策略协同作用，共同促进学习效率的提高。

如何在假期结束之后迅速投入学习状态？

二、组织策略

组织策略即根据知识经验之间的内在关系，对学习材料进行系统有序的分类、整理与概括，使其结构合理化。应用组织策略可以对学习材料进行深入的加工，进而促进人们对所学内容的理解与记忆。组织策略侧重于对学习材料的内在联系进行建构，因此更适用于那些需要深入理解与思考才能把握内在深层意义的学习材料。常用的组织策略包括群集、摘录、画线、列提纲等。

群集亦称归类，它是组织策略的一种常见形式。通过对零散个别的项目、单元进行分类与排列，可以加强知识之间的相互联系，有助于形成简明有序的结构，使学习者易于理解与记忆。

摘录、画线、写标题、列提纲、做笔记等学习策略的基本原理是概括、抽取学习内容的要义，建构所学内容的组织与结构。对学习材料中的重点部分进行摘录和画线有助于集中注意力于重点内容上，并促进理解和记忆。还可以用自己的语言以写小标题的形式概括重点。因为许多研究发现，用自己的话去概括课文中的重点，比单纯地接受现成的概括语更能促进理解与记忆。列提纲也是非常有效的一种学习策略，它旨在把握学习材料的纲目、要点及其联系。通过列提纲，可以将核心思想及其有关细节以简明、扼要的形式表现出来，达到纲举目张的效果。列提纲有两种形式：一种是用简要的语句来表述学习内容的要点及其结构层次；另一种是用图表的形式来形象地表示学习材料的内在联系。

三、问题解决的“IDEAL”方法

成功地解决问题，一方面取决于个体所拥有的相关知识，另一方面也取决于个体所拥有的解题策略。研究者一般将解题策略分为两大类：一类是通用的一般思维策略，该类策略不受具体问题的限制，是一般性的方法与技能；另一类是适合于某一学科的问题解决的具体的思维策略，与具体的学科内容有关。这里仅就一般的解题策略加以介绍。

1984年，两位美国学者布兰斯福德和斯缇姆（J. D. Bransford & B. S. Stein）提出了一种解决问题的一般策略，以其所划分的五个步骤的英文首字母（I-D-E-A-L）排列命名，称为IDEAL方法。(需要注意：其名称译成中文是“理想”而这不是原意)。其具体步骤如下。

第一，识别（identify）。注意到、识别出所存在的问题。比如，注意到内容中的不一致、不全面之处；或者意识到自己在学习过程中所遇到的困难等。

第二，界定（define）。确定问题的性质，对问题产生的过程和产生的原因进行解释。该过程直接影响着以后所确定的解决问题的方法。

第三，探索（explore）。搜寻解决问题的可能方法。该过程受到前面的问题界定的影响。

第四，实施（act）。将解决问题的方法付诸实施。

第五，审查（look）。考查问题解决的成效，收集有关的反馈信息，以便为进一步改善解决方法、更有效地解决问题奠定基础。

总之，学习虽然是一种非常普遍的活动，但其中蕴含着极其丰富的规律。本章仅就学习中的基本问题进行了论述，并列举了几种典型的学习方式，以及常用的学习策略。随着研究的不断发展，对学习规律的探讨也将更加深入，更为准确，从而也更有利于指导人们进行科学而有效的学习。了解并充分利用学习的相关规律，无论是对于每个人自身的成长与完善，还是对于人类更好地适应和改造环境，乃至促进社会的进步与发展，都是非常必要的。

思考题

1. 什么是学习？请举例说明身边发生的各种形式的学习。

2. 何谓强化？请结合实例说明它在学习中起什么作用。

3. 一位大学生小时候偶然被鸟抓伤过，从此对鸟类产生了极度恐惧，你是否有办法帮助她？

4. 为了消除一种不良行为，我们可以使用惩罚、消退和强化替代行为等方式。它们在使用中各自有什么优点与不足之处？

5. 如果你是一位教师，你将如何使用观察学习的原理？

6. 如果由你负责审查某一段时间的儿童电视节目，你打算怎么做？

7. 请举例说明习得性味觉厌恶与操作性条件作用的异同？

8. 请尝试将复习策略应用于自己的某项学习，并对照分析策略使用前后学习效果的区别。

第六章
记　忆

【本章要点】

1. 记忆包括哪些心理过程?
2. 遗忘是怎样发生的?
3. 回忆中的事都是真实发生过的吗?
4. 健忘症是怎么回事?
5. 怎样提高记忆能力?

在电影《记忆碎片》中，故事的主人公在脑损伤后患上了健忘症，每过几分钟，就会忘记之前发生的事，所以，他把自己要做的事情记录到身体上。这种健忘症并不是编剧虚构出来的病症，它在现实中的确存在。请想象一下，如果你忘记了自己是谁，家在哪里，会做什么事，原本过着什么样的生活，有怎样的家人，怎样长大，是否恋爱过……不知道自己从哪里来，也不知道该到哪里去，和这个世界的所有联系都被隔断，拥有的一切都将失去，这是怎样的感受。想象一下这样的情境，你就会明白健忘症是一种多么可怕的疾病，而记忆是多么重要的事。

本章将详细讲解记忆的工作原理。包括记忆的基本过程、记忆的生理机制、遗忘的原因，以及提高记忆能力的方法。

第一节 记忆的过程

一、记忆的基本过程

我们来做一个简单的实验。请你从图 6-1 的 9 个图案中选出真实的硬币。虽然每个人都有过无数次使用这种硬币的经验，但完成这个任务还是有点困难，对于这个看似非常熟悉的图案，大多数人都记不清它的细节。这个现象最早是由美国学者在 1979 年研究发现的，之后在英国又得到了证实。它证明我们多次感知过的事物，如果不加以注意，没有认真地去“记”，是不容易保存在头脑中的，也更不可能在日后被提取使用。

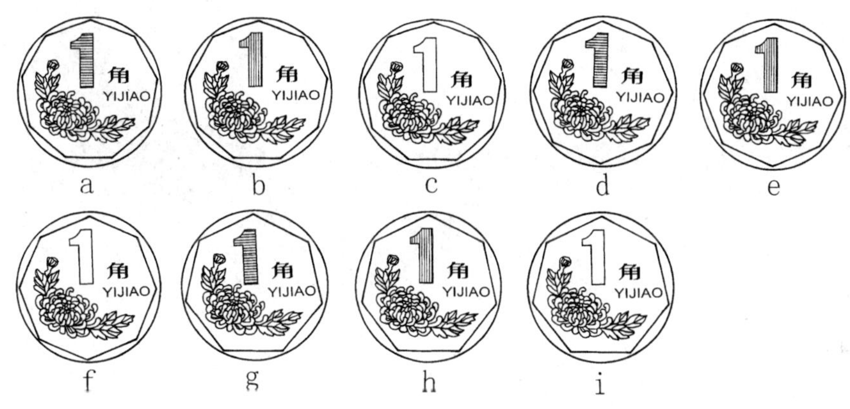

图 6-1 一个简单的记忆实验

还有另外一种情况：有时在路上遇到一个熟人和你打招呼，你清楚地知道他是前次会议上的积极发言人，知道他的论点和所属单位，甚至知道他的姓名比较特殊，好像那个名字就在嘴边，但无论如何你就是说不出来。这种对记忆中存有的信息似乎能够获得但又无法提取的体验，在记忆中被称为“舌尖现象”（tip-of-tongue phenomenon，TOT）。

由上可以看出，记忆不只是储存，它包括三个基本的心理过程：编码、储存和提取。这与计算机的信息加工过程类似，如图 6-2 所示。编码是记忆的第一个基本过程，它把来自感官的信息转换成记忆系统能够接收和使用的形式，即信息的获得。经过编码的信息在记忆系统中保存或长或短的一段时间后，在需要时再被提取出来，完成记忆。心理学的作用在于揭示记忆的各个不同阶段，即编码、储存和提取这一系列复杂过程是怎样运作的。

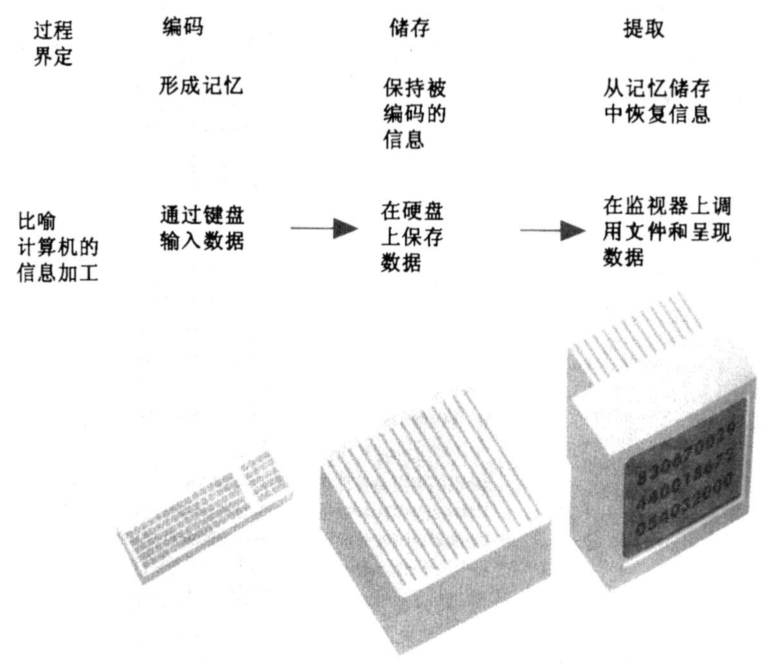

图 6-2　记忆的三个基本过程

二、记忆的类型

研究者发现在人们头脑中保存的记忆可以分为三种不同类型，程序性记忆、情景记忆和语义记忆，其中后两者也统称为陈述性记忆。这三种记忆形式具有不同特点，可能具有不同的生物基础。

程序性记忆（procedural memory）又称技能记忆，所记忆的是程序性知识，是指我们对如何做事情或如何掌握技能的记忆，它通常包含一系列复杂的动作过程。例如，骑车、用计算机画图、游泳和打网球等，都涉及一系列连续的动作过程，而对于其中各个动作之间的协调配合，我们往往是只能意会不能言传的。即使你是一个骑车和游泳的高手，也很难精确地描述出在某个时间的某个动作是什么样的。对同一件事情做分析，如打篮球，你所知道的规则和方法是储存在陈述性记忆中的，但你擅长的过人和远投，这些运动技巧则储存在程序性记忆中。

情景记忆（episodic memory），是指对个人亲身经历过的，在一定时间和地点发生的事件或情景的记忆。例如，记得春节期间到剧场观看的精彩演出，就是情景记忆。

语义记忆（semantic memory），是对字词、概念、规律和公式等各种概括化知识的记忆，它与一般的特定事件没有什么联系。例如，“空气污染对生态环境有影响吗?”回答这个问题不需要以前任何关于空气污染和生态环境相联系的具体场景，它涉及的是意义。对信息的这种意义特征的记忆不依赖于接收信息时的具体时间和地点，而是以语义为参照。作为一个一般原则，人们在表达情景记忆时会说“我记得在什么时候……”，而在表达语义记忆时则会说“我知道某事……”。情景记忆和语义记忆之间并没有一条鲜明、严格的界限，都可以用言语表达，所以统称为陈述性记忆。

对于我们日常所从事的大多数活动，上述三种记忆都有参加。在一场篮球比赛中，知道篮球比赛的规则或在什么情况下罚球 3 次，涉及的是语义记忆；记得你如何像乔丹那样在比赛的最后 3 秒投中两分，靠的是情景记忆；而掌握如何组织进攻、传球、上篮等技巧则是程序性记忆。

另外，记忆还有外显记忆和内隐记忆之分。我们通常所说的记忆，都是指外显记忆，即有意识的记忆，包括有意的识记和有意的提取。比如，中华人民共和国成立的时间，今天要上什么课，周末要看什么电影，对这些内容的记忆都属于外显记忆。相应地，无意识的记忆叫作内隐记忆，它来自我们过去的经验，不需要意识的参与，就自动地对当前任务产生影响。在心理学实验中，对内隐记忆的存在和提取可以使用启动效应（priming effect）证明，也就是通过提供有限的线索来启动或者激活内隐记忆。比如，呈现某个单词的部分字母，或者某个物体的部分形状，如果被试报告了相应的单词或者物体，就表示内隐记忆被激活。

三、记忆的三存储模型

解释记忆活动如何通过编码、储存和提取的过程将信息转化为记忆的经典理论，被称为记忆的三存储系统理论或三存储模型。该理论认为，记忆加工包括三个不同的阶段：感觉记忆，短时记忆和长时记忆。感觉记忆的信息储存时间极为短暂；短时记忆中的信息如果不“复述”，也只能保持不足 30 秒；只有长时记忆能长久地储存信息。每个记忆阶段都有自己的一套运作规则，信息流在三个阶段的运行方向如图 6-3 所示。

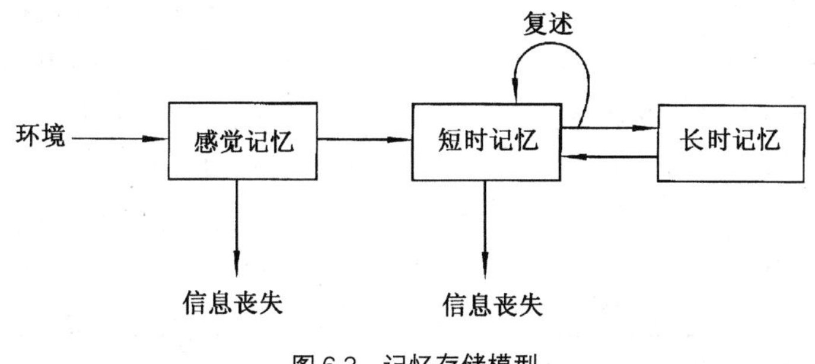

图 6-3　记忆存储模型

（一）感觉记忆

感觉记忆是使感觉信息得到短暂停留的第一个记忆系统。感觉记忆存储的是来自各个感官的信息的精确表象。在感觉记忆中，受到注意的信息被编码后，进入下一记忆阶段。

心理学家斯柏林（G. Sperling）做过这样一个实验：给人们呈现三行字母排成的列阵（见表 6-1），呈现时间非常短暂，只有 1/20 秒。之后，研究者立刻要求被试回忆其中某一行的字母，具体是哪一行，由列阵呈现后被试听到的声音决定，高音报告第一行，中音报告第二行，低音报告第三行。结果发现，不论要求被试报告哪一行，回忆效果都很好。因为研究者事先并没有告诉被试需要记住哪一行，所以可以推断在短时间内呈现的所有信息都进入了感觉记忆，这表明感觉记忆的容量很大。如果延长不同的声音提示与字母呈现之间的时间间隔，被试报告的字母数就明显减少，当间隔超过 1/4 秒时，被试平均在每一行中只能回忆起一个字母。这表明在感觉记忆里，信息的损失是相当快的。视觉信息一般会在 1/4 秒后消失，听觉信息在感觉记忆中也只能保存 1/4 秒，但是比较弱的回声可以保持 4 秒。

表 6-1　部分报告法中的字母矩阵

A	D	J	E	高音
X	P	S	B	中音
N	L	B	H	低音

各种感觉信息在感觉记忆中以特有的形式存储并发挥作用，如视觉表象和声音表象，我们称为视象和声象。在看电影时，是视象帮助我们把相继出现的一组图片看成是一个平滑连续的画面；当观看体操表演时，虽然总有不自主地眨眼，但视觉记忆使我们不会把完美的动作看成断断续续的画面。声象记忆和视象记忆基本上具有相同的性质，只是声象停留在感觉储存器中的时间稍长，这使得我们能够有更多的时间加工语音信息，有助于我们理解词的意义。

对视象和声象的研究结果都表明，视象和声象是物理刺激的忠实复制品，是感觉器官所提供的信息的有效复制。如果不做进一步的加工，视象记忆、声象记忆以及其他感觉记忆都将很快消失。选择性注意控制着哪些信息将得到进一步的加工，将心理资源集中于刺激域中的一部分，并传递到下一阶段，即短时记忆。

（二）短时记忆

在感觉记忆中被编码的信息，进入短时记忆（short-term memory，STM）后经过进一步的加工，再从这里进入可以长久保存的长时记忆（long-term memory，LTM）。记忆信息在这个阶段的停留虽然很短，但涉及信息在头脑中的加工，并起重要作用，故又称工作记忆。

1. 编码的形式

存储在短时记忆中的信息可以是许多不同类型的记忆：香水的味道、音乐符号、水果的滋味、鼻子的形状、吉他弦上手指的位置，或者一个名单。但是人类喜欢将信息都转换成声音。因此，短时记忆中的信息主要以声音代码的形式储存。康拉德（R. Conrad）的经典研究是一个最好的证明。他选用B，C，P，T，V，F，M，N，S，X10个字母为材料，从中随机取出6个组成字母序列，用视觉方式一个个地呈现给被试，要求他们记住。然后让被试严格地按字母呈现的顺序进行回忆，并对回忆中出现的差错进行分析。结果表明，被试在回忆时出现的错误主要表现为声音混淆。即发音近似的字母混淆度较高，如将B误记为P，而发音不相似的字母之间则较少发生混淆。这一结果表明，即使刺激以无声的视觉形式呈现，短时记忆的信息代码仍然具有听觉的性质。人们看到的视觉形象必须转换成声音代码，才能在记忆中更好地保存下来。这是因为在心中默读比在头脑中重复想象图像、气味或者运动要容易得多。在日常生活中，当我们打字时，常把一些字错打成与之发音相近的字，这种错误与短时记忆的语音代码特点密切相关。

除了语音代码以外，人们在短时记忆中也有视觉代码和语义代码。但一般说来，在短时记忆中，听觉编码占主导地位，尤其是对于言语信息来说更是如此。

2. 存储的容量

短时记忆的一个重要性质是它的容量有限。在任何时候，我们只能在头脑中保持并使用少量的信息。在记忆广度测验中，研究者请被试在阅读一连串随机数字后，按照数字呈现的顺序进行回忆。也可以将数字换成字母，进行同样的测验。结果表明，大多数人只能回忆出5～9个项目。乔治·米勒（G. Miller）总结了用实物、无意义音节、数字、单词或字母等一系列材料所做的大量实验，结果相当一致地表明：短时记忆的容量是神奇的，即7减2到7加2之间（7±2）。近年的一些研究发现，对于某些类型的信息来说，短时记忆的容量还要更小一些。

如果我们说短时记忆的容量为7，那能算是一条规律吗？事实上，7个数字和7个文字所包含的内容不一样多，后者要比前者大得多。因为在记忆中，信息的单位不是固定的物理单位，如字母、音节、单词的个数，而是具有某种意义的刺激组合，在心理学上称为组块（chunk）。组块是指人们最熟悉的认知单元，是人们通过对刺激的不断编码所形成的稳定的心理组合。对于一个人来讲，不同长度的材料，其组块数可能相同，而相同大小的材料在不同人的头脑中为记忆所构成的组块数可能差异很大，这取决于人们对材料的熟悉程度。例如，谈到“京剧孔雀东南飞”这个题目，对于熟悉戏剧的人来说，就是谈到了一个名称，它作为一个组块被记住毫无困难；但对于不熟悉戏剧的人来说，记住的可能就是“京剧”“孔雀东南飞”两个组块；对完全不懂戏剧的人来说，那可能就会组成“京剧”“孔雀”“东南飞”三个组块了；再对于处在中文学习初始阶段的人来说，就是七个独立的字，彼此没有联系，因此很难记忆。我们谈到记忆容量不能只讲数目，还必须加单位，学会将有意义的材料合成组块，可以大幅度地提高记忆广度。记忆容量是7±2个组块，而组块的大小是依熟悉程度可变的。由此也清楚地显示：人们在生活中可以总结出一些经验，但只有通过心理学家的验证和发展，才能抛开明显的表面现象，抓住内在规律，使其成为一条科学规律，用以指导实践。

3. 存储的持久性

在短时记忆中，信息的保持时间是有限的。一般来说，如果得不到复述，不到半分钟信息就会消失，它经常在几秒后就消失了。彼德森和彼德森（L. R. Peterson & M. J. Peterson）的精巧实验可以说明这一点。在该实验中，被试的任务是记住由 3 个辅音字母组成的无意义音节，18 秒后再进行回忆。在正常情况下，被试正确完成这个任务是轻而易举的事。然而，在刺激呈现以后，立即呈现一个三位数的数字，要求被试以这个数字为起点，进行连续减 3 的倒着背数，持续 18 秒为止。这时让被试再次回忆字母，结果回忆率不足 20%，即回忆的平均数还达不到一个字母组合。倒着背数的任务阻止了被试对识记材料的复述，而得不到复述的信息即使进入了短时记忆也会迅速消退。

复述（rehearsal）是使信息得以保存的必要条件，对信息的短时保持乃至长时储存都具有十分重要的作用。复述分两种：保持性复述和精细复述。保持性复述是指一遍遍地重复识记材料。例如，我们在打电话时，查到一个电话号码以后先默念几遍，就可以将信息在短时记忆中保持一段时间，使之处于活动状态。但这不一定能够将信息编入长时记忆中永久保存。精细复述是指将识记的材料与长时记忆中已经储存的信息建立起联系。假若我们在记某个电话号码时，稍加思考，将它与已有的某些知识，如重大历史事件的时间、亲人的生日或某项运动记录等建立起联系，便可以长期保存，需要时即可比较容易地回忆起来。例如，要记住的电话号码为“67011997”，我们只要记住后面与香港回归日期相同，就可以容易地记住这个电话号码了。又如，很多人在设定密码时总喜欢用自己的重要纪念日期或纪念日期的某种变式，也是出于这个原因。

保持性复述和精细复述反映了材料在心理加工水平上的差别。对材料思考得越多，将它与已有知识联系得越紧密，加工水平越深。深度加工决定着信息储存的持久性。简言之，复述一方面帮助我们在信息消退之前重新激活它们，使之保持在短时记忆中；另一方面使它们进入长时记忆，永久地保存起来。在平时的学习中，体现复述作用的直接例子是精心的复习。精心的复习使我们能够将课堂上学习的大量新知识与已有知识相结合，从而使知识得以长久地保存。相反，机械地死记硬背，不能与已有知识系统建立起联系，回忆时只能收效甚微。

知识扩展

工作记忆

感觉记忆包含大量快速消退的信息，只有其中一部分被注意到的信息才会从感觉记忆传送到短时记忆，接受短时储存。这个暂时存储信息的功能在进一步研究中被发现，它对人们心理活动的开展具有十分重要的意义，也可以说心理、意识的工作主要在这个阶段完成，因此我们又称之为工作记忆。工作记忆（working memory）对信息的短时储存使我们有可能对多种信息进行同时加工，将多种来自同一种感觉或不同感觉的信息加以整合构成完整的图像。例如，我们在阅读时把许多单字连成词和句子，在思考和解决问题时把各种条件联系起来分析，都靠工作记忆发挥它对各种信息的暂时寄存器的作用。即使在计算时，工作记忆也需要同时保存多个信息。例如，计算“(3×5)－(2×6) ＝?”这道简单的题目，也要通过好几步计算，如果没有短时记忆在每做下一步之前暂时寄存着上一步的计算结果以供利用，我们就无法得出“15－12＝3”的答案。此外，工作记忆还保存着对当前工作的意愿和计划，这一切共同保证我们能够采取各种复杂的行为直至达到最终目标。一旦这种短时的储存系统受损，人们的心理能力就会受到极大的破坏，甚至不能完成工作。因此可以说，工作记忆扮演着意识的角色，它使人们知道自己正在接收什么和正在做什么。

由于短时记忆即工作记忆，它所履行的职能是同时储存和整合多种信息，这就使得它的存储空间受到了限制。例如，当人们进行思考的时候，暂时从长时记忆中提取出一些先前的记忆是必要的，但为此短时记忆的空间也会被占用一些。因此，当你进行电话购物时，如果你在拨电话前反复考虑购买清单的话，你就很难记清刚刚看过的电话号码。因为它们超出了短时记忆的有限容量，使得你忘掉了复杂问题的某些细节。在这种情况下，边思考边在纸上做些记录会有很大帮助。

谁动了我的玩具？认识空间工作记忆

（三）长时记忆

长时记忆是信息经过充分的加工以后，在头脑中保持很长时间的记忆。长时记忆就像是一个巨大的图书馆，它保存着人们将来可以运用的各种事实、表象和知识。例如，我们历年来积累的各类知识和生活中的各种遭遇、经验都储存在长时记忆中。长时记忆的容量是个天文数字，几乎是无限的。在长时记忆中，信息可能保存至永远。在一般人的心目中，通常所谓记忆不是指短时记忆，而是指长时记忆，即将信息保持几小时或几十年的记忆。短时记忆问题在 20 世纪 60 年代以后才引起人们的广泛研究。自 19 世纪德国心理学家艾宾浩斯（Ebbinghaus）首先系统地研究记忆以来，长时记忆一直是心理学家关注的焦点。

1. 长时记忆的编码

一切信息都是通过短时记忆才转入长时记忆中去的。为了将信息转入长时记忆，一条重要的有效途径是进行精细的复述，也就是将当前的信息和已有的知识联系起来，赋予它一定的意义，并对信息进行组织。事实上，也有些信息似乎不需要意识努力，是自动编码进入长时记忆中的。

（1）语义代码

将信息成功地编码存入长时记忆是深度加工的结果。为了做到深度加工，人们往往忽略了刺激的物理特征或其他细节，集中注意于信息的意义方面。因此，在短时记忆中主要涉及的是听觉代码，而在长时记忆中主要涉及的是语义代码。或者说，在长时记忆中，人们更多的是对一般意义或一般观念的编码，而不是去记事物的特定细节。下面的经典研究可以说明语义代码在长时记忆中的主导地位。研究者首先让被试听一段录音，再给他们听一些近似的语句，然后要求他们回答这些语句是否就是录音中的原话。听完录音以后，在马上进行测试的情况下（主要运用短时记忆），被试做得非常好；但是，在听完录音27秒以后再进行测试，即一般要从长时记忆中提取信息时，被试对两个表达同一意思的语句，就难以确定哪一个是录音中播放过的原话了。也就是说，人们准确记住的是语句所表达的含义，而不是在这些语句中所使用的具体字词或它们的表达形式。

在进入长时记忆时，采用语义代码进行信息组织的另一个例子是自由回忆实验。在该实验中，实验者用24对联系紧密的单词（如桌子—椅子，粉笔—黑板等）打乱次序后排出一个48个单词的词表。先将这个词表呈现给被试，然后让被试自由地回忆这些单词。虽然在呈现时这些单词是杂乱无章的，但是回忆时，人们还是把联系紧密的词汇放在一起。例如，即使在呈现时把“桌子”和“椅子”用17个其他单词分割开，被试在回忆时还是将它们放在了一起。而且，词表中各对单词之间的意义联系越紧密，准确再现的比例越高。因此可以证明，被试在刺激呈现时就已经根据这些字词之间的语义联系将它们组织在一起了。

（2）视觉代码

尽管长时记忆一般涉及语义代码，但人们也将视觉表象编入长时记忆。例如，人们能够较容易地记住图画，一个原因是图画具有许多明显的特征，容易吸引人们的兴趣和注意，进而被接收和编码。另一个原因是，人们对这些刺激同时使用了视觉和语义两种代码进行编码，在提取时利用两种代码表征比仅仅使用一种代码可利用的线索多，所以记忆效果更好。事实上，在日常活动中，我们通常是同时使用两种或多种方式对事件进行编码的。例如，我们回忆偶然看到的一场车祸时，出现在我们脑海中的不仅有事实的经过，还同时伴随有那一幕悲惨的图像。有些人具有很强的遗觉像（eidetic imagery）或称照片式记忆。他们对所看到的一切几乎都具有自动的、长时的、详细而鲜明的表象。大约

5%的学龄儿童具有遗觉像，而在成人中则几乎没有人具有这种记忆。这种储存详细图像的能力为什么随着年龄的增长而消失，至今还是个谜。

2. 长时记忆的存储与建构

长时记忆的容量大，保持的时间长，一般被认为是无限量的。每个人都能够清楚地记得自己童年时的生活情境，不论在外地工作多少年，回到家乡都能清晰地回忆起当年的情景，指出什么地方发生了变化。有的人甚至在几十年不用外语的情况下，仍然保持着丰富的外语词汇。然而，记忆并不是对信息的被动接收与保存，从某种程度上说，它的存储是一个对信息的建构过程。

试设想一下，如果你学校的图书馆里没有将各种书籍编目整理和上架，你为了写论文需要找某本书作为参考，你将会遇到什么样的困难？从长时记忆中提取信息也是如此。所以组织工作对长时记忆非常重要，如果毫无组织，大量信息是无法利用的。然而，长时记忆中的大量信息又不像一个非常规范、整齐的图书馆，它的特点是有一个各种关系混合的大杂烩式的框架。以下几个例子可能有助于我们对它的理解。

一方面，你试着记住表 6-2 中的 30 个单词，过一段时间，当你去回忆时，就会发现长时记忆中的组织工作，即那些单词已被归入四个类别之中：动物、蔬菜、文具和花卉。归类表现为对于相关或相似的项目，无论在有序或无序的条件下呈现，都是按照一定的类别组织起来储存的。另一方面，当各种信息在概念上有一定层次的逻辑关系时，在记忆中它们就会按照其共同特性构成一个多层次的概念体系，如图 6-4 所示。研究证明，这种有层次的组织结构可以有效地提高记忆效果。但是，并非所有的信息都能很好地被组织在一个层次分明的系统框架里。有些知识被组织在体系不大清晰的框架中，被称为语义网络。它包含了表征各种概念的节点和彼此相联系的连线，连线的长短代表着联系的密切程度（如图 6-5）。依据语义网络，当你想到一个单词的时候，很容易地会想起与之有联系的其他名词，这个过程在理论上叫作扩散激活。

表 6-2　记忆实验用词表

斑马	菊花	土豆	野猪	狐狸	玫瑰	书架	骆驼	铅笔	白菜
冬瓜	老虎	香菜	墨水	日历	山羊	丁香	茶花	海豚	牡丹
橡皮	书包	洋葱	大象	蜡梅	番茄	水牛	老鼠	茉莉	豌豆

通过上述几种组织方式，人的各种知识经验就在长时记忆中构成了一个比较稳定的网络，在心理学中被称为图式（schema）。图式是一种心理网络结构，它表示的不是许许多多的具体事物，而是各种知识要素的相互联系和相互作用。由于每个人的知识经验不同，所具有的图式也不同。图式对记忆有重要影响，一方面，图式中

的一般性知识为编码新信息提供了基础，有助于接受新事物并展现个人特点；另一方面，图式中的一般性知识极大地影响着信息的回忆效果。它使长时记忆中的信息得到激活后，往往不直接地简单向外提取，而是经过推理进行建构，最终提取出来的是按照图式改造过的信息。例如，人们根据自己的经验、知识、兴趣、观点重新组织学习的材料，对自认为无关紧要的细节进行删除，夸大感兴趣的内容，将自己不熟悉的事物代之以熟悉的事物等。总而言之，人们利用现有的知识组织新的信息，并将新的信息和原有的图式结合起来，不断地建构和发展庞大而有序的记忆系统。

《理解信息储存的奥秘：记忆心理学》

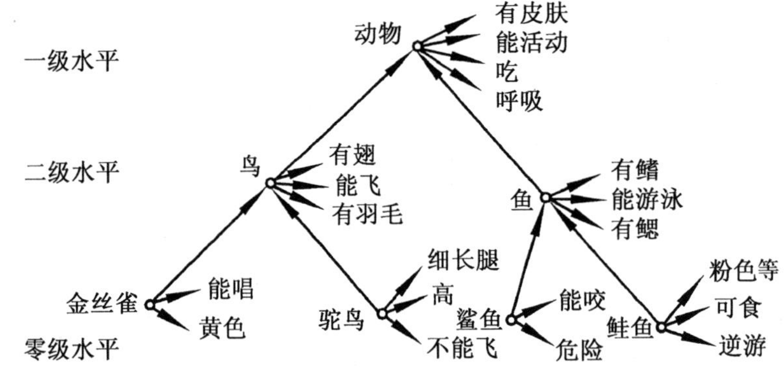

图 6-4　长时记忆中概念的层次组织

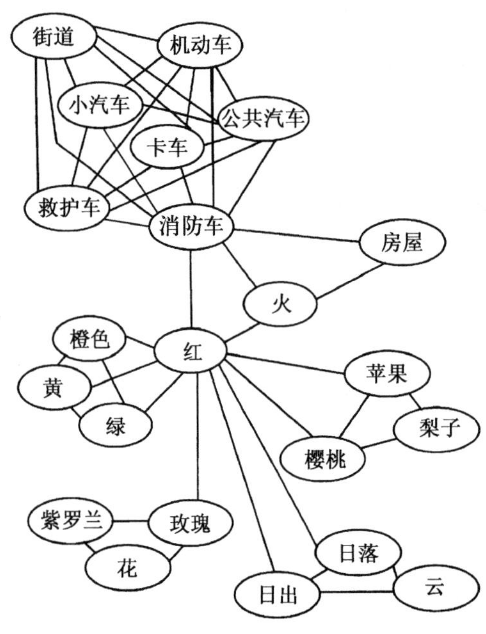

图 6-5　语义网络示例

3. 长时记忆的提取

心理学家通常用以下三种方法来测量记忆提取：回忆、再认和再学习。日常所说的“记得”是指依靠已有线索从记忆存储中提取，即回忆。例如，问行为主义心理学是由谁发起的，其主要观点是什么？回答考试中的问答题多依靠这种记忆。但是假若为了证明一个事件，问你：“上周三下午 4 点你在哪里？”因为你当时没有注意去记，可用的线索很少，就会很难回答。但是给你一些提示做线索，如在进行篮球比赛，在与某人讨论作业，在参加义务劳动等，你就能很容易地回想起来了，这是再认。因为原刺激又呈现在眼前，你有各种线索可以利用，需要的只是确定它的熟悉程度，所以再认比较容易。在考试中回答选择题比回答问答题容易就是这个道理。再学习或称节省法，指让被试再次学习同一材料，看其能节省多少时间，两次所用时间之差代表记忆保存的数量。在以上三种记忆中回忆最困难，再学习最容易。

在一些提取任务中，记忆材料呈现的顺序很重要。比如，我们要记忆一个单词表，之后按单词呈现的顺序回忆。结果发现，在词表开头和结尾的项目回忆得较好，处于词表中间的项目回忆效果较差。这种回忆成绩与刺激在序列中所处位置有关的效应，叫作系列位置效应（serial position effect），如图 6-6 所示。对于这个现象，可以从长时记忆与短时记忆的区别的角度来解释。在词表呈现后立即回忆时，词表中最后几个词仍然处于短时记忆中，所以容易回忆，这叫作近因效应；而位于词表起始部分的词，由于得到足够多次的复述而存入长时记忆中，所以回忆得也很好，这叫作首因效应。

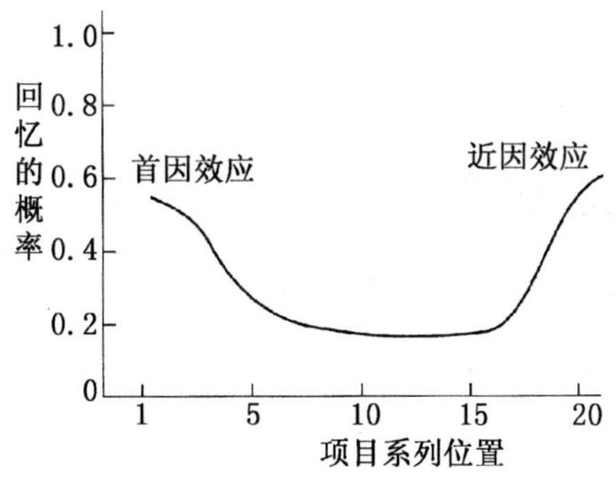

图 6-6 系列位置效应曲线

为检验这种假设，默多克（Murdock）等人进行了实验研究。一种方法是要求被试在词表呈现 2 分钟后再进行回忆，但在这段时间中要进行心算（如倒数数），由于延缓回忆和心算对短时记忆的干扰，因此明显地降低了近因效应；另一方法是通过控制字词的呈现速度检查长时记忆成分的变化。由于呈现速度越快，将每个项目转移到长时记忆中去的时间越少。结果显示在呈现速度增加后，回忆成绩明显下降（见图 6-7a、图 6-7b）。这些结果为长时记忆与短时记忆的划分提供了一定支持。

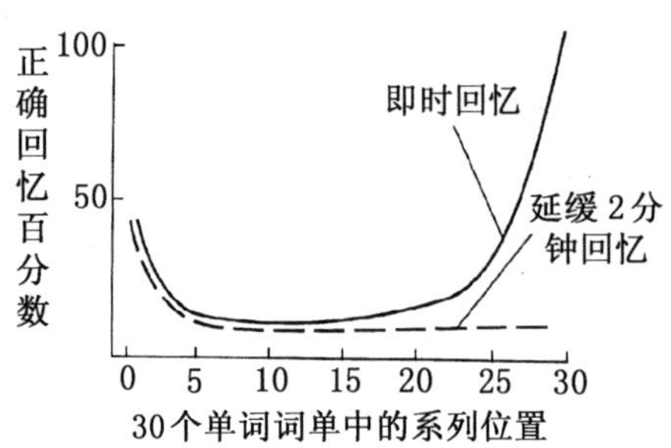

图 6-7a 即时回忆与延缓回忆对系列位置效应的不同影响

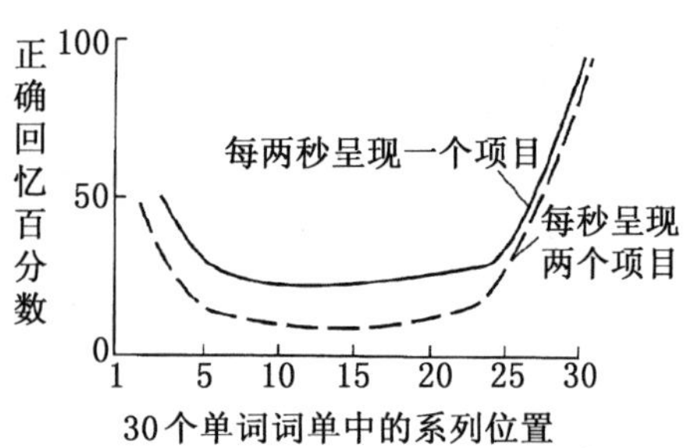

图 6-7b 单词呈现速度对系列位置效应的不同影响

表 6-3 三种记忆的比较

记忆阶段	编码	保存	提取
感觉记忆	最少，具有纯感觉性质	容量较大，保存大约 1 秒后消退	自动的
短时记忆	主要是听觉性的	容量为 7±2 个组块，在不复述的情况下保持约 20 秒	系列搜索
长时记忆	主要是语义性的	容量和持久性似乎是无限的	

《雨人》

第二节 记忆的生物学基础

我们已经了解了记忆的基本过程，这些过程在大脑里到底是如何发生的？大脑的损伤对记忆过程会有怎样的影响？近年来有关记忆脑机制的大量研究为这些问题提供了一些答案。

一、记忆痕迹

我们对新内容的记忆会在大脑中留下痕迹，记忆研究者称其为“记忆痕迹”，这就是记忆的生物学基础。很多研究者为寻找记忆痕迹做了大量努力，目前有关记忆的神经过程已经得到了一些一致性观点。

早在 20 世纪中期，加拿大研究者唐纳德·赫步就曾提出，记忆的生理基础是大脑神经元突触结构形态的改变，他把这称为突触易化（synaptic facilitation）。神经生物学家埃里克·坎德尔和同事用实验证明了赫步的观点。他们选择具有大量神经元细胞，神经系统却异常简单的海螺作为研究对象。一般来说，用手触碰海螺，它的鳃和呼吸管并不会收缩。研究者试图建立经典性条件反射：每次用手轻轻触碰海螺的呼吸管，海螺就会遭到一次轻微的电击，导致海螺的鳃和呼吸管收缩，最后，当只用手触碰而不给予电击时，呼吸管和鳃也会收缩。通过测量鳃和呼吸管内神经元之间神经递质的量，研究者发现，经典性条件反射作用的建立使得神经元突触发生了变化，确切地说，神经递质的量增加了。进一步的研究发现，神经突触的变化与长时记忆有关，而非短时记忆。

研究者还探索了不同脑区与记忆之间的关系，结果发现，三阶段的记忆过程涉及不同的脑区。以视觉信息的记忆为例，视觉信息首先通过丘脑到达大脑皮层的视觉区域，这一神经过程保留了感觉登记的短暂痕迹。之后，信息传递到额叶和顶叶，在那里发生了短时记忆的存储。存储到长时记忆中的信息被保留在海马组织里几周或者几个月，然后传递到大脑皮层最初进行视觉信息加工的区域，进行长时记忆的存储。当我们从长时记忆中提取信息的时候，信息再次到达额叶和顶叶，被保留在那里用于短时记忆或者说工作记忆。大脑各个脑区的紧密协作，实现了各种记忆信息的存储与提取。

大脑是怎么记住东西的？

二、健忘症

疾病或者意外可能致使大脑受到损伤，从而导致记忆功能障碍，即我们通常所说的健忘症。对健忘症的研究可以帮助我们更好地了解记忆的生理基础。

一场车祸导致过去的记忆丧失，这是很熟悉的故事情节。这种遗忘在心理学上叫作逆行性遗忘。它的特点是，短时记忆很少或几乎没有受到损伤，并且能够将伤后发生的事存入长时记忆中。通常病人并未终身丧失记忆功能，只是不记得病发前几分钟或前几天所发生的事。癫痫、各种脑损伤、头部受到攻击或者强烈应激事件都可能导致逆行性遗忘。绝大多数研究者认为，应激事件或脑损伤阻碍了记忆的巩固，从而导致逆行性遗忘，但也有人认为是事件本身产生的强烈的倒摄抑制妨碍了信息的正常提取。

顺行性遗忘是一种不能在长时记忆中存储或提取新信息的记忆障碍。具体而言，顺行性遗忘的病人并不是所有记忆都受到影响，他们的短时记忆功能完好，但是信息一旦从短时记忆消退就会消失不见。他们记得生病前长时记忆中存储的信息，如亲朋的名字，但是无法记住生病后认识的人。顺行性遗忘一般并不会影响个体获得新的程序记忆，却会使个体无法将情景信息存入长时记忆中。顺行性遗忘的病人受损的脑区是海马组织，这个区域主要负责短时记忆中的信息向长时记忆的转换和加工。

科萨科夫综合征是由于长期酗酒使得维生素 B1 长期缺乏而导致的脑疾病。病人同时患有顺行性遗忘和逆行性遗忘。由于记忆极度缺失，他们在记忆重构时扭曲虚构的成分会比正常人多得多。值得注意的是，已有研究表明，科萨科夫综合征带来的脑损伤只影响到外显记忆，不损害内隐记忆。

《记忆碎片》

第三节 遗忘与记忆重构

尽管长时记忆具有极大的容量，并且保存着数量接近天文数字的信息，但人们仍然不断地为遗忘而苦恼。如果让你回想一下高中三年的学习历程，你能回忆起什么呢？三年的高中，我们学习了许许多多的知识，也经历了各种各样的事情，对于有些事情能保持终生不忘，然而对于大多数的事情却已记不清了。下面我们讨论一下遗忘的性质及原因。

一、遗忘的历程

一个多世纪以前，德国心理学家艾宾浩斯（Hermann Ebbinghaus）系统地对长时记忆和遗忘进行了研究。他的目标是研究“纯”记忆，即既不受个人情绪反应的污染，也不受其他一切以前学过的保存在长时记忆中的知识干扰的记忆。为了消除新学习的材料与记忆中的知识的可能联系，他创造了无意义音节（nonsense syllable），即一种由两个辅音和一个元音组成的字母串，如POF、XEM和QAZ等。他还设计了节省法（saving method），即把初学时重复的遍数当作印象深度的指标，把达到初学的熟练程度所需再学的遍数当作印象消失程度的指标，计算两种指标间的差异，这种差别被称作节省。根据这种方法，艾宾浩斯绘制了不同时间间隔的记忆节省图，通常我们称之为保持曲线或遗忘曲线（见图6-8）。

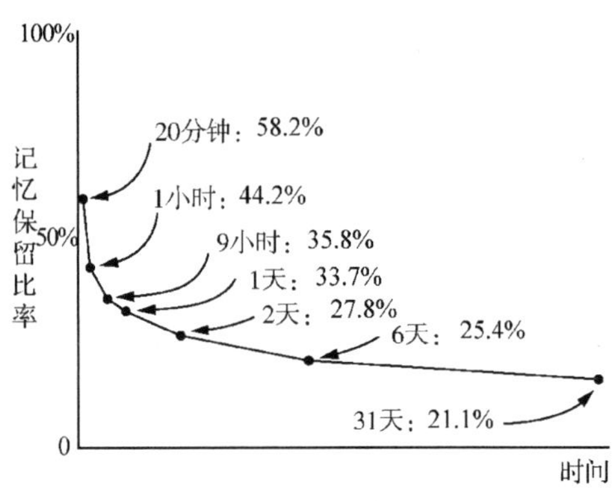

图6-8 艾宾浩斯遗忘曲线图

从艾宾浩斯的遗忘曲线中我们可以看到，节省量随着初学与再学时间间隔的加长而减少，即遗忘的数量逐渐增多。一个明显的结果是，遗忘的过程是不均衡的：

在第一小时内，保存在长时记忆中的信息迅速减少，然后，遗忘的速度逐渐变慢。在艾宾浩斯的研究中，甚至在距初学 31 天以后，仍然存在某种程度的节省，即对所记的信息仍然有所保存。尽管从目前来看，艾宾浩斯的开创性研究存在一些缺陷，但它得到了两个重要的发现。一个是描述遗忘进程的遗忘曲线。心理学家后来用单词、句子，甚至故事等各种材料代替无意义音节进行了研究，结果发现，尽管人们更容易记住有意义的字词，但不管要记的材料是什么内容，遗忘曲线的发展趋势都与艾宾浩斯的结果相同。艾宾浩斯的另一个重要发现是，在长时记忆中的信息存储可以长达数十年，因此，儿童时期学过的东西，即使多年没有使用，一旦有机会重新学习，都会较快地恢复到原有水平。如果不再使用，可能被认为是完全忘记了，但事实上遗忘绝不会是完全彻底的。

二、遗忘的原因

艾宾浩斯的工作描述了遗忘的进程，但没有揭示为什么会产生遗忘。对于遗忘的原因，有下面几种可能的解释。

（一）消退

消退理论认为，遗忘是记忆痕迹得不到强化而逐渐减弱以致最后消退的结果。这种说法接近于常识，容易为人们所接受，因为某些物理的、化学的痕迹有随时间而衰退甚至消失的现象。这一理论可以解释感觉记忆和短时记忆里的信息丢失，但是不能完全解释长时记忆中的遗忘问题。比如，老年人在记忆衰退后，可能记不住刚刚发生的事，却对久未提及的陈年往事记得很清楚，这完全不符合记忆的消退理论。因此，有人提出信息一旦进入长时记忆，记忆痕迹就会永久存在，但由于出现干扰使提取增加了难度，所以表现为遗忘。

（二）干扰

干扰理论认为，长时记忆中的信息的遗忘主要是因为人们在学习和回忆时受到了其他刺激的干扰，这通常发生在相似的记忆信息之间。一旦干扰被解除，记忆就可以恢复。干扰可分前摄干扰与倒摄干扰两种。前摄干扰是指已学过的旧信息对学习新信息的抑制作用，倒摄干扰是指学习新信息对已有旧信息回忆的抑制作用。

一系列研究表明，在长时记忆里，相似信息之间的互相干扰是遗忘的重要原因。例如，在一个实验中，让两组被试学习 10 对形容词，直到记住 8 对为止，并在两天后进行测查。其中，第二组被试在学完以后的两天中，以相同的方式又学习了另外两个字表，第一组被试则不进行这种学习。结果第一组正确记忆率为 69%，第二组正确记忆率只达到 25%。研究者对回忆中出现的错误进行考察发现，错误反应很多来自对第一个字表的回忆。这反映了后面学习的两个字表对先学材料的保存产生了倒摄干扰。类似实验也表明，后学材料的保存量也会随着前面学习材料的增加而降低。例如，我们都知道早晨起来背单词，比上完 4 节课再背的效果要好。这里既有疲劳的原因，也有前摄抑制的影响。一般说来，先后学习的两种材料越相近，干扰作用越大。在学习中如何进行合理安排，以减少干扰，在巩固学习效果方面是值得考虑的。

干扰同样也是短时记忆信息遗忘的原因，但其作用机制不同于长时记忆中的干扰。在长时记忆中，干扰影响记忆的提取，而在短时记忆中，干扰信息会挤占短时记忆的存储空间，导致记忆信息丢失，或编码失败。

（三）线索依赖

长时记忆中的遗忘常常是因为信息提取失败。在平常进行阅读时，信息的提取非常迅速，几乎是自动化过程。但有些时候，信息的提取需要借助于特殊的提取线索（retrieval cues）。提取线索使我们能够回忆起已经忘记的事情，或再认出储存在记忆中的东西。线索对记忆提取的有效性主要依赖于以下条件。

1. 与编码信息联系的紧密程度

在长时记忆中，信息经常是以语义方式组织的，因此与信息意义紧密联系的线索，往往更有利于信息的提取。例如，我们都有过这种经历，当故地重游时会想起许多往事，甚至触景生情，这是因为故地的一草一木都紧密地与往事联系在一起，它们激发了昔日的回忆。然而在另一个时间和地点，即使看到同样的草木，我们也会视而不见，没有什么联想出现。又如，当突然遇到一位老同学而想不起他的名字时，我们常常会有意识地去想他曾与谁最好，或与谁坐同桌等，即努力地寻找有关线索。

2. 情境和状态的依存性

我们在学习时，不仅要将记的东西予以编码，也会将许多发生在同时的环境特征编入长时记忆。这些环境特征在以后的回忆中就成为有效的提取线索。环境中的相似性有助于或有碍于记忆的现象，叫作情境依存性。研究表明，让学生在一个房间里学习，并在同一个房间测试，其记忆效果比在别的房间接受测试要好。尽管情境依存性效应并不总是很强，但对于某些学生来说，在考试的教室里复习，多少会对成绩有所帮助。

同外部环境一样，学习时的内在心理状态也会被编入长时记忆中，作为一种提取线索，叫作状态依存性记忆。例如，一个人在饮酒的情况下学习新的材料，而且测试也在饮酒的条件下进行，回忆结果一般会更好些。在心情好的情况下，人们往往回忆出更多美好的往事；而当人们心绪不佳时，往往更多记起的是倒霉事。这种由心境引起的记忆差别，在人们试图回忆对自己有意义的情节时往往非常明显。因为人们总是将往事赋予一定的个人情绪色彩。

3. 情绪的作用

个人情绪状态和学习内容的匹配也影响记忆。例如，在一项研究中，一组被试阅读一篇包含有各种令人高兴和令人悲伤的事件的故事，然后在不同条件下让他们回忆。结果显示，当人感到高兴时，回忆出来的更多的是故事中的快乐情境，而在悲伤时则相反。已有研究表明，心境一致性效应既存在于对信息的编码中，也存在于对信息的提取中。一般来说，人们常会因故事中主人公的悲哀而悲哀，因主人公的死里逃生而激动不已，情绪上的共鸣促进了与情绪有关的信息的加工。

情绪对记忆的影响强度取决于情绪类型、强度和要记的信息内容。一般来说，积极情绪比消极情绪更有利于记忆；强烈的情绪体验能导致异常生动详细、栩栩如生的持久记忆。此外，当要记的材料与长时记忆中保持的信息没有多少联系时，情绪对记忆的作用最大。这可能是由于在这种情况下，情绪是唯一可利用的提取线索。

压力与记忆

（四）动机性遗忘

人们大多愿意沉浸在美好的回忆中是为了使自己感觉更好。同时，人们也能为了减轻心理不安，有意识地逼迫自己不去回忆那些引起痛苦体验的事件，或者以某种方式有意地歪曲它们，使之不再出现。这种有意识地不使某些信息再现的记忆效应，称为动机性遗忘（motivated forgetting）。动机性遗忘的作用通常与人们有意识地将注意力从令人不快的情境中移开、对不愿看到的场景不予编码一样，属于人们保护自己不受伤害的心理防卫机制。

三、记忆的重构

1932 年，巴特利特首次提出记忆的重构理论。他认为存储在长时记忆中的信息常常不是被遗忘，而是被扭曲和重塑，因为我们在用一种与我们的图式相一致的方式进行回忆，而这个图式是一个由观念、知识和期望等组合而成的关联网络。

一个经典实验（见图 6-9）展示了图式怎样扭曲记忆。主试先给被试呈现带有歧义的图形，如图中间的一列图形，然后出现关于这个图形是什么的提示语。每一个图形都有两套不同的提示语，如第三个图形，给其中一半被试的提示语为这是一轮新月，而另一半被试被告知这是字母 C。随后要求被试画出刚刚他们看到的图形。正如重构理论所预测的那样，关于这个歧义图形的回忆受到不同图式的曲解。这种被图式扭曲的记忆出现在记忆提取阶段。在要求被试画出图形之前对被试进行提示，扭曲效应会更强烈。

有研究表明，长时记忆之所以会被扭曲，是因为长时记忆更适合存储语义信息，而不是情景细节。我们从长时记忆提取信息的时候，可能会记得事件的主要内容，却不自觉地扭曲了一些细节，甚至创造了一些与记忆内容不一致的细节。在一个实验中，被试听到这样一段话：

深夜，电话响起，有人疯狂地大叫了一声，间谍迅速将秘密文件扔进壁炉，如果再晚半分钟就太迟了。

之后，研究者问被试是否听到下面的句子：

间谍烧毁了秘密文件，如果再晚半分钟就太迟了。

被试最初听到的句子并没有说明间谍是否烧毁了文件，也许他只是将文件扔进了没有火的壁炉，但是大多数被试说他们听到了第二个句子。因为第一个句子暗示了文件被烧的意思，被试记住了这个主要内容，所以扭曲或者说制造出了与主要内容一致的细节信息。

错误记忆（false memory）是最为彻底的记忆重构，它是一种无中生有的虚构的记忆。曾有这样一个案例，女儿控告父亲在她年幼时对其进行过性骚扰，导致父亲失业并且婚姻破裂。结果发现，该案中的父亲是清白的，女儿的记忆是催眠药物所致。影视剧中经常出现心理师用催眠帮助人唤醒记忆的情节，这是对观众的误导，事实上，催眠等类似的技术可能会致使人们篡改记忆。此外，其他一些因素也可能制造出错误记忆，下面的知识扩展中介绍了另外的案例。

《错误记忆》

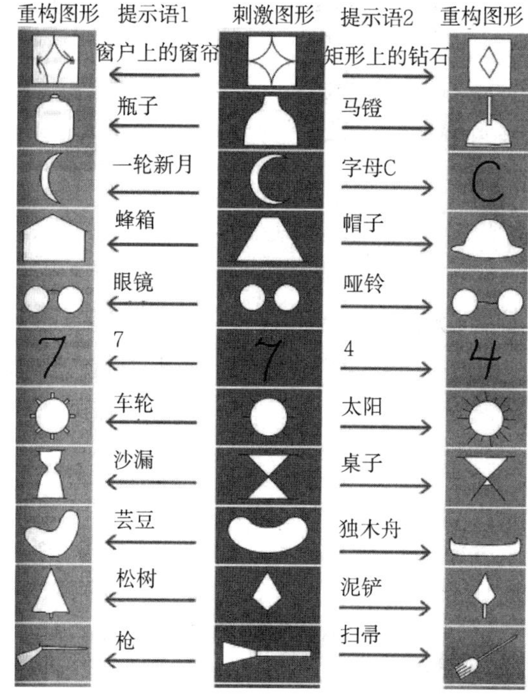

图 6-9 语言效果对视觉图形回忆的影响实验

知识扩展

法庭作证的可信度

法庭判案，重视人证与物证。人证指目击者凭记忆所做的言词记录。目击者的记忆是否与事实真相符合，也就是，证人在法庭上的陈述是否确实可以相信，是个值得考虑的问题。

20 世纪 70 年代以前，证人在法庭上的陈述，一向被视为重要的证据，但从 70 年代以后的心理学研究成果来看，法庭作证的可信度不高。原因是人的眼睛不同于照相机，耳朵不同于录音机，事后凭回忆所做的陈述，与当时的事实真相，可能有相当大的距离。为了证明当时所见与事后所记的不一致，近年来心理学家进行过很多实验研究，以下的实验即其中之一。

该实验将受试者分为数组，受试者先是共同观看一段影片，该影片显示了一场汽车相撞的意外事故。看完后，实验者以不同的语气向受试者提出问题。对其中一组问道："据你们估计，两车撞毁时，其车速是多少英里（1 英里≈1.61 千米）?"对另一组问道："据你们估计，两车相撞时，其车速是多少英里?"两组的问题之间只有一字之差，而且受试者是对同一事实的目击者，在理论上不应有所差异。但结果显示：问题中用"撞毁"一词的一组，回答车速在每小时 40 英里以上；而用"相撞"一词的那一组，则回答在每小时 30 英里以上。一星期后，所有看过影片的人再次回到实验室。这次不再分组，由实验者向他们问同样的问题："根据你们的记忆，上次影片中的交通意外事件，汽车有没有撞碎玻璃?"（事实上，影片中根本没有撞碎玻璃的事实）结果发现，在前次接受带"撞毁"二字问题的一组受试者中，有 30%以上回答有，而接受带"相撞"二字问题的受试者中，做同样回答者只有 14%。显然，实验者的问题性质，影响了目击者的回答。因此，如果依据这种现象去推论法庭作证的可信度，就很难相信法官的问话方式不会影响见证人的陈述。针对这一事实，如发问者有意地误导，也会影响目击者的回忆。

与上述研究为同一系列的另一个实验的结果，更明确地显示了这种趋势。让大学生们看一段影片，影片中显示一辆疾驰在乡间公路上的白色跑车。对不同的目击者问两个大同小异的问题，对某些人问道："经过谷仓旁边的白色跑车，大概时速多少英里?"（影片中根本没有谷仓）对另一些人则问道："白色跑车大概时速多少英里?"几天后，再问他们一个同样的问题："你有没有看见公路旁边的谷仓?"前次问题中有谷仓二字者，有 17%的人回答有；前次问题中无谷仓二字者，则只有 3%的人回答有。那些目击者在记忆中形成的"无中生有"的现象，显然是发问者的误导所致。

你的记忆根本不靠谱!

近年来，法律心理学受到重视，心理学家们的研究贡献是主要原因。

资料来源：张春兴：《现代心理学》，上海，上海人民出版社，2009。

第四节 提高记忆能力

良好的记忆有利于获取知识，积累经验，提高适应能力，在社会生活中具有重要意义。每个人都希望自己具有良好的记忆能力。研究发现，所谓记忆高手并非天生，他们的确都掌握了一些记忆的窍门或有效方法。因此，只要了解记忆进行的规律，学会一些将信息组织起来以利于记忆的策略和方法，通过不断的练习和实践，每个人都能使自己的记忆能力有所提高。记忆术（mnemonics）是有效提高记忆中编码和提取能力的特殊技术，有些记忆术是纯语言的，有些是纯表象的，也有一些是混合的。记忆术的实施无论是侧重于编码阶段还是提取阶段，其总的效果都是记忆内容增多与保持时间延长。下面介绍几种比较通用的记忆术。

《你的记忆怎么了?》

一、地点法

地点法（method of loci）又称位置法，是一种传统的记忆术。这种技术在古代不用讲稿的讲演中曾被广泛使用，而且沿用至今。地点法的原理是将一组熟悉的地点与要记住的东西之间建立起联系，主要利用视觉表象，以地点位置作为以后的提取线索。采用什么地点是任意确定的，因人而异。但所选定的位置必须是个人熟悉的场所。例如，在校园中，有一条由书店到图书馆的路线你非常熟悉，我们就可以利用它来识记一系列东西。记忆方法是在想象中沿着这条路线走，把所要识记的每一件东西和这条路线上的一个确定位置联系起来，建立生动的表象。例如，要记 6 种食品的名字：牛奶、鸡蛋、面包、番茄、香蕉和茶叶。你可以首先将牛奶和书店联想在一起，可以想象书店门前人很多，挤倒了送牛奶的车，撒了满地的牛奶还有几本书。第二个位置是招待所，你可以想象招待所门口有人在卖鸡蛋。然后到了小吃部，可以想象那里摆着各式各样的面包特别诱人。然后，又到了交叉路口，要把番茄和这里联系在一起，就可以想象有一辆运菜的车在这里翻倒了，到处滚着红色的番茄。然后又到了教学楼门前，看见树上挂满香蕉。最后来到图书馆，发现进门处新添了一个茶座，很多同学在那里兴高采烈地招呼你喝茶。要回忆这个食品单时，我们所需要做的只是在想象中走一遍这条路线，把与路线上各个位置的联想恢复起来就行。一般来说，在将地点与要记的东西联系起来时，想象越夸张越离奇，形象越鲜明，回忆的效果越好。

另一种与位置法具有相同的原理，但形式不同的传统记忆术是字栓法（peg-word method），其特点是形象的线索和语言的线索并用。在使用字栓法时，首先要记住一组词作为“栓”，然后将要记的单词或其他材料与字栓一个个地挂上钩。

位置法、字栓法以及其他类似的方法具有一个共同点，这些技术使支离破碎、毫无联系的信息有了组织，在各个地点或字栓与各个记忆项目之间建立联想，通过对材料的深入加工产生了许多额外的线索。这种自我生成的联想过程非常重要。一般说来，这类方法用于记忆讲演的要点、人名、电话号码、外语单词等散乱的信息时非常有效，而且在要记忆的信息很多时，效果更好。

二、韵律法

对于一些纯语言的材料，最明显有效的记忆方法是靠韵律（rhythm）记忆内容，也称口诀法。它在民间和在教学中被广泛应用。例如，你是否能够清楚地背出中国农历的二十四个节气？如果不能，你不妨试一试韵律法。首先学会背诵下列四句七绝诗句："春雨惊春清谷天，夏满芒夏暑相连，秋处露秋寒霜降，冬雪雪冬小大寒。"背熟以后，再把每一个字词加以讲解，整个内容就完全出现了。它们为：立春、雨水、惊蛰、春分、清明、谷雨；立夏、小满、芒种、夏至、小暑、大暑；立秋、处暑、白露、秋分、寒露、霜降；立冬、小雪、大雪、冬至、小寒、大寒。英语中也有类似的做法。例如，为记忆一年四季里有哪几个月是 30 天，他们背"Thirty days has September，April，June and November"。在教学过程中，有意识地利用口诀和押韵，可以大大地提高记忆效果。

三、学习准则

上述记忆术在记忆任意的散乱信息时最为有效。假如要记的是有组织的材料，也可以运用同样的原则，即有意地创造出一个将信息组织起来的情境。尽管简单机械地阅读材料有时也会生效，但保持性复述主要是将信息保存在短时记忆中。不管读多少遍，或花多少时间，这种复述对于长期保存信息来说都是徒劳无功的。相反，仔细地考查一下材料，将它们组织成有意义的脉络则会事半功倍，原因是这样做也可以减少前摄干扰和倒摄干扰。

除此之外，事先计划和合理地安排时间也是聪明之举。我们知道，遗忘的过程是先快后慢的。在上完一堂课或听完一个讲座后的几小时里，大量的信息从长时记忆中被遗忘。因此，在上完课或听完讲座以后，尽快地予以复习，将有助于长久记忆，为最终的考试复习节省可观的时间和精力。并且，在学习新材料时，分散练习往往比集中练习更有效。为了准备一次考试，如果计划用 10 小时复习，那么以小时为单位分成几个时间段，在每个时间段之间进行不同的活动或休息，要比一鼓作气连续干 10 小时的效果好得多。事实上，在不同的时间段里，我们都可以轻松地从崭新的角度审视要复习的材料，这有助于将材料加深理解并记得更牢。

四、PQ4R 法

根据学习和记忆原理，心理学家提出了许多用于教材学习的记忆技术。其中最流行并取得公认的技术是 SQ3R 法和 PQ4R 法。其他的一些技术也十分相似，基本上都是这两种技术的变式。下面主要介绍 PQ4R 法。

PQ4R 的名称是由 6 个英文单词的首字母组成的，代表着学习任意一章内容应遵循的 6 个步骤。

1. 预习（preview，P）。在开始新一章的学习时，一个最好的做法是不要马上开始读，而是先花几分钟大略地看一遍。注意一下各节标题、大写的或黑体的术语，形成一个总体的认识。同时，也要考虑这一章讨论的是什么问题，材料是怎样组织的，以及它与前几章有什么联系等。

2. 提问（question，Q）。在阅读每一节之前，停下来先问问自己它都包含什么内容，以及应当抽取哪些信息。例如，在本章中有一小节的标题是“语义代码”，你可以改成这样一些问句：“什么是语义代码?”，“语义代码有什么作用?”

3. 阅读（read，R）。阅读课文，并试着回答自己前面提出的问题。

4. 思考（reflect，R）。在读课文时，试图予以理解，默读并想出一些例子，把教材和已有的知识联系起来。

5. 回忆（recall，R）。在学完一段后，试着回忆其中所包含的要点，回答自己提出的问题。对不能回忆的部分再阅读一遍。

6. 复习（review，R）。学完一章后，复习所有内容，找出各节内和各节间的联系。目的是考查作者如何组织材料。一旦掌握了篇章的组织结构，单个的事实就容易记住了。

学完所有内容以后进行休息、放松。研究表明，采用这种方法不仅可以更好地记忆材料，而且会节省大量时间。

五、记笔记

在大学里，举办各种讲座是司空见惯的事。研究发现，学生对讲座中重要细节的记忆往往不如对不重要细节的记忆好。人们经常对讲座中的笑话和旁征博引的内容记忆犹新，而将讲座中的主要观点抛之脑后。

毫无疑问，记笔记有助于记住讲座或在课堂上所讨论的问题。然而有效地记笔记并不是一种容易掌握的技能。许多学生往往在考试前才意识到自己的笔记记得是多么糟糕。

就记笔记而言，重要的是要认识到并非记得越多越好。不管是重要的还是不重要的，将讲演者所讲的内容都记下来的做法往往是不明智之举。因为这样，不仅要求学生注意力高度集中，而且很少能留出时间对所讲的内容进行思考。事实上，在记笔记时，思考远比书写更为重要。思考为我们提供了安排事实的框架。这也是为什么借看别人的笔记不如看自己的笔记效果好。因此，用相对精练的字句记下主要的观点往往比记录每一个细节对学习更有帮助。总之，记笔记的最好方法是对所听到的内容进行思考，找出各种材料间的关联，清晰准确地总结主要的观点和例证。

这些方法之所以显示出神奇的效果，是因为它们提供了更有效的组织材料的背景。记课文材料的关键是主动地阅读而非被动地阅读。PQ4R 方法是

记笔记可以增强陪审员对审判信息的回忆能力

最有效的方式，即预习、提问、阅读、思考、回忆和复习。同样，有效地记笔记，仔细研究要记的东西，将要点组成有意义的框架，并将要点彼此联结起来。这些步骤都有助于记忆，是减少遗忘的重要方法。

生活中的心理学

记忆研究怎样帮助你准备考试?

学生们在读了有关记忆研究的内容之后，询问最多的问题是："我怎样能马上用上这些?这些研究怎样帮助我准备下一次考试?"让我们来看从研究结论中可以总结出哪些建议。

首先是编码特异性。就像你回想起的那样，编码特异性原则表明提取的背景应该匹配编码的背景，否则提取就比较困难。因此，即使在学习时你也应该变换背景，重新组织你的笔记的顺序。

其次，由于系列位置效应，中间的学习材料比开始或结尾部分的学习材料遗忘更多。因此在听课的时候，你应该提醒自己要特别注意中间那段时间。在学习的时候，你应该投入更多的时间和精力在要学习的材料上——以确保每次不会以相同的顺序学习这一材料。你可能也注意到了你现在读的这一章大约在书的中间位置。如果你要参加覆盖所有课程内容的一次期末考试的话，就必须特别仔细地复习这一章。

第三是精细复述和记忆术。有时当你准备考试的时候，你会感觉像在设法获得"无组织的信息"。例如，你可能被要求记住大脑不同部分的功能。在这种情况下，你需要自己设法提供结构。设法以创造性的方式使用概念形成视觉表象或构造句子或故事。精细复述使你可以利用已经知道的东西使新材料更容易记忆。

最后是元记忆。关于元记忆的研究认为人们通常对自己知道什么和不知道什么有很好的直觉。如果你处在一个有时间限制的考试情景下，就应该让直觉来指导你怎样分配时间。

资料来源：[美] 格里格（Gerrig，R. J.）、[美] 津巴多（Zimbardo，P. G.）：《心理学与生活》，王垒、王甦等译，北京，人民邮电出版社，2003。

思考题

1. 举例解释程序性记忆、情景记忆和语义记忆。

2. 在生活中寻找前摄干扰或者倒摄干扰的例子，试着设计一个实验证明干扰效应的存在。

3. 简述记忆的三存储模型。

4. 针对遗忘的各种原因，思考应对办法，解决自己在实际学习中的问题，并举例说明。

5. 想象一下没有长时记忆的生活，试着描述细节。

6. 举例说明你所使用的记忆术。

7. 结合自身体验，描述记忆与学习的关系。

第七章 思维

【本章要点】

1. 表象及其特征。

2. 什么是概念？它的种类和形成。

3. 什么是解决问题的算法式和启发式方法。

4. 解决问题时经常出现哪些不利因素？

5. 心理学对决策过程的影响。

6. 什么是语言，它和思维有什么关系？

思维是一种人类特有的高级心理活动过程。人类不仅和其他动物一样能够通过感官直接收到外来的信息，认识事物的表面现象，还在认识事物表面现象的基础上有能力思考事物的实质和发展，以及过去、现在和未来。思维为我们的学习提供目标，更为我们的目标提供意义。

人类不仅是信息处理者，而且也是信息解释者、疑义解决者和事件预测者。思维使我们能够以抽象的运作方式去处理外界所发生的一切事物，属于高级的认知过程。对于思维这个高级心理活动的研究，很早就受到人们的重视。在心理学成为一门独立的学科之前，哲学家们早就注意到了人类的思维。17 世纪在欧洲兴起的联想主义心理学，继承了古希腊哲学的联想概念和联想规律，对思维问题提出了一些颇有见地的观点，对思维的概括性、间接性开始有了一定的认识。

思维在当代心理学的研究中起着非常重要的作用，而且其作用将变得越来越重要。三个具有里程碑作用的研究，导致了当前处于领导地位的认知心理学的产生。这三个研究都与思维的研究有关：①1978 年诺贝尔奖得主美国学者西蒙（Herbert A. Simon，又名司马贺）和纽厄尔

（A. Newell）用计算机模拟人类的问题解决过程，提供了一种新的研究心理过程的方法；②瑞士心理学家皮亚杰（J. Piaget）从观察儿童如何解决问题和他们的思维特点入手，创立了发生认识论，为认知心理学奠定了基础；③美国语言学家乔姆斯基（N. Chomsky）的心理语言学研究，揭示了语言的实质及其与思维的关系，对于了解高级认知过程起了重要作用。

上述三个与思维有关问题的研究，导致了认知心理学的产生，事实上，它们也导致了一个跨学科的研究领域——认知科学的产生。本章我们只讨论认知科学中的一小部分，即人的思维活动。包括什么是概念，概念如何形成，人类如何思考、解决问题，以及语言和思维有什么关系。

第一节 思维概述

多数动物在与客观世界相互作用中，不断地通过感知、记忆等心理活动对现实中的各种事物产生认识，从而可以做出适当反应来适应生存。但人不只要适应世界，还要改造世界，那就需要对事物的认识不断地加深，总结经验，然后再利用已有的知识经验去应对可能出现的新事物和未来的新情况。这种高级的、用语言进行的认知活动，叫作思维，属于认知过程的高级阶段，为人类所独有。

一、什么是思维

思维（thinking）是高级、复杂的认知活动，它需要借助语言、表象或动作来实现。思维揭示事物的本质特征和内部联系，在反映过程上具有概括性和间接性特点，是认知的高级形式。

人的思维活动过程主要表现在概念形成、判断推理、问题解决和决策行为中。表象和概念是思维的基本单位。

二、表象

（一）表象的概念

表象（image）指事物不在眼前，人们头脑中出现的关于事物的形象。例如，我说“天安门”，每个人都能在头脑里出现一个雄伟的天安门形象。虽然细节不完全一样，但红墙、黄瓦、大屋顶，整体形象是相似的。它可以来自记忆，也可以来自想象。表象的主要特征是直观性和概括性。①直观性，指在表现形式上它与反映具体事物的知觉近似。但不够清晰。②概括性，指它反映的内容丰富多彩，超出了任何一次具体的知觉。例如，你头脑中的天安门表象与我头脑中的表象肯定不完全相同，原因是我们的经历不同。

（二）表象的种类

表象的种类很多，基本与知觉相同。视觉和听觉表象在生活中起作用的机会最多，其他表象则依据生活的需要得到不同发展，在学习与工作中发挥着重要作用。例如，厨师的味觉表象、运动员的动觉表象都高度发展，并为提高他们自己的工作效率做出了重大贡献。

研究发现表象具有很多与知觉相同的特性，如可操作性，即人们可以对它进行有意识的操作。例如，扫描一个大的物件比扫描一个小物件需要更多时间。与此相似，我们可以像旋转一个真实物体那样，在头脑中进行表象旋转的操作。

请看图 7-1，并指出其中哪一行的两个图是不同旋转情况下的同一个图形？

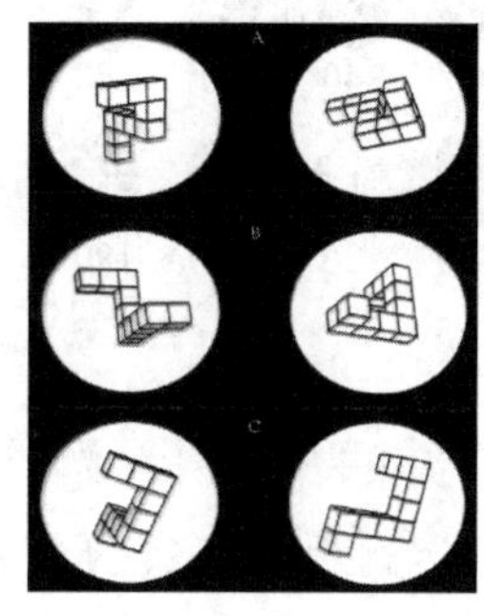

图 7-1　知觉中的表象旋转

知识扩展

心理旋转

美国心理学家库珀和谢泼德（Cooper & Shepard）在 1973 年用实验证明了在知觉过程中，头脑里也有视觉表象产生。视觉刺激物旋转时，同时引起脑内视觉表象的旋转，并且知觉对象的复杂性程度不同，进行旋转所需时间也不一样。当表象旋转所需时间较长时，做出知觉判断的反应时也会更长。

如何训练思维，突破局限？

实验中以正反方向不同的字母“R”为刺激物，在连续旋转中的不同位置上呈现。要求被试判断呈现的字母是正向的（R）抑或反向的（Я）。如图 7-2 所示，左图表示字母 R 呈现的方向和旋转角度，右图记录了刺激物在不同角度时的反应时（Y 轴，毫秒）。由结果可以看出，对正常角度（即正立的方位）呈现的刺激，反应时最短，随着旋转的角度（X 轴）增加，刺激物呈现的方位逐步倾斜，旋转到 180 度时，刺激物呈倒立状。这时辨认它的反应时最长。

三、概念及其形成

（一）概念的特征与分类

概念（concept）在心理学上指的是反映具有共同特性与本质属性的一组客观事物的认知形式，是高级认知活动的基本单元。概念的特殊表现是能以一个符号代表一类具有共同性质的事物。概念与知觉不

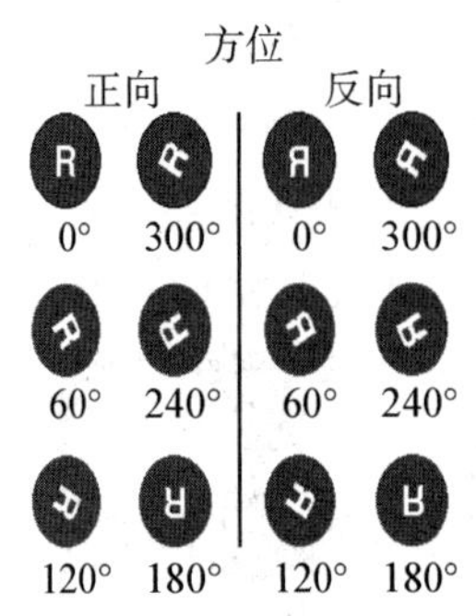

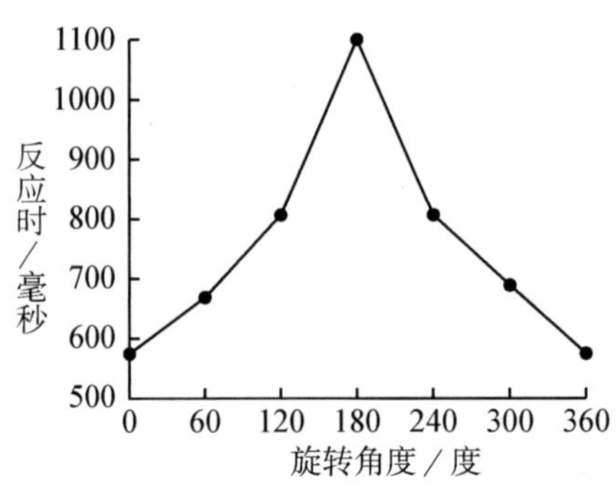

图 7-2　心理旋转实验图

同，概念用词来表示，具有概括性和抽象性特征。所谓概括性是说它所反映的不是某一个具体事物，而是具有共同特性的一类事物，如“苹果、学校”、“跑、跳”、“大、小”、“美丽、聪明”等。这种代表一类事物的概念如何在头脑中存在（或表征）呢？语言的基本单元“词”就是概念的表现形式。词是同类事物的一个总名称，它的内涵（意义）不可能由一个具体的形象显示，所以说它是抽象的。

从概念在个人头脑中如何形成来讲，它是以反映同一类别的许多具体事物的知觉为基础，逐步形成的。例如，儿童看到过红苹果、绿苹果、黄苹果，拿到过大苹果、小苹果，也吃到过甜或不甜的苹果，虽然每次知觉不同，但它们之间有个共同特性，都叫作苹果。以后当他听到“苹果”一词时，想到的就不是哪一个具体的苹果，而是一类具有共同特征的水果了。思维与语言紧密联系，一方面思维靠语言进行，语言是进行思维的工具；另一方面思维的结果产生了某种思想，也要靠语言来传递，所以说语言也是交流思想的工具。思维与语言二者关系密切，但不相同。同一种思维是可以用不同语言来进行和表达的，如学校或“school”表达的是同一个概念。语言在社会生活过程中也不断发展，有语言学对其进行研究。心理学研究人的认知过程，概念是高级认知活动的基本单元，指的是词的意义方面。任何一个概念（以词的形式表现）所反映的都不是一个具体事物，而是具有共同特性的一类事物。例如，说到“学校”一词时，每个人头脑中反映的肯定不同，有小学、中学、大学、简陋的农村小学、设备完善的重点学校等，但重要的是它们都有共同的特性，即各级各类学校都是以传授知识为主要任务，注重对人的培养，以学生和教师为主要成员的地方。

依据不同的分类标准可以对概念进行不同的分类。心理学通常以人们掌握概念的不同途径，将概念分成日常概念和科学概念。日常概念所包含的内容比较模糊，也叫模糊概念或前科学概念，是在日常生活交往、个人的经验积累过程中逐步形成的，因此，这类概念的内涵中有时包含着非本质特性，而未包含本质特性，因此易变化和发展。例如，很多年幼儿童认为鸟是“会飞的动物”，因此，同意蜜蜂、飞蛾都是鸟，而不同意鸡、鸭也是鸟。科学概念也叫明确概念，是在科学研究过程中经过检验逐渐形成的，对于个人而言，则主要是通过学习，在教学条件下获得的。因此，科学概念的内涵明确，可以用语言进行科学的解释，是比较稳定的。当然，科学概念的内涵也不是绝对一成不变的，随着社会历史发展和科学的进步，人类认识不断深化，许多概念也在不断地丰富和发展中。

（二）概念的结构与形成过程

概念反映一类事物的共同的本质属性，是经过抽象和概括等思维过程得到的。由于对事物抽象的程度不同，就形成了不同等级的概念，尤其科学概念更是层次分明。例如，从矿物到非金属再到宝石就是一个从高到低的概念结构。这种结构是垂直维度上的结构。如果对同一水平上的事物进行抽象和概括，就会形成一组同层次的概念，如矿藏范畴内的“金属矿”“非金属矿”就是处于同一层次的概念。这些概念构成了水平维度上的结构。垂直维度和水平维度相结合就形成了概念的网络结构。由图 7-3 中的概念网络结构可以看出，概念通常是以阶层的方式组织起来的，最具有普遍性和抽象性的概念位于阶层的顶端，而最具有特定性和具体性的概念则位于阶层的底层（见图 7-3）。

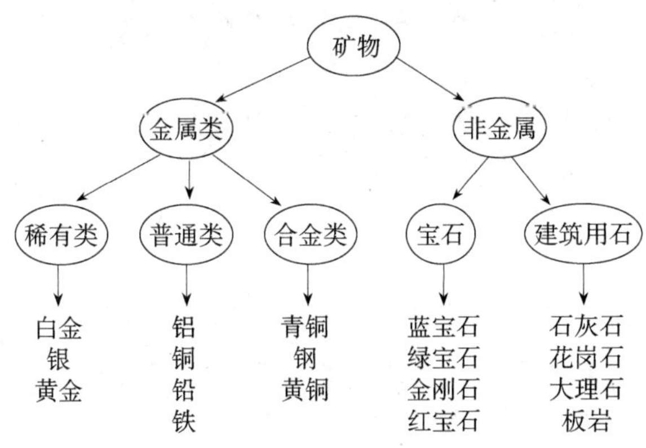

图 7-3 概念的网络结构

在心理学中，为了了解人们形成概念的过程和实质，探索在形成概念时所使用的策略，赫尔（G. L. Hull）在 1920 年首先设计了运用“人工概念”的研究方法。结果发现，概念的形成过程是从许多具体事例的知觉中，依据反馈，归纳和发现共同因素的过程。自赫尔之后，许多心理学家利用人工概念探讨了概念形成的一些规律。最著名的为布鲁纳等人的实验研究，他们用形状、数目、颜色和边框数目不同的 81 张图片为材料进行实验（见图 7-4）。图片的不同属性如下所述。图片共包括三种形状：圆形、方块、十字。各形状的数目：1，2，3。三种颜色：绿、红、黑。边框数目分别为：1，2，3。实验的主要任务是探索研究者事先设定的人工概念。

以一个简单的实验为例：设定一个无意义音节“BTR”，让被试找出它的含义。被试可以每次猜一个图形，主试回答对或不对，反复几次以后，被试就可以发现规律，明白它的含义，即形成概念了。从下面的例题中（见图 7-5）我们可以发现，概念形成的过程是一个提出假设和检验假设的过程。布鲁纳等人称之为概念形成的假设检验模型。这一模型认为，被试通过对所有刺激材料的分析与综合，并依据自己的知识经验，首先提出一个与目标相一致的假设，然后再根据反馈和对新材料的分析、检验修正所提出的假设，最终形成概念。

《思维风格》

假设检验的基本模式可以概括为：假设—检验—再假设—再检验—直到成功。这一模型日后得到了许多研究的证明，并且发现无论在自然概念、人工概念，还是其他精确定义的概念那里都能得到验证。

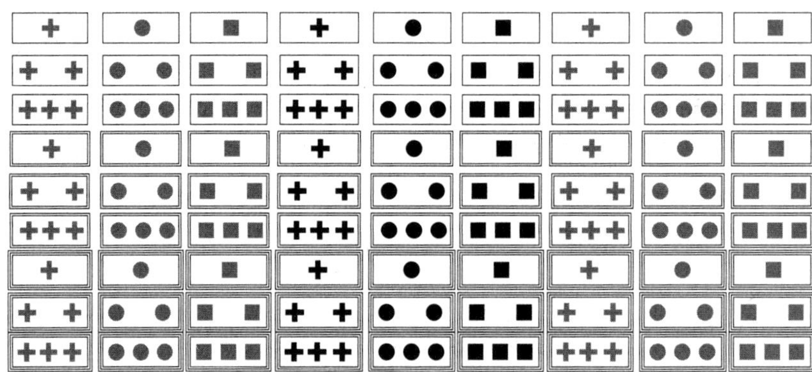
图 7-4　布鲁纳等人在 1956 年人工概念形成实验中所用的图片

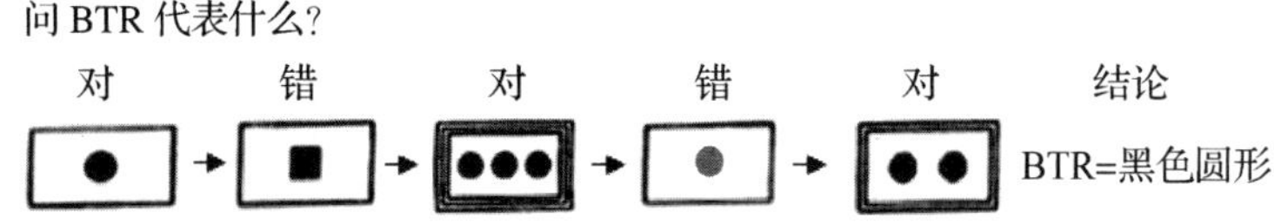

图 7-5　概念形成过程示意图

第二节　问题解决

“什么动物在清晨是以四只脚行走，在中午时是以两只脚行走，而到了夜晚时却是以三只脚行走？”这是在古希腊的神话中，邪恶的斯芬克斯所提出的谜题。凡是有人从其身旁走过，他就提出该谜题让人猜，猜不中者便杀之。终于俄狄浦斯通过认真思考解开了这个谜题，解救了他的人民，成为民族英雄。他之所以能够解开这个谜题，是因为他以特殊的方式解释了其中的关键因素。原来“清晨”“中午”“夜晚”所代表的并不是一天之中的三个时间，它们所指的是人类一生中的三个不同时期。婴儿以双手和双膝着地来爬行，长大之后以双脚走路，到了晚年则除双脚外，再加上一根拐杖，因此这个谜题的答案是“人”。思维就是为了解决问题而进行的复杂心理活动，是高级的认知过程。

一、什么是问题

所谓问题是指尚未被人们解决的某种思维任务。在解决问题上，你所知道的与你所需要知道的之间往往存在着差距，也称为问题空间。解决一个问题，就是消除这中间的差距，这需要通过发现和取得必要的信息来完成。从信息加工的观点来看，一个问题可分为三个部分：①初始状态——接收问题，所拥有的信息不够完整；②目标状态——确定所希望的状态；③从初始状态到目标状态的过程中必须采取的步骤。一个问题的这三个部分共同界定了问题空间（problem space）。比如，证明一道几何题，题目中的已知条件即这一问题的初始状态，目标状态是证明的结果，中间的一系列证明过程就是为了达到目标所采取的一系列认知操作。我们可以认为，思维过程就是采取有效的策略和方法不断缩小问题空间，以达到问题解决的过程。

依据问题的明确程度可以分为定义良好的问题和定义不良的问题。一个定义良好的问题必须具备以下四个特点：①确定的目标——问题中必须说明怎样才算是把问题解决了；②列出与问题有关的条件；③说明操作的规则——以便用来解决问题；④说明限制条件——在解决问题中不可违背的限制。代数问题是定义良好的问题的典型例子。以“$ax+b=c$”的问题为例来说明，有关条件是代数符号，操作规则是各种代数定理，目标是求解 x，主要的限制条件为只能用正当的代数操作来解方程。

凡问题的上述四个部分含糊不清，没有做明确陈述的叫作定义不良的问题。当面临这种情况时，问题解决者的首要工作是要对问题做出明确界定——搞清楚从何处开始入手，理想的解答应该是什么，以及用哪些方法可以达到目标。只有这些工作完成后，问题才算有了良好定义，我们才能找出操作规则对问题来加以解决。随着我们知识的积累，认知能力的提高，我们有可能把定义不良的问题变为定义良好的问题。例如，小学生面对鸡兔同笼问题往往不知如何下手，而中学生在学过代数，能够用一个符号代表未知数来进行运算后，问题就变得很容易解决了。

二、问题解决的过程

在认知心理学中，研究者把问题解决定义为具有一系列目标指向性的认知操作，即运用一系列的认知性操作使问题空间从初始状态达到目标状态的过程。这种认知操作应具备以下三个特征。

（一）目标指向性

目标的指向性，即问题解决的活动具有明确的目的性。问题解决就是通过一系列认知活动有目的、有意识地把初始状态变为目标状态。

（二）操作系列性

问题解决必须包含一系列的心理操作才能成为问题解决活动。能够自动化完成或只有单一操作的不能构成问题解决过程。比如，回忆一个朋友的电话号码在正常情况下不会被看成是问题解决活动。尽管回忆电话号码具有目标指向性，但它非常简单，只需要对记忆进行一次检索就行，而不需要一系列复杂的操作活动。

（三）操作认知性

问题解决这种目标指向性活动是依赖于认知性操作的。不具备认知性操作的活动，不被看作问题解决。例如，当你学会了骑自行车之后，骑自行车的活动就不能被看作问题解决了。因为即使它有明确的目标，而且也包含一系列的复杂活动，但它没有包含重要的认知成分，主要是运动性操作构成的活动。

总之，一种活动必须满足上述三个条件才能称为问题解决活动，即它必须具有目标指向性，包含有一系列的操作，而且这些操作必须具有重要的认知成分。

三、寻求解决问题的最佳方法

（一）算法式方法和启发式方法

算法式（algorithmic）方法是依照正规的、机械性的途径去解决问题的方法。具体做法是将各种可能达到目标的方法都算出来，再从中确定哪一种为正确答案。举例来说，要求以 O，T，R，H，S 五个字母组成一个有意义的单词，我们可以尝试各种不同的排列方式，再从中找出正确的组合。通过这种方法你虽然迟早会找到答案，但要面对 120 种可能的排列方式。事实上，如果你有一定的英语基础，你总会先考虑带有 TH 和 SH 组合的单词，结果大约用不了 20 次尝试就能找到正确答案为“SHORT”，设想如果问题是 8 个字母组成的单词，那你所面对的可能性将增至 40320 个（8×7×6×5×4×3×2×1）可能的组合。显然这种解决问题的方式是过于费时费力并且缺乏效率的。

在问题空间的搜索过程中，在目标倾向性的指引下，人们总是希望尽快地把问题状态转换成目标状态，能够通过观察发现问题状态与目标状态的相似关系。利用经验而采取较少的操作来解决问题的方法，称为启发式（heuristic）方法。启发式方法看上去是直观判断，其实它在很大程度上依赖于经验。使用这种方法并不保证能够准确地找到答案，但作为一种大略的粗算，通常都能得到令人满意的结果。人们在处理日常问题时大部分都使用启发式。虽然它在准确程度上不及算法式方法，但无须去探讨所有的可能性，因此效率上大为提高。再以几个字母组字的问题为例，如用“T，E，R，A，L，B，A，Y”组成一个词，由于英语发音结构的关系，元音与辅音会呈现一些固定的组合，所以你可以先找出几个字母，看看能不能组成字首或字尾之类的结构。然后再将其他字母加上去看能不能匹配。例如，你可能先组成ABLY（tearably）、ABLE（raytable）或TRAY（latraybe）等结构。利用这种搜索的策略，大概试过几次，最多几十次，就可以找出“BETRAYAL”这个正确答案，而决不需要试完40320种可能性。启发式方法虽然并不见得必定能找到答案，但经验的积累将会逐渐教导我们在什么时候以及如何去使用这种方法，使我们成为比较高明的问题解决者。

（二）手段—目的分析法

人类解决问题有一个很重要的方法。即手段—目的分析（means-end analysis）法。这种方法概括地说，就是先有一个目标，它与当前的状态之间存在着差异，人们认识到这个差异，就要想出某种办法采取行动来减小这个差异。手段—目的分析法中的“目的”就是“欲达到的目标”，所谓“手段”就是用什么活动去达到这个目的。举例来说，我们在大学的校园里，目标是要去火车站。我们先想到学校与火车站之间有什么差异。在很多差异中，其位置差异是当前影响目的实现的最大问题。这个差异显示为大约10千米的空间距离。然后我们思考用什么操作手段去缩短这10千米的空间距离呢，结果想到了三种可能：乘公共汽车或者乘出租汽车，也可以骑自行车。我们思考所有已经掌握的可用的方法，运用所掌握的任何可行的操作方法去缩短这个距离。如果行李较多又时间紧迫，我们就决定乘出租车。但是下一步还要考虑如何能乘上出租车。这里又产生了一个“时间距离”，要缩短这个“距离”，也就是减少时间，于是要依据现有条件决定早些走到校门口去乘出租车。

知识扩展

利用一系列操作将初始状态转换为目标状态的问题解决示例

河的一岸有一只猫、一只鸡和一袋米，你要把这些东西送到河的对岸，岸边有一只小船，每次只能运载一种东西和你本人。不能把鸡和米留在一起，否则鸡会把米吃掉；不能把猫和鸡留在一起，否则猫会咬鸡。如何将全部东西运到对岸呢？

解决这个问题的一种操作方法为：

①自己把鸡运到对岸，留下鸡；②独自返回；③自己把米送到对岸，留下米；④把鸡带回，放下鸡；⑤把猫送到对岸，留下猫；⑥独自返回；⑦把鸡运到对岸。

（三）爬山法

爬山法是指评价了当前的问题状态后，限于条件，不是缩小而是暂时地先增加这一状态上的差异，经过迂回前进最终实现问题解决的总目标。就如同爬山一样，有时虽然目标顶峰在望，但不可能直接到达，不得不先上一个矮山顶，然后下来再上另一个，再下再上……这样经过几次翻越小山头，直到最终登上目标顶峰。

（四）倒推法

另一个策略是从目标倒推的倒推法。这对解决数学问题特别有用，如图 7-6。问题是：有长方形 *ABCD*，试证两个对角线 *AC* 和 *BD* 等长。在倒推法（working backward）中，可能如下进行。

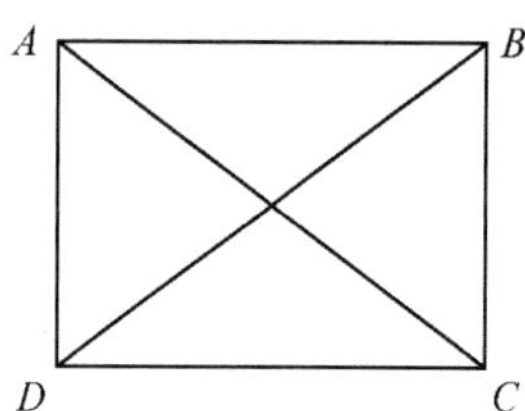

图 7-6　几何问题的解决

假如我能证明三角形 *ACD* 和 *BDC* 是一样的，则我能证明 *AC* 和 *BD* 等长；假如我能证明二边和其夹角相等，则我能证明三角形 *ACD* 和三角形 *BDC* 是相同的。

我们从最终目标往次目标（证明三角形是相同的）推理，再从次目标到另一次目标（证明边及角是相等的），如此类推，直到我们实现手头有解决方法的次目标。

上述几种解题方法非常普遍，实际上可以应用到任何问题上。这些策略并不需要依赖特殊的知识，甚至可能是天生就会使用的，经常被称为弱方法（weak methods）。人们在第一次学习某一领域及解决不熟悉的问题时，可能特别依赖这些弱方法。这些方法解决问题的步骤可整理如表 7-1 所示。但是当人们在某一领域得到了专门知识后，又会发展出该领域更有力的特定方法，如利用表征。

表 7-1　解决问题的步骤

1. 以命题或视觉形式表征问题
2. 决定目标
3. 将目标分成几个次级目标
4. 选择一个解决问题的策略，并用它来实现每个次级目标

（五）表征问题

要解决一个问题，不仅依赖于目标分解的策略，还有赖于问题表征的方式。它可以是命题表征或视觉表征。下面举例加以说明。

一天早晨，太阳刚升起，一个和尚开始沿着一条约一两步宽、蜿蜒而上的窄路，爬到了山顶。他上山时用了不同的速度，中途还休息了几次，到达时已近日落。第二天，他沿着同一条路往回走，日出启程并且也用不同的速度，中途休息几次。当然，他的平均下山速度比上山时快。试证明：沿途存在一个他刚好在两天中同一时间经过的特定地点。

在尝试解决此问题时，许多人会从命题表征开始，甚至试着写一组方程式。但很快自己就迷糊了。当这个问题用视觉表征时，就简单多了。即把和尚上山旅程可视化并重叠在下山旅程上：想象有两个和尚，一个往下走，另一个往上行，不论他们的速度快慢，沿途总会有两人在旅途中相遇的一个时间和地点。因此在沿途中一定有一个点是和尚在两次旅程中都会占据的（注意，问题并没有问此定点在何处）。

有些问题可以很容易地以表征方式解决。以下面的简单算术问题为例：A 跑得比 B 快，但比 C 慢，问他们三人谁跑得最慢？以视觉表象解决此问题，我们可以想象三个人的速度为一条线上的点，如图 7-7 所示，这样就可以很容易地获得答案。

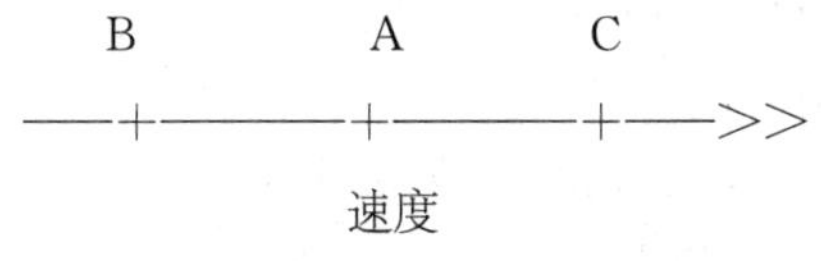

图 7-7　三人的速度图示

《表象与本质：类比，思考之源和思维之火》

四、解决问题时经常出现的不利因素

解决问题首先要对问题加以理解。所谓理解问题，从认知心理学的角度来说，就是以最佳的方式对问题加以表征。表征指客观事物在头脑中的呈现方式。同一事物或问题由于表征的方式不同，在理解上会出现很大差异。以下面的问题解决为例（见图 7-8）。

下面的大图是一个缺了两个角的棋盘，请问若要摆出一个同样的图形需要多少个小图那样的长方块？

图 7-8　残缺的棋盘问题

研究证明，绝大多数的人对于这个国际象棋棋盘问题，会用很长时间尝试着在头脑中去拼摆，但总找不到答案。可是，如果你不用视觉形象的方法去考虑，而改用推理的方法，明确每一张骨牌都必须盖住一个白格子和一个黑格子，而缺失的是两个白格子，那么你马上可以发现，既然剩下的是 32 个黑格子和 30 个白格子，显然无法用 31 张骨牌全部盖住图中的棋盘，这个问题是无解的。

在有关问题解决的研究中，心理学家发现有一些现象经常困扰人们，使问题难以解决。例如，无关信息的干扰、功能固着性、心向和不必要限制的设立等。对这些经常出现的不利因素加以分析和了解，可以有助于提高我们的解题能力，下面用实例加以说明。

首先，请你回答以下 4 个问题。

1. 欧阳峰家里有 5 个兄弟，他们每人都有一个姐妹，如果将欧阳峰的妻子也计算在内，试问欧阳峰家里共有几位女性？

2. A 城市有 15% 的人不把号码放在电话簿上，如果你从该城市的电话簿上随机抽取 200 个号码，你能否预期其中有多少人是不把号码放在电话簿上的？

3. 假如你处于图 7-9 所示的情境中，你的任务是要把两条线接在一起，但是你如果手持一条线，就抓不住另一条。你能否想出办法来解决？

4. 假如你具有图 7-10 所示的物件，你的任务是让点燃的蜡烛稳定地固定在墙上。你能做到吗？

图 7-9　绳索问题

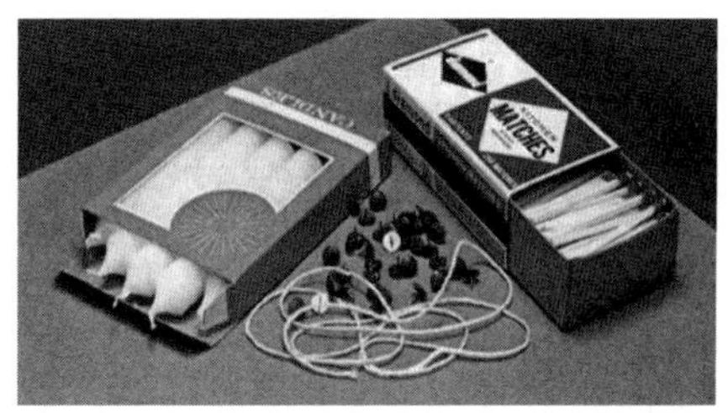

图 7-10　火柴盒问题

从上述这类例题中，我们可以总结出以下几方面对解题而言的不利因素。

（一）无关信息的干扰

请看前面第 1、第 2 两道题。它们是很简单的问题，但你是否都能很快地得出答案？在第 1 题中，答案是两个女人，兄弟的数目是无关的，但它使多数人费了许多时间来思考；在第 2 题中，人们倾向于注意 15% 和 200 个号码，而实际上这两个数字都是无关信息，因为所有的 200 个号码都取自电话簿，答案应该是 0。研究发现，人们经常错误地假定：问题中的所有数字都有用，因此总是想办法利用这些数字。了解了这个普遍倾向，我们在解题时就应该先注意考虑哪些信息有用，哪些没用。

（二）功能固着性

另一个常见的解题障碍是格式塔学派在研究知觉时发现的，即人们在知觉一个物体时，倾向于只从它的一般性功能上来认识它，称为功能固着性（functional fixedness）。例如，在图 7-9 的绳索问题中，唯一的解决方法是把地面上的钳子拿起来，捆在一根绳子的尾端，像钟摆似的使之晃动，然后再抓着另一根绳子，走到房间中间，等捆着钳子的绳子晃到眼前，再将它抓住，这样就可以将两根绳子接在一起了。曾有人用这个问题进行实验，发现只有 39% 的被试可以在 10 分钟内找到答案。问题的症结就在于被试只把钳子视为一种功能固定的技术工具，没有想到钳子也可以用它的重量当摆来使用。同样地，在第 4 题的火柴盒问题上，你只有不仅仅把火柴盒看作装东西的盒子，而换一个角度把它看成是一个平台，你才能想出解决办法。上述两个问题不能够得到顺利解决的关键，都是被试总是按照物体的传统功能去表征它，不会变通，在问题解决时不能用新的方式来表征问题情境。这种功能固着现象有时会限制人们思维和解决问题的能力。

（三）心理定势

首先请你试解表 7-2 中的水罐问题：现有容量固定的三个水罐和无限量的水，请你以三个水罐为工具，逐一取得每一行中最右方指定的数量。并且试用公式的形式表明你所用的方法。

表 7-2 鲁钦（Luchins）的量水实验

问题序列	容器的容积			目标
	A	*B*	*C*	*P*
1	21	127	3	100
2	14	163	25	99
3	18	43	10	5
4	9	42	6	21
5	20	59	4	31
6	23	49	3	20
7	15	39	3	18
8	28	76	3	25

在连续工作时，如果一个人屡次成功地以相同的方法解决了某类问题，会使他机械地或盲目地继续以原有的方式方法解决类似问题，而不去寻求新的、更好的方法。这种坚持使用原有已证明有效的方法解决新问题的心理倾向，称为心理定势（mental set）或心向。水罐问题就是心向问题的一个典型事例。如果你已发现前 5 个小题使用的是相同的解题方法，即套用 $B-A-2C$ 这个公式就可以完成时，那么面对第 6 小题，你就可能很自然地也去套用相同的公式，尽管实际上，它可以使用其他更简单的方法（$A-C$）解决，但多数人根本就不去考虑，而直接地按照原来被证明有用的方法去解决。原因是这些人的心理定势太强烈，即使原有方法受到抑制不起作用，也不会转换注意方向去另寻新方法。

为什么我们总是不能说到做到？

（四）无谓的限制

有效的问题解决需要明确该问题所具有的一切条件，有助于解题的正条件和起限制作用的负条件容易混淆而产生干扰。如图 7-11 中提到的问题：要求只用一笔连画 4 条直线将 9 个点穿起来。许多人由于认为 4 条直线不能超出 9 个点所形成的正方形区域，因此找不到答案。但实际上题目本身并无此限制。若能冲破这个自设的限制，将直线的焦点延伸到正方形区域以外，问题就不难解决了。

关于创造力的 7 个让人意想不到的标志

《拆解一切问题：如何成为解决难题的高手》

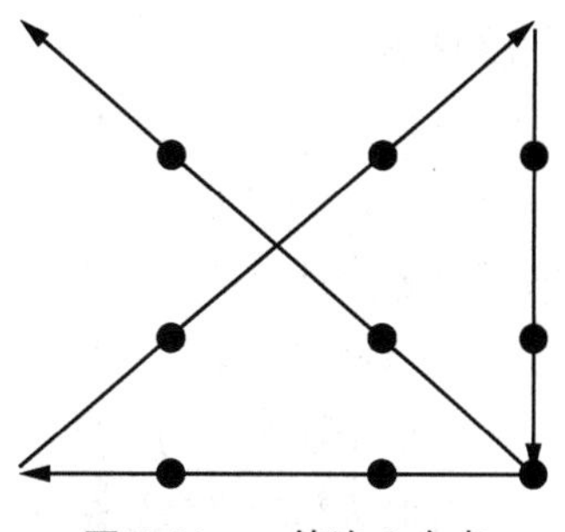
图 7-11 一笔连 9 个点

第三节 决策

一、概述

决策就是在两个或两个以上的备选行动中确定一个的过程。决策在生活中随处可见，如清晨起来要决定是否吃早餐，骑车上班还是乘车上班，下班后是去打球还是去看朋友等。对于这些日常生活中的决策，大多数人并不需要费力，然而在有些情况下，当你需要做重要决策，如选择职业或购买汽车时，就不那么容易了。著名的心理学家，1978年诺贝尔经济学奖获得者西蒙（Herbert Simon）提出：决策贯穿于管理的全过程，管理就是决策。因此，决策已成为当今管理学研究中的一个重要问题。

决策可以根据不同的标准进行分类。根据决策的后果有无确定性，可以将其分为风险性决策和非风险性决策。最早系统地研究决策问题的一个流派是古典经济学理论。该理论假定认识是完全理性的，人会寻求最大利益最小损失，并且以有效的方式分配资源。因此依照这一理论，人们的决策应该追求最佳方案。该理论还认为，人们对所处理的事件可以拥有足够的可信赖的信息，同时人们也理解做最佳理性决定所必备的概率法则。因此，人们的决策也总能追求最佳方案。然而，大量研究证明，古典经济学理论经常与实际情况相违背。

20世纪50年代，西蒙和马奇（J. G. March）提出了行为决策理论，开始从心理学的角度系统地研究决策问题。这一理论对古典经济学理论提出了一系列修正，其最主要贡献体现在以下两个方面。

①用有限理性代替绝对理性。古典经济学理论相信，人总能选择最佳方案。要做到这一点，决策人必须审视所有方案，判断所有结果，收集完整的信息。而心理学研究证明，要做到这一点是不可能的。由于人们的认知能力的有限性，加之决策情境的模糊性和复杂性以及未来的不确定性，决策者不可能通过制订所有的方案来解决问题，也不可能准确地预测每一个方案的结果。因此，决策总是在对事物的真实特性不完全理解的基础上进行的。

《思维的发现：关于决策与判断的科学》

②用“满意解”代替“最优解”。行为决策理论认为，由于决策者无法确定出所有的方案，他也就无法寻求到最优方案。因此，“最好”“最优”“最大”等标准都是无法实现的。在现实管理中必须有另一些可操作的标准用以决定方案的好坏，那就是满意。所谓满意是由一

系列给定的标准决定的，对于不同的决策，满意的要求不同。例如，在工商决策中，“较公平的价格”可以成为满意的标准。

二、决策过程

认知心理学家把决策看作一个认知过程。依据决策结果的确定性条件分为确定性决策和风险性决策两大类。

（一）确定性决策

决策者在确定条件下进行的决策属于非风险决策。在确定条件下，决策者通过已掌握的科学知识和技术手段，完全能够做出科学正确的判断和决策。

即使在确定条件下，人们进行决策也要考虑多个因素。例如，买一辆自行车，需要考虑到款式、价格、性能等多种因素。在这种情况下人们会如何进行决策呢？古典经济学理论认为，人们会做下述考虑：①列出有关因素（维度、特征）；②确定各个因素的权重；③将各因素的价值做加权总和；④选择加权和最大的那个因素。但心理学研究发现，在实际生活中人们的决策并非如此。人们可能用逐级筛选的策略来做决策。例如，买一样商品时，先考虑价格，把那些价格高于预定数目的品种筛选掉；再考虑款式，把那些价格合适而款式不合心意的品种去掉；直到最后找到合适的品种。

被试的决策模式分为两大类：一类叫作补偿性模型（compensatory model），另一类叫作非补偿性模型。补偿性模型是指被试在决策时用其喜欢的特征补偿其不喜欢的特征。例如，尽管一本书的价格很贵，但因为该书的内容很好，你还是决定买了下来。这里决策者对内容特征的喜爱，就补偿了他对价格特征的不喜爱。而非补偿性模型是指某些特征不能补偿，因为它是做决策时的必要条件。

（二）风险性决策

风险性决策又被称为不确定性决策。风险性决策的模型分两类，即规范模型（normative model）和描述模型（descriptive model）。规范模型具体说明决策者应该做什么，描述模型则试图描述实际上决策者是怎样进行决策的。

1. 规范模型

规范模型主要来自管理学的研究，长期以来一直在决策研究中处于支配地位。大量的研究表明，规范模型在解释比较简单的、自动的加工方面较为成功。研究者基于规范模型对于风险性决策的条件、原则、方法进行了研究，得到以下结论：

（1）做出风险性决策的条件

第一，存在着决策人希望达到的目标。

第二，存在着两个或两个以上的方案可供选择。

第三，存在着两个或两个以上不以决策者的主观意志为转移的自然状态。

第四，可以计算出不同方案在不同自然状态下的损益值（损益值是对损失或收益的度量结果）。

第五，在可能出现的不同自然状态中，决策者不能肯定未来将出现哪种状态，但能确定每种状态出现的概率。

（2）风险性决策的原则

第一，优势原则。在A与B两个抉择中，如果无论在什么状态下A总优于B，则可以认定A相对于B是优势抉择，或者说B相对A是劣势抉择。劣势抉择一经认定，就应从备选抉择中剔除，这就是风险性决策的优势原则。在有两个以上备选抉择的情况下，应用优势原则一般不能决定最佳抉择，但能减少备选抉择的数目，缩小决策范围。因此，规范模型认为，在采用其他决策原则进行抉择比较之前，应首先运用优势原则剔除劣势抉择。

第二，期望值原则。期望值原则即根据各备选抉择损益值的期望值大小进行决策。由于在计算损益值的过程中，实际发生的抉择损益值偏离其期望值的可能性越大，即方差越大，抉择的风险也越大。所以有时人们倾向于选损益值方差较小的抉择，因此它也被称为最小方差原则。

第三，最大可能原则。在风险决策中，如果一种状态发生的概率显著大于其他状态，那么就把它视为肯定状态，根据这种状态下的各抉择损益值的大小进行决策而置其余状态于不顾，这就是最大可能原则。实际上，这就是把风险性决策问题转化为确定性决策问题求解。并且，它只有当某一状态发生的概率大大高于其他状态发生的概率，并且各抉择在不同状态下的损益值差别不很悬殊时，最大可能原则才是适用的。

做出正确决策的三个技巧

2. 描述模型

规范模型提出之后，心理学家们做了一些细致的研究来检验规范模型。其结果表明，人们在决策时通常并不遵循这种模型。举例说明，请你考虑对下列两种可能做出选择：

A. 你有85%的机会可以赚得3000元；

B. 你被保证可以稳赚2000元。

你会做哪种选择呢？A？　B？

在你做完选择之后，让我们再看看规范模型认为应该如何选择。按照规范模型应该做如下计算：

第一种情况A的期望值＝0.85×3000元＝2550元；

第二种情况B的期望值＝1×2000元＝2000元。

依据计算结果，应该选择第一种情况。你的选择与规范模型所得的结论一致吗？

心理学家卡尼曼和特维尔斯基（D. Kahneman & A. Tversky）的研究发现，大多被试选择了第二种情况，即“不担任何损失”。可见，人们在做决策时通常不遵循规范模型，这可能是人们厌恶风险的表现。也就是说，当人们能确保可获得固定的收益时，为了避免可能造成的损失，会出现厌恶风险的倾向。

不过他们的研究还指出，人们有时也会甘于冒风险。试对下列两种可能做出选择。

C. 你有85%的机会损失3000元；

D. 你必定会损失2000元。

你将如何选择呢？C？D？

按照规范模型应该如下计算：

第一种情况C的期望值=－3000元×0.85=－2550元

第二种情况D的期望值=－2000元×1=－2000元。

显然，按照规范模型应该选择第二种情况。你的选择与其一致吗？

研究表明，这一次，大多数被试选择了第一种情况。这表明，当人们必然要损失金钱时，一般比较喜欢采用“寻求风险”的策略，愿意赌博一次以寻求不必损失分文的机会。看来这是人们在日常生活中一条普遍存在的心理活动规律，那就是在有钱赚的时候，人们不愿冒险；而在要赔钱的时候，人们则愿意冒险。这种现象可以用“损失厌恶”的概念做解释。按照“损失厌恶”概念，人们对损失一定数量金钱的悲伤比对获得同等数量金钱的欢乐更强一些。

决策研究还发现，被选择项目的表达方式对决策有影响。心理学家卡尼曼（Kahnemann Daniel）在2002年提出了“决策过程的不确定性”，并因此获得诺贝尔经济学奖。

我们来看看这项研究。研究者对被试提出如下问题。假定某地区正在面临一种传染病的暴发流行，并且已经估计到在这场流行病的灾难中将有600人死亡。现在有人提出两种治疗方案，并估计它们的效果如下：①如果采用方案A，将有200人得救；②如果采用方案B，600人全部获救的可能性是1/3，而全部死亡的可能性是2/3。请问你认为应该采取哪一种方案？对于这个问题，约72%的人选择了方案A。然后，研究者又对另一组被试进行了同样的实验，但这一次提出的治疗方案有些改变。它们是方案C和D，研究者同时告知被试估计的效果：①如果使用方案C，将有400人死亡；②如果采用方案D，则没有人死亡的概率为1/3，600人全部死亡的概率为2/3。请问你认为应该采用哪一个方案？结果，这一次有78%的人选择了方案D。实际上，我们仔细看，方案A和方案C是等值的，方案B和方案D也是等值的。可是，两组被试对问题的答案的差异很大，相同方案因陈述方式不同，引出了完全不同的结果。这说明问题的表达方式对决策有很大影响。对此我们只能做如下解释：在前一种情况下，方案A是从“将有200人得救”开始，引起被试考虑的是救人，所以他们不会愿意采用提及“可能600人全部死亡”的方案B；而在后一种情况下，方案D是“没有人死亡的概率是“1/3”，被试考虑的是不死人最好，因此不会去选到“将有400人死亡”的方案C，而愿意为不死人冒风险。这个实验有力地否定了决策的规范模型。由此，我们还可以得出结论：人们普遍地厌恶损失。

共性谬误：小众事物一定缺乏吸引力？

上述心理学实验否定了原有的关于决策的规范模型，为经济学和管理学领域做出了重要贡献，因此该研究者获得了2002年诺贝尔经济学奖。

第四节 思维与语言

人类独有的高级认知过程，具有概括性和抽象性特征的思维活动是靠语言进行的。语言和思维关系密切，但二者又不等同。对于这个问题研究者多年来争论不休，在讲述完思维活动后，本节还要对此问题做个简要的说明。

一、什么是语言

语言由能生成无限信息的符号与如何组织这些符号的规则构成。语言具有如下一些重要特征。

1. 语言具有符号性、象征性。它用语音或书面的形式（词或句子）来表征物体、行为、事件和思想。

2. 语言具有语义性。一般说来语言中符号的含义是随机的、任意的，在它的外形、声音和它所代表的对象之间没有内在的联系。例如，中文的“学校”，在英文中是“ecole”，法语中是“l'ecole”，俄语中又是“школа”。它们的读音和写法各不相同，但它们的含义所指是同一个东西。

3. 语言具有生成性。有限的符号可以通过多种方式组合，产生出无穷数量的意义。例如，小学语文教学的课程标准规定，3～4 年级要求累计认识 2500 个常用汉字，其中 1800 个左右会写。说明一个人只要掌握 1000 多个汉字，就能够阅读各类报刊书籍和写文章了。

4. 语言具有结构性。虽然人们能够说出或写出无限多个语句，但这些语句的组织方式是有限的。把单词组成语句是有一定规则的，如果其组合不符合规则，就不能被他人理解，也不能称之为语言。

二、思维与语言的关系

思维与语言之间关系密切，我们都知道，在思维过程中最常使用的元素是词。解决问题的结果经常是用词来表达的，一个新概念的获得通常可以归结为造一个新词，或赋予旧有的词以新的含义。由于这样的一些理由，大多数心理学家同意思维和语言之间有密切关系。关于这种关系的性质却看法不一，曾经出现过截然不同的几种基本观点。

（一）思维等同于语言

行为主义的创始人华生认为，思维必须先被界定为某种外显反应，才能用人类行为学的观点来加以研究，由此他进一步认为思维只是一种不出声的语言行为。但实验证明，人在进行思维时，是可以没有身体活动的。最有力的证明是一位名叫史密斯的全身肌肉系统麻痹的病人，他是不可能进行任何躯体运动的。然而，作为被试，在药物作用下，他仍能观察周围，理解别人的谈话，因此这足以证明思维不是一种内隐语言，而是一种非运动性活动，即思维不等同语言。

（二）语言决定思维

语言如何塑造思维

语言决定思维的观点，即语言决定论者认为，不同文化团体所发展出来的语言，决定或强烈影响人的思维或知觉世界的方式。其典型例证是，因纽特人由于生活在冰天雪地的环境中，他们认为在不同情况下的雪对其生活有重要意义，因此他们使用许多不同的字词来描述不同的雪，这样他们的孩子对雪的辨认能力就得到很大发展。而在其他文化环境或民族的语言中，描述雪的语词就只有一两个而已。

（三）语言对思维有一定的影响

语言如何影响思维

布朗（R. Brown）提出，一个新词的学习提供了学习一个概念的信号。也就是说，不同学科中的术语对掌握这门学科的系统知识有很大的作用。不同学科都有自己的一套术语，如果不掌握这些术语，就很难对一门复杂的学科有系统深入的了解。因此说，语言对思维有一定的影响。语言对思维的影响体现在认知过程中的许多方面。在我们感知客观事物时，语言具有重要的指导作用，能使我们对客观事物的感知更为全面和深刻。人们记忆的效果也受语言参与的影响。但是语言对思维的影响是有一定限度的，它只是在某种程度上对思维的效果有所影响，但并不能对思维起完全的决定作用。

（四）思维决定语言

思维决定语言是大多数心理学家所接受的观点。这一观点可以追溯到2500多年前，那时亚里士多德就论证思想范畴决定语言范畴，但当时亚里士多德未提出有力的证据。

对人类进化过程的研究为这一观点提供了有力的证据。在进化的时间表上，语言是相当后期的产物。人类的思维能力，如记忆与问题解决，比语言应用能力在生物进化上出现要早，而且发展较快。我们可以确定，当史前人类运用思维来解决问题时，甚至在山洞的石壁上刻画他们生活中的重要事物和事件时，语言显然还没有任何踪影。

主张思维决定语言的现代代表是瑞士心理学家皮亚杰（Jean Piaget）。他发现对于个体发展来说，思维出现在语言发展之前，而且语言的发展是以思维的发展为基础的。因此不是语言决定思维，而是思维决定语言。一些对聋哑儿童、盲童与正常儿童的比较研究指出，聋哑儿童虽然没有语言，却能够思维。他们逻辑思维的发展比正常儿童迟缓，但他们的逻辑思维发展所经历的发展阶段与正常儿童是一致的，并且这种迟缓也与聋哑儿童缺乏有利的环境影响有关。

前面谈到的在论证语言决定论时所举的因纽特人的例子，实际上也可以看作思维影响语言的一个证明。只有一种语言的某一领域的词语与语言应用者的生活经历有密切关系时，人们才会在长期实践中逐步地把这一范畴的词语分得越来越细。所以，因纽特人才对雪使用了许多不同的词来描述。

全世界的语言对于陈述句都偏好主语—谓语（动词）—宾语的词序。世界语言之中80%都把主语放在最前面，把宾语放在最后面。这种词序是很有意义的：活动从行为者开始，影响着客体。因此，为了反映句子的功能，句子的主语先出现就很自然了。这种语言具有一致性的特点反映了人类思维的基本特性，它也是思维影响语言的一个证据。

总之，通过本章的学习，我们了解到语言、思维是人类所独有的高级认知活动，具有抽象性和概括性特点。用词表示的概念是它的基本单元，通过分析综合、推理决策，解决各种问题，保证了人类的生存和发展。思维作为高级的认知活动，在头脑中靠语言进行。例如，要解决一个问题，你可以用中文想，也可用英文想，它总是以某种语言为载体的。在得出答案以后，又要用某种语言——口头的或书面的——来表达、记录和传播。总体来说，复杂的思维与语言关系密切：语言是进行思维的工具，又是交流思想的武器，二者密不可分。最后，我们还要强调，思维是以感知、记忆等较简单的认知过程为基础而产生的，无论从个人或社会的角度来看，认知活动都是在实践中产生和发展的。

《思维与语言》

思考题

1. 什么是概念和表象？二者有什么异同？
2. 你如何通过人工概念形成的研究，理解概念的形成过程？
3. 什么是问题解决？问题解决的途径和方法有哪些？
4. 影响问题解决的心理因素有哪些？试想有哪些因素影响过你的问题解决过程？
5. 什么是决策？试分析自己以前出现过的决策失误及原因。
6. 什么是语言？你如何理解思维与语言的密切关系？

第八章
智　力

【本章要点】

1. 心理学是如何定义智力的？
2. 典型的智力测验包括哪些内容？
3. 科学的心理测验具有什么特征？
4. 遗传和环境将如何影响智力？
5. 智力落后的原因是什么？
6. 智力是稳定不变的吗？
7. 女孩的言语能力比男孩强吗？

“智力”这个词听起来大家都很熟悉，几乎每个人都知道它指的是什么，都懂得这个词语所表述的含义。在现实生活中，我们经常听到这样的描述，“某人很聪明，就是做事不太认真”、“某个人很笨，跟他说半天，他还不明白”。在这里，“聪明”被看作“智力”的同义词，而“笨”和理解力差被看作智力低下的表现。的确，在通常的意义上，智力是表明一个人聪明程度的心理特征，这不需要心理学的专门知识就能理解。但是要真正回答“智力是什么”，在科学概念水平上对智力给出精确、严谨的定义，却是复杂而困难的。

本章将分四节来讨论智力的相关问题。第一节中首先要说明的是智力的实质。我们将谈谈不同的人是如何看待智力的，以及心理学家从哪些角度论述智力。第二节要讨论智力的测量，即智力是可测量的吗？如何对智力做出精确和客观的评估？哪些因素决定了一个人的智力高低？第三节将探讨智力在多大程度上取决于遗传基因或环境条件？最后一节讨论智力的发展变化问题。

第一节 智力的实质

一、智力的日常概念和科学概念

智力（intelligence）这个词既作为日常概念又作为科学概念被广泛地使用。作为日常概念的智力和作为科学概念的智力在本质上既有共同性，又有差异性。在不同的条件下，智力这个词具有不同的含义。

（一）作为日常概念的智力

掌握日常概念的人可能并没有意识到概念的本质特征。人们对许多概念的认识都属于这一类。比如，家具这一概念，我们都知道桌子、沙发、书柜、床是家具，但如果要问“电话、电视、地毯是家具吗?”可就不是每个人都能正确回答的了。再如，我们都知道鹦鹉、金丝雀、海鸥、大雁是鸟，但对于“鸭子是鸟吗?”这个问题，相信也会使有些人感到回答困难。作为日常概念的智力与其非常相似，人们都知道智力高低意味着什么，却难以给智力下一个严格、明确的定义。

在日常概念中，智力具有多种含义。它可能表明一个人的聪明程度，或是反映一个人头脑是否灵活。美国耶鲁大学心理学家斯腾伯格等人（Robert J. Sternberg et al.）邀请各种身份的人对高智力者的行为特征进行刻画。结果表明，普通人对高智力者的行为描述可归为实际解决问题的能力（practical problem-solving ability）、言语能力（verbal ability）和社会活动能力（social competence）三个主要因素。心理学家对高智力者的行为描述可归为言语智力（verbal intelligence）、问题解决能力（problem-solving ability）和实践智力（practical intelligence）三个主要因素。在智力的行为表现上，普通人与智力研究专家的看法非常接近，二者间的相关系数达 0.85。

我国心理学家也曾做过类似研究，发现大学生能列出多达 74 种高智力者的特点，主要包括思维敏捷、灵活、系统性、开放性；创造力强、好奇、进取；记忆力强、反应快、注意力集中；适应能力强、自信、有意志力；理智、敏感、求知欲强、理解力强、兴趣广泛、口头表达能力强、精神饱满、行动积极、具有较强的自我控制能力等。在一般人的观念中，高智力者主要表现的特征可以大致归为三类：①以逻辑思维为核心的一般能力特征群，包括逻辑思维、接受新事物的能力、创造性和适应能力；②与认知过程密切相关的特征群，包括观察力、记忆力、想象力等；③非智力因素群，包括精力充沛、兴趣广泛、独立性强、善于表达和具有良好的动手操作能力。

总的来说，一般人对智力的理解是建立在日常经验基础上的。人们注意到与智力有关的活动领域，也就是智力在解决各种问题中表现出来的认知属性，同时也将非认知性的个性特点等包含在智力概念中。这种智力概念是根据人的总的行为结果与现实表现来界定的，反映了人们对事物的一般认识与理解。

智力——我们在描述同一种品质吗?

当我们要求中学生对一些物品进行分类时，聪明的学生都会按照服装、工具、食物来进行划分。然而，生活在利比亚的克佩勒（Kpelle）部落的人对此却有异议。他们按照物体的功能进行归类，于是会将土豆（食物）和小刀（工具）分在一起，并且告诉我们，这才是聪明人的做法。随后研究者问克佩勒人："那么愚蠢的人会怎么做呢?"这时，他们才会按照我们认为恰当的、合理的方法进行分类。假如让你到克佩勒部落去生活，你认为他们会怎样评价你的智力水平呢?

清晰的逻辑思维、流畅的言语表达能够帮助你轻松地解决在学习和工作中遇到的大部分问题，在我们的生活中，你是聪明人。然而当你不幸误入一片原始森林，却会因缺乏当地土著居民所具备的追踪和捕猎技能而陷入困境，甚至面临生存危机。这时候你或许会想，能不能用逻辑思维能力去交换一些捕猎技能呢?

其实，从一种环境到另一种环境，或者是从一种社会文化到另一种社会文化，"聪明"和"愚蠢"之间也许仅有一步之遥。

（二）作为科学概念的智力

在心理学领域中，智力历来都是最引人注目的问题。智力作为一个科学概念而存在是无可争议的，就像物理学中的"力"这个基本概念一样。然而，关于智力的定义，心理学家众说纷纭，至今还没有达成完全一致的意见。

为了更好地把握智力的概念，心理学界在 1921 年和 1986 年曾有过两次著名的研讨会，研讨的主题相同，都是智力的属性："你认为智力是什么。"参加第一次研讨会的成员主要是教育心理学家和心理测验专家；第二次研讨会的成员是心理学各个分支学科（如认知心理学、教育心理学、发展心理学、心理测验等）和其他相关学科（如行为遗传学和人工智能）中研究智力的权威学者。表 8-1 汇总了两次心理学家研讨的结果。

表 8-1　智力的属性

1986 年	1921 年	智力的属性
50%	59%	高级认知过程（如推理、问题解决、决策等）
29%	0	具有文化价值
25%	7%	执行控制过程

续表

1986年	1921年	智力的属性
21%	21%	低级认知过程（如感觉、注意、知觉等）
21%	21%	对新情况或新环境做出有效的反应
21%	7%	知识
17%	29%	学习能力
17%	14%	一般能力（解决所有领域的问题的能力）
17%	14%	不易定义，不是一个结构
17%	7%	元认知过程（处理信息过程的监控）
17%	7%	特殊能力（如空间能力、言语能力、听觉能力等）
13%	29%	适应环境需求的能力
13%	14%	心理加工速度
8%	29%	生理机制

从表8-1中可以看到：首先，心理学家从早期开始，就是从各种不同方面对智力加以定义的。例如，智力是抽象思维能力；智力是个人为了适应环境而进行学习的能力；智力是从真理和事实的观点出发，靠正确反应所获得的能力；智力是由于各种复杂刺激的影响所带来的统一结果的生物学机制；智力是获得知识的能力等等。其次，这些定义并不相互排斥。实际上，一个定义可能包含或隐含了其他定义所涉及的属性，如将智力看作学习能力，既包含了高级认知过程和低级认知过程．又包含了知识等。最后，无论是从哪一个时代来看，在智力的一些基本属性上，心理学界的观点是一致的。例如，智力是高级认知过程（50%和59%），是学习能力（17%和29%），是对新情况或新环境的适应（21%和21%）等定义在两次心理学家们有关智力的研讨中均频繁出现。

总之，智力是一个复杂的概念，具有多种属性。作为科学概念，大多数心理学家把它看作人的一种一般性综合认知能力，包括学习能力、适应能力、抽象推理能力等。

《智力是什么：超越弗林效应》

二、智力理论

智力是一个复杂的概念，涉及整个的开放性动态心理系统，具有复杂的结构。分析智力的结构，对于深入理解智力的本质，合理地设计度量智力的工具，科学地拟订智力培养计划，都有重要意义。自20

世纪初，心理学家从各种不同的角度对人的智力提出假设，进行了广泛的研究，形成了不同的理论。关于智力的研究，大体上可以分为心理测量取向和信息加工取向两大类。

（一）心理测量取向的智力理论

心理测量取向（psychometric approach）的智力研究一般通过编制适宜的测验，对智力行为加以测量，然后依据测验分数的统计分析做出推论。这种研究试图回答的主要问题是智力水平的高低，然而它涉及一个理论问题，即智力是一种一般能力，还是一组特定能力的集合体？如果智力是一种单一的心理品质，那么，人们可能会认为，低智力的人不能够很好地完成任何心理任务；相反，如果智力是由许多相互独立的能力构成的，那么，空间能力有缺陷的人可能在理解信息或言语表达方面有良好表现。

1. 二因素论

英国心理学家斯皮尔曼（C. Spearman）在 20 世纪初最早对智力问题进行了理论探讨。他发现，几乎所有心理能力测验之间都存在正相关。也就是说，如果一个人在某个测验上得了高分，那么，在其他测验上，他的得分往往也较高。例如，音高的辨别能力与重量辨别力的相关约为 0.31，一般感觉辨别力与教师评定的智力相关约为 0.38 等。

据此斯皮尔曼提出，在各种心理任务上的普遍正相关是由一个一般性的心理能力因素（或称 G 因素，general factor）所决定的。在一切心理任务上，都包括这个一般因素和某些特殊因素（或称 S 因素，specific factor）。G 因素是人的一切智力活动的共同基础，S 因素只与特定的智力活动有关。一个人在各种测验结果上所表现出来的正相关，是由于它们含有共同的 G 因素；而它们之间又不完全相同，则是由于每个测验包含着不同的 S 因素。斯皮尔曼认为，G 因素就是智力，它并不能直接由任何一个单一的测验题目度量，但是可以由许多不同测验题目的平均成绩进行近似的估计。

2. 群因素论

美国心理学家瑟斯顿（L. L. Thurstone）对芝加哥大学的学生实施了 56 个能力测验，结果发现，某些能力测验之间具有较高的相关，而与其他测验的相关较低。他采用因素分析方法对这些测验进行分类，最终得出 7 种不同的测验群。瑟斯顿认为，斯皮尔曼的二因素论不能很好地解释这种结果，而且过分强调 G 因素也达不到区分个体差异的目的。因此，他提出智力应该包括彼此独立的 7 种基本心理能力。

①语词理解（verbal comprehension，V）：理解语词含义的能力。

②语词流畅（word fluency，W）：迅速用语言作反应的能力。

③数字运算（number，N）：迅速正确计算的能力。

④空间关系（space，S）：方位辨别及空间关系判断的能力。

⑤联想记忆（associative memory，M）：机械记忆能力。

⑥知觉速度（perceptual speed，P）：凭知觉迅速辨别事物异同的能力。

⑦一般推理（general reasoning，R）：根据经验做出归纳推理的能力。

根据这种群因素论，瑟斯顿编制了“基本心理能力测验”，分别测量这些因素，然而测验结果却与他的设想相反。各种基本心理能力并非彼此独立，它们之间存在不同程度的相关，尤其在年幼儿童中表现得更为突出。这似乎说明在群因素之上还存在着G因素。瑟斯顿在他后来的理论中修改了关于各因素间独立的看法，提出二阶因素（second order factor）的概念，即在彼此相关的第一阶因素的基础上，再度进行因素分析，提取高阶的共同因素，这样群因素论就与二因素论趋于融合。

3. 流体智力与晶体智力

20世纪中期以后，心理测验事业更加发达，卡特尔（R. B. Cattel）在对各种测验题目进行深入研究的基础上，提出了流体智力和晶体智力理论。他认为，G因素可以进一步分成流体智力和晶体智力两种。流体智力（fluid intelligence）是指一般的学习和行为能力，由速度、能量、快速适应新环境的测验来度量，如逻辑推理测验、记忆广度测验、解决抽象问题和信息加工速度测验等；晶体智力（crystallized intelligence）是指已获得的知识和技能，由词汇、社会推理及问题解决等测验来度量。

卡特尔认为，流体智力的主要作用是学习新知识和解决新异问题，它主要受人的生物学因素影响；晶体智力测量的是知识经验，是人们学会的东西，它的主要作用是处理熟悉的、已加工过的问题。晶体智力一部分由教育和经验决定，另一部分是早期流体智力发展的结果。例如，一个人在成年阶段已不再擅长学习新词，但如果在他小时候词汇量很大，依然会对他成年后学习新词起促进作用。有研究表明，服用兴奋剂只影响度量流体智力的测验题成绩，而不影响晶体智力测验题目的度量结果。

到了20世纪80年代，进一步研究发现，随着年龄的增长，流体智力和晶体智力所经历的是不同的发展历程。流体智力随生理成长曲线的变化而变化，在20岁左右达到顶峰，在成年期保持一段时间以后，开始逐渐下降；而晶体智力的发展在成年期不仅不下降，反而在以后的过程中还会缓慢增长。流体智力影响晶体智力，它们彼此相关，因此我们可以假定，不论人的能力有多少种，也不论要处理的任务性质如何，在一切测验分数的背后，存在着一种类似G因素的一般心理能力。

4. 层级模型

1960年，英国心理学家阜南（P. E. Vernon）继承和发展了斯皮尔曼的G因素思想，提出了智力的层级模型（hierarchical model）。他把智力分成四个层次（见图8-1）：智力的最高层是一般因素G。第二层分为两个大因素群：①言语和教育方面的因素；②操作和机械方面的因素。第三层分成几个小因素群，包括言语理解、数量、机械信息、空间能力和手工操作等。第四层包括各种特殊因素。近年来，脑科学的研究证明大脑左半球以言语机能为主，而右半球以对空间图像的感知为主，在一定程度上支持了将智力大因素群分为言语—教育因素和机械—操作因素的设想。

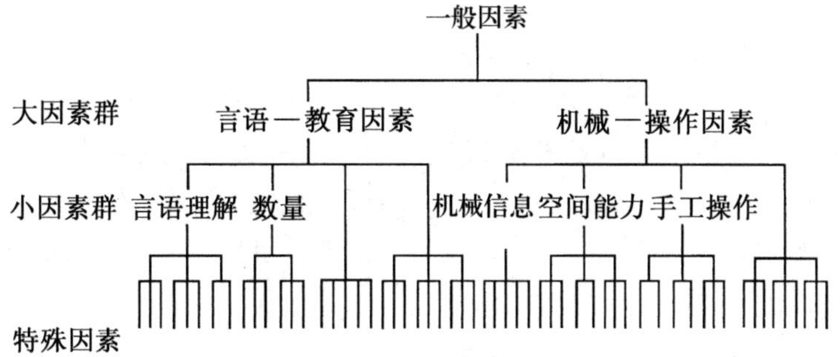

图 8-1　智力的层级模型

资料来源：Anne Anastasi，Susana Urbina. *Psychological Testing*，7th，New York，Pearson Education，Inc.，1997。

5. 智力的 CHC 模型

随着认知心理学的兴起，认知能力被看作人类智力的核心。研究的焦点集中在认知能力包含哪些因素以及如何有效地测量这些因素。CHC 理论（全称为 Cattell-Horn-Carroll 理论）将探索性因素分析与验证性因素分析相结合，融合结构方程模型的研究方法，对认知能力各因素进行更为全面的考查，确立了目前被公认为描述人类认知能力最佳的层级模型，是近年来智力测量领域的重大进展。CHC 理论采用了卡罗尔（Carroll）认知能力三层模型中的三层框架，也吸收了卡特尔—霍恩（Cattell-Horn）的流体智力和晶体智力概念，因此被称为 Cattell-Horn-Carroll 理论。

在 CHC 理论模型中，认知能力被分成具有不同广度的三个层级，这种层级反映了认知能力的一般性程度。模型的最高层，即第三层能力（Stratum Ⅲ）代表最广泛的或最一般的能力水平，涉及高层次的复杂认知加工，是一般因素即 G 因素的代表。模型中的第二层能力（Stratum Ⅱ）被称为“广泛能力”（broad abilities），是人们最熟知的一些能力，包括流体智力、晶体智力、定量知识、阅读和写作能力、短时记忆、视觉加工、听觉加工、长时储存和提取、加工速度以及决策/反应速度。

每个广泛能力中又包括了不同的狭窄能力。模型的底层即第一层（Stratum Ⅰ）包括了约 70 个可以被直接测量的“狭窄能力”（narrow abilities），它们按照一定的组织方式从属于第二层的“广泛能力”中。

（二）信息加工取向的智力理论

随着 20 世纪中期以后认知心理学兴起，智力的研究发生了重要变化，出现了另一条研究途径，即信息加工取向（information-processing approach）。认知心理学家关心的不是智力活动的结果，而是其信息加工过程。他们所探讨的问题是：为了解答某种智力问题必须经历哪些心理操作，测验成绩的哪些方面取决于过去的学习，哪些方面取决于注意、工作记忆或信息加工速度等。换言之，由于智力活动过程与结果联系密切，人们可以通过考查信息加工过程的差异来研究智力。

1. 注意的作用

大量的研究证明了智力与注意有关。注意是指调用和分配心理资源或心理能量的过程。在处理较为复杂的任务时，人们必须更多地调用注意资源，也就是通常所说的“集中精力，开动脑筋”。智力行为依赖于注意资源的分配与灵活运用，主要表现在两个方面：一是智力行为依赖于注意转移的灵活性，即能够从一种心理活动迅速地转向另一种活动；二是智力行为依赖于可调用的注意资源量。研究指出，高智力的人拥有更丰富的注意资源，多余的资源可以使人们在应对同时性任务时，将充足的资源加以分配从而取得优异的成绩。因此，在从事复杂且常常需要同时执行多种心理操作的智力活动时，具有足够的注意资源是一个重要前提。我国古代也较为重视注意的作用。例如，《刘子新论·专学》中提到“使左手画方，右手画圆，令一时俱成”，结果是“心不两用，则手不并运也”。他不仅观察到左手画方同时右手画圆不易实现，而且认为其原因是一心不能二用，这可以算是世界上最早的注意分配测验。

2. 加工速度

任何信息加工都具有时间特性，体现为信息加工速度。早在 100 多年前，高尔顿就提出，高智力的人比其他人具有“更快的大脑”，他们能更迅速地进行心理操作。当面临复杂的任务时，大脑要处理的信息很多。在加工信息时，具有“更快的大脑”的人能够快速地处理信息，减少信息丢失的机会，从而较多地掌握日常的材料，建立更好的知识基础。同样，我国古代也有智者“耳聪目明”“头脑敏捷”的说法。

研究表明，基本的信息加工速度在决定智力行为中具有一定的作用，聪明人的反应一般较快。有一个实验发现，从长时记忆中提取信息的速度与标准化的语言流畅性测验分数有正相关，约为 0.33，其他基本认知过程的度量与言语智力之间也有中等程度的正相关。詹森（Jensen）的进一步研究表明，简单反应时与智力测验分数基本无关，但复杂反应时与智力测验分数具有显著负相关，约为－0.33。也就是说，人们在推理或一般阅读理解测验上的成绩差异至少有一部分是由各种信息加工速度的差异引起的。

3. 智力三元理论

美国耶鲁大学的心理学家斯腾伯格试图在更为广泛的意义上解释智力行为，于 20 世纪 80 年代提出了智力的三元理论。他认为，大多数的智力理论是不完备的，它们只从某个特定的角度解释智力。一个完备的智力理论必须对智力的三个方面予以说明，即智力的内部构成成分，这些智力成分与经验的关系，以及智力成分的外部作用。

首先，在斯腾伯格看来，智力的内部构成涉及思维的三种成分，即元成分、操作成分和知识获得成分。元成分是指控制行为表现和知识获得的过程，它负责行为的计划、策略与监控，如确定问题的性质、选择解题步骤、分配心理资源、调整解题思路等；操作成分是指接收刺激，将信息保持在短时记忆中，比较刺激，从长时记忆中提取信息，以及做出判断反应的过程，负责执行元成分的决策；知识获取成分是指获取和保存新信息的过程，负责新信息的编码与存储。在认知性智力活动中，元成分起核心的作用，它决定人们解决问题时使用的策略。例如，对类比推理过程的研究发现，推理能力强的人完成任务更快，更准确，但他们在解题过程中会先花费较多的时间去理解问题，而不是急于得出答案。

其次，智力还涉及内部成分与外部世界的关系。斯腾伯格认为智力包括两种能力，一种是处理新任务和新环境时所要求的能力，如在面对新问题或新情境时，有的人能应对自如，有的人则不知所措。另一种是信息加工过程自动化的能力。复杂任务的执行需要运用大量操作，当这些操作自动化以后，复杂任务才容易完成，否则往往会导致信息加工中断，甚至问题解决失败。斯腾伯格认为，应对新异性的能力和自动化的能力是完成复杂任务时两个紧密相连的方面。个体初次遇到某个任务或某一情境时，应对新异性的能力开始起作用；在多次实践后，人们积累了对任务或情境的经验，自动化的能力开始起作用。

最后，在日常生活中，智力是指适应环境、塑造环境和选择新环境的能力。智力的这方面特点又称作情境智力。为了达到目标，凡是智力较高的人都能运用操作成分、知识获得成分和元成分。但是，智力行为是因条件的改变而变化的，在不同的情境中，人的智力行为有不同的表现。比如，一个人在实验室中解决物理问题时所用到的知识和元成分与他力图摆脱尴尬处境，平息家庭冲突时所用到的知识和元成分完全不同。有些人可能并不具备很高的学历，也可能难以清楚地表达他们是如何处理现实事务的，但他们非常擅长解决日常事务问题，如解决人事纠纷和讨价还价。在这种意义上，情境智力又称作实践智力。

将来谁更成功？

你身边可能有这样一位同学，从小到大学习成绩优秀，听从家长的话，老师认为他是最好的学生，同学们也认为他是最聪明的人。然而你却发现，他虽然在学业中能出人头地，在学校毕业后的职业生涯发展中却一直表现平平，可能同班同学中有80%在工作中都表现得比他出色。其实这样的例子在许多国家、许多学校中都不难发现。中国也开始关注“第十名现象”，研究发现学习最好的学生不一定是工作最出色的人，而学习排名在第10名左右的学生，可能会在以后的职业中游刃有余。

这一现象说明学业成就的高低并不百分之百地决定着一个人是否成功，这涉及了成功智力的问题。成功智力（successful intelligence）是一种用以达到人生中主要目标的智力，是对现实生活真正能起到举足轻重影响的智力。因此，成功智力与传统IQ测验中所测量和体现的学业智力有本质的区别。

成功智力包括分析性智力、创造性智力和实践性智力三个方面。分析性智力涉及解决问题和判定思维成果的质量，强调比较、判断、评估等分析思维能力；创造性智力涉及发现、创造、想象和假设等创造思维的能力；实践性智力涉及解决实际生活中问题的能力，包括使用、运用及应用知识的能力。成功智力是一个有机整体，用分析性智力发现好的解决办法，用创造性智力找对问题，用实践性智力来解决实际问题，只有这三个方面协调、平衡时才最为有效。具有成功智力的人不仅具有这些能力，而且还会思考在什么时候、以何种方式来有效地使用这些能力。

资料来源：[美] 斯腾伯格（Sternberg，R. J.）：《成功智力》，吴国红，钱文译，上海，华东师范大学出版社，1999。

4. 多元智力理论

多元智力理论由美国心理学家加德纳（H. Gardner）提出。他通过对脑损伤病人的研究及对智力特殊群体的分析，认为人类智力应该由多种相对独立的智力成分构成，并且每一种智力依据某一社会对它的需要、奖赏以及它对社会的作用，其价值也不同。他的理论对教育工作有很大影响。加德纳目前提出的智力有以下8种。

（1）言语智力（linguistic intelligence）：包括阅读、写文章或小说，以及日常会话的能力。大脑的“布洛卡区”负责产生合乎语法的句子，这个区域受到损伤的人，能够很好地理解单词和句子，但不能将单词组成句子。

（2）逻辑—数学智力（logical-mathematical intelligence）：包括数学运算与逻辑思考的能力，如做数学证明题及逻辑推理。

（3）空间智力（spatial intelligence）：包括认识环境、辨别方向的能力，如查阅地图等。大脑的右半球掌管空间位置的判断。大脑的右后部受伤的病人，会失去辨别方向的能力，易于迷路，其辨别面孔和关注细节的能力明显减弱。

（4）音乐智力（musical intelligence）：包括对声音的辨别与韵律表达的能力，如拉小提琴或写一首曲子等。大脑右半球对音乐的感知和创造起重要作用。

（5）运动智力（bodily kinesthetic intelligence）：包括支配肢体完成精密作业的能力，如打篮球、跳舞等。身体运动由大脑运动神经皮层控制。大脑的每一个半球都控制或支配对侧身体的运动。

（6）人际智力（interpersonal intelligence）：包括与人交往且能和睦相处的能力，如理解别人的行为、动机或情绪。大脑前额叶在人际关系的知识方面起主要作用，这一区域受到损伤，虽然不会影响解决其他问题的能力，但会引起性格的很大变化。

（7）自知智力（intrapersonal intelligence）：包括认识自己并选择自己生活方向的能力。同人际智力一样，大脑前额叶对自知智力也起着重要作用。

《模仿游戏》

（8）自然智力（naturalist intelligence）：包括各种认识、感知自然界的事物的能力，如敏锐地觉知周围环境的改变，对生物和环境感兴趣，向往自然，关心环境和濒危物种。

5. PASS 智力模型

PASS 智力模型是加拿大心理学家达斯（J. P. Das）从脑神经的生理研究开始，结合认知心理学理论，在“必须把智力视作认知过程来重构智力概念”的思想指导下，经过多年的理论和实验研究论证而提出的。“PASS 是由计划—注意—同时性加工—继时性加工”（planning-arousal-simultaneous-successive）4 个单词的首字母组合而成。它包含了 3 层认知系统和 4 种认知过程。其中注意系统又称注意—唤醒（arousal）系统，它是整个系统的基础；同时性加工和继时性加工合称为信息加工系统，处于中间层次；计划系统处于最高层次。3 个系统协调合作，保证了一切智力活动的运行。

PASS 模型有两大基石，一个是强调信息加工的认知心理学，另一个来自俄国神经生理学家鲁利亚（A. P. Luria）关于大脑机能组织化的思想，以及这种组织化与大脑的特殊部位相联系的观点。鲁利亚认为大脑有三个基本的机能联合区或“脑器官”，它们分别处于不同层次但又协同工作，构成一切智能活动的必要条件。这三个机能联合区分别为：保证调节紧张度或觉醒状态的第一联合区；接收、加工和保存来自外部世界信息的第二联合区；制订、调节和控制心理活动的第三联合区。三个机能系统之间有一种动态的联系，注意、信息编码过程和计划之间是相互作用和相互影响的。第一机能单元和第三机能单元的关系非常密切，计划过程需要充分的唤醒状态，以使注意能够集中，进而促使计划的产生。编码和计划过程也密不可分，现实生活中的任务往往能以不同的方式进行编码，个体如何加工这种信息也需要计划的功能，所以同时性或继时性加工受到计划功能的影响。

达斯等人进一步根据 PASS 理论编制了相应的测验，称为“认知评估系统”（Cognitive Assessment System，CAS），通过数字匹配、句子重复等任务对智力进行测量。智力的 PASS 模型体现了脑科学对智力研究的影响。这说明人类对脑的秘密了解得越多，对智力的认识就可能越深入、越全面，因而对智力的发展和培养可能产生重要的意义。

第二节 智力的测量

智力的科学研究从一开始就与智力的测量紧密地联系在一起。早在2500多年以前，中国的先哲们就提出了许多有关人的心理特性可以被测量的思想和方法。例如，孟子的“权，然后知轻重；度，然后知长短。物皆然，心为甚”是世界上最早有关心理测验的论述。3世纪，刘劭（168—240）著有《人物志》一书，对人物的才能、性情及其测量做了详细阐述。现代智力测验的出现距今则只有100多年。

一、智力测验的产生

19世纪中叶，达尔文的进化论激发了人们对智力和心理能力的研究。可以设想，如果生存的重要因素是对环境的适应，那么，在人类进化中，智力必定起着重要作用。高智力的人由于其对环境的优良适应才能通过自然选择，并被保留下来。根据这种思想，达尔文的表兄弟，英国心理学家高尔顿（F. Galton）第一个对智力进行了系统研究。他认为，智力水平的高低与神经系统的完整性和功能有效性有关，外部世界的信息是通过我们的感觉到达大脑的。我们的感觉越敏锐，获得的信息越多，判断与思维就越有用武之地。感觉辨别力“基本上是心智能力中最高的能力”。为此，高尔顿设计了多种测量工具，用于度量人在各种感觉辨别力上的差异，并将其作为智力水平的指标。例如，他测量了人对声音的反应时间、命名颜色的速度、手的运动敏捷性和准确性等。尽管这种研究在当时看来是有道理的，但后来的研究发现，简单的感觉判断和复杂的认知能力之间几乎不存在任何关系。也就是说，一个人在简单任务上的良好成绩并不能预测他一定能获得优异的学业成绩。

世界上第一个正式的智力测验是由法国心理学家比内（A. Binet）和医生西蒙（T. Simon）在1905年编制的比内-西蒙智力量表。它的产生是为了提高教育工作的质量，分辨出不适合在一般学校学习的智力落后儿童，以便对他们实施特殊教育。比内认为，对于获得学术成功来说，需要的智力不仅包含多种不同的能力，还需要各种能力能够达到特定的水平。因此，儿童测验中各种不同类型题目必须包含多种不同的难度水平。同时，他们也注意到，随着儿童年龄增长，其智慧能力也有增长，年龄也是显示儿童测验结果的一个关键因素。但即使最聪明的3岁儿童也不能与一个智力一般的9岁儿童相提并论。为此，他们提出了按年龄划分心理水平的主张，并因此提出“心理年龄”（mental age,

MA）的概念，即用儿童能够达到的最高智力成就所对应的实际年龄表示他的智力发展水平。并且建议，如果一个儿童的心理年龄比他的实际年龄小两岁，那么就可以认为他属于智力落后。

1912年，德国心理学家施特恩（William Stern）注意到，比内提出的以相差两岁为标准划分智力落后并不适用，因为二者的差距随儿童年龄增长是变化的，儿童成长到学龄期后，智力水平与年龄大小之间的相关日益降低，直至消失。于是他提出一个表达儿童智力水平的新概念，即智力商数，简称智商（intelligence quotient，IQ），它是通过将心理年龄和实际年龄之比乘以100而得到的。

$$智商=\frac{心理年龄}{实际年龄}\times 100$$

在这里，每个年龄儿童的一般智力水平或中等智力水平都是100。智商大于100表示智力较高，小于100则智力较差。例如，一个6岁的儿童，若其测得的心理年龄为8岁，他的智商为133（8/6=1.33）。另一名6岁的儿童，其心理年龄为5岁，则他的智商为83（5/6=0.83），低于一般水平。

智商测试的黑暗历史

二、现代智力测验

目前，大多数的智力测验都是根据比内-西蒙测验的思想和方法编制的，使用简短明确的多种题目，测验的计分也比较容易。内容方面不包括道德判断等社会性较强的问题，也不涉及学习新的知识以及太费时间的问题。

（一）斯坦福-比内量表

比内-西蒙智力量表发表后，美、英、德、日、意等国分别将其翻译成本国文字并结合各自的国情予以修订，在众多版本中，以1916年推孟在美国斯坦福大学修订的版本最负盛名，称为“斯坦福-比内智力量表”（Stanford-Binet Intelligence Scale），并广泛地流传到世界各国。在我国，陆志韦最早于1924年将该测验引入中国，进行了翻译和修订。

“斯坦福-比内智力量表”是一种个别施测的标准化智力测验，自1916年修订完成并广泛使用后，又经过1937年，1960年，1986年和2003年四次修订，内容上做了很多变动。以1986年出版的第四版为例，该测验适用于2～18岁的被试，测验题目经过严格的筛选，按从易到难的顺序排列在各分测验中，由受过专门训练的测试人员对儿童进行单独测量和计分。该版本由15个分测验构成，代表着4个主要的认知领域：言语推理、抽象或视觉推理、数量推理、短时记忆。在测验过程中，每一步骤的实施必须遵照标准程序。测验一般从低于儿童年龄的较容易的题目开始，在儿童不能回答更难的问题时结束。

（二）韦克斯勒智力量表

“韦克斯勒智力量表”（Wechsler Intelligence Scale），简称韦氏测验，是美国临床心理学家韦克斯勒（D. Wechsler）于20

世纪中期编制的三个智力量表的总称，是目前世界上使用最多的智力测量工具。它依据被试的年龄不同分成下列三个智力量表："韦氏成人智力量表"（WAIS），测量16岁以上成人的智力；"韦氏儿童智力量表"（WISC），用于6岁至16岁学龄儿童；"韦氏幼儿智力量表"（WPPSI），测量4岁至6岁半学龄前儿童的智力。三个智力量表项目类别相似，只是内容及难度方面存在差异。

20世纪80年代中国心理学恢复活动后，韦克斯勒智力测验也开始被引进，经过修订后付诸应用。韦克斯勒认为，"智力是个人有目的地行动、理智地思考以及有效应对环境的综合能力"，智力测验需要由多个分测验组成。在测量结果的表现方法上，他否定了使用"心理年龄/生理年龄"的比率智商，而提出使用经统计计算得出的离差智商作为指标。这对心理测量工作的发展是一项重要贡献。

离差智商 $IQ_D=100+15Z$［Z为标准分数，计算方法：$Z=(X-\overline{X})\ /\ S$］。

其根据是，人的智力水平符合正态分布，大多数人的智力处于中等水平，设其平均值为100，标准差为15；离平均数越远，获得该分数的人数就越少；人的智商从最低到最高变化范围很大。这样，一个人的智力水平就可以用其测验分数在同龄人的测验结果分布中所处的相对位置来表示，即离差智商 $IQ_D=100+15Z$。

智力既然是多方面认知能力的综合，对它的测量也必须划分为几个不同的分测验。1982年，我国引进的是"韦氏儿童智力量表第二版"（WISC-R），当时的分测验只划分为度量个体的言语能力和操作能力的两组。到21世纪初我们修订"韦氏儿童智力量表第四版"（WISC-Ⅳ）时，量表本身已有很多改进，内容包括言语理解、知觉推理、工作记忆和加工速度4个方面，总共包含14个分测验（见表8-2）。在我国，由于社会的发展，对心理测验的认可与需要不断提高，我们在修订的同时确定了中国常模，推向市场后被医疗和教育领域广泛应用，并且效果良好。

韦氏智力量表作为被当今世界普遍接受、最受欢迎的智力测量工具，随着认知心理学，尤其是有关智力理论的发展，其内容也需要有所改进，因此，在总结实践经验的基础上，其第五版的内容有所改进，题目改为按言语理解、视觉空间知觉、流体推理、工作记忆、加工速度5个方面划分，同时它的中国修订版也在进行中。

表8-2 "韦氏儿童智力量表"（WISC-Ⅳ）的分测验介绍

分测验	描述
积木设计	让儿童观察摆好的样例或题本中的图形，在规定的时间内，使用红白相间的积木将其重新摆出。
类同测验	给儿童呈现两个代表一般物体或概念的词，让儿童描述它们的相似之处。

续表

分测验	描述
背数测验	顺序背数时，儿童按照主试者大声读出的数字顺序复述数字。倒序背数时，儿童按照与主试者大声读出的数字顺序相反的顺序复述数字。
图画概念	给儿童呈现两或三行图片，让儿童从每一行中选出一张图片以构成有共同特征的一组。
译码测验	仿画与简单几何图形或数字配对的符号。儿童要在特定时限内，利用范例中匹配关系的线索，在与之对应的图形或方框内画出每个符号。
词汇测验	对于图片题，要儿童对题本中展现的图片命名；对于词语题，要儿童说出主试者大声读出的词汇的定义。
字母—数字排序	给儿童朗读一个由数字和字母组成的序列，然后让儿童按上升顺序回忆数字，按字母表顺序回忆字母。
矩阵推理	要儿童查看一个不完整的矩阵，然后从五个反应选项中选择矩阵缺少的部分。
理解测验	要儿童依据他对一般原则和社会情境的理解回答问题。
符号检索	要儿童仔细查看一个寻找组，并且在特定时限内指出目标组中的符号是否出现在寻找组中。
*填图测验	要儿童查看一张图片，然后在特定时限内指出或者说出图片中缺少的重要部分。
*划消测验	要求儿童分别观察上面有很多随机排列和结构式排列的两页图画，并在规定时限内从其中的许多图画中逐一标记出规定的目标图画。
*常识测验	儿童回答内容涉及广泛领域的一般知识的问题。
*算术测验	儿童在特定时限内，对一系列口头呈现的算术题进行心算。

注：*表示补充分测验，补充分测验在需要时，用作核心分测验的替代测验。

韦氏智力量表需要进行个别施测。个别施测不仅使测量更加准确、减少干扰，而且可以获得许多其他信息，如对待测验结果的态度、情绪表现等，从而有助于做出更准确的诊断。

（三）团体智力测验

团体智力测验最早出现在第一次世界大战时期。当时测验刚刚兴起，为了适应战争的需要，美国陆军也想要开始使用测验。然而，他们首先遇到了过去智力测验要单独进行的挑战，因此一些同时被召入伍的心理学工作者研制出第一个团体进行的智力测验，命名为“陆军甲种智力测验”。它是世界上第一个能够团体施测的智力测验，因其形式改变在使用上带来许多方便，受到普遍欢迎。然而，在智力测验中，题目内容应该对所有被试都有同样的意义，文字题受文化程度的影响很大，而早期招来的大量士兵，有些文化程度很低，甚至不识字，因此在“陆军甲种智力测验”解决了大规模施测的挑战以后，研究者又根据需要以简单图画的形式编制了一份水平相等的非文字型的测验，称为“美国陆军乙种智力测验”。这种纸笔测验的题型大多采用多重选择题，可由计算机计分处理。由于团体测验简便易行，对于施测人员的要求比较简单，具有省时省力、评分客观等特点，尽管所得结果有时不够精确，但深受使用者的欢迎。至今，团体智力测验仍被广泛地应用于学校、企业、军队等人员选拔和招聘工作中。

在能力度量上，团体测验可分为三种类型：智力测验、能力倾向测验和成就测验。智力测验测量那些与顺利完成各种学习任务都有关的基本能力，如“韦氏儿童智力量表”。能力倾向测验（aptitude test，或译为性向测验）能够预测成功完成某种特定任务的相对稳定的能力，即潜力，如美国大学入学考试用的“学术能力倾向测验”（Scholastic Aptitude Tests，SAT），度量的是到大学后学习成功的可能性。成就测验（achievement test）用于度量在特定领域中对学习或工作胜任的程度，影响它的不仅是能力，还包括习得的知识与技能。

团体的非文字的智力测验，在教育领域应用最广，受到普遍欢迎的是英国心理学家约翰·瑞文（J. C. Raven）编制的“瑞文推理测验”（Raven Progressive Matrices，RPM），该测验的目标只是度量在智力活动中起重要作用的推理能力，方法是让被试根据几个已经给定的图形，从几个备选答案中找出最合适的那一个（见图8-2）。测验结果与其他智力测验有很高的相关。它共有高级、标准和彩色三个版本，其中“瑞文标准推理测验”已有中国常模。它不受文字水平限制，使用方法简便，可以单独施测也可以团体施测，深受人们欢迎，被广泛应用于学校、企业、军队等人员选拔和招聘工作中。

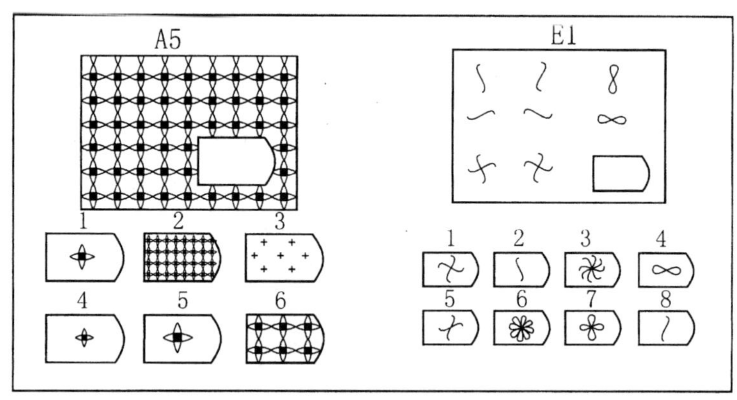

图 8-2　瑞文标准推理测验的题目示例

三、心理测验的质量标准

自1905年第一个心理测验发表以来，心理学家已设计出数千种心理测验工具，包括智力测验、成就测验、人格测验、态度测验、职业兴趣测验等。当选择一个智力测验来衡量智力水平时，首先会考虑到：用这种工具测得的结果准确吗？测验分数是否能有效地预测受测者在现实生活中取得的成就？一名学生在智力测验上的得分能否说明他的学习成绩？每次所测得的结果都一致吗？测验结果的一致性和准确性，即测验的可靠性和有效性，是任何一个良好的测量工具都必须保证的前提，在测量学上被称为信度和效度。智力测验与其他测量工具一样，必须具有一定的信度和效度，才能对人的智力做出客观、准确的度量，并对测量结果做出合理的解释。

信度（reliability）即可靠性，是指多次测验结果的一致性程度。如果用一个血压计在一小时内测量相同状态下某人的血压，第一次测量结果为高压170毫米汞柱，第二次为190毫米汞柱，第三次为140毫米汞柱，我们必然会认为这个测量结果不可信，它不是一个可靠的测量工具。一个好的测量工具，对同一事物反复多次测量，或由不同的人使用，其测量结果应该保持不变。

任何测验都是只对一个行为样本进行测量的，以它为基础所做的推论不可能绝对精确。正如你在一门课程上的多次考试，由于题目不同，每次所得分数的班级排名不会完全相同，这说明测量的结果总包含着一定的测量误差。信度依据误差大小有程度上的差异，而不会是全或无。测量工具的质量决定着测量的可靠程度，但反过来，高质量的工具其制作程序也更严格和复杂。测验信度的大小介于0到1之间，通常由两个测量结果的相关系数来表示，我们称其为信度系数。

效度（validity）是指测量的有效性，即一个测验对它所要测量的特性准确测量的程度。一个测验总是为一定的测量目的而设计编制的，并具有一定的操作规则和使用范围。判断它的效度高低，首先要看它达到测验目的的程度。只有能正确地测量出所要测的东西，才算是高效度的测量。例如，用英文书写的算术题测量学生的算术能力，他的成绩不佳可能出自算术能力低，也可能出自英文水平差，未能理解题意。因此，作为对算术能力的测量，该测验就是低效的。同理，智力测验只能用以度量智力，如果用它度量性格或兴趣，也是低效的。

与信度相比，效度是一个更重要的概念。如果一个测验的效度高，它必定是可靠的。但反过来，一个测验具有很高的信度，却不一定有效。比如，我们使用一个指针偏高的秤测量体重，尽管每次测量都得到一致的结果，但它的结果不准确，因为它并没有准确地测出人的体重是多少。我们都知道“实践是检验真理的唯一标准”。如何将实践的目标具体化，并给出操作定义，却是在实践活动中进行效度检验与研究中的一大难题。

四、能力测验的应用

能力测验涵盖了智力测验和各种特殊能力测验，它的基本设计目的都是鉴别个人在不同情境下的行为反应。目前，能力测验已经基于它的两种基本功能——诊断和预测，被广泛地应用。

测验的诊断功能是指通过测验弄清人与人之间的心理差异，并查明个人的心理特征。一位教师为了更好地安排教学活动，会考虑学生所具有的特点。他最好能知道学生的兴趣爱好和能力水平等。如果一个智力测验表明两个学生具有同等的智力水平，都属于智能良好一类，这对教学可能不会有太大的帮助。但如果测验结果表明，学生甲的言语能力优于计算能力，而学生乙正好相反，那么这一结果就为指导学生学习，因材施教，提供了有价值的信息。除此之外，测验的诊断功能还表现在智力超常儿童和智障儿童的鉴别、人员的分配与安置等方面。

测验的预测功能主要是考查个人与特定基准（效标）之间的关系。对于用测验选拔飞行员来说，其目的就是要预测一个人有没有发展前途，能否通过正规的训练成为一名优秀的飞行员。一项对上百个能力测验的预测性进行综合分析的研究发现，无论是由上级对工作表现做出等级评定，还是实际的工作绩效，能力测验都能够较好地预测人的工作成绩。能力测验分数与工作、学习成绩的平均相关约为0.50。在实际应用的测验中，大多数的能力测验基本上是智力测验。尽管目前的能力测验在预测工作成绩方面尚不完美，预测力还有待进一步提高，但作为一种简便易行的工具，能力测验是目前可用于预测工作成绩的最好的单一指标。

除了各种能力，影响测验分数和工作表现的因素还有很多，包括人们的阅历、动机、志向、疲劳及文化价值等。例如，一名好的飞行员，不仅要反应快，能够精确地操纵仪器，还要有很强的灵活性、平衡能力、判断力、强烈的责任心等多种特殊的心理特点。因此，诸如飞行员的选拔，不仅要对一个人各种有关的能力因素进行测量，而且也要对其个性特点进行测量。要做到准确地预测或诊断，只采用某种单一的测验是难以达到目的的。事实上，在实际应用过程中，各种不同性质的测验往往被有机地组合起来使用。

第三节 智力的影响因素

如果对一组儿童使用智力测验，我们会发现，他们的智力具有明显的高低差别。智力是由什么决定的呢？毫无疑问，影响智力的因素很多。一方面智力受个人先天的遗传因素的影响，如来自父母及家族的遗传；另一方面也受个人后天因素的影响，这主要包括家庭的环境、结交的伙伴、学校教育等。这些先天和后天的因素往往交织在一起，共同影响智力发展过程的水平与差异。

一、遗传对智力的影响

当我们看到一对父子时，我们常常为他们长得酷似而惊叹。人们也常说："他真像他的父亲（或母亲），他的一言一行简直和他父亲一模一样"。子辈与父辈的相像一般称为遗传现象，由生物学因素或基因决定。智力和身高、相貌一样，也具有遗传性。人的智力在多大程度上取决于遗传呢？心理学家和行为遗传学家对此进行了多方面的探讨。

（一）家庭谱系研究

在生物学上，一个家庭或家族中的所有成员都具有一定的共同遗传基因。通过考查父辈和子辈在某些领域的成就异同，可以帮助我们理解遗传对智力的影响。关于能力遗传的研究，起始于高尔顿。由于当时没有适当的智力测验作为工具，高尔顿以各方面的杰出成就作为衡量高能力的标准。他比较了杰出者的亲属成为杰出者的可能性和普通人成为杰出者的可能性。他发现在 977 个名人（包括法官、政治家、文学家、科学家、诗人、音乐家和画家等）的亲属中，其父亲为名人的有 89 人，儿子为名人的有 129 人，兄弟为名人的有 114 人，共为 332 人，占名人样本的三分之一。而在普通人组中（人数与名人组相等），只有 1 个亲属是名人。他也发现，随着血缘关系的降低，名人亲属成为名人的概率有规律地下降。这种变化模式与身材和体育成绩的家族变化模式完全相同。

《天才少女》

高尔顿使用同样的方法，研究了艺术能力等方面的遗传问题。在双亲都有艺术才能的 30 个家庭中，他们的子女有艺术才能的有 64%，而在父母没有艺术才能的 150 个家庭中，子女有艺术才能的只有 21%。高尔顿断定，在能力的发展中遗传的力量超过环境的力量。

（二）双生子研究

研究智力遗传性的第二种途径是比较双生子研究（twins study）。在生物学意义上，双生子有同卵双生子和异卵双生子两种。同卵双生子（monozygotic twin）是由同一个受精卵分裂而来，他们具有完全相同的遗传基因。异卵双生子（dizygotic twin）是由两个受精卵发育而成的，他们的遗传基因只有部分相同，与兄弟姐妹没有什么差别。因此，根据同卵双生子和异卵双生子在共同遗传基因上的不同，可以推测出遗传对智力的影响程度。

布查德和麦克高（Bouchard & McGue）总结了世界上已发表的34个共计4672对同卵双生子的研究和41个共计5546对异卵双生子的研究，结果发现：一同抚养的同卵双生子智商间的平均相关达到0.86，而一同抚养的异卵双生子智商间的平均相关只有0.60（见图8-3），这说明异卵双生子在智力上的相似性不如同卵双生子高。研究表明，同卵双生子和异卵双生子在智力上的差异比上述报告的差异更大。有的研究表明，同卵双生子和异卵双生子在智力上的相关分别为0.88和0.47，有的研究结果是0.88和0.54，还有的结果为0.80和0.38。根据这些结果估计，智力的遗传力约为0.70。

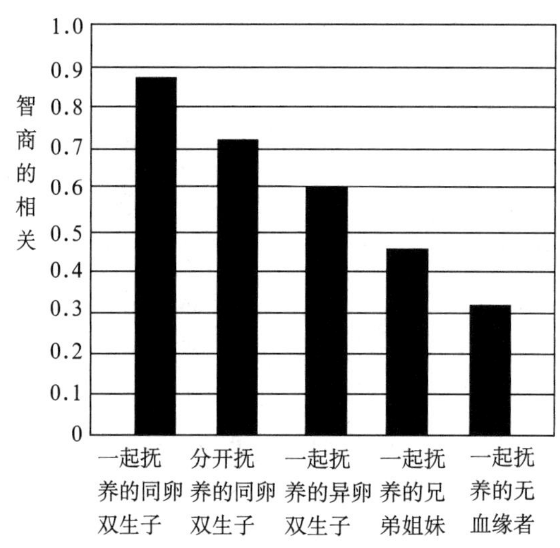

图8-3 不同血缘关系者智商之间的相关系数

同卵双生子和异卵双生子在智力上的差异，固然与遗传基因有关，但是否与父母对待他们的方式不完全相同也有关系呢？针对这个问题，20世纪90年代开始，又出现了一些对分开抚养的双生子的研究。然而，以“韦氏成人智力量表”、“瑞文推理测验”以及其他智力测验的主要成分作为一般智力度量，对40对被分开抚养的同卵双生子所做的研究结果发现，即使生长在不同的家庭环境中，他们智商间的相关在三种指标上分别达到0.69、0.78和0.78，综合遗传力指标为0.75，显著地高于在同样环境中成长的异卵双生子智商间的相关（0.34～0.61）。由于分开抚养的同卵双生子生长在不同的家庭环境中，他们之间在智商上的正相关更能证明遗传的影响。

由于各种各样的原因，许多家庭把自己的孩子送人抚养，这为研究者探索遗传和环境对智力的影响提供了方便。考查养子女与养父母及养子女与亲生父母在智商上的相关，为了解遗传对智力的影响提供了另一种可能。

大量的收养研究（adoption study）结

果表明，被收养儿童与他们的亲生父母在智商上的相关为 0.20，显著地高于他们与养父母的相关（0.02）。世界著名的德克萨斯收养研究报告了儿童与亲生父母和儿童与养父母在智力上的相关。他们对 3 岁到 14 岁的被收养儿童进行了智力测验，10 年后再进行第二次测验。在第一次测试中，被收养儿童与亲生母亲智商间的相关系数为 0.23，稍高于儿童与养父母在智商上的相关系数（0.13）。10 年以后，当这些儿童长大成人时，第二次的测试结果表明，被收养儿童与亲生母亲智商间的相关略有增加，为 0.26，而与其养父母智商间的相关几乎缩减到 0。被收养儿童与亲生母亲智商间的相关显著地高于他们与养父母智商间的相关。其他的收养研究也获得了类似的结果。这些研究说明：家庭环境的影响随年龄的增大而减小，相反，遗传的影响随年龄的增加而越来越大。

二、环境对智力的影响

家庭收养研究同样为我们了解环境对智力的影响提供了证据。大量的收养研究表明：被收养儿童的智商与养父母的智商也有一定程度的相关，由于他们与养父母在遗传上没有任何相似，所以这种智商的相关只能归因于环境的影响。同理，对于生活在同一家庭中遗传上没有任何血缘关系的兄弟姐妹，他们的智商之间也有一定的相关。

收养研究的另一方面是比较收养前后父母社会经济地位（social economic status，SES）的变化对儿童智力发展的影响。如果环境对智力有影响，那么，长期生活在贫困环境中的儿童一旦被社会经济地位较高的家庭收养，其智商也应该有所提高。研究证明了上述假设，发现与生活在原来社会经济地位低的家庭环境相比，被高社会经济地位家庭收养的儿童的 IQ 分数会有明显的增加，通常增加量在 10 分至 12 分左右。

为考查家庭环境对智力发展的影响，用评价儿童家庭环境特征的量表进行研究，结果发现，一岁时儿童的家庭环境分数与 1～5 岁时儿童的智力测验分数的平均相关约为 0.30，年龄更大时为 0.38。也就是说，家庭环境在一定程度上影响着儿童的智力发展。

早期干预（preschool intervention）是否能提高儿童的智力水平，是近年来人们颇为关注的问题。研究表明，早期干预的确能够提高儿童在智力测验上的分数，不过这种助长作用是有限的。自 20 世纪 60 年代以来，儿童的早期干预研究层出不穷。大多数研究采用横断比较法，即将一组儿童随机地分成实验组和控制组。对实验组的儿童实施特定的教育方案，控制组作为对照不施加任何特殊的教育措施，以实验组和控制组的差异作为衡量干预对智力影响的指标。几乎所有依此方法得出的结果都表明，早期干预对儿童的智力发展有促进作用。然而，当使用另一种研究方法，即追踪比较法，考查早期干预的效果及持久性时，却得到了更为复杂的结果。美国的密尔沃基计划（Milwaukee project）是一项大型的早期干预研究。在这个研究中，儿童的母亲为智商在 75 以下的黑人妇女，实验组在婴儿 6 个月时接受特别干预，包括教母亲如何照顾孩子，每天在婴儿促进中心训练几小时等。实验干预在儿童 6 岁时结束。此后，实验组和控制组每隔 6 个月接受“斯坦福-比内智力量表”和“韦氏儿童智力量表”的测试，并在 7、8、9、10、14 岁时分别接受其他测验。研究结果表明，在 6 岁时，实验组儿童的平均智商为 119，控制组为 87，智商分数相差达 32 分之多。但这种差异随着时间的增长而减弱。在 7 岁时，两组的 IQ 分数差为 22 分；在 14 岁时为 10 分，实验组的平均 IQ 为 101，控制组为 91。也就是说，早期干预对儿童智力有明显的积极影响，但这种积极作用随年龄的增长而逐步减弱。

学校教育对儿童在智力测验上的成绩有显著的影响。最直接的证据是考查上学的儿童和不上学的儿童在智力测验分数上的差异。学校教育可以通过多种途径影响智力的发展，一种最明显的方式就是知识的传授。其他的技能，如系统地解决问题的能力、抽象思维能力和分类能力等，也都与接受学校教育有关。毫无疑问，学校教育能促进多种智力技能的发展，并且各种智力技能在不同儿童身上的发展水平是各不相同的。

家庭收入如何影响孩子的大脑发育？

出生顺序、家庭大小会影响智力吗？

图 8-4 表示被试在瑞文测验上的分数与家庭大小和出生顺序的函数关系。如图所示，被试在瑞文测验上的成绩随家庭人员数目的增加而降低，随出生顺序的增加而降低。儿童的哥哥姐姐越多，他们自己的智商分数可能就越低。研究者认为造成这种情况的原因可以做如下分析：家庭的智力气氛影响到家庭成员的智力发展。他们假定新生儿的智商为 0，如果孩子的父母都具有中等的智力水平，即智商为 100，那么这个新生儿刚出生时所处的家庭智力氛围就是 66.67，即包括孩子在内的所有家庭成员的智商的平均数。如果孩子是出生在单亲家庭中，家庭内部只有一个智力处于正常水平的养育者，那么这个家庭的平均智力水平就是 50。由此可做如下推论：生长在单亲家庭中的儿童其平均智力必然要低于生长在双亲俱全的家庭中的儿童的平均智力。如果第二个孩子在其哥哥姐姐的智力水平只有正常成人一半时出生（其智商为 50），那么第二个孩子所处的家庭智力氛围就是 62.5。显然，第二个孩子所处的家庭智力环境就不如第一个孩子好。从理论上推算，如果第二个孩子晚一些出生，则这种差异将会有所变化。例如，如果第二个孩子在第一个孩子的智商

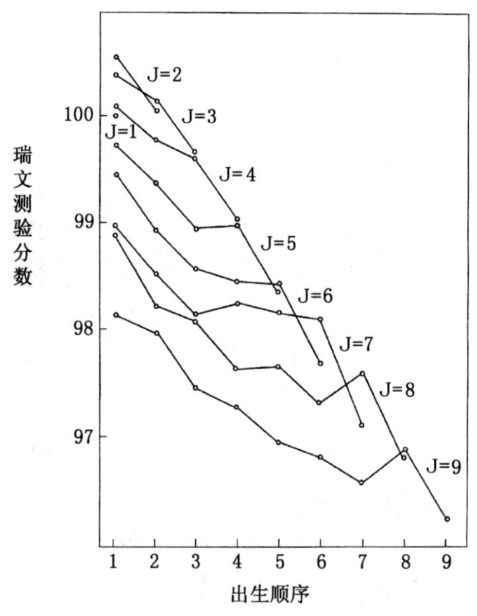

图 8-4　出生顺序、家庭大小和智力的关系

达到正常成人智商的四分之三（智商为 75）时出生，那么第二个孩子所处的家庭智力环境将好于第一个孩子。因此，孩子的出生间距成为影响儿童智力发展的一个关键因素。如果一个儿童的主要伙伴都是智力发展尚未成熟的儿童，他所听到和看到的只能是低水平的词汇和不成熟的智力行为方式，这些刺激远远不能满足他们智力正常发展的需要。父母的智力发展也会因许多孩子的存在而受到影响。

资料来源：Zajonc & Markus，1975。转引自 Intelligence，p. 201。

三、遗传与环境的相互作用

由上所述可以看到，遗传和环境对智力都有影响，但遗传和环境并不是单独地起作用，而是相互作用、相互依存的。对于它们如何相互作用共同影响智力发展，斯卡尔和温伯格提出了反应域理论。根据这个理论，一个人的智力发展是有一定限度的，称为反应域（reaction range）。遗传规定了反应域的上限和下限，个体智力水平在这一限度内的具体位置则由个体所处的环境质量决定。个体所处的环境越丰富，他的智商分数越接近反应域的上限，但不能超越上限；个体若处在恶劣的环境中，则个体的智商低于平均水平而接近反应域的下限，但也不会比下限更低（见图 8-5）。

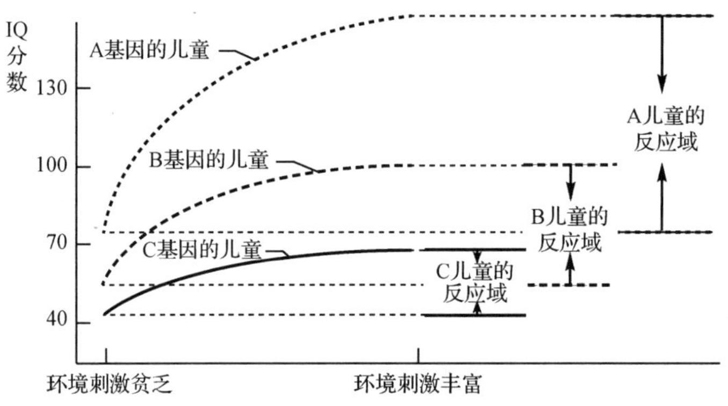

图 8-5　环境刺激与遗传基因对智力的影响

第四节　智力的发展变化

一、智力发展的一般趋势

在人的一生中，智力水平随个体年龄的增长而变化。一般来说，智力的发展可以划分成三个阶段，即增长阶段、稳定阶段和衰退阶段。美国学者在 20 世纪 70 年代的研究得出了如下的结论：从出生到 15 岁左右，智力的发展与年龄几乎等速增长，之后增长速度逐渐减慢；一般在 18～25 岁，智力的发展达到高峰；在成人期，智力表现为一个较长时间的稳定保持期，可持续到 60 岁左右；进入老年阶段（60 岁以后），智力的发展表现出迅速下降现象，进入衰退期。但是，我们需要注意，随着社会的经济发展和科技进步，人们的生活质量普遍提高，营养丰富、环境清新、医疗条件改善、良好的健康状态，使人的寿命大幅度增长。在这种情况下，智力的发展尽管总体呈倒 U 字形的变化趋势——早期上升发展，中期长时间平稳，最后老年期迅速衰退，不会改变，但各个阶段的转变时间大不相同。多方信息冲击促使儿童更早地成熟，身心健康保证了多数老年人推迟衰退，60 岁以上精神矍铄、思维活跃继续工作的老年人数不胜数。但这些发展变化只是书面总结，要形成科学规律，还有待心理学工作者们的不懈研究。

智力是由许多不同的成分组成的。智力各种成分的发展轨迹各不相同，达到顶峰的年龄以及增长与衰退的过程，也各不相同（见图 8-6）。

我们应该怎样看待智力

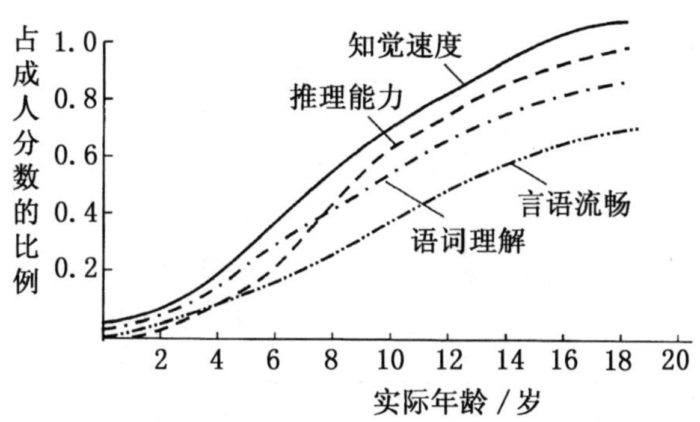

图 8-6　智力各成分的发展趋势

我们的后代比我们更聪明吗——弗林效应

弗林效应是关于智力随年龄变化的另一种现象，只是它关注代际间的变化。通过对发达国家超过三代人 IQ 分数的分析，政治科学家詹姆斯·弗林（James Flynn）得出结论：20 世纪 80 年代，20 岁的人的 IQ 平均分比 1940 年对应人群高 15 分，平均每年增长 0.33。弗林认为观察到的智力测验平均分数的增加是由于环境而不是遗传因素所致，但增加的分数不能仅归因于正规学校教育水平的提高，诸如其他可能的影响因素也存在，如父母更高的教育成就，父母对孩子关注更多，提高的经济地位，更好的营养条件，更少的童年期疾病，以及日益复杂的技术社会。

资料来源：［美］刘易思·艾肯（Aiken R. L.）：《心理测量与评估》，张厚粲、黎坚译，北京师范大学出版社，2006。

二、智力发展的稳定性和可变性

人的智力相对稳定，但并非一成不变。美国心理测量学家布朗（F. G. Brown）指出："一个人的智力测验分数是他的遗传特性、测量前的学习和生活经历以及测验时情境的函数。"个体的智力既有稳定性，又有可变性。双生子纵向追踪研究的结果，得出了双生子儿童在 2～15 岁不同年龄间智力测验分数上的相关（见表 8-3）。

表 8-3　双生子儿童不同年龄之间智商的相关

年龄	2	3	4	5	6	7	8	9	15
2		0.74	0.68	0.63	0.61	0.54	0.58	0.56	0.47
3			0.76	0.72	0.73	0.68	0.67	0.65	0.58

续表

年龄	2	3	4	5	6	7	8	9	15
4				0.80	0.79	0.72	0.72	0.71	0.60
5					0.87	0.81	0.79	0.79	0.67
6						0.86	0.84	0.84	0.69
7							0.87	0.87	0.69
8								0.90	0.78
9									0.80

从表 8-3 中可以看出，不同年龄儿童在智力测验分数间的相关是有规律可循的。不同年龄间智商的相关系数随年龄间距的增加而明显减小。例如，2～3 岁的智商相关为 0.74，但在 2～7 岁时智商的相关减少到 0.54，在 2～15 岁智商的相关只有 0.47。也就是说，两次测验时间间隔越长，智商的预测力越低；同时，儿童第一次测验时年龄越小，预测力越低。大量的研究获得了类似的结果。

婴儿早期智力测验的预测力较低。一般认为，这可能是婴儿期的某些能力尚未发展起来，智力尚未分化所致。对婴儿的测量主要集中在感知运动能力方面，而对较大儿童的测量偏重于言语能力和推理能力等方面。这两方面的能力有所不同，也是相关较低的一个原因。

三、智力的个别差异和团体差异

（一）智力的个别差异

世界上没有两片完全相同的树叶，同样也不存在两个智力完全相同的人。由于人们在先天的基因遗传、后天的生长环境及所接受的教育等方面有所不同，人和人之间在智力上存在着很大的个体差异。智力的个体差异主要表现在智力的发展水平和智力的发展过程两方面。

一方面，在智力发展水平上，不同的人所达到的最高水平极其不同。研究表明，全人口的智力差异从低到高表现为许多不同的层次。人类的智力分布基本上呈两头少、中间多的正态分布形式（见表 8-4）。在一个代表性广泛的人群中，有接近一半的人智商在 90～110，而智力发展水平非常优秀者和智障者在人群中只占相当小的比例。

表 8-4 智商在人口中的分布

IQ	名称	百分比
130 以上	极优等（very superior）	2.2%
120～129	优异（superior）	6.7%

续表

IQ	名称	百分比
110～119	中上（high average）	16.1%
90～109	中才（average）	50%
80～89	中下（low average）	16.1%
70～79	临界（borderline）	6.7%
70 以下	智力障碍（mentally retarded）	2.2%

另一方面，每个人智力发展变化的过程也有所不同。人的智力发展有三种基本形态：一是稳定发展，这是大多数人的发展模式；二是先快后慢式发展，如一些人表现出早熟，在小时候就崭露头角，但在成人以后智力平平；三是先慢后快式发展，如一些人表现出大器晚成，在小时候智力一般，但在中学或以后显露出智力超群。

智障天才

电影《雨人》描述了一个关于智障天才的故事。“他能很快背下电话本上从 A 到 G 所有的电话号码。牙签盒碰倒在地，他能立即说出牙签有多少根……”这并非凭空杜撰，其原型是美国盐湖城的吉姆·皮克（Kim Peek，1951—2009）。吉姆精通从文学到历史在内的 15 门学科，能一字不漏地背诵至少 9000 本书的内容。他知道美国所有的邮政编码和电话区号。他能给出在任意两个美国大城市之间旅行的方向。然而他的动作协调能力很差，生活方面表现得异常低能，甚至不能自己扣纽扣。

智障天才是否具备大多数人所向往的“特异功能”？一种观点认为许多孤独症天才的特殊表现来源于大量的练习。这种观点可以解释某些超常记忆术的应用，却难以解释吉姆的强大记忆能力。另一种可能的解释是心智障碍让他们摆脱了语言、概念和高级思维的“诱惑”，纯粹地专注于音乐、绘画、数字等特定信息。虽然对智障天才综合征还不能完全解释，但它说明在一般能力之外的确存在特殊能力。

资料来源：[美] 库恩（Coon，D.）、[美] 米特雷尔（Mitterer，J. O.）：《心理学导论：思想与行为的认识之路》，郑钢等译，北京，中国轻工业出版社，2007。

（二）智力的团体差异

智力的差异不仅表现在个体与个体之间，而且还表现在团体与团体之间。

1. 性别差异

大量研究表明，男性和女性在总的智商方面没有显著的差别。尽管近期的一些研究指出男女在智商上存在一定的差异，但差异量也是比较小的。男性和女性在智力上的差异主要表现在一些特定能力方面。

空间能力是体现性别差异最明显的一种能力。所谓空间能力，一般包括空间知觉能力、心理旋转能力、空间视觉化能力和时间空间判断能力等。一些研究表明男女两性在视觉—空间能力上存在明显差异。男性在心理旋转和追踪移动物体任务上的成绩高于女性，且接近一个标准差。从发展的角度来看，空间能力的性别差异出现在7～10岁。年龄越大，男性空间能力的优势越明显。我国的研究表明，空间能力的不同方面显示出不同的性别差异特点。小学女生在图形组合方面显示出优势，并且具有一定的稳定性；而小学男生在心理旋转的操作上，从小学二年级开始就显示出优势。总的说来，男性在空间能力上具有一定优势，并且这种优势随年龄增长而加大。

在数学能力上，男女两性之间也存在稳定的差异。一般来说，女生在小学和初中阶段的数学能力优于男生，但青春期以后，这种优势被男生占有，并且男生一直把这种优势保持到老年。对学术能力倾向测试（SAT）数学部分的得分分析发现，高于500分的男女比例是2∶1，高于600分的男女比例是5∶1，高于700分以上的男女比例是17∶1。男性的成绩高于女性0.33到0.50个标准差，得分高的人大多数是男性。依据文献记载还发现，女性在一些世界最高水平的数学竞赛中所占比例甚少。例如，在国际数学奥林匹克竞赛中，自1975年以来，美国无一女性参加。而1988年的国际数学奥林匹克竞赛中，在49个国家派出的参赛者中，只有4名是女选手。

女生天生不擅长数理化？

智力的性别差异还表现在言语能力上。言语能力是对语言符号加工、提取和操作的能力，表现在听、说、读、写等方面。女性在某些词语任务（如同义词生成和词语流畅性）上的平均成绩明显高于男性，特别是在词语流畅性上，女性的优势最为明显。女性在大学文学和写作测验上的平均成绩高于男性；在阅读和拼写上的成绩也比男性好。与女性相比，男性更容易被诊断为阅读障碍。

也有一些研究表明，男女两性在言语和数学能力上的差异日益缩小。在言语能力上，女性相比于男性不再有优势；在某些数学能力测验上，男性相比女性也不一定占优势。

男性和女性在空间能力、数学能力和言语能力上存在差别的原因，既有社会方面的因素，又有生理方面的因素。就言语能力的性别差异而言，在生理方面，男女两性大脑结构与功能上的差异可能是产生上述差异的原因之一。研究发现，男性和女性的胼胝体大小有所不同，女性的胼胝体大于男性。胼胝体是联结左右两个大脑半球的神经通道，主要功能是交流和传递左右半球的信息与习得经验。女性的胼胝体大于男性，使女性左右两半球的神经联结加强，导致了女性大脑的特异化功能比男性差。这种大脑双侧化功能有利于女性在词语流畅性上的良好表现，但不利于数学能力、机械能力等抽象能力的发挥。从社会因素方面看，男女两性在性别角色上存在很大差别。性别角色是一定的社会文化对某一性别的适宜行为的期望。不同的社会文化对不同性别的期望是不同的，一般来说，社会对男性的期望更强调竞争性和任务定向，而对女性则更强调情感和表达。这种性别角色上的差异可能促使女性比男性更善于表达，而不是承受更多的社会压力。

智力存在性别差异吗？

人们普遍认为：女性言语能力优于男性，而男性在解决数学问题和完成空间关系任务上超过女性。这些差异确实存在吗？该领域的研究已经持续了几十年，积累了大量的证据。对这些数据的最近一次综合分析表明：就构成智力主要方面的各种认知能力而言，两性之间确实存在着某些差异，但这些差异要比我们根据性别角色所推断出来的小得多。另外，近年来，这些差异有下降的势头，尤其是在青少年中。智力的性别差异更多地表现在儿童身上，在青春期里这一差异开始下降以致消失。某些认知能力的差异在成人身上也有体现，但这可能是因为这些研究都是在20世纪60年代做的，那时性别角色要比现在明显得多。因此，在将来，智力的性别差异很可能会降低或消失。

资料来源：Robert A. Baron，*Essentials of Psychology*，New Jersey，Addison-Wesley，1999。

2. 种族差异和职业差异

除了在性别之间存在一定的智力差异之外，不同种族、职业之间在智力上也存在差别，这种差异主要表现在智力测验的平均得分上。大量的研究表明，美国黑人在智力测验上的平均得分比白人低，而犹太人和亚洲人或亚裔美国人在智力测验上的平均得分比白人高。对不同职业团体进行研究发现，从事脑力劳动的人群比从事体力劳动的人群具有更高的IQ，如技术人员、财会人员等具有较高的IQ。这种不同团体间在智力测验平均分数上的差异是普遍存在的。

为什么智力测验的分数存在团体差异？在种族差异问题上，一种极端的观点是遗传决定论。詹森（A. Jensen）把黑人团体和白人团体在智力测验分数上的差异归因于遗传的差异，认为黑人和白人在环境条件，如医疗条件、营养和社会经济地位等方面存在的差异，不足以说明他们在 IQ 上的差异，环境的剥夺并不一定导致低的 IQ。然而更多的证据表明，黑人和白人在 IQ 上的差异主要是环境因素而非遗传因素引起的，因为父母的受教育程度、父母的智商以及父母的社会经济地位都是影响其子女 IQ 的重要环境因素。研究证明，贫穷的黑人孩子被具有中等以上智力水平的中等阶层的白人夫妇收养后，孩子的平均智商会有所提高，甚至超过白人孩子在同一测验上的平均 IQ；与生活在他们原来家庭中的黑人孩子的平均智商相比，可以高出 15 分左右。

智力测验本身的文化不公平性也是不同团体间智力测验分数存在差异的原因之一。大多数智力测验是依据某一团体（如美国白人）的生活经验编制的，测验所使用的语言符合该团体的文化习惯，评价标准也依该团体而定。如果我们把它运用到其他团体中去，文化上的不公平性势必影响其他团体的智商。

总之，智力本身就是一个十分复杂的科学难题。尽管我们通过智力测验以及认知心理学的研究，对智力已经有了一定的了解，但对于彻底解决智力之谜来说，我们的认识依然肤浅，仍有许多问题等待着我们进一步地深入研究和继续探索。

思考题

1. 智力等于成功吗？请结合实例谈谈你的观点。

2. 列一个自己的特殊能力表，看一看在加德纳提出的八种智能中，你具备几种？并进一步反思你的成长过程，想想为什么你具备这几种能力？

3. 对于智力三元理论中描述的“元成分”，以及 PASS 理论中描述的“计划”过程，你能想出恰当的测量任务吗？试编制一个测验，用以测量上述能力。

4. 如果采用智力测验来代替高考或者研究生入学考试，你认为有什么优势，同时又有什么问题？

5. 为了提高大学生毕业后的就业成功率，你更愿意具有高智商还是拥有某些特长，为什么？这对智力理论以及智力测量有何启示？

6. 智商高的人是不是做什么工作都得心应手呢？不同的工作岗位所需的智能是否一样？请选择 3 个不同工作岗位的专家进行访谈，整理并归纳各种岗位的具体工作对个体智力水平和智力类型的要求，并在全班进行交流。

7. 智力是与生俱来的吗？智力会和我们的年龄一起生长、成熟、衰老吗？请分别为流体智力和晶体智力设计简单的测量题目，并选择不同年龄段的对象进行施测，看看结果是否存在年龄差异。

8. 以你身边了解的人物为例，说明遗传和环境在智力发展中的作用。

第九章
动机与情绪

【本章要点】

1. 什么是动机?

2. 动机和情绪之间有什么关系?

3. 奖赏是否真的可以提高动机从而促进绩效?

4. 冒险、药物成瘾等行为的背后存在怎样的动机?

5. 情绪是如何产生的?

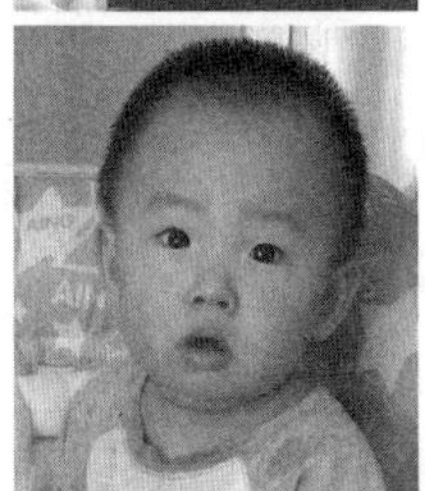

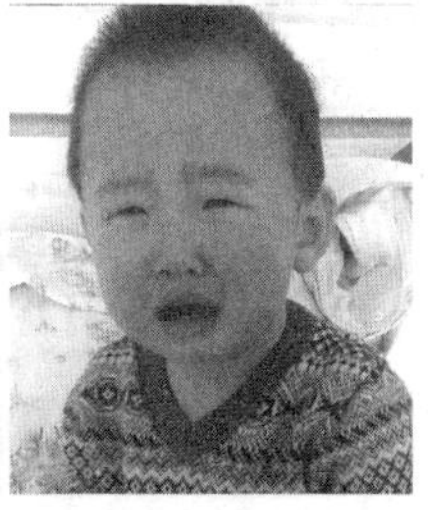

吃、喝、亲吻、蹦极、吸毒，人类各种各样的行为背后，有两个重要的动力源：动机和情绪。这两者并非独立运作，而是有着紧密的联系。一方面，动机常常伴有情绪。例如，希望比赛得第一的动机常常与焦虑相伴。另一方面，情绪本身就带有动机性。因为相爱，你想与爱人永远在一起；因为嫉妒，你想痛击你的情敌。

本章以动机和情绪为主题。首先，解释什么是动机和主要的动机特征。其次，详细论述生理性动机和心理性动机。最后，讲解情绪的概念、理论及其他相关内容。

第一节 动机概论

一、动机概述

（一）动机的定义

动机（motivation）一词来源于拉丁文“movere”，原义是“开始行动”“活动”，因此，动机有激发行为、引导行为的含义。心理学家一般将动机定义为激发、维持、调节并引导人们从事某种活动的内在心理过程或推动力量。

动机本身是无法被直接观察到的，我们只能通过观察表面行为的变化来推测行为背后的动机，因此有些心理学家将动机称为一种假设性构念（hypothetical construct）。例如，当我们看到一个人在狼吞虎咽地吃饭，我们便可以推测他一定十分饥饿，在他吃饭这一行为的背后一定有饥饿动机在起作用。在这里，动机实际上是个体行为过程中的一个中介变量（见图9-1）。它不能被直接观察到，只能通过观察各种刺激所带来的不同行为反应加以推测和判断。如果要测量动机的强度，也只能通过测量以下行为指标来实现：①活动的强度；②学习速度；③最后所达到的成就水平；④对消除反应的抗拒；⑤对某个特定目标或活动的偏好；⑥消费性行为（如进食的数量与速度）。这些行为指标都可以被观察和测量到，它们或者反映了动机的存在，或者代表了动机的强度。

图9-1 作为中介变量的动机

通过分析行为背后的动机，我们能够更好地解释人类行为的多样性与复杂性。当人们处在相同的情景时，行为往往有很大的差异，这种差异可能源于人们能力、机遇的不同，更有可能是由动机的不同引起的。同样是上学读书，动机强烈的人会十分认真严谨，而动机不强烈的人则会应付了事。对于同一个人，在不同事情上的动机不同，所作所为也可能大相径庭。动机能使我们更好地理解每个人行为之间的差异以及同一个人在不同情境中的行为差异的原因。

（二）动机的特征

从动机与行为的关系入手，可以分析出动机具有以下特征。

1. 动力性

动机能使个体由静止转为活动状态，这是动机动力性的体现。在动机的驱使下，个体会开始某种行为，并且维持一定的行为强度。例如，饥饿动机会启动觅食的行为，成就动机会推动个体去追求成就。动机的动力性使个体以一定的方式活动，动机的改变也会带来个体行为上的改变。

2. 方向性

动机使个体进入活动状态之后，还能引导个体的行为指向一定的方向。例如，在成就动机支配下的人会积极地学习，主动选择有挑战性的任务去做。动机不同，个体行为的目标也不相同，这就是动机的方向性在起作用。

3. 强度

动机还能决定行为的强度，动机越强

烈，行为就越强烈。渴极了的人会急切地寻找水源，工作动机强烈的人常被称为工作狂，除了工作以外，对其他事情熟视无睹，全身心地投入工作中。

4. 持久性

个体行为的持久性在很大程度上是由动机决定的，在没有达到目标之前，行为会一直存在，这是由于行为背后有动机在起作用，动机不消失，则行为也会持久地存在着。有时行为看似不存在，但只要动机仍然存在，行为就不会完全消失，它只不过以其他的形式存在，如由外显行为改为内隐行为。

5. 隐蔽性

动机是无法观察到的，隐蔽性是其主要特征。动机作为行为过程中的一个中介变量，在行为产生以前就已存在，并以隐蔽内在的方式支配着行为的方向性和强度。

（三）动机的产生

需要是有机体内部生理与心理的不平衡状态。它是有机体活动的动力和源泉。当有机体出现某种需要时，内驱力，即某种被激发的动机状态增强，便会做出某种行为以寻求满足，消除不平衡状态。当一个人渴了的时候，即体内出现了一系列与渴有关的生理不平衡状态，在这种不平衡状态的驱使下，这个人会四处寻找解渴的东西，此时内在的生理需要成了他寻求水源这一行为的直接推动力量。

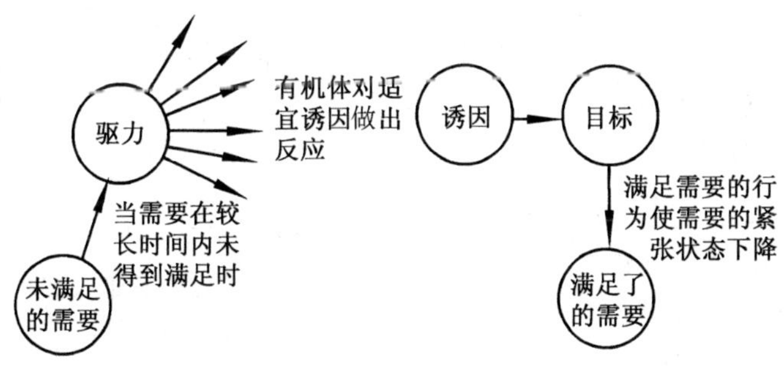

图 9-2　需要、诱因与目标

除了有机体内部的需要外，外在的环境刺激也可能成为行为的驱动力量。环境刺激是动机产生的诱因。所谓诱因是指能够激发有机体的定向行为，并能满足某种需要的外部条件或刺激物。在一般情况下，诱因作为一种外在刺激物，能够吸引有机体的活动方向，有助于他寻求需要的满足。例如，口渴的人急于寻求一个解渴的水源，有水源的地方便作为一个诱因存在，引导着口渴的人奔向它来满足自身的需要。但在有些情况下，即使有机体没有特别强烈的内在需要，外在诱因也可能成为动机产生的一个条件，如色香味俱佳的食物可能会使一个本来并不觉得饿的人忍不住产生尝一口的想法。

在实际生活中，人的行为取决于需要与诱因的相互作用。有机体内部的需要引发内驱力，推动有机体的行为指向特定的诱因，并最终引向某一具体目标。目标达到之后，需要得到满足，动机水平随之降低（见图 9-2）。

（四）动机的类型

1. 生理性动机与社会性动机

根据需要性质的不同，可以将动机分为生理性动机和社会性动机。生理性动机是受个体的生理需要所驱动而产生的动机。它以个体的生物学需要为基础，对维持个体的生存和发育有极其重要的作用，如饥饿动机、渴的动机都是维持有机体生存的最基本的生理性动机。生理性需要得到满足后，相应的生理性动机水平便会下降。

社会性动机是人类所特有的。它是以人的社会文化需要为基础，在一定的社会环境中逐渐形成和发展起来的，与特定的社会文化关系十分密切。社会性动机如果长期得不到满足，虽然不会危及人的生命，却有可能导致适应不良，出现某种心理障碍。例如，交往动机长期得不到满足，会使人备觉孤独，并有可能进一步出现心理障碍。

2. 内在动机与外在动机

根据动机产生的源泉不同，我们可以将动机区分为内在动机与外在动机。内在动机是由个体的内部需要所引起的，外在动机则是在外部刺激（如酬劳、奖赏、赞扬等）的作用下产生的。一般来说，内在动机支配下的行为更具有持久性，因为由内在动机启动的行为，不是为了得到奖赏，而是要享受行为本身的乐趣，或是将其看作提高能力的方式。适度的奖赏有利于巩固个体的内在动机，过多的奖赏却有可能降低个体对事情本身的兴趣，降低其内在动机。例如，一个孩子原本对学习本身充满了兴趣，学习纯粹是出于自身的需要与兴趣，但他的父母为了督促他的学习，不断地给予他物质上的奖励，这种奖励多了，孩子的学习目的可能就会由学习知识转向获取父母的奖赏，他的学习动机也就由内在动机变成了外在动机。

《内在动机：自主掌控人生的力量》

有效的夸奖

什么是夸奖？当孩子出色完成了任务，我们笑着拍拍他的后背时，我们的夸奖是否增加了他的内在动机？心理学家认为，夸奖是否能发挥积极有效的作用，取决于我们说什么以及怎么说。

当夸奖满足下列条件之一时，夸奖会增加内在动机。

1. 夸奖意味着他们成功是因为他们的努力，而不是他们的天分或者能力。

2. 夸奖是真诚的，且没有表明他们受到成人的控制。

3. 夸奖不是将他们与其他孩子相比。

4. 夸奖表示成人为孩子的行为设定了标准，孩子相信自己通过努力可以达到这个标准。

相反，如果夸奖关注孩子的能力而不是努力，显得充满控制感而不真诚，与其他孩子进行比较，或者表示他们必须在未来达到似乎不可能实现的标准，那么这些夸奖可能会破坏内在动机。

例如，如果一个孩子为他的老师写了一首非常睿智的诗，下面夸奖的话可能会促进孩子内在动机。例如，“我非常喜欢这首诗！我尤其喜欢你以多种方式比较叶子与歌。你一定花了很长时间思考！”但是另一种夸奖则可能减少孩子的内在动机。例如，“你非常聪明！”“瞧，我不是跟你说过你是班上唯一的天才吗。”“只要你按妈妈说的做，每晚写写，那么你将变得非常伟大！很快，哈佛和耶鲁大学会争着要你。”

资料来源：Lahey，B. B.，Psychology：*An introduction*，10th，New York，McGraw-Hill Highher Education，2008。

二、动机的相关理论

（一）需要层次理论

美国人本主义心理学家马斯洛（Maslow）将人的需要分为不同的层次，并由此提出了他的需要层次理论（theory of needs hierarchy）。马斯洛认为，所有的人都有一个从低级到高级的需要层次（见图 9-3），这些需要都是天生的，从最基本的需要到最社会化的需要构成了一个需要等级，在不同的情境下激励和引导着个体的行为。

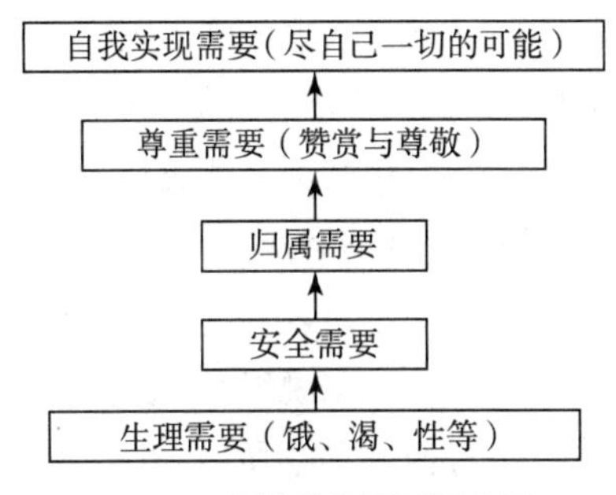

图 9-3　马斯洛的需要层次图

在需要层次中，层次越低，力量越强大。当低级需要未得到满足时，这些需要便成为支配个体的主导性动机。然而，一旦较低层次的需要得到满足后，较高一层的需要便会占据主导地位，支配个体的行为。一个终日饥饿寒冷的人最渴求的一定是一间温暖的房子和一些可口的食物，而当他的饥饿与寒冷被驱走，开始过上一种吃得饱穿得暖的日子时，安全和归属的需要便会占据他生活的全部，他会寻求一种被爱的感觉，也可能会努力去寻求一个可以接纳他的团体，努力成为其中的一员，以满足自身对归属的需要。

但这种需要层次的等级也不是绝对的，有时人会在低级需要尚未得到满足之前，去寻求高级需要（如自我实现的需要）。例如，有些虔诚的宗教信徒会忍受着种种艰难困苦，努力寻求自身信仰的升华，有时甚至会为此付出生命。之所以出现这种情况，是由于人是一个高度社会化的种族。

马斯洛根据需要层次的不同，将动机分为两种：存在动机（being motive）与匮乏动机（deficiency motive）。存在动机又称为成长动机，是被高级需要所驱使的动机。受成长动机支配的人愿意承受不确定性、紧张乃至痛苦，以使自身的潜能得以实现。匮乏动机支配下的个体通常所做的是努力恢复自身生理或心理的平衡状态。匮乏动机在需要得到满足之后便趋于消失。

（二）其他动机理论

关于人们行为动机的研究中，有一种以社会学习为主要对象的理论被称为“期望一价值理论”。该理论认为，个体完成某个任务的动机是由其对任务成功可能性的期望以及对这一任务所赋予的价值决定的。如果人们认为自己可以实现某个目标，而且这个目标对自己来说很有意义，就会产生为这个目标而努力的动机。以学习为例，如果个体认为自己的能力足以胜任学习任务，而学习这件事对自己很有好处，就会有很强的学习动机。从这个角度来看，动机既来自个体的心理状态，如信念、计划、对自己能力的认识，也来自外部环境，如目标达成后可能得到的回报。

任何行为都是在与环境的相互作用中产生的，在有关动机与环境关系的研究中，有人提出了一种“最佳唤起理论”。根据经验，环境中刺激太多或者太少，都可能使我们感觉不愉快。比如，在人多嘈杂的地方，我们常常想要离开。这说明可能存在一个最佳的刺激水平，高于或者低于它都会让人感到不自在。心理学家认为，人们需要最佳刺激水平，是因为神经系统需要维持一个最佳唤起水平。所谓唤起，是指个体的一种激活或者警戒的状态。睡觉时唤起水平非常低，恐惧时唤起水平非常高。唤起与大脑网状结构和自主神经系统的交感神经系统有关。虽然低唤起或者高唤起并不影响生存，但是我们总是希望通过增加或者减少刺激的行为来达到最佳唤起水平。唤起作为一个动机概念，与工作效率有很大关系。研究发现，各种活动都存在最佳唤起水平，这个最佳水平随活动性质的不同而不同。如图 9-4 所示，在比较容易的活动中，工作效率随动机水平的提高而提高，随着活动难度的增加，动机的最佳水平有逐渐下降的趋势。这个规律被称作耶克斯—多德森定律。

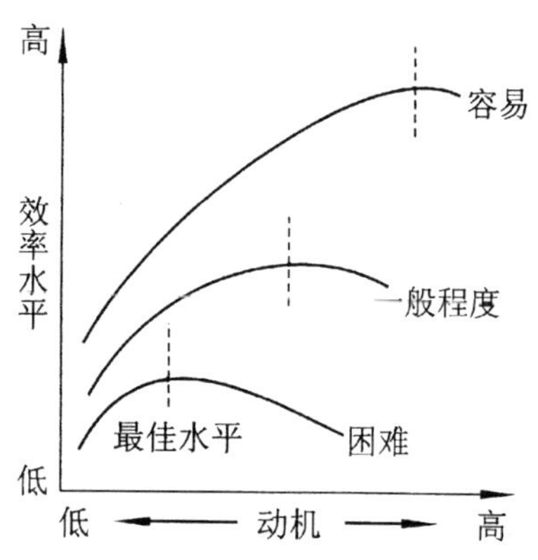

图 9-4　动机强度、活动性质与工作效率的关系

出人意料的工作动机

第二节 生理性动机

生理性动机是由个体生理需要所激发的动机，对个体的生存和发展有着重要意义。它的种类繁多，涉及个体生存的方方面面，如饥饿、渴、疼痛、性、排泄等。

一、饮食

（一）饥饿的生理机制

饥饿动机是体内缺乏食物或营养产生的一种生理不平衡状态，是一种十分强大的动机。在实验中，维持在半饥饿状态的人报告说，他们所想和梦见的大多数是关于吃食物的事情。那么，当人感到饥饿时，这种感觉来自什么地方？我们为什么会感到饥饿？

坎农（W. B. Cannon）曾经做过一个有趣的实验来寻找上述问题的答案。他让实验助手吞下一个带有橡胶小管的气球，小管的一端连在记录仪器上，记录针随着气球中空气压力的改变而移动。坎农设法往胃里的气球充气，当气球充气引起胃壁收缩时，记录针便随之移动，当助手报告有饥饿感时，也正是胃剧烈收缩的时候。坎农由此认为，胃痉挛是饥饿感觉的起因。然而，事实并不完全如此。因为有人研究发现，有的胃病患者被切除了整个胃，但依然有饥饿感。如果把葡萄糖注入动物的血液中，可以使胃的收缩停止，但饥饿的感觉依然存在。由此看来胃的收缩并不是引起饥饿感的根本原因。

那么，引起饥饿感的根本原因到底是什么？一般认为，下丘脑在进食调节中起着重要作用。饥饿受到下丘脑的三个控制中心的调节。一个是摄食系统，它位于外侧下丘脑，当身体需要食物时，它就会启动饮食行为。另一个是饱食系统，它位于腹内侧下丘脑，当已经摄入足够食物时，它就会终止摄食行为。研究发现，当电击老鼠的外侧下丘脑（摄食系统）时，已经饱食的老鼠会重新开始进食，然而，当损毁这部分下丘脑时，老鼠会完全停止进食。相反，如果损毁腹内侧下丘脑（饱食系统），老鼠会因过度进食而导致极度肥胖。调节饥饿的第三个下丘脑组织是室旁核，它通过控制血糖浓度来增加或者减少食欲。

借助外侧下丘脑、腹内侧下丘脑和室旁核提供的信息，我们可以进行饮食调节和体重控制。首先，对于饮食调节，最快的信息的确是来自胃部。它的收缩信息会传递至外侧下丘脑摄食中枢，而充满的胃部则会激活腹内侧下丘脑饱食系统。其次，可以通过血糖浓度进行短期饮食调节。下丘脑包含一些专门的神经元，能够直接检测血糖浓度，但是另外两个器官能够为下丘脑提供更多信息：一个是肝脏，储存糖分，可监测血糖浓度；另一个是十二指肠，可以监测摄入的食物的糖分。这两个器官都会传递化学信息到下丘脑室旁核，它对于启动与停止摄食行为有重要作用。在短期饥饿控制中，血糖浓度非常关键。当你进食时，食物消化并以葡萄糖的形式进入血流需要几分钟。因此，如果你进食较慢，大脑有足够的时间监测血糖水平的提高，在你摄入的食物超过你所需要的量之前让你感觉到“吃饱了”，但是如果你吃饭很快，在你感觉到吃饱之前，你所吃掉的食物会超过你需要的量。最后，腹内侧饱食系统通过对瘦素（leptin）的反应来控制体重。近期研究发现，腕部、臀部以及身体其他地方的脂肪细胞能分泌瘦素到血流中。脂肪细胞含有的脂肪越多，分泌的瘦素越多。当瘦素循环到下丘脑，腹内侧下丘脑里面以及周围的组织就会监测到它。当瘦素水平很高时，腹内侧下丘脑会激活交感神经系统，该神经系统的细小分支的一端与脂肪细胞相接，交感神经元刺激脂肪细胞，可以加强它们的新陈代谢，导致快速耗尽脂肪。

为什么相同的生理机制会制造出胖瘦不同的人？研究者认为，该机制的运作存在个体差异。具体而言，对于身体中的脂肪含量，每个人都有一个不同的设定值，它决定了腹内侧下丘脑何时启动停止进食的行为，以及增加新陈代谢。

（二）饥饿的心理因素

除下丘脑外，还有许多心理因素也会影响人的进食，如外在刺激（美味的食物等）、习惯和社会风俗以及情绪体验等。

美味的食物是饮食动机的重要诱因。刚刚吃过饭，你也可以吃下漂亮的甜点；红烧肉的香味可能会让你觉得还有点饿。美食信息会激活下丘脑的神经元，尤其是面对我们最喜欢的食物。食物的气味会诱发胰岛素分泌，而后者通过降低血糖浓度而产生饥饿感。动物实验研究显示，在某些条件下诱因能够使体重超出自然设定点。面对大量美味的高热量食物，所有老鼠都会过度饮食而导致肥胖。因此，除非你正在试图增加体重，否则最好不要在眼前放大量美味高热量的食物。

社会习惯和文化习俗对饮食习惯与偏好有很大影响。我们在固定的时间吃一日三餐，这常常与饥饿无关，只是社会习惯的作用。如果你在中国四川长大，你可能喜欢吃麻辣味，这也受到所处环境的影响和示范。我们都是从自己的社会文化中学习有关饮食的细节，如吃什么、何时吃、怎么吃、吃多少，家庭的鼓励和示范作用很重要。在以苗条为理想体形的社会文化里，女性，尤其是青春期女性，更易面临厌食性精神障碍或暴食性精神障碍的风险。

情绪在饮食中也起重要作用。一个人在焦虑的时候，可能比平时吃得更多；而一个人如果抑郁，那么他很可能在很长时间内都没有食欲。

当你饥饿的时候，小盘子并不会使饭菜看起来更多

二、性动机

饥饿动机为个体生存所必需的，性动机则是维持种族生存的必要条件。

（一）性反应周期

在讨论性动机之前，我们有必要了解一下性反应周期。女性与男性的性反应周期存在大量相似之处，但是也存在一些重要的差异。马斯特与约翰逊在 1966 年通过对几千名男女志愿者的实验观察，描述了性反应周期的 4 个阶段。

1. 兴奋期

最初的生理唤起被称作兴奋期，可能从视觉刺激、身体接触、气味、幻想等开始，表现为乳头变直、心率加快、血压上升等形式。

2. 高原期

如果性刺激足够强，性唤起很快就会达到高原期，其特点是高水平唤起维持达到几分钟，性愉悦的程度非常高，但是没有达到最高点。

3. 高潮期

足够的刺激和适宜的心理状况，推动个体达到高潮期。个体在这一时期皮肤红润、呼吸急促，血压和心率都达到高水平，还会在短时间内丧失对局部肌肉的控制，并体验到许多肌肉群的不自主抽搐。男性的性高潮期非常相似，但是女性存在很大的差异。

4. 消退期

高潮之后，身体的物理唤起程度迅速下降。对于男性而言，消退期会进入一个对性刺激没有反应的阶段，叫作不应期。虽然在消退期的一小段时间里，女性可能对后续的性刺激不太敏感，但这决定于女性对后续刺激的个人偏好，她们不存在身体上无法唤起的不应期。

（二）性动机的影响因素

与饥饿一样，性动机也是由下丘脑控制的。下丘脑的一个中枢与相关脑区启动性动机与性行为，这部分脑组织相当于下丘脑的摄食系统。如果下丘脑被切除，那么即使呈现性刺激，性行为也不会启动。下丘脑中枢抑制性行为。如果将实验动物的抑制中枢切除，那么这些动物将会出现过度性行为。下丘脑还会通过控制月经周期来间接影响女性的性行为。当排卵期女性雌激素水平达到顶峰时，女性更可能与男性发生性行为或者手淫，这增加了卵细胞受精的机会。

人类性动机会受到荷尔蒙影响。青春期荷尔蒙的量突增，促使男性性动机大大增强。女性在排卵期内，有更强的性动机，而且，倾向于认为有男子气概的外貌、健康的男性更有性吸引力；在月经周期的其他时段并不会表现出这种偏好。男性被阉割后性动机会降低，女性服用避孕药后性动机也会降低。这些都可以证明，荷尔蒙对人类性行为的影响虽然不及对动物的影响那么大，但仍然在发挥作用。

此外，外部诱因对个体的性动机也有一定影响。一方面，诱因能激活性动机，引发性唤起。例如，美丽性感的伴侣，浪漫的性幻想，或者色情图片，都可能让个体性唤起。另一方面，通过在社会文化中学习到一些性规范，个体可以了解应该采取怎样的性行为。例如，该做什么、怎么做等一些规定，都可能成为性动机的外部来源，有助于个体塑造自己的性动机。性动机在很大程度上还会受到情绪的影响。焦虑和抑郁通常会导致性动机下降，但有时候焦虑也会导致性动机提高。这说明情绪和性动机之间有复杂的相互作用。

（三）性取向

性取向是指情感和性欲的吸引方向，顾名思义，异性恋者被异性吸引，同性恋者被同性吸引，而双性恋者既被同性吸引，也被异性吸引。性取向是性动机的一个重要方面。异性恋在人群中占大多数。

为什么有些人会对同性产生情感依恋和性动机？过去人们认为，个体的首次性经验可能塑造了性取向。具体而言，如果第一次性行为发生在同性之间，那么更有可能发展为同性恋。这一观点得到一些案例的支持。但是，新几内亚塞班人的性行为有力地驳斥了这一观点。在他们的文化中，男性在结婚之前，有相当丰富的同性恋经验，并且感受到性愉悦，但是到婚龄之后，几乎所有男性的性行为都偏好女性。由此看来，经验有可能对同性恋发展有重要影响，但不是决定性的。研究者从生理机制上探索了同性恋的起源，发现了一些证据。对双生子的研究发现，基因可能是导致同性恋的一个重要原因。如果双生子中的一个是同性恋，那么同卵双生子比异卵双生子更可能是同性恋。另外，有研究发现，产前荷尔蒙水平的失衡会使孩子成为同性恋的可能性增加。还有研究者指出，出生次序靠后的男性会接触到更低水平的胎儿期睾丸素，所以男同性恋更可能有多个兄长。总的来说，性取向是生物因素、心理因素和社会文化等联合作用的产物。

性取向生而如此？

美国精神病协会和美国心理学会在 20 世纪 70 年代，不再将同性恋视为心理障碍。同性恋者只是性取向不同，身心健康与常人无异。在现今社会，人们对同性恋的接受度已经有很大提高，有些国家或者地区承认同性恋婚姻。但是，与异性恋相比，同性恋群体仍然受到歧视甚至厌恶，男同性恋还要面临更高的患艾滋病的风险。同性恋群体常常遭遇情绪问题，物质滥用、抑郁甚至自杀的可能性要高于常人。简言之，同性恋本身并没有错，有关的问题大都源于错误的社会刻板印象所施加的压力。

第三节 心理性动机

一、成就动机

（一）成就动机的一般特征

成就动机（achievement motivation）是指人们在完成任务的过程中力求获得成功的内在动因，具体而言，就是对于自己认为重要的、有价值的事情，愿意去做并努力追求完美的一种内部推动力量。

成就动机是决定个体努力程度的动力因素。它是一种后天习得的动机，具有特定的社会特征。在不同的时空条件、社会背景和文化形态下，人与人之间的成就动机存在个体差异。

一般来讲，成就动机水平较高者都具有以下特征：①喜欢中等难度、富于挑战性的任务，并且会全力以赴地获取成功；②目标明确，并对之抱有成功的期望；③精力充沛，探新求异，具有开拓精神；④选择工作伙伴以高能力为条件，而不是以交往的亲疏关系为前提。

（二）成就动机与个人及社会发展的关系

成就动机作为一种获得成就的驱动力量，对个人的发展无疑有积极的推动作用。早期的研究发现，高成就动机的个体在现实生活中多能获得成功，其中表现最为突出的是职业上的成功。

心理学研究发现，成就动机水平比较高的个体在为自己选定职业时大多比较现实，能从自身水平出发，为自己选定一个可行性比较大的职业目标。心理学家对密歇根大学的学生所做的调查研究显示，81%的高成就动机水平的学生对职业的选择倾向比较现实，而在低成就动机水平的学生中，只有52%的人能够为自己选定一个较为实际的职业。这种比较现实的选择为个体提供了一个成功的开始。另一项对美国男性所做的调查显示，高成就动机的人对自己的职业有着更多的积极评价，主要表现为：对工作的满意度较高，对所从事的工作充满兴趣，喜欢工作，在选择自己的职业时较少受家庭的影响。

心理学家认为个体的成就动机中含有两种成分：追求成功的倾向和回避失败的倾向。一般认为，成就动机较高的人喜欢选择富于挑战性的任务，其追求成功的倾向大于回避失败的倾向；成就动机水平较低的人则回避困难的任务，表现出更关心回避失败的特点。

成就动机不仅影响个人的发展，还能推动社会经济的发展。有关社会成员的成就动机水平与社会经济发展状况的关系的研究指出：社会集体成员成就动机水平的高低与社会经济发展水平之间有着密不可分的关系，如在古希腊由兴盛到衰落的过程中，社会成员的成就动机水平也表现了由高到低的特点。

（三）与成就动机有关的因素

1. 人格因素

一般来讲，高成就动机的人有一些共同的人格特质。首先，高成就动机水平的人更富有创造性，总是力图将每件事做得尽可能好；其次，更有责任心，更喜欢对自己的行为负责；最后，更加自信，相信自己有能力做好某件事或者达到某个目标。

2. 认知因素

成功的关键是什么？

个体对成就的归因，对自我的认知评价以及目标定向都与其成就动机水平有密不可分的关系。在成就归因方面，高成就动机的人常把以往的成功归因于能力与努力，而把失败归因于缺乏努力；低成就动机的人则会把以往的失败归因于缺乏能力，而把成功归因于外在原因（如运气）。个体对自我的认知评价，主要集中在对自身能力的评价上。凡是对自身能力水平评价较高的人一般也会具有较高的成就动机水平。个体对目标的定向有两种方式：一种定向以提高自身能力为目的，个体多选择富有挑战性的任务来做；另一种则以证明自身能力为目的，这种定向会使个体回避有挑战性的任务。在成就动机水平上，前者的水平更高一些，具有更多的追求成功的倾向，后者则多为回避失败。

3. 环境因素

20 世纪初期，有人认为，如果人生活在一种较有活力的环境中，也会变得更为活跃，更富有进取心。这种观点虽有一定道理，但不太全面。对此，一位英国历史学家（Amold Toynbee）提出了一个较为全面的观点。他认为，在社会与地理环境给人类带来的挑战适中时，国家就会发展，因为此时人的成就动机水平最高。这里所谓的适中是指人的生存环境（社会的和环境的）既不特别艰难也不特别舒适。麦克莱兰德分析发现，成就动机水平比较高的原始部落多生活在自然环境不十分好的地方，之所以出现这种情况，可能有两种原因：一是物理环境的条件推动了人们成就动机水平的提高；二是高成就动机水平的群体倾向于选择这种环境。也有研究表明，社会环境的好坏也影响人们成就动机水平的高低，宽松自由、发展机会多、有竞争性的社会环境有利于提高社会成员的成就动机水平。

二、归属动机

归属动机（affiliation motivation）是指个体与他人在一起并建立个人关系的需要。关于归属动机的形成方式有两种不同的观点。一种观点认为，归属动机是一种本能，是自然选择的结果。在远古时代，与其他食肉动物相比，人类是十分弱小的种族，需要集合起来保护彼此的生命安全和种族繁衍，归属动机强的个体存活下来，并将这种倾向演化为可遗传的特性保留了下来。另一种观点认为，归属动机是后天习得的，条件反射和奖赏等都有可能加强归属动机。一般情况下，如果社会文化对归属行为持一种赞赏的态度，就会强化个体的归属行为。实际上，在所有的归属行为中，有些是先天遗传的，有些是后天学习得来的，还有些是两者相互作用的结果。

恐惧使人们的归属动机加强。有研究者曾做过如下的一个实验。将被试带到有许多实验仪器的实验室，让所有的被试明白，实验与电击有关。一部分被试被告知，实验中将有极为痛苦的电击，对另一部分被试则告知，电击只是稍微有点刺痛。实验者假设预知强电击的被试比弱电击的被试会更加恐惧。然后实验者告诉被试因为要检修设备，实验推迟 10 分钟后进行，让所有的被试与其他人一起等待。结果发现，60%的高恐惧的人选择了与其他人一起等，而只有三分之一的低

《心火：社会动机与我们的生活》

恐惧的人选择了与其他人一起等。

还有研究发现，痛苦经验会提高归属动机，处于困境中时，归属动机会促进人们寻求社会支持。

第四节 情绪

一、情绪的基本概念

（一）情绪的定义

每个人在生活中都曾体验到不同的情绪（emotion）：快乐、忧愁或愤怒。但如何给情绪下一个准确的定义却并非易事，因为情绪本身是一种多维度、多形态和多功能的复合体，是一种十分复杂的心理过程。情绪心理学家斯托曼给情绪下的定义为："情绪是感受，是与本身结构有关的身体状态，它是粗糙的或经过精细化的行为，并发生于特定的情景之中。"

实际上，包括斯托曼在内的众多情绪研究者们大多从三个方面来考查和定义情绪：主观体验、生理唤醒和外在行为。

情绪的主观体验是大脑的一种感受状态，是心理活动中一种带有独特的享乐色彩的知觉或意识。一般所谓"情绪感受"即情绪的主观体验。我们会对不同的事物有不同的主观体验，有些事物使我们感到愉悦与快乐，有些事物则使我们感到厌恶。当我们产生某种情绪体验时，身体内部也会发生相应的变化，这是情绪的第二个基本成分——生理唤醒。任何一种情绪都伴随着一定程度的生理唤醒。例如，当我们害怕时，会发生许多身体上的变化：心跳和呼吸加快、四肢发抖、肌肉紧张等。有人以第二次世界大战中的飞行员为例，研究了与恐惧相伴随的生理唤醒，结果表明，在战斗机飞行的过程中，飞行员在恐惧情景中往往都曾体会到许多与恐惧相伴随的生理唤醒，如心跳加剧、脉搏加快、肌肉紧张等（见表 9-1）。情绪的第三个成分是外在行为。情绪总是伴随着相应的面部表情和身体姿势，当我们体会快乐的情绪时便会有笑的表情，甚至手舞足蹈；当我们害怕时便会睁大眼睛和嘴巴，喊出声音，甚至做出逃跑的动作。

表 9-1　战斗飞行中恐惧的征兆

战斗中你的感觉	经常	有时	总计
心跳加剧，脉搏加快	30%	56%	86%
肌肉紧张	30%	53%	83%

续表

战斗中你的感觉	经常	有时	总计
易激怒，愤怒或者“痛苦”	22%	58%	80%
喉头和口内干燥	30%	50%	80%
“神经性排汗”或“冷汗”	26%	53%	79%
想呕吐	23%	53%	76%
不真实感，似乎对于你来说不可能发生	20%	49%	69%
频繁排尿	25%	40%	65%
发抖	11%	53%	64%
慌乱或扰乱	3%	50%	53%
衰弱或昏厥	4%	37%	41%
任务完成后不记得发生过的细节	5%	34%	39%
胃病	5%	33%	38%
不能集中注意	3%	32%	35%
尿湿或弄脏裤子	1%	4%	5%

注：以第二次世界大战中飞行员的报告为依据。

主观体验、生理唤醒和外在行为作为情绪的三个组成部分，在评定情绪时缺一不可。只有三者同时活动、同时存在，才能构成一个完整的情绪体验过程，只有其中一种成分或两种成分时，不会产生一个真正的情绪过程。例如，当一个人佯装愤怒时，他只有愤怒的外在行为，却没有真正的内在主观体验和生理唤醒，因而也就称不上有真正的情绪过程。因此，情绪必须有上述三方面同时存在，并且有一一对应的关系，一旦出现不对应，便无法确定真正的情绪是什么。这也正是情绪研究的复杂性以及对情绪下定义的困难所在。

（二）情绪的动机作用

情绪在个体的生存适应和人际交往过程中起着十分重要的作用，它与动机的关系十分密切。这主要体现在以下两个方面。第一，情绪能够以一种与生理性动机或心理性动机相同的方式激发和引导行为。有时我们会努力去做某件事，只因为这件事能够给我们带来愉快与喜悦。第二，情绪也可能与动机引发的行为同时出现，情绪的表达能够直接反映个体内在动机的强度与方向。由此，情绪可以被视为动机潜力的指标。对动机潜力的认识可以通过对情绪的辨别与分析来实现。例如，当个体面对一个应激情境时，动机潜力会发生作用，促使个体做出特定的行为（如逃跑），对这个动机潜力的分析可以由对情绪的分析获得。面对应激情境时，个体的情绪会发生生理的、心理的以及行为的三方面的变化，这些变化会告诉我们个体在应激状态下动机潜力的方向和强度。

问道德情绪为何物？直教人积极创造

二、情绪的产生与表达

（一）情绪的产生

所有的情绪变化都伴随着一系列生理上的变化。情绪唤醒中的大多数生理变化来自自主神经系统中交感神经的作用。交感神经主要支配以下变化：①呼吸频率和深度增加，呼吸加快；②心跳加快并且每次心跳的输血量也增加；③血压上升；④血糖水平增加以供应更多的能量；⑤内脏血液减少，肌肉中的血液量增加；⑥口中有唾液产生，呼吸器官中的黏液减少；⑦瞳孔扩张；⑧流汗并且皮肤上的毛发竖立。这些交感神经所控制的身体变化会使有机体产生害怕、兴奋等情绪。

测谎的原理就来自对情绪生理变化的测试。测谎理论假定：欺骗所唤起的情绪反应是能够测出的。多导仪（polygraph）是用来测谎的仪器。它能够记录心率、血压、呼吸和皮肤电反应（GRS）的变化，通过对这些指标的分析，得出被试是否说谎的结论。

除了交感神经的变化，情绪的发生还伴随着体内激素的变化，如肾上腺素和副肾上腺素的释放。当个体处于情绪激动状态时，血液与尿中的激素含量会增加，激素的增加会导致情绪的改变。

情绪的脑机制研究表明，情绪的产生与下丘脑、海马、网状结构、边缘系统等关系密切。下丘脑位于脑垂体上端，它直接控制脑垂体及整个内分泌系统，在情绪的产生过程中起着决定性的作用。动物实验表明，电刺激下丘脑的某些部位，会引起动物不同的情绪反应。边缘系统的主要功能是调节自主神经系统的活动，因此它与情绪的产生也有密不可分的关系：刺激动物边缘系统的不同部位会使它们产生诸如害怕、愤怒、消极或快乐等反应。动物实验证明，在下丘脑和边缘系统的某些部位有“快乐中枢”。实验方法是在老鼠的下丘脑背部埋上电极，另一端与电源开关相连，老鼠只要按压开关杠杆，便会获得一个微弱的电刺激。结果发现，老鼠会不断地按压杠杆，以获得快乐的“自我刺激”，这表明在下丘脑有“快乐中枢”。

在情绪的产生问题上，有一个长期争论不休的问题，即喜怒哀乐各种情绪是天生就有，还是后天学习得来的。对此，绝大多数研究者认为，在情绪的获得过程中，遗传与后天学习都起重要的作用，某些基本情绪及表达方式是先天就有的，如愤怒、愉快等。伊扎德（lzard）研究发现，初生婴儿只有一种一般性的积极状态和一种一般性的消极状态，同时也有好奇与哀伤的情绪体验，几个月后，便会表现出愉悦与愤怒的情绪体验；较为复杂的情绪体验则主要是后天学习的结果，如儿童的各种恐惧体验，怕黑暗、怕医生等都是后天学习得来的。成人的丰富而复杂的情绪体验与表达方式则主要是后天学习的结果。

（二）情绪的表达

情绪作为一种内心体验，其本身很难被我们直接观察到，但情绪体验产生之后，通常会伴随着相应的非言语行为，如面部表情和身体姿势等。面部表情是人类的基本沟通方式，也是情绪表达的基本方式。面部表情有跨文化性，同一种面部表情会被不同文化背景下的人们共同承认，并使用它表达相同的情绪体验。心理学家们经过研究发现，有 7 种表情是世界上各种族的人都能辨认出来的，分别是快乐、惊讶、生气、厌恶、害怕、悲伤和轻视（见图 9-5）。

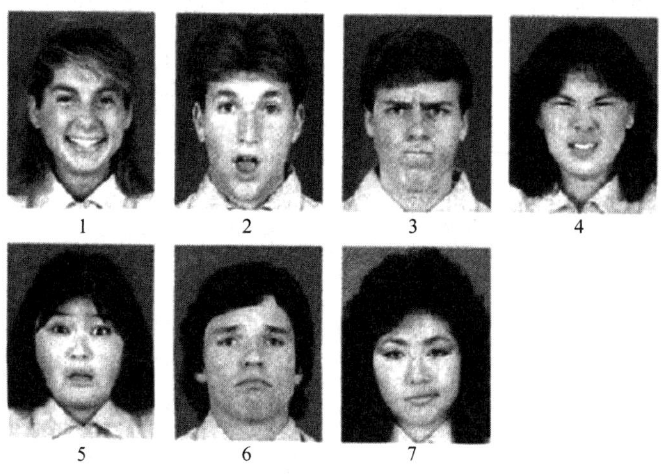

图 9-5　请辨认面部表情，并命名

已有研究发现，不同文化背景的人们都能精确辨认这 7 种基本表情，5 岁以上的孩子在辨认表情的精确度上便等同于成人。当人们辨认表情时，最关注的部分是该种表情中公认的最重要成分。例如，快乐的表情是提高嘴巴，拉低眼皮；惊讶是抬高眉毛，拉高上眼睑以加宽眼睛，张开嘴巴。人类的面部表情为什么会有跨文化的一致性呢？一个解释是，不同的文化背景下的人必须与其他文化进行广泛的交往，这使得他们学会了对相同的情绪使用相同的面部反应。虽然面部表情是人们表达情绪、进行沟通的重要手段，但面部表情也会说谎，在有些情况下，由于文化及特殊环境的制约，人们常常会抑制内心的自发流露，做出另一种表情以掩饰内心的真实体验，如强作欢颜。总之，在社会环境影响下，人们常会控制自己的情绪表达以合乎个人的或文化的表现规则；表现规则不只告诉我们在什么情况下最适合表现某种情绪，它同时还告诉我们，表达情绪的强度和持续时间的适宜程度应是多少。例如，我们会用拍手的强弱和长短来表达不同程度的高兴，用挠头表示一定的情绪苦恼，经过世代相传它们都已成为一种固定的行为表现模式。

除了面部表情，身体姿势、手势等也可表达情绪。手势与面部表情的不同点在于前者一般不具有跨文化性。在不同的文化中，同一手势所代表的含义可能截然不同，如竖起大拇指在许多地方是表示夸奖对方的意思，但在希腊却有侮辱他人的意思。身体姿势是表达情绪的指标之一，在不同情绪的支配下，人的身体姿势会有不同的变化，如高兴的人会站得笔直，神采飞扬；悲伤的人则常会低头不语，意志消沉。

《别对我说谎》

三、情绪的种类

情绪本身是十分复杂的，因此要对其进行准确的分类就显得更为困难，许多情绪心理学家在这方面进行了长期的研究探讨，这使得我们能够较为全面、系统地看待我们每天都在体验着的种种不同的情绪类别。

在众多的研究中，有两种分类方法颇具代表性。一种是 1987 年著名情绪心理学家普拉奇克（Robert Plutchik）根据情绪的强度、相似性和两极性提出的情绪的三维模型（见图 9-6）。在情绪的三维模型中，顶部有 8 种基本情绪——悲痛、恐惧、惊奇、接受、狂喜、狂怒、警惕、憎恨，这 8 种基本情绪最强烈，每一类情绪中都有一些性质相似，强度依此递减的情绪，位于模型的底部。

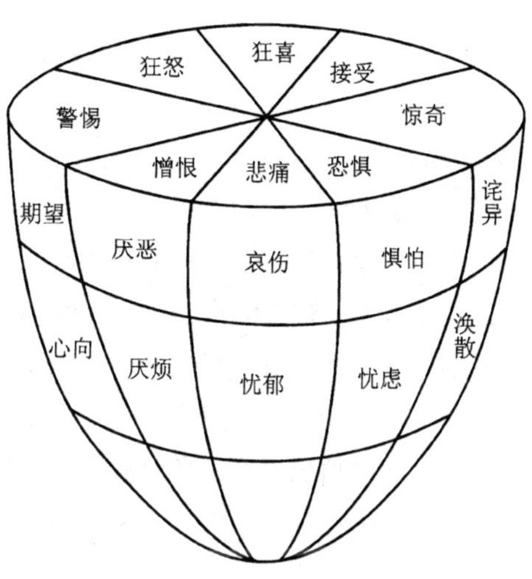

图 9-6　普拉奇克的情绪三维模型

另一个是谢弗（Shaver）等人对情绪进行的分类研究，提出情绪有 6 种基础类别。他们的研究方法是选取了 135 个情绪名词，让大学生进行分类，将类似的情绪划归一类。结果表明，有 6 种基本情绪类别，它们是：爱（love）、喜悦（joy）、惊奇（surprise）、愤怒（angry）、悲伤（sadness）和恐惧（fear）。其他情绪都可以根据本身的含义和性质划归到这 6 种基本情绪之中。

对这 6 种基本情绪种类从不同的角度还可以进行不同的划分。其中有 3 种是正面情绪（爱、喜悦、惊奇），另外 3 种是负面情绪（愤怒、悲伤、恐惧）。此外，还可以从 3 个维度：评价（正面或负面）、强度（强或弱）以及活动（唤醒程度高或低）对这 6 种基本情绪进行区分，如惊奇是一种正面的、强的、高唤醒的情绪。

四、情绪理论

（一）詹姆斯—兰格的情绪外周理论

1884年美国心理学家威廉·詹姆斯（W. James）对情绪的主观感觉成分进行了解释。他认为身体变化（如心跳）发生在前，由身体的改变引起某种情绪体验。在这个过程中，某些本能性反应（如受威胁而颤抖）会把不同的感觉和动作反馈回大脑，使大脑产生某种意识，并进一步促使人产生某种情绪反应。詹姆斯用一种似乎是本末倒置的方法为我们解释了情绪的产生，他认为"我们害怕是因为我们逃跑""我们发怒是因为我们攻击"。这一理论强调的是植物性神经系统在情绪产生中的作用，因此又可被称为情绪的外周理论。几乎与此同时，丹麦心理学家兰格（Lange）也提出类似的观点，因此这一理论被称为詹姆斯—兰格理论（见图9-7）。

图9-7　詹姆斯—兰格的情绪外周理论

詹姆斯—兰格理论认为情绪是由行为反应引起的，这个理论与现代的面部反馈假说（facial feedback hypothesis）有许多相似之处。后者认为，微笑将使人觉得快乐，皱眉将使人觉得消沉。最近的研究已经证实，面部反馈在情绪的产生过程中确实起着重要作用，同时在与人交往的实践中，也有证明微笑的面部表情有助于产生积极的效果。

（二）坎农—巴德理论

1927年，另一位颇具影响力的心理学家坎农（W. B. Cannon）对詹姆斯—兰格的理论提出批评。他指出，与情绪相联结的身体改变发生得太快，因为情绪的产生往往是一瞬间的事情，所以身体的改变不可能是情绪的起因。此外，即使没有情绪产生，伴随情绪产生的生理反应仍有可能发生，如运动会引起心跳与呼吸加快等生理反应，但此刻并不伴随害怕的情绪体验。因此坎农指出，情绪产生的根源在于中枢神经系统的丘脑。后来，该理论得到巴德（P. Bard）的支持与发展，因此这一理论又被称为坎农—巴德理论。

坎农—巴德理论的基本观点为，当一个激发情绪的刺激被丘脑接收后，它同时向大脑皮层和身体的其他部位输送冲动，情绪是大脑皮层和自主神经系统联合唤醒的结果。这一理论最基本的假设是身体的改变和情绪体验是同时发生的。现代的研究并不支持坎农—巴德理论，因为研究表明，不是丘脑，而是下丘脑和边缘系统的某部位与情绪反应有关。而这一理论能够引起现代研究者兴趣的是，与情绪有关的刺激究竟是同时还是分别引起生理改变和主观情绪体验的。

（三）认知理论

情绪的认知理论把焦点放在对情绪刺激的认知解释上，具体来说，这种认知解释分为两个部分，一是对环境刺激的解释，另一个是对身体反应即生理唤醒或身体动作的解释。

首先，对于环境刺激，无论它来自外部或身体内部，都是最初达到大脑皮层，得到解释并有体验发生，然后再向下传到边缘系统与自主神经系统，引发生理唤起。然而生理唤起并不对应于特定情绪，也就是说，不同的情绪可能有相同的生理唤起。为此第二步还要对被引起的生理唤起做定性解释。最终是对唤起所做的认知解释决定了情绪体验的性质。这一观点可以解释生活中的许多现象。比如，为什么性吸引会被误解为爱情，那是因为人们对生理唤起做了错误的解释。

陷入了负面情绪怎么走出来？

知识扩展

情绪的认知理论实验

情绪产生时，生理唤起与对唤起的解释缺一不可。之所以这样说，是因为不同的情绪可能有相同的生理唤起，因此需要凭借对唤起的认知解释来决定情绪体验的性质或类别。斯坦利·沙赫特和杰罗姆·辛格尔的经典研究验证了这一点。参加实验的被试都被注射了肾上腺素，这可以导致心脏等器官的生理唤起，但他们以为自己注射的是一种可能对视觉有影响的维生素。之后，将被试分成两组，他们分别进入两种不同的情境：愉快情境和愤怒情境。结果发现，对生理唤起的认知解释影响了人们的情绪体验，愉快情境中的被试将唤起解释为愉悦，愤怒情境中的被试将唤起解释为愤怒。值得注意的是，这些结果只发生在那些没有被准确告知注射药物的真实反应的被试身上，如果被试知道注射药物会引起怎样的生理反应，任何一种情境都不会影响他们的情绪，因为他们会将生理唤起解释为药物的作用。

资料来源：Lahey，B. B.，Psychology，2008。

五、情绪与健康

（一）情绪在人的心理活动中的作用与地位

情绪作为一种基本的心理过程，对人的生活与工作有着十分重要的影响，适宜的情绪体验是个体与周围的人进行交流与沟通的手段之一，对自我情绪的调节与控制能够帮助人们更好地适应社会环境的要求，有利于身心健康。同时，情绪作为一种主观体验和人格特质，会直接影响人们的活动方向、行为的选择以及人格的形成，对个体的生存和生活有着重要价值。

适宜的情绪能够保持人的觉醒状态，有助于人们更好地完成工作，但强烈的情绪唤醒状态常常是破坏性的。因此情绪唤醒水平与操作水平之间的关系是一种倒U字形曲线（见图9-8）。当唤醒水平很低时，操作水平也十分低，因为这时有机体的神经系统可能还没有充分发挥作用；唤醒水平处于中等时，操作效率最高；唤醒水平过高又会导致操作水平下降。同时，唤醒水平与操作水平的曲线形状又会受到作业性质的影响。整合比较好的习惯化了的反应，一般较少受到情绪的干扰，复杂的任务则较多地受到情绪唤醒水平的干扰。例如，面对突如其来的灾难时，被巨大的恐惧感所控制的人们能够说出自己的姓名和家庭地址，却有可能忘记刚刚学会的驾驶技术，无法开车逃跑。

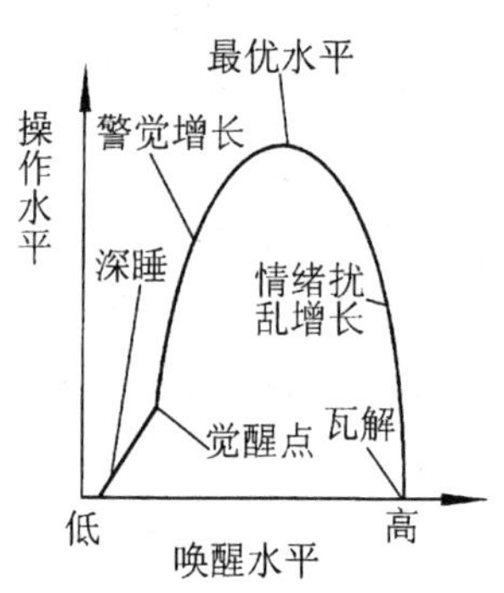

图9-8　情绪唤醒与操作

（二）情绪异常与健康

高度的情绪唤醒状态能导致个体有效活动能力的丧失，而长时间处于一种紧张的情绪状态中则会导致各种身心疾病。在各种身心疾病中，症状虽然表现在身体上，但根本原因是心理的，而且往往是与情绪有关的。许多疾病，如胃溃疡、偏头疼、高血压等，都与情绪紧张有关。

在我们的日常生活中，有一些常见的异常情绪对人的负面影响极大。

1. 抑郁

抑郁（depression）是一种复合性消极情绪，它表现得强烈而持久。抑郁通常不会导致极端行为、人格解体以及严重的思维障碍，但常会使人处于一种消沉、沮丧、失望无助的状态之中，给人的生活带来极大的负面影响。抑郁发展为病态后，可分为神经性抑郁症和精神性抑郁症。抑郁症患者持续存在抑郁心境，并伴有焦虑，病程较长。

心情抑郁的时候如何正常生活？

2. 焦虑

焦虑（anxiety）是一种紧张不安并带有恐惧体验的情绪状态，多半是由不能实现目标或不能避免某些威胁而引起的。焦虑分为现实性焦虑、神经过敏性焦虑和道德性焦虑三种。焦虑常与抑郁同时存在，二者在症状上有某些类似之处，如睡眠障碍、食欲改变、注意力难以集中、易激怒等；但二者在许多症状上也有明显不同，如在基本心情上，抑郁症患者的持久而内在的体验是情绪低落；焦虑症患者的基本心情是害怕、不安和紧张。

如何解决焦虑？

3. 情感淡漠

情感淡漠（apathy）是指对外界刺激缺乏相应的情感反应，对亲人朋友和生活中的悲欢离合都无动于衷。淡漠症患者缺少丰富的内心体验，面部表情较少。这类人往往难以与他人建立正常的人际关系，难以适应社会生活。他们可能在个别单独进行的工作中获得很不错的工作业绩，但从总体上来讲，这类人很难获得成就。他们生活平淡乏味，缺乏创造性和独立性，没有细腻的情绪体验与表达，显得与社会格格不入。淡漠症的形成一般与儿童时期缺乏父母的爱有关。

4. 躁狂抑郁症

躁狂抑郁症（manic-depression disorder）又称躁狂抑郁性精神病，是一类以情绪高涨或低落为主要特征的精神疾病，同时伴有与心境障碍相关联的思维、意志行为障碍。躁狂抑郁症患者往往有情绪的爆发性和行动的冲动性，缺乏自制力，极易兴奋，对人粗鲁，没有社会责任感，有攻击倾向。这类人的心理发育不成熟，易受人挑唆，做事不计后果。

（三）情绪的自我调节与控制

情绪对我们的影响是无处不在的，异常的情绪可能会导致防御机制，即采取曲解事实的方法来对抗自身的不良情绪。防御机制很难成为有效地适应、解决问题和解除痛苦的方法，面对不良情绪的积极做法应当是坦诚地面对它，善于用各种方法进行自我调适，发挥自身对情绪的管理作用。

对不同情境中的负性情绪可以采取不同的方法进行自我调节和控制，并需要结合自己的实际情况来进行，但以下原则对大多数人都会有一定的指导意义。

第一，培养积极乐观的人生观。

第二，培养广泛的兴趣爱好。

第三，广交朋友，与他人建立良好的人际关系。

第四，时常以赞赏的眼光看待自己。

第五，不以过高的标准要求身边的每一个人。

第六，学会忘记过去的失败和别人对自己的伤害。

第七，避免过分的自责。

第八，当负性情绪袭来时，尝试用其他事情来分散和转移注意力。

第九，不要随意夸大事情的严重性，尽可能做到“大事化小，小事化了”。

第十，学会忽略某些对自己不利的事情，以避免因此而引起负性情绪体验。

最后，我们对本章内容进行小结。动机是激发、维持、调节并引导人们从事某种活动的内在心理过程或内在推动力量。动机的产生受内在需要与外在诱因两种因素的共同影响。它是个体行为过程中的一个中间变量。人在行为活动中，心理上除了产生对内外世界的认知过程外，还同时产生某种情绪体验。情绪包括主观体验、生理唤醒和外在行为三个组成成分，三者同时存在才能构成一个完整的情绪体验过程。情绪具有动机作用。某些基本情绪是先天就有的，而大部分复杂的情绪主要是后天学习的结果。良好的情绪唤醒状态能使人提高学习和工作效率，长期处于紧张和负性的情绪状态有可能导致各种身心疾病。因此，确立良好的行为动机和保持积极的情绪状态在生活中具有重要意义。

知识扩展

情绪智力

近年来，研究者开始探讨另一种智力——情绪智力，这与加德纳多元智力理论中的人际智力和自知智力密切相关。情绪智力（emotional intelligence）的概念由美国耶鲁大学的萨洛维（P. Salovey）和新罕布什尔大学的梅耶（J. D. Mayer）于1990年首次提出，主要指“个体监控自己及他人的情绪和情感，并识别、利用这些信息指导自己的思想和行为的能力”。换句话说，情绪智力也就是识别和理解自己与他人的情绪状态，并利用这些信息来解决问题和调节行为的能力。在某种意义上，情绪智力是与理解、控制和利用情绪的能力相关的。“情绪智力”这个术语在社会上的广泛传播则要归功于戈尔曼（D. Goleman）的《情绪智力》（*Emotional Intelligence*）一书。由巴昂（Bar-On）主编的《情绪智力手册》的出版则标志着情绪智力的研究进入了一个繁荣发展的新阶段。情绪智力主要体现在以下四个方面：

- 准确和适当地知觉、评价与表达情感的能力。
- 运用情感，促进思考的能力。
- 理解和分析情感，有效地运用情感知识的能力。
- 调节情绪，以促进情感和智力发展的能力。

情绪智力作为人类社会智力的一个组成部分，是人们对情绪进行信息加工的一种重要能力。情绪智力有很大的个体差异。情绪智力高的个体可能更深刻地意识到自己和他人的情绪与情感，对自我内部体验的积极方面和消极方面更开放。这种意识使他们能对自己和他人的情绪做出积极的调控，从而维持自己良好的身心状态，与他人保持和谐的人际关系，有较强的社会适应能力，在学习、工作和生活中取得更大的成功。因此，培养和发展人们的情绪智力对全面提高人的素质具有重要的意义。

思考题

1. 什么是动机？它的基本特征有哪些？

2. 回想你在一天中做过的事，源自哪些需要？被哪些诱因引导？请描述动机产生的过程及其对行为的影响。

3. 根据动机理论，思考如何增强自己学习心理学的动机，列举具体的计划措施以及相应的理论依据。

4. 想想你生活中的重要事项，哪些源于内在动机？哪些源于外在动机？主观感觉和效果有何不同？

5. 思考饮食的生理机制和心理机制，为肥胖者制订一个减肥计划，并说明每项措施的理论依据。

6. 情绪的基本成分与主要表达方式是什么?

7. 回忆你最近体验过的强烈情绪，试用本章讲的三个情绪理论解释情绪发生的过程。

第十章
意　志

【本章要点】

1. 意志的概念与特征
2. 意志理论
3. 意志过程
4. 意志品质
5. 意志力的培养

张厚粲先生指出“心理学研究的对象，简单说，就是知、情、意。人不同于动物，不仅有知，还有情和意，有理想，有信念，有克服困难追求理想的决心和意志。心理学研究的重点不是动物心理学，而是人的心理学。”(2021)

认知、情感、意志是构成人类心理过程的完整结构，意志过程是人类将思想付诸行动的过程，意志心理是最能体现人的心理的要素。人类在进化过程中历经坎坷，在与环境相互作用时，人类发现在认知世界里，并非只能被动地接收信息、加工信息、思考问题、体验喜忧，还可以主动地启动行动去作用于主观和客观世界，甚至去改造世界。人类在改造世界的进程中，为了达成目标而自觉地为之努力的心理过程，就是意志的体现。例如，在电影《阿甘正传》中，先天智力异常的主人公阿甘，在面对各种困难和挑战时始终保持着乐观与坚毅，凭借着坚强的意志一生不停地奔跑，在多个领域创造了奇迹，实现了他的梦想和人生目标。意志体现了人的自主性、能动性与积极性，坚强的意志品质在人们追求理想、实现人生价值、体现人性本质的过程中起着不可磨灭的作用。

本章将从意志的概念与特征、意志理论、意志过程、意志品质，以及如何培养坚强意志等方面，系统地对意志这一重要且复杂的心理过程进行阐述。

第一节 意志概述

一、意志概念

意志（will）是与定向行为密切相关的心理要素，是人类不断进行自我优化的心理保障，通过实施行动来作用于客观世界的挑战与冲击，通过调控行为来实现主观世界的目标与理想。意志也是一个充满力量的心理元素，强大的意志力可以使人类冲破障碍，不断前行。正如孙中山所述："君志所向，一往无前，愈挫愈奋，再接再厉。"

意志是人在定向行动中自觉克服困难，以达到预定目的的心理过程，是人的执行功能的体现。例如，学生为了实现人生理想而努力学习、不断探索；科学家为了解决谜题而冥思苦想、废寝忘食；医护人员为治病救人而不舍昼夜、奋战一线；体育健儿为国争光而刻苦训练、顽强拼搏；军警为保卫国家而艰苦奋斗、不怕牺牲；等等。这些为实现各自的预定目的，在定向行动中克服内心矛盾和外部困难的心理过程都属于意志过程。

意志属于人特有的有意识过程，是意识的自主性、能动性、积极性的集中体现，是人类与动物相区别的高级心理过程，动物的行为虽然也带有某种目的性，但是，动物的行为还不能达到自觉意识的水平，无法意识到自己行为的目的与后果，具有本能的特征；而人的意志行动是定向于某一目标的，并按照目的和计划去行动，努力克服在行动中遇到的困难，这些都是有意识、有目的、有计划的实施过程。此外，不是所有的人类行为都是意志行动，人的本能行为、行为习惯、自动化的动作等，不能统称为意志行为。例如，手遇到火而不自觉地缩回，不是意志行动，但手遇火后为减少痛苦迅速涂上药，就是有意识、有目的的意志行动。所以，如果说感知觉是外界刺激向内部意识的转化，那么意志是内部意识向外部动作的转化。正因如此，人类才不仅能够认识世界，而且能够去适应环境，并改造世界。

知识扩展

反本能：如何对抗你的习以为常

为什么改变很难发生？为什么我们经常重蹈覆辙？到底是什么阻碍了我们走向卓越？答案是："本能！"

人类思维主要有两个决策系统，一个本能系统，一个反本能（理性）系统。"本能"来自基因的硬连接，它们对我们的生存有极为重要的意义。我们的大多数行为发自原始的本能，而非理性思考的结果。本能虽然可以让我们用极为微弱的线索觉知到危险，但是却无法让我们更好地看清自我和事物。而对自我和事物的探索，需要我们反抗本能的直觉和思维。

《反本能：如何对抗你的习以为常》一书以“反本能”作为着力点，对自我行为和思维的改变进行了深刻的阐述。我们只有战胜在潜意识里美化自己的本能时，才能更好地正视自己的不足；只有在战胜攻击的本能时，才能更好地理解他人；只有在战胜狭隘的本能时，才能看见更加真实的世界，洞悉事物本来的样子……只有通过反本能的思维方式，我们才能从已经习惯的表象中看到事情的真相，才能对抗阻碍我们提升的习以为常。

资料来源：卫蓝著：《反本能：如何对抗你的习以为常》，北京，人民邮电出版社，2022年。

二、意志特征

确定什么属于意志过程，要依据以下五个特征来判断：

（一）意志是有预定目的的定向行为

意志是人们经过思考，根据一定目的去支配和调节行动的心理过程。定向行为是为实现目标服务的有效行动，体现了执行功能。人在行动前，行动的目的与结果就以有意识的观念形式存在于人的头脑之中，例如，学生为了取得优异成绩而刻苦学习，“优异成绩”是目的，“刻苦学习”是定向行动。意志行动和目的是分不开的，意志是有明确目的的行动，离开了自觉目的，就没有意志可言，因此，冲动的、盲目的、自动化的行动是缺乏意志行动的。当一个人对任务目的认知越明确，他越是能够意识到这一目的的重要意义，特别是转化为信念时，其意志就越坚定。可见，人的意志行动是以意识为中介，以自觉目的为特征的定向行动，这也是人区别于动物行为的根本标志。

（二）意志具有对思想行动的自觉调控作用

意志是由大脑内部的思维决策向外部动作转化的过程，是主观见之于客观、思想付诸行动的过程。这一过程集中体现了人的心理（即意识）的主观能动性特点，也表现为意志对人的行动的支配和调控作用。这种调控作用表现为发动和制止行动的两个方面，即意志既可以推动人去从事达到一定目的所必需的行动，也可以制止与预定目的相矛盾的愿望和行动。例如，Stroop任务的完成就体现了发起和抑制同时进行的心理操作。在现实中，学生下决心好好学习，这种决心促使他们认真听讲，按时完成作业，同时又要克制自己去做某些阻碍学习的活动或愿望，如打游戏、玩手机、迷电视等。意志还可以调节人自身的心理活动状态，表现为与前额叶皮层等相关联的执行功能。意志可以在完成困难任务时调控人的注意、观察和思维等认识活动，使人集中精力解决问题；也可以在紧急情况下使人保持镇定的情绪，克服内心恐惧和紧张，防止出现失误与失态。此外，意志能帮助人选择正确的活动动机，处理动机冲突，制定应对困境的预案，调整行动目的和行动策略，以便顺利地实现目标。

近年来，采用生物反馈的原理进行内脏学习的研究表明，通过专门学习和训练，人也可能在一定程度上有意地调节自己的内脏活动，例如，影响心跳节律、血压升降、膀胱收缩和内分泌水平等，这说明人的意识能动作用已从改造客观世界发展到了改变人体的内部生理节律活动。

（三）意志行动的基础是随意运动

随意运动（或有意运动）是一种受意识调控的、具有一定目的与方向性的运动，是通过学习掌握了的动作。例如，科研人员精准地操作实验仪器、运动员快速完成跨栏系列动作组合，以及音乐家娴熟流畅地演奏乐器等。随意运动的掌握程度越高，意志行动越容易实现。与随意运动相对的不随意运动（或无意运动），是指不受意识支配的、不自主的运动，包括无条件反射动作、自动化的习惯性动作、睡眠状态的动作等，例如，睡眠中的说梦话、快速眼动，新生儿的抓握动作等。

自动化的习惯动作和意志行动可相互转化。自动化的习惯性动作是由随意运动多次重复而逐渐变得熟练，意识控制减弱，就是人们常说的熟能生巧；反之，已经形成的自动化动作，在碰到阻力或干扰时，也会出现紊乱或失控，又可以转入意识状态，变成随意运动。可见，意志动作也包括相应的自动化动作，并且可以主动地运用自动化动作，使一个人更好地完成意志行动所要达到的目的。

（四）意志行动与克服困难相关联

意志行动是有自觉目的的行动，目的的确立与实现的过程通常会碰到种种困难，战胜和克服困难的过程，就是意志目标实现的过程。困难包括内部困难和外部困难，内部困难是指主体的障碍，包括情绪消沉、能力局限、健康不佳、经验不足等；外部困难是指客观条件的障碍，包括激烈竞争、艰苦环境、简陋条件、诱因干扰、讽刺打击等。

根据困难的程度，意志行动有简单复杂之分，越困难越需要更坚强的意志力，克服困难所需的意志行动也越复杂。克服低难度的困难属于简单意志行动，例如，游客登山遇到陡坡，可能产生畏难情绪，此时需要意志来克服情绪障碍，坚持完成任务，这种与克服较小困难相联系的行动就属于简单意志行动。而一名探险者去危险的地方执行任务，除了需要克服情绪和体力障碍，还要克服许多外部困难，如天气恶劣、食物匮乏、环境险峻等，这种与克服复杂困难相联系的行动是复杂意志行动。

（五）意志是人类的一种高级心理过程

人类的意志行为与动物行动的根本区别，在于人的意识参与性。首先，意志体现出人类的高级心理组合范式。行为有高低之分，本能行为属于低级行动，人类的高级行为与意识相关，意志行动是与思维决策、情绪性质相连，构成了人类心理的知—情—意的完整组合模式。其次，意志体现出人行为的自觉性、主动性、调控性与设计性。人类的定向行为是为实现目标服务的，人可以选择某些行为，也可以抑制某些行为，体现为积极主动性；同时，为实现一个目的可以设计多种方案，择优而行。最后，意志体现出人类的自主性，"我的命运我做主"，而动物则缺少自主性。

生活自主性与寿命

1976年，心理学家兰格尔和罗丹（Langer and Rodin）在美国康涅狄格州的阿登敬老院进行了关于自我控制感的心理学实验。他们在敬老院的四层和二层选择了90位年龄在65岁到90岁的老年人参与实验。住在四层的8位男性、39位女性老人是自主选择组（实验组），他们可以决定自己房间如何布置，放什么绿植，看什么电影；住在二层的9位男性、35位女性老人是被动安排组（对照组），房间、绿植和电影由护士来安排。3周后比较两组老人的心理状态，结果发现：自主选择组的老人在幸福感、主动性、警觉性和责任感上有很大改善。18个月后的再次跟踪结果显示：30%被动安排组的老人去世，自主选择组只有15%的老人去世。这一研究说明，对自己人生具有掌控感的人，有更好的人生质量。另一项对敬老院老人抑郁症的研究结果也表明，缺乏自主选择是抑郁症的预测因素。心理学研究还发现，即便是虚拟控制感对人也具有短期的积极作用。

第二节 意志理论

一、自我决定理论

在20世纪80年代，美国心理学家德西·爱德华兹等人（Deci Edward L. & Ryan Richard M.）提出了自我决定理论，这一理论认为自主、胜任、关系是人的三种基本心理需要，其中"自主需要"是关于人类自主决定行为的意志理论。

（一）自主取向决定自我决定行为

德西的自我决定理论的重点聚焦于自我决定行为上，强调个体可以凭借自己的意志力来决定行为。由此，人类行为可以分为自我决定行为和非自我决定行为，其行为的不同又取决于个体所持的不同信念：自主取向和控制取向。当个体认为自己是行动的决定力时，就是自主取向，其启动的行为也是自我决定行为；例如，学生冲击难题是为了提高自己的能力，这种自主取向启动了学生知难而上的行为，意志力就成为学生刻苦学习的内在动力。反之，当个体相信自己的行为受外部控制时，就是控制取向，启动了非自我决定行为；例如，学生认为考试成绩的高低取决于教师出题的难度，自己无力控制，学生的复习就是为了获得高分，是一种被外力胁迫的非自我决定行为。

（二）自我决定体现主客观的交互作用

自我决定并非只是主观的绝对作用，而是在于能够灵活地协调自己与环境之间的关系，是主客观交互作用的结果。人们在自由选择行动，也要依据对外在环境的分析，而非一意孤行。自我决定时常涉及对人们的环境或结果的调控，但是，自我决定也会受到环境的支持或阻止。所以，自我决定的可行性依赖于对环境影响的准确理解。

（三）自我决定行为具有能动作用

自我决定行为的动机过程，凸显了个体在动机过程中的能动作用。当出现一个动机或多个动机时，人们根据预期目标，自主地选择有效行为，并可以自我修正不当行为，或终止破坏性行为，最终达成目标的实现。

二、抑制控制理论

格林（Green）于 1998 年提出了抑制控制模型（inhibitory control model），该模型最早用于解释双语者是如何抑制熟练语言而用较不熟练的语言交流。随后，该模型获得了很多研究的支持。研究还发现，这种语言之间的抑制过程会激活大脑的前额叶皮层、前扣带回皮层和基底神经节等区域，也是执行功能中抑制功能的相关脑区。

之后，抑制控制理论主要针对的是意志的调控功能，具体涉及对习惯、分心物、直觉等干扰源的抑制，使个体能够更有效地处理意志过程中的冲突。抑制控制是执行功能的核心成分。执行功能（executive function，EF）是个体用于控制和调节认知过程，以实现特定目标的一般控制机制，主要表现为自上而下的高级心理调控功能。执行功能有三个子成分：一是抑制（inhibitory），是指控制与当前任务无关或起干扰作用的自动化或优势反应，并产生当前任务所需要的更适合的行为；二是工作记忆（working memory），是指任务执行过程中，不断更新信息，以适应任务要求的过程；三是认知弹性（cognitive flexibility），是指个体在完成同一认知资源的任务时，能够在两项不同操作规则的任务和心理定势间灵活转换。

早期对执行功能发展变化的解释都是以抑制理论为基础，儿童执行功能障碍是被关注的热点问题之一，是抑制机制不成熟的表现，这类儿童通常表现为持续性错误，无法抑制不符合当前任务的干扰性行为，不能抑制与目标冲突的强势反应倾向。然而，这一理论的解释也具有明显的局限性，抑制理论不能涵盖执行功能包含的所有现象，如规划与计划行为等，抑制只是执行功能的一个重要方面，执行功能不能等同于抑制能力。有研究者（Zelazo & Frye，1997）认为执行功能是高级认知的结果，进而提出了认知复杂性及控制理论。

知识扩展

抑制功能的发展

人的抑制功能并非生而存在，而是逐渐发展形成的。儿童认知发展的过程遵循从初级到高级的次序，首先发展的是负责感知动作的初级认知功能，其次是与空间和语言相关的认知功能，最后才是涉及前额叶皮层、前扣带回皮层等高级脑区的抑制功能。未发展出成熟的抑制功能的儿童即使具有相关的知识和经验，但仍会因未能抑制直觉反应而犯错。例如，即使提前告诉儿童两种物品的重量相同，10 岁以下的儿童仍可能会将体积大的误判为更重，即体现出抑制功能发展的不完全。

抑制功能在儿童和青少年的学习和发展中发挥着重要作用。例如，在学习解决科学问题时，仅靠对世界的感知觉所积累的朴素物理知识是不够的，还需要一次次抑制现有的直觉反应，才能逐渐将不成熟的经验升级为可靠的经验。例如，儿童可能有“物体越大，越容易下沉”的先验知识，而在判断大的低密度材料和小的高密度材料谁更容易下沉时，儿童需要动用抑制功能，抑制直觉反应，才能做出正确的判断，进而推动儿童的思维从感知到逻辑的发展。儿童的社会化过程也离不开抑制功能，例如当儿童需要站在他人视角进行判断时，就需要先抑制自己的视角，才能进而采择他人的视角或观点。此外，很多高级的情绪调节过程也离不开抑制功能的支持。

总之，抑制功能的发展对于儿童成长具有牵一发而动全身的影响，在教养过程中应对儿童抑制功能的相关表现着重关注。

资料来源：付馨晨，李晓东．认知抑制——问题解决研究的新视角．心理科学．40（1），58-63．doi：10．16719/j．cnki．1671-6981．2017．

三、前瞻性行为理论

贝特曼和克朗提（Bateman & Crant）于 1993 年的研究中探讨了个体行为中的主动性、前瞻性成分。依据个体对环境的主动控制力，可以将行为分为前瞻性行为和反应性行为。

（一）前瞻性行为

前瞻性行为（proactive behavior）也被称为主动性行为，是充分体现意志特征的行为，主要表现为主观意志对外部环境的控制力。当人们面对不确定性因素或困境时，并预知危害即将到来时，不会“顺其自然”，会反过来控制不利局面的进一步发展，阻止危害启动，或力图扭转乾坤，转危为安。前瞻性行为的优势是具有前瞻性的思考，及时预判危机状况，并依据准确评估去主动地塑造环境，采取先行一步的措施，促使局面朝向于有利的方向发展。例如，在不确定环境中防患于未然，及时止损，就需要启动前瞻性思维和行为。

（二）反应性行为

与前瞻性行为相反，反应性行为则表现为对环境和后果的被动接受，会被不利环境所牵制，对不利后果出现无助反应，接受“命运”的安排，这是意志力薄弱的表现特征。例如，当学生面对一次英语考试分数不好时，就认为自己缺少学习第二语言的能力，放弃努力学习外语的动力，就会导致之后的英语考试继续出现失误，形成恶性循环，这就是反应性行为。

四、计划行为理论

计划行为理论（theory of planned behavior，TPB）由伊塞克·艾奇森（Icek Ajzen）于1985年提出，是对艾奇森和费什贝恩（1975）提出的理性行为理论（theory of reasoned action，TRA）的发展。计划行为理论认为，人的行为并不是完全出于自愿，而是处在意志控制之下，人的行为是经过深思熟虑的计划的结果。具体来说，人们的行为意向（behavior intention）受到行为态度、主观规范和知觉行为控制的影响，而行为意向进一步引导产生了行为的显现。

行为态度（attitude）是指个体对特定行为所持有的正面或负面的认知。个体对特定行为的态度越正向，则更可能采取该项行为。主观规范（subjective norm）是指个体对于是否采取特定行为所感受到的社会压力，即他人看法对个体行为决策的影响。个体的主观规范越强，则越可能采取符合他人期望的行为。知觉行为控制（perceived behavioral control）是指个体根据过去经验产生的对行为控制的预期。当个体认为自己所掌握的资源和机会越多，预期的阻碍越少，即对行为控制感越强，则越有可能采取行为。艾奇森认为，行为态度、主观规范和知觉行为控制是决定行为意向的三个主要变量，并间接影响行为的表现。

从计划行为理论的视角出发，人的意志行为是在行为态度、主观规范和知觉行为控制的共同作用下，经过深思熟虑的计划的结果。例如，去健身房锻炼这一行为，可能来源于个体认为体育锻炼能够让自己的身体更健康、精力更充沛，其家人和朋友也都鼓励他勤于锻炼、强健体魄，并且他也有充足的时间来安排体育运动，有适宜的场地提供支持，那么他便能有效地实施运动计划，实现意志行为。

生活中的心理学

如何用计划行为理论减少拖延行为

拖延行为在人们日常的工作学习中屡见不鲜。拖延除了影响人们的任务完成之外，也会导致学习效果下降、职业发展受阻和身心健康受损等负面影响。如何克服拖延行为是研究者和公众所共同关注的焦点问题。林琳（2017）在《心理学报》发表的文章中以计划行为理论为框架，采用日记法进行了为期5天的纵向追踪，探索了计划行为理论中的态度、主观规范、知觉行为控制，以及实施意向对拖延行为的动态影响。通过对134名大学生在5个工作日的668项学习任务完成情况进行分析，该研究发现，态度和行为控制感能够通过增加行为意向来降低任务完成的拖延程度；形成明确的实施意向能够显著降低任务完成的拖延程度，增加任务完成量；行为控制感和实施意向能够加快任务完成的进程，行为控制感越强，或能够形成越强的实施意向，都能够显著地加快任务完成的速度。该研究的结果启示我们，明确任务的实施意向，即根据预定的目标制定行动计划，明确何时、何地、以何种方式采取何种行动，不但能有效地降低拖延程度，而且能加快任务完成的速度。鉴于制定行动计划本身十分简单易行，因此，无论对于想要摆脱拖延困扰的拖延者本人，还是对于想要协助他人克服拖延症的实践工作者，对实施意向进行操纵或调整都是切实有效的拖延行为干预策略。

参考文献：林琳．(2017)．拖延行为的干预：计划行为理论和实施意向的影响．心理学报，49 (7)，953-965. DOI：10.3724/SP.J.1041.2017.00953

五、自由意志理论

关于“意志自由”的问题是涉及对意志本质的哲学认识问题，不同学科与学派对自由意志的理解不同。自由意志在心理学上是指心理机能可以控制身体的部分动作；在伦理学上是指个人在道义上要对自己所做的行为负责；在科学领域上是指包括身体的动作及大脑活动，不全由物理因素所决定。关于自由意志是否存在，人们对它的认知还处于一个争议阶段，一个争议焦点是因果论与自由论之争。在人类行为的自主选择上，因果决定论认为自己的行为结果早已命中注定。自由意志论认为人能够选择和决定自己的行为，两种不同的信念会影响人们的行为。

（一）因果论

因果论否定了人的行为决策的目的性和自主性。因果论认为人的行为取决于遗传因素和环境因素，否认主观意志的作用。行为主义心理学派用机械主义观点否定主观精神的作用，他们把人的行为归结为“刺激—反应”（S—R）的简单公式，认为人的行为是由环境因素和后天的训练所决定的，正如行为主义的代表人物华生所说：“给我一打健康儿童，我可任意改变，使之成为医生、律师等。”因此，人的意志是不自由的，人可以不为自己的行为负责。但基于此观点提出的行为主义的理论却无法解释行为主义者的自主行为，陷入了“解释者悖论”，即他们在取消研究对象自由意志的同时，却保留了自己从事研究和创造的自由意志。与行为主义不同的精神分析学派，主张人的行为并非由某种外在的力量所驱使，而是取决于人内在的本能力量，代表人物弗洛伊德强调处于无意识层面的本能对于人的决定意义，否定行为的意识自决性。

持因果信念的人常常也是宿命论者，“宿命论”认为人的一切行为及其后果，都是由上帝或上天主宰的，直接否定了人的意志在行动中的能动作用，意志对行为不起作用。讲迷信、论风水等思想和行为，都是受这种观点影响的结果。

（二）自由论

与因果论相反的是自由论，与行为主义与精神分析观点相反，人本主义心理学流派坚持“意志自由”，代表人物罗杰斯认为人类是存在自由意志的个体，人类可以为自己的所作所为负责。这一观点体现了意志自由论。

然而，也存在着过度夸大意识能动作用的观点，主张绝对的“意志自由”。例如，德国古典哲学家康德提出人的唯一的条件是意志自由；19世纪的德国哲学家尼采和叔本华宣称，人的自由意志主宰一切等。这种过分坚信意志的绝对自由，会使人忽视客观规律、反科学化、藐视他人利益，甚至违背社会道德和法律规范，导致人自作主张、不顾一切地去行动，造成行为恶果。

如何看待“意志自由论”的争议？对意志自由的本质应持辩证思维与态度，人的意志行动具有相对的自主性。意志同其他心理过程一样，拥有神经基础和适当的外部条件，是人脑对客观现实的一种能动的反映。随着认知神经科学的发展，一些实验研究和临床观察资料发现自由意志涉及的脑区主要有辅助运动皮层、前扣带回，还有额叶皮层、顶叶皮层等；在运动前区以无意识可感知的强度和慢波频率传递经颅交流电（TACS）会影响人们开始简单的、自我节奏的动作，例如按键盘上的按钮，这表明自由意志的开始会受到这些潜在神经振荡的影响，这些研究都为自由意志的神经基础提供了证据。恩格斯在论述意志自由论时指出“自由不在于幻想中摆脱自然规律而独立，而在于认识这些规律，从而能够有计划地使自然规律为一定的目的服务……因此，意志自由只是借助于对事物的认识来做出决定的那种能力。”因此，人的意志也应该考虑到物质世界中存在着因果制约性。人可以按照自己的意愿自主地、能动地确立目的，发动或制止某个行动，选择行为方式，从这一方面讲，意志是自由的；然而，人的一切行动又必须要服从客观规律和人对客观规律的认识。

因此，在绝对的意义上，意志又是不自由的。

知识扩展

控制信念：自主选择促进认知行为表现

人是自由的，人的命运取决于自己的选择。——萨特

生活中我们会面临各种选择，有的选择每天都在进行（如一日三餐吃什么），有的选择可能只有一次（如高考填报志愿）。选择是一种心理和生理需要，无论是重大选择还是细微选择，我们大都希望将主动权掌握在自己手里。相对于强制选择，即基于外部意志做出的决策，自主选择是基于自身意志做出的决策。人们通过实施自主选择来表达意志、影响外界、获取控制感和自我效能感。如果长期处于选择受限的环境，则可能导致习得性无助、抑郁等。

周晓林教授及其团队基于自由意志论和因果决定论之争的哲学话题，从选择的角度出发，给予人类自由意志一操作性定义，即人们根据自身意志还是外部意志做出选择。研究者采用“线索-选择-任务”范式，研究了自由或被迫行为如何影响人们后续的视觉搜索任务。具体而言，被试首先在两张图片中进行选择，可以自由选择其中一张图片（自愿选择组）或选择预先标记好的那张图片（被迫选择组）。之后被试完成视觉搜索任务，即在6个形状中选出唯一不同的那个形状。视觉搜索任务有一个与任务无关的背景，它可能是：始终是被试选择或未选择的图片、空白背景，所选图片与未选图片出现频率各50%，或与选择任务图片不同的新图片，以此设置选择-结果的因果关系。最终结果显示，人们能够通过自主选择增强控制信念，提高后续认知任务的表现，即使该选择与后续任务无直接关联。该研究也发现，只有当人们认为自己的选择有所作用时，这种促进效应才会体现出来；反之，如果人们认为自己的选择没有意义，这种促进效应就会消失。

该研究揭示了人类意志的心理效应及其边界——人们通过自主选择来表达自身意志，并从中获益，但这种获益也会受到限制，即个体需要相信自身意志确实能够对外界产生影响（如相信自己能够控制选择的结果），只有在持有这种“控制信念”时，才能从自主选择中获益。研究表明，自由意志论与因果决定论之间是一种调和关系，即自由意志以因果决定论的方式影响人类行为。

用魔术揭露自由意志的真相

资料来源：Luo，X.，Wang，L.，& Zhou，X.（2022）. Belief in control：Voluntary choice enhances subsequent task performance under undefeated choice-outcome causation. Cognition，225，105108.

六、非人化理论

非人化理论最早是由哈斯拉姆（Haslam，2006）提出，非人化（dehumanization）是一种消除人的意志的现象，否认人的自主性。在社会现代化发展的进程中，特别是大工业时代的到来，人的自主性受到限制，非人化现象凸显，并存在于各领域中。例如，国家间的战争，种族大屠杀、文化歧视，还有职场冷暴力、学校欺凌、家庭施虐等。

非人化是对个体人性的否认和忽视，即不把人当人看，被非人化的个体会被认为是缺乏意志的。非人化对人极具伤害力。当人们不把别人当人看时，就不会认为他人也会感受到痛苦，从而认为他们是可以侵犯的，并接受对这些人的暴行，历史上很多惨烈的种族大屠杀背后的心理机制就是对另一种族的非人化。非人化不仅会出现在极端的暴行里，它还广泛地存在于生活中，例如，认为其他种族是缺乏文化的、没有道德的野蛮人；认为农民工是次等的、脏臭的；认为残疾人是社会的寄生虫；认为女性是生儿育女的工具；认为员工是赚钱的机器；以及医疗中强调仪器的效率和标准化，而忽视了患者的个性和人性的温暖，等等。

非人化的表现形式繁多。首先，根据非人化的程度，可以分为公然的非人化和微妙的非人化。公然的非人化是明确将他人排除在人类之外，例如，“活得不像人”“活得猪狗不如”“狗仔”，使用非人类标签（老鼠、畜生、猪狗）称呼或描绘他人。微妙的非人化也称作低人化，是一种不明显的非人化形式，表现程度偏低的非人化，例如，为将他人视作次等的，或者认为他们的身份没有社会价值，“三六九等”“社会蛀虫”等。在社会互动中，背叛、羞辱、社会排斥、无视其存在等，也都是非人化的表现。其次，根据非人化的对象，可以分为对他人的非人化和对自己的非人化。前文所讲述的非人化大部分属于对他人的非人化，但是当对人性的否认指向自己时，就会发生自我非人化。当人们经历来自他人的非人化对待（如羞辱、不尊重、剥削等），或者处在非人化的环境（如刻板的工作环境）中时，就会导致他们降低对自己的人性感知，从而引发自我非人化。自我非人化会引发一系列的消极反应，如情感麻木、共情能力下降、无法进行有意义的思考、自我厌恶、学习或工作效率降低、认为自己是没有价值的人等，甚至有人为了提升自己在重要他人心目中的价值，会心甘情愿地做别人的工具，“我就是你可以利用的人”，自我贬低、屈媚权威、委曲求全。

非人化的理论包括双分类模型理论和客体化理论。

（一）双分类模型理论

非人化的双分类模型理论将人类天性分为人类独特性和人类天性两个不同方面，而对这二者的否认会分别产生两种形式的非人化。

人类独特性（human uniqueness）是将人类与动物区分开的特质，如文明、道德、理性、成熟等。当否认他人的人类独特性时，会引发动物非人化，将人赋予动物的特性。被动物非人化的个体会被认为是粗俗的、缺乏自我控制力的、低智力的、野蛮的、受本能驱使的、无自主性、任人宰割等，他们会被内隐或外显地与动物联系在一起。例如，侮辱他人，以愚人的方式欺骗他人等。而动物非人化的实施者也常常是非理性、去道德化的。

人类天性（human nature）则是将人类与非生物区别的特质，如有情感的、温暖的、有生命力的、充满好奇心的、灵活的等。否认他人的人类天性会引发机械非人化，将人赋予机械等无生命特性。被机械非人化的个体会被认为是无情感体验的、思维僵硬的、行为被动的等，他们会被内隐或外显地同机器联系在一起。例如，忽视或否认他人的自由意志，利用他人，非法限制他人权利等。而机械非人化的实施者也常常是麻木的、冷漠的、伤害性的。

非人化的两个维度是独立而非互斥的，它们可以同时存在或被否定。这两种非人化对应不同的情感维度。动物非人化是一种纵向的比较，是地位上的否认，认为他人是低人一等的，常常伴随着对别人的羞辱，因此被动物性非人化的个体会感受到耻辱。与动物本性相关的现象（如死亡、排泄和性等）是引起厌恶情绪的基本元素，因此只要人类的行为和动物一样，人类和动物之间的区别就变得模糊了，人们会认为自己被贬低了。机械非人化则是一种横向的比较，是身份上的否认，涉及情感上的距离和疏远，典型的情绪是冷漠而非厌恶，机械非人化的对象会被认为是遥远的、疏离的。

（二）客体化理论

部分学者认为，非人化的一种特殊形式是客体化。客体化是在非人化的基础上，它不仅不把人当人看，还进一步将其视作达成某一目的的物品或工具。

生活中常见的客体化处处可见。首先，是社会针对女性的性客体化，即女性被简化为身体，她身体的存在价值仅为取悦他人或供他人使用。媒体广告中对女性身体部位的凸显而非个性的关注，宴席上的女体盛，以及人际关系中广泛存在的男性多角度凝视也是对女性的客体化的体现。其次，是在工作场合会发生的客体化，随着资本主义和工业体系的发展，工作者不再被视作人，而会成为根据他们的效率和生产力被评估价值的专门工具。例如，电影《摩登时代》里流水线上的工人。此外，还有父母对孩子的客体化，一些父母并不会将自己的孩子视作拥有独立人格和思考能力的个体，而是将其视作满足虚荣心或实现自己未竟人生理想的工具。

客体化有七个特征：

1. 工具化。即仅仅为了达到某一目的而利用某人。

2. 否认能动性。例如，怀疑他人是否有能力做出决策。

3. 否认感受性。例如，不能体会员工的饥饿感，希望他们废寝忘食地工作。

4. 否认自主性。例如，替自己的孩子做所有的决策。

5. 失去所有权。例如，商品化某人，

贩卖妇女儿童。

6. 可替代性。例如，用一个性伴侣替换妻子。

7. 可侵犯性。例如，辱骂、家暴、性侵犯等。

非人化是人性的悲剧，更是对人类意志的毁灭。当人在环境中遭到异化，沦为非人，个体的意志便也被消弭了。因此，想要充分发挥意志的作用，这不仅要靠个体的主观能动性，更要创造真正保护人性的环境，由此才能让人性散发光辉，让意志发挥力量。

生活中的心理学

从“社畜”到“韭菜”，如何在非人化的环境中守住自己的人性?

我们可以从流行语中一窥时代的社会心理问题。当今，越来越多的年轻人会使用“社畜”“韭菜”等非人的标签描述自己和他人，这无疑反映了资本主义和消费主义盛行的现代社会中，人与人、人与自我关系的异化。富有人情味的关系越来越罕见，老板和员工为了实现各自的经济利益而互相利用；商人和顾客的关系也同样充满冷漠，前者只想赚钱，并不关心后者的需求；现代人也越来越将自己当作商品，忙忙碌碌只为了拼命提高自己在劳动力或相亲市场上的“价值”……在这样的环境中，人们开始用“社畜”比喻工作中毫无体面和尊严的自己；用“韭菜”嘲讽在消费主义漩涡中的身不由己……然而，一些人似乎也在这些标签中逐渐麻木，不仅丧失了对他人情感的感知，还丧失了自己的人性。

《摩登时代》

你认为这些称呼反映了怎样的非人化?而面对这些非人化，你认为人们要做些什么，凭借怎样的意志，才能够守住自己的人性呢?

第三节 意志过程

意志过程是指一个人有意识地确立目标、调控行为、克服困难、实现预定目标的心理过程，分为确立目标、选择策略、克服困难、实现目标四个主要阶段。

一、确立目标

人类行为的复杂性取决于其背后的动机。在确立目标的阶段中，目标的背后并非只有一个动机在起作用，常常是多个动机共同作用，使得动机间产生冲突，增加了目标确立的难度。在目标确立之初要先经历动机冲突环节。

（一）动机冲突

动机是指激发、维持、调节并引导人们从事某种活动的内在心理过程或推动力量。动机不仅决定着意志过程的方向，更在全程起到重要的驱动作用。动机之间时常因不同而存在冲突。依据动机之间的冲突性水平，意志过程可以分为简单意志过程和复杂意志过程两种。

1. 简单意志过程

对于简单意志过程而言，不存在多种动机共存或者动机之间的冲突较弱，不太影响目标确立，从而动机可以直接反映至行为层面。例如，周末看电影是出于娱乐消遣的动机。但是，随着人的不断成长和生活的复杂多样，简单意志过程逐渐减少，会更多地经历复杂意志过程。

2. 复杂意志过程

复杂意志过程则存在多种不同的动机，有时不同动机之间还会产生冲突，需要经过较量才能确立目标，进而到达行为水平。例如，疫情期间想要出门社交的动机与想要避免感染的动机产生冲突时，最终占据优势的动机将在很大程度上决定接下来的行为目标和结果。由于动机通常情况下难以被人察觉，动机冲突也可能会直接反映至相应的目标层面的冲突，由个体在目标水平进行认知选择。

复杂意志过程中的动机冲突大小，还体现在动机间冲突的性质，包括双趋动机冲突、双避动机冲突和趋避动机冲突，为了寻找动机间的平衡，就会增加决策者的内心纠结。因此，在复杂意志过程中更加凸显意志的作用力。

知识扩展

动机冲突类型

心理学家库尔特·勒温（Lewin）根据基本动机类型——趋近和冲突的不同组合，将动机冲突分为四种类型：双趋式冲突、双避式冲突、趋避式冲突和多重趋避式冲突，含义分别如下：

双趋式冲突：当两个具有等量吸引力的目标同时出现时，个体对两个目标都有趋近动机，但由于存在限制条件，个体只能选择其中的一个目标完成，此时所产生的冲突即为双趋式冲突。例如，即将毕业的大学生既想继续深造学习，又想早日立业成家。

双避式冲突：当两个具有等量威胁性的目标同时出现时，个体对两个目标都具有回避动机，同样由于限制条件，个体只能选择回避其中一个目标，此时所产生的冲突即为双避式冲突。例如，生病的孩子既不想打针，也不想吃药。

趋避式冲突：指当个体一方面要趋近某个目标，同时又想回避该目标时所产生的冲突。例如，生活中最常见的一种情境——小孩子既想玩，又不想因为不写作业被老师批评。趋避特性集中在一个目标上，所引发的心理冲突往往会比较激烈。

多重趋避式冲突：现实生活中人们所面临的目标模式是复杂的，往往会同时存在两个或更多的目标，这些目标又各自具有利弊两面性，使人们无法简单地选择趋近或回避某个目标。这种复杂的动机模式所引发的冲突称为多重趋避式冲突。例如，在择偶时，英俊潇洒但家境贫困，身材矮胖但才智超人，这两种类型会使有些年轻人产生难以选择的困难。

对于复杂意志过程而言，动机冲突往往还具有一定的反复性。虽然通过动机冲突，优势动机会被优先转化为意志目标，但其他动机并不会自此消失，而只是暂时被抑制。当变化出现时，被抑制的动机可能会再度强势起来，从而改变动机冲突的结果。

（二）目标确立

目标确立是动机冲突的结果，二者常表现出一致性。同时目标又可以作为具体活动的动机，在动机短暂减弱或缺失的时候维持意志活动，且目标实现本身也可以作为动机输入，催生下一层目标的确立。

1. 目标与动机间的对应关系

目标和动机并不是一一对应的关系。同样的目标可以对应不同的动机，相似的动机也可能指向不同的目标。因此，在确立目标时也应注意与动机的匹配。例如，掌握知识的动机与追求高分的目标存在一定匹配度，因为获得高分是掌握知识的重要表现之一，但相比之下，对所学知识能够做到举一反三的目标则更适配。

目标对动机的偏离，可能会导致目标对动机产生反作用。例如，坚持追求高分可能会不断地削弱学生的掌握性学习动机，强化其表现性学习动机，使学生过度关注排名和考试知识点等，而不再追求对知识全面和深入的理解，最终导致买椟还珠的结果。不仅如此，在目标调整时，表现性动机又会更容易在动机冲突中成为优势动机，又进而影响接下来的目标确立。因此，在确立目标前后应注意评估目标与动机是否匹配，空有目标没有动机，或目标扭曲了动机，最终都会导致意志过程的失败。

2. 目标的调节功能

目标的确立不一定是永久性的，而是需要不断地根据内外部信息的反馈来调整目标，从而不断地提高目标的价值和可及性。但要注意的是，有时人们会因为意志力下降（如懒惰或气馁）而下调自己的目标；例如，网络流行词——“躺平”。一方面，“躺平”具有适应性作用，可以使受挫的年轻人从一系列失败的意志过程中短暂抽离，保护自己身心健康的同时进行自我调整，为接下来的意志活动储备能量，做更有效的准备。另一方面，一些过于彻底的“躺平”或“摆烂”所反映的却并不是个体对过去意志过程的反思和调整，而是无差别拒绝意志活动，从源头否认意志活动对自身的价值，其消极影响是广泛的、腐蚀性的，应引起警惕。其实，选择对什么事情“躺平”，同时思考将精力如何转移以及转移至哪些新的意志活动上，确立新目标，其本身就是一种对个体发展很有意义的意志过程。

多目标之间时常会存在冲突，人们时常也会为此而难以抉择。然而，解决冲突并不一定要采用非此即彼的策略，通过耐心梳理目标之间的关联，合理地分配主次，目标之间也可以互相支持、互为基础。例如，有些大学生毕业后面临事业和爱情的两难抉择，这一冲突还可以考虑为，双方各自的事业成功也是为实现更长久的关系提供物质和精神前提。

3. 目标的时代性与集体性

值得一提的是，一些目标也具有时代性和集体性特征，它们往往是时代价值观或文化价值观在个体身上的映射，人们会围绕着这些目标完成很多相关的意志活动。这些具有集体性或时代性的目标所引导的意志活动不断聚积起来，推动社会发展进步，同时也使目标得到进一步的强化和传播。但有时，集体性的目标也会侵扰个体的目标。例如，在教育中笼统地强调考试的重要性，容易使同在此教育制度下的学生和教师片面地将考试成绩优异、升入好的学校作为学习的主要目标，而不再关注学生的个体化目标，并不利于学生的全面成长。相比于个体性目标，集体性目标的实现需要更强的意志行为，特别是在集体目标先于个性目标或个体目标要服从于集体目标时，更需要坚强的意志力。例如，在新冠肺炎疫情期间，很多逆行者舍弃个人安危，投身于抗疫一线中。

二、选择策略

确立目标之后，还需要选择有效的行动实施策略。

复杂意志过程在策略选择阶段往往存在多种可供选择的策略，不同策略各有优劣，个体也会对每种策略所带来的结果和概率具有一定的认知。因此，选择策略本质也是一种决策的过程，决策过程的原理和非理性陷阱都可以应用于这一阶段，以帮助人们更好地选择策略并更有效地实现意志目标。

（一）策略选择的多元性

多元性决定了行为选择，策略的选择过程往往会考虑多种因素，包括但不限于目标的内容与特征、个体的知识经验、个体自身的特点以及策略本身的正当性。这些因素通过影响策略执行时的可行性和对目标追求的有效性，最终影响意志活动目标的实现。

目标不同，所适合的策略也存在差异。想要掌握知识的学生会对作业进行再加工，比如思考题目做错的原因、归纳题目中所暗含的知识点等，而想要完成任务、避免受到教师惩罚的学生则可能会通过抄答案或抄其他同学作业的策略来达到目标。一般而言，产生于缺失性动机的目标实现策略较为直接和单一，例如，饥饿（动机）——进食（目标）——做饭或去食堂（策略），而产生于成长性动机或社会性动机的目标实现策略会更加复杂，实施周期也更长，过程中需要进行更多的调试。针对这些目标，可以先对目标进行细化和分层，再针对性地进行策略填充。

个体的知识经验也会影响可选择的策略范围。当自身的知识经验限制了策略的可行性时，还可以借鉴他人经验，借石攻玉。而在有些时候，选择自己所熟悉的、稍差的策略或许比选择自身所不熟悉、但理论上效果更好的策略有更大的收益。总之，意志过程中的策略选择就好比选择一样工具，用着顺手是要义，而这也需要个体对自身的知识经验有较为准确的认知。

除知识经验之外，个体的其他特点也应在选择策略时予以考虑。例如，同样是手机成瘾，因社交需求旺盛而沉迷社交软件的人可以通过线下活动来获取更充足的社交体验，而因寻求刺激而沉迷短视频或游戏的人则可以通过运动等同样能够诱发多巴胺分泌的活动来减少对手机的依赖。两类人的性格特点或问题成因不同，因此即使目标相同，也宜分别采用不同的策略。同样，选择与自身特点相匹配的策略也需要敏锐的自知力。

（二）策略评估与理性选择

1. 策略评估

策略的有效选择是建立在对策略评估的基础上的。在对策略进行评估时，不仅要评估其有效性和可行性，还应重视其正当性。有些时候，最便捷的策略可能是不符合道德准则或集体价值观的，此时应克服诱惑，寻找其他正当的策略去达到目标。当某种目标必须要采用不正当的策略才能实现时，往往目标自身的合理性也值得再次检查。

2. 理性选择

策略选择的过程也并不总是“理性的”。在大多数情况下，即使人们收集到了足够的参考信息，也仍然存在很多的决策陷阱，可能会导致个体最终没能选择最有效实现目标的策略。因此，防止落入决策陷阱是理性选择的重要保障。

知识扩展

决策陷阱

陷阱 1：不完全推论

不完全推论是指：即使在决策树非常简单的情况下人们也很难做出完全的推论，而是聚焦于一两个节点上，进行广泛的推论。例如，小学生在寒暑假快结束时需要发动意志过程完成积压的假期作业，此时有两种策略可供选择：一是均匀地分配意志过程，即将剩余作业平均地分配至剩余假期的每一天，另一种则是将所需要的努力集中在某两三天内，其余时间继续享受假期。如果综合完整的决策树来看，前者的收效优于后者，而小朋友们却很可能会关注于第二种“偷懒”策略的收益并进行广泛的推论，例如，“我可以在出去玩的时候收获更多的朋友、见更大的世面、获得更多的休息……”，而忽略了当前策略的风险及另一策略的优势，最终选择继续拖延。

陷阱2：合取谬误

合取谬误是指：人们倾向于认为多个事件联合发生的概率大于各个独立事件，而人的情境思维正是这一偏差发生的关键。情境思维会使人在客观独立的事件之间建立因果叙事以完成意义建构，而不再从更系统的角度关心整个决策情境，进而导致联合事件看起来更为合理和容易发生。相应地，意志主体也会为当前的意志目标设计一系列的策略步骤，并倾向于将这些步骤知觉为一个连贯的、可想象的故事，进而导致高估了策略总体的成功概率。换句话说，当你觉得一切都环环相扣、顺理成章时，实则每一个关卡都有其独立的障碍和失败的可能。例如，你设定了第二天晨跑的目标，并在脑海里很自然地设想了一个流程或实现策略——起床、洗脸、穿运动服、出门跑步。这看似很合理、很容易实现，但第二天睁眼，离开温暖的被窝、用冷水洗脸、从众多的衣服中寻找适合跑步的衣服，各自独立的环节变成了一个个困难的意志目标。因此，在考虑多阶段策略的可实现性时，还应关注到每一个节点的难度，不要因其在想象中的连贯性而对策略的整体效果盲目乐观。

陷阱3：沉没成本

选择策略时也有沉没成本效应吗？答案是肯定的。例如，你为了培养原有的学习习惯已经付出了很多的意志努力，即使后来发现它并不适合你，但因付出的成本较大而不愿放弃，使得你在选择未来新的学习策略时也会面临既有付出所带来的阻力。关注沉没成本本质上是将注意放在了过去，但是，有效的决策应该是面向未来的。

陷阱4：非结果取向的判断

有时人们选择某一策略并不取决于对其结果的判断，而是出于其他因素。例如，人们在选择策略时往往也会对后续的情绪体验有所预期，预期的“体验效用”又会反过来影响策略的选择。但需要注意的是，策略执行过程中预期的好的体验与执行结果所带来的坏的体验（或反之）应综合起来进行考虑，以追求好的总体体验，进而有助于意志过程的推进。再例如，自我展示的需要有时也会影响策略选择。想要展示自己聪明的人可能会选择“逞能”的策略，而想要展示自己努力的人可能会选择“看起来很辛苦”的策略，尽管这两种策略可能都无法带来最好的意志结果。

我们无法在选择策略时完全摒除非结果取向的影响，同时，一些非结果取向的影响虽不助益于当前的结果，但仍可能带来其他收益。好的决策者应对此有所意识和区分，并进行理性的抉择。

陷阱5：策略效用的边际递减

边际递减效应在生活中无处不在。例如，在物理量和心理量的关系方面，随着刺激的物理强度增加，感知觉强度的增加会逐渐趋缓（费希纳定律）。回到策略选择上，策略的效用是指其对意志目标实现的价值或贡献。对于任何意志目标，都不存在绝对无效的策略，也不存在完美的策略。策略的效应也遵循边际递减原则，有时“用力过猛”的策略反倒是不划算的。例如，如果一名英语初学者想要尽快掌握日常英语以便出国旅游，那么背诵常用 3000 词比背诵牛津大辞典是更合理的策略，即使后者依然会带来额外的收益，但多付出的意志努力所对应的回报增益却很低。

三、克服困难

选定策略之后，会进入策略执行阶段。这一阶段对于意志过程至关重要，合适的策略最终也需要通过执行阶段才能达成最初确立的目标。在执行策略的过程中，往往会遇到一些困难。意志力的强弱取决于克服困难、突破险境的过程。

（一）困难的种类

根据困难的来源，困难可以分为内部困难和外部困难。

1. 内部困难

内部困难是来自个体自身的阻碍因素，包括但不限于：对目标或所选策略的正确性产生怀疑，可能会导致退回至前两个阶段；自我效能感不足，认为自身的毅力、能力、知识经验等方面不足以支持目标的实现，虽然在策略制定阶段一般对自身因素已有所考虑，但仍可能在执行过程中随着阶段性反馈信息的出现而发生较大波动；执行过程中新的动机加入动机冲突中，使原有目标发生偏移，同样会导致阶段回退。

2. 外部困难

外部困难则是指执行策略的过程中遇到的一些外部环境中的障碍，缺少资源、社会支持、不确定因素、意外灾难等。例如，新冠肺炎疫情的出现所带来的全球性危机，给经济领域、社会领域、生产领域、医学领域、科技领域、生活领域等带来了巨大的困难，如何处理这场危机，成为实现人类进步、社会发展的挑战性问题。

内外困难常常相辅相成，外部困难有时会引发或加剧内部困难，例如，疫情加剧了心理疾病的患病率；内部困难也会制造或加剧外部困难，例如，因心理健康问题而工作效率下降，使得职业进入困境阶段。因此，在具体执行的过程中，一方面应对内部困难有敏锐的觉察，另一方面应将内部困难和外部困难有意识地相互隔离，避免二者之间循环恶化。

（二）态度与信念

克服困难的过程会出现不同的行为反应，有人越挫越勇、有人知难而退，这种“战或逃”的应对方式取决于看待困难的态度与信念。对待目标实现过程中是否会出现困难的心理预判与准备状态，决定了对待困难的态度。当视困难为正常，就会采取问题取向的困难应对方式，努力解决问题，疏通达成目标的道路；反之，当对困难的出现无准备时，可能就会出现焦虑反应，采取情绪应对取向，使得意志力丧失。因此，对目标实现的坚信也是不惧苦难、披荆斩棘、坚忍不拔的意志力体现。

（三）克服困难的技能

1. 认知调整

克服困难的过程也好比逆水行舟，“不怕慢，就怕站”。按照行为主义的观点，强化对行为具有重要作用，行为反应的结果会影响接下来的行为反应强度。策略执行过程中难免会遇到效果不显著甚至与预期相反的困境，继而会降低行动意愿。因此，当行为因困难而受阻时，具备攻克难关的技能也是至关重要的。在这种情况下，可以通过认知调整，减少负强化，加强正强化。例如，一方面可以通过分析困境出现的主客观原因，既承认个人意志的局限性，也要避免将挫折全部归于内部原因而全盘自我否定；另一方面还可以调整预期，将原地踏步或偶尔的退步纳入合理的结果范畴中，降低认知失调的程度。总之，克服困难的技能也是一种坚毅品质的体现。

2. 目标与策略调整

出现困难也是对目标与策略进行再审视的信号。在执行过程中，回顾和再斟酌目标和策略并不必然会导致执行失败；相反，边执行边检视目标的价值有助于筛掉落伍的、肤浅的、不恰当的目标，根据现有的反馈检视和调整策略也有助于提升策略的执行效率和效果。不可取的是，因在执行过程中受到挫折而从根本上否认目标的价值或武断地全盘否认策略。有时人们为放弃找理由却不自知，误以为选择放弃是明智的，久而久之，意志力就会不断被削弱。

坚毅：一种源源不断的力量

四、实现目标

经过严谨的目标确立和策略选择，克服了执行过程中的种种困难，一个意志过程也进入收尾阶段，但是可能又是下一个意志过程的开始。目标的实现并不仅仅指一个结果，也应被看作具有丰富价值的输入项。很多人喜欢在元旦到来之前或一个阶段结束之时对自己的阶段性目标达成情况进行归纳和分享。这种年终总结不仅面对过去，更是面向未来。在总结反思的过程中，未来的道路也会随之自然地显现出来，对自我仿佛也有了更清晰和确信的了解。有总结习惯的读者或许曾有此体会。

人总体的意志活动是复杂的、循环持续的，一个目标的实现还应顺畅地、饱满地承继至下一步的目标确立，实现“步步高”的目标递增，才能够继续推动总体意志活动过程的进行。有些学生为了高考废寝忘食，如愿考入理想的学校之后，却仿佛泄气了一般，丧失了继续学习的动力，这就属于意志活动单位之间未能做到很好的衔接。一般而言，目标的层级性越好，总体意志活动的根基就越稳，目标实现后也就能够更顺利地被下一个目标所接任。

同时，除了源头动机之外，目标的实现作为一种积极的反馈也具有很强的动力性。正如“再接再厉”“快马加鞭”“趁热打铁”等词语中所表达的含义，应有意利用这部分动力，助力其他意志活动的进行。

第四节 意志品质

坚强的意志品质是品德结构的重要成分，也是个体在学业或事业中克服困难、取得成功的重要条件。坚强的意志品质能够使个体在行动中有明确的目的，不屈从于外界的诱惑与压力，秉持自己的信念和知识来贯彻行动。了解意志品质的内涵，培养坚强的意志品质，对个体的成长发展有着重要意义。

坚强的意志品质包括：自觉性、果断性、自制性、坚韧性等，也体现了优良的人格品质。

一、自觉性

意志品质的自觉性是指个体在行动中有明确的目的和动机，并对行动的目的有清楚而深刻的认知，在正确的信念与世界观的调控下，能够实施行动以达到既定目的。自觉性反映了个体的坚定立场和信仰，是产生坚强意志的渊源，并贯穿于意志行动的始终，是意志的首要品质。例如，一位追求真理的人，会坚守求真的原则，不畏惧权势，不人云亦云，不做跟风派人物，具有高尚的人格定力。具有较强自觉性的人，能够坚守自己的基本原则与立场，在人生信念的驱使下，能够将自己的热情和力量投入到行动中去，即使遇到困难或障碍也从不气馁，直至取得成功。具有自觉性的人在坚持原则的同时，也具有灵活性，既不会轻易受到外界影响，又能够有效地倾听和吸纳有益建议，独立自主地确立合乎实际的目标，并对行动的过程和结果进行适时反思与评价。

自觉性的反面则是受暗示性和独断性。受暗示性是指个体缺乏自信和主见，只有在得到提示或命令时才表现出积极性，而且不能对信息进行审辩式分析，易于受到他人的影响而不辨真伪，在诱惑下容易轻率地改变行动的主旨和方向。独断性则是指个体盲目自信，拒绝接纳他人的正确建议和劝告，夜郎自大，故步自封，在不考虑行动是否合理的情况下依然固执己见，一意孤行地做出行动。受暗示性和独断性都是缺乏对事物的正确认识、缺乏自觉性的表现。

二、果断性

意志品质的果断性是指个体善于在困难中辨别事物的真相，能够抓住时机，迅速做出决定并积极采取行动。意志的果断性以自觉性为前提，与智慧性和批判性有着密切关联。具有果断性的人能够全面而深刻地思考行动的目的以及达成的方法，掌握所做决定的是非利害关系，具有行动成功的把握。同时，具有果断性的人在决策时能够当机立断，毫不犹豫、毫不动摇，迅速而坚决地做出正确决定；在情况发生变化或不需要立即采取行动时，也能够随机应变，做出新的决策使行动切合实际且趋于完善。果断性必须以大胆勇敢和深思熟虑为基础，是深谋远虑和当机立断相结合的品质。

果断性的对立面则是优柔寡断和草率决定。优柔寡断的人惧怕内心冲突，没有克服矛盾的思维和情感的力量，无法将有效思考引入明确的轨道上，出现混乱纠结的情绪状态。在做决定阶段，面对复杂的动机、目的、手段之间的冲突，表现为摇摆不定，难以取舍；而做出决定之后，又常常怀疑所做决定的正确性，担心行动出现不良后果，患得患失；或者三心二意，不能坚决执行决定。草率决定的主要特征是在没有清晰分辨是非真假前便轻举妄动，为了尽快摆脱决策带来的紧张状态，仅凭一时冲动便轻率决定，不考虑主观、客观条件和决策后果。优柔寡断和草率决定都是意志薄弱的表现。

知识扩展

认知闭合需要

在面对模糊的决策情境时，为了消除混乱和不确定所导致的紧张和压力状态，人们往往会产生一种强烈的愿望去寻找一个确定性的答案，这种消除不确定的动机和愿望便是认知闭合需要（need for cognitive closure）。认知闭合需要有时会导致草率决定或冲动行为。认知闭合需要既是一种行为动力，也是一种人格特质，对理解人们在模糊情境中的决策和行为具有重要意义。高认知闭合需要的个体常常会更多地搜寻简单的信息或规则，更多地依赖一致性或刻板性信息，聚焦于那些自认为最重要的选项，并快速地形成结论。因此，认知闭合需要常常会导致个体受到习惯性思维的影响，固守社会规范，缺乏创造力。对于群体意志来说，认知闭合需要也会导致人们观点的趋同，保守主义的固化，对内群体的偏爱和对外群体的偏见等。然而，认知闭合需要也不完全是非理性的，它在决策过程中有时也起着积极作用。例如，在面临“最后期限”的决策情境中，认知闭合需要能够帮助处于疲惫状态的个体节省脑力，帮助人们在不利于思考的环境中快速地判断并做出决策。

三、自制性

意志品质的自制性是指个体能够自觉灵活地控制和调节自己的情绪，约束自己的举止行为。自制性反映了意志的抑制功能。具有较强自制性的人，善于控制自己的恐惧、愤怒、懒惰、羞怯等消极情绪，能够支配自己的行为，并保持充沛的精力去战胜困难。另外，具有自制性的人能够抵抗内部与外部的诱惑与干扰，能忍受身体的疲劳或创伤，具有较强的组织性、纪律性，自觉地遵守规则。例如，志愿军英雄邱少云在侦察敌情时，为了不暴露目标，以坚强的意志品质忍受烈火烧身之苦，直至英勇献身。邱少云同志是遵守纪律、自制克己的光辉典范。

与自制性相反的品质是任性和怯懦。任性的人往往不能控制自己的激情与冲动，放任自己，无法抵御诱惑，易产生上瘾行为，在困难面前容易产生厌倦、畏惧等消极情绪，对自身行为的约束力差，行为常常被情绪所支配和左右。怯懦的人则胆小怕事，遇到困难或突发状况时容易惊慌失措，畏缩不前，也易被诱惑干扰动摇，违反纪律，成为不良习惯的奴隶。任性和怯懦都是自制性差的表现。

自制力测评

四、坚韧性

意志品质的坚韧性是指在执行决定时能够以坚定的毅力与顽强的精神，克服重重困难，勇往直前地把决定贯彻始终。坚韧性具有两个特点：第一是坚持与坚定性，不被暂时的挫折失败所击败，不被纷扰的主客观诱惑所干扰，具有始终不渝、毫不动摇、不达目的誓不罢休的决心与毅力；第二是顽强性，能够在达成目标的过程中排除万难，勇于抵抗艰难险阻，锲而不舍、有始有终地将行动贯彻到底。坚韧性是最能体现人的意志的一种品质，是事业成功的重要条件。所谓“锲而不舍，金石可镂”“富贵不能淫，贫贱不能移，威武不能屈”，都是对坚韧性的意志品质的赞颂。

坚韧性的对立面是执拗顽固和见异思迁。执拗顽固的人会盲目地追求不切实际的目标，只承认自己的想法，并以此作为行动的依据，在实际行动中常常固执己见，我行我素，一意孤行，甚至“不撞南墙不回头”。见异思迁的人则常表现为“三分钟热度”，在任务或行动开始时踌躇满志，稍遇困难就垂头丧气，半途而废，或是“这山望着那山高”，轻易改变行动的目标和方向，无法将行动坚持到底，最终碌碌无为。执拗顽固和见异思迁都会导致行动的最终失败。

坚毅会带来幸福吗？

坚毅（grit）在人们追寻目标、实现目标的过程中扮演着至关重要的角色。已有大量心理学研究表明，坚毅能够积极预测人们的学业成绩、学业动机、学术参与等，可以说坚毅是学业事业取得成功的重要预测因素。那么，坚毅除了能够给人们带来成功以外，是否也能给人们带来幸福呢？越来越多的研究表明，坚毅是人格力量的组成部分，对于个体心理的健康发展有着至关重要的影响。例如，已有实证研究表明，坚毅与生活满意度、生命意义感、积极情绪和心理健康之间有着积极正向的关系，坚毅也能够给人们带来较低水平的工作倦怠、抑郁，以及自杀意念。在一项包括来自六大洲的参与者的国际调查研究中，坚毅与主观幸福感、幸福信念和个人力量都有着中度到高度的相关，且不受文化差异的影响。由此看来，无论在何种文化下，坚毅不仅有助于个体取得成功，也会指引个体通往幸福的人生。

五、其他意志品质

除上述意志品质外，勇敢大胆、遵纪守法、无私奉献等也是优秀的意志品质。这些品质在很大程度上是各种意志品质的特殊结合。例如，勇敢的意志品质既包含坚信自身目标正确性的自觉性品质，又包含冷静、沉着、果断地做出决定的果断性；无私奉献的意志品质既包含抵御外在诱惑、坚持克服困难的自制性品质，又包含矢志不渝、锲而不舍的坚韧性品质。

上述意志品质在个体身上相互渗透、相互结合，形成各种各样的意志品质类型。有的人能够同时具备多种意志品质，既能对事物做出正确判断，果断地做出决定，又能为了实现目标顽强奋斗，不受外界诱惑的干扰，这是意志品质发展水平较高的人。有的人只是某种品质发展突出，例如有的人对目标有明确的认识和规划，却缺乏自制性和坚韧性来达成行动的最终成功。若上述意志品质在个体身上发展都较差，则可能是意志薄弱的人，需要进一步培养和发展坚强的意志品质。

第五节 意志培养

坚强的意志品质是个体自我发展、取得学业事业成功的重要条件，也是塑造坚强人格、保持健康的重要心理因素。意志品质不是生来就有的，而是在后天的生活与实践中，在教育的作用下，通过个体自身的努力而逐步发展起来的，具有很大的可塑性。培养坚强的意志品质，可以从以下几个方面入手：

一、树立崇高理想，确立恰当目标

树立崇高的理想，确立坚定的目标是培养坚强意志的前提。首先，个体的行动受到目的和动机的调节支配，只有胸怀大志的人才敢于面对挫折，勇于克服困难，成就一番事业；只有明确目标的人才能心无旁骛，坚定意志，勇往直前。所以，培养意志，首先，必须要激发起完成任务、取得成功的强烈愿望。其次，崇高理想决定了目标的高度、行动的难度，干大事业要有高远的目标，才能通过努力，实现人生的理想境界。最后，要将长远目标和近期目标相结合。如果个体的行动只有短浅的目标，缺乏长远的生活意义，是无法培养形成坚强意志品质的，只有形成远大的生活目标，才能够做到胜不骄败不馁，在追求目标的过程中逐步养成坚强的意志品质。理想目标应当符合国家利益、集体荣誉，同时也要有利于实现自身的价值，这样才能得到社会的认可和环境的支持，才能有克服困难的动力，一步一步地去实现理想、目标。

二、勇于克服困难，树立正确挫折观

意志力是在克服困难中表现出来的，并在克服困难中成长的。意志品质的培养与克服困难和挫折密切相关联。因此，在面对生活中的困难和挫折时，应对其有正确的认识，做好应对困难和挫折的心理准备，树立正确的挫折观。挫折教育的目的就是磨炼坚强意志。首先，应当认识到，挫折是普遍存在的，是人生中不可避免的组成部分，所谓“天将降大任于斯人也，必先苦其心志，劳其筋骨，饿其体肤”，许多古往今来的成功人士都是在逆境中磨砺成长的。另外，挫折又是可以战胜的，敢于正视挫折，勇于挑战挫折，不向挫折和失败低头，就能够化挫折为力量，成为成功的基石。所谓“宝剑锋从磨砺出，梅花香自苦寒来”，树立正确的挫折观能够成为推动人们形成坚强意志的强大动力。

三、参与实践活动，磨炼坚强意志

意志体现在行动上，意志品质需要在大量的实践活动中磨炼培养。实践活动中不免会遇到各种阻碍和困难，需要人们克服胆怯、懒惰、懦弱等消极心理，减少自身对他人的依赖，逐渐培养果断、自律、持之以恒的意志品质，依靠自己的能力与价值体系去判断、选择，并付诸行动。另外，参与集体性的实践活动，可以培养人们的集体荣誉观、组织性、纪律性，还可以锻炼组织协调能力、沟通与合作能力以及分享精神，也可以引导个体将来对家庭、单位和社会承担更多的责任。在困难面前，社会支持与鼓励是意志行动的精神动力，他人的关怀与互助是重整旗鼓的力量源泉，集体的智慧与力量是战胜困难的有力武器。实践活动的具体内容广泛而丰富，例如，社会调研、参观访问、志愿服务、实习兼职，以及郊游、爬山、露营、野外探险等，都可以积累大量的实践经验，磨炼坚强意志。

四、启发自我觉悟，加强自我锻炼

在意志品质形成的过程中，自我培养和锻炼也起着非常重要的作用。自我觉悟和自觉行动有助于个体排除干扰，按照自己的方式去完成对自身有重要意义的任务。在自我锻炼中，个体可以自行掌握自己的愿望，充分考虑主客观条件，采取合理可行的决定；可以有针对性地对自己意志的薄弱方面进行有意识的锻炼和培养，根据自身性格和心理特点设计锻炼方案，完成一些力所能及的任务。例如，参与体育锻炼是增强意志品质的好方法，体育锻炼不仅可以提高人的身体素质，改善情绪，参加团体运动项目还可以培养勇敢、公正、团结、互助等意志品质。另外，个体可以采取写日记或周记的方法，养成自我检查、自我审视、自我批评的习惯，以便巩固自身的优秀意志品质，并克服不良品质给自身发展带来的消极影响。

《意志力：关于自控、专注和效率的心理学》

五、树立学习榜样，牢记格言警句

榜样对人的心理和行为具有重要的精神感召作用，坚强的意志品质可以通过对榜样的学习和模仿得到强化和巩固。伟大人物、英雄模范，同辈中的先进示例，科学家艰苦攻关的典范，都可以成为培养坚强意志的学习榜样。另外，许多格言警句也能够促进意志的锻炼和培养。例如，“千磨万击还坚劲，任尔东西南北风”“长风破浪会有时，直挂云帆济沧海”“没有伟大的意志力，就不可能有雄才大略”“君志所向，一往无前，愈挫愈奋，再接再厉。”等都是激励人们培养意志品质的有益格言警句。积累格言警句并以此自勉，不仅有助于语言知识修养，也有利于人们激励自身培养坚强的意志品质。

知识扩展

关于意志力的迷思

一、意志力仅仅与心理有关吗？

答案是否定的。一项发表在 Personality and Social Psychology Review 期刊上的研究结果表明，来自血液中的葡萄糖是意志活动（包括注意力控制、情绪调节、戒烟、应对压力、冲动抑制等）的重要能量来源，意志活动会消耗大量的葡萄糖（Gailliot & Baumeister，2007）。当血液中的葡萄糖浓度较低或无法高效地输送到大脑时，意志活动很可能会失败。例如，酒精会降低大脑和身体其他部位的葡萄糖浓度，继而损害多种形式的意志活动；一天当中葡萄糖浓度较低的几个时段也不容易完成意志活动。不仅如此，意志活动还包含很多社会和人际的心理行为过程，也就是说，缺少能量甚至可能会影响一系列的社会行为，如导致在人际交往中受挫。因此，不要饿着肚子学习、工作或社交。

二、意志力是无限的吗？

答案也是否定的。一篇发表在 Psychological Bulletin 期刊上的经典文献指出，意志力或自控力是一种有限的资源，使用意志力完成任务之后，能够用于后续任务的意志力资源就会相应减少，具体可能反映为任务表现变差（Muraven & Baumeister，2000）。在现实生活中，我们常常会感觉在压力来临或情绪不好时难以集中精力做事情，也可以相应解释为，应对压力或调节情绪都会消耗大量的意志力资源，从而导致没有充足的资源来应对日常的意志活动，甚至还可能会引发暴饮暴食等自控力严重缺位的不良行为反应。

三、培养好的习惯有助于增强意志力吗？

答案是肯定的。其实，意志力强的人并非胜在能够更好地抑制冲动，而是他们所体验到的冲突本身就显著更少，所需的意志努力也相应更少。为什么是这样的呢？一项发表在Journal of Personality and Social Psychology 期刊上的研究给出了一种可能的解释。该研究发现，意志力较强的个体之所以需要更少的意志努力，有赖于他们良好的习惯（Galla & Duckworth，2015）。具体来讲，意志力越强的个体，在零食选择、运动和睡眠上的好习惯就越多，这些习惯又会在相应的情境下自动化地激活好的行为，从而减少对意志努力的依赖。不仅好的生活习惯能够减轻个体的意志力负担，在学业和工作中的好习惯也有强大的力量。该研究还发现，好的学习习惯能够减弱娱乐给学生学习造成的冲突，并使其即使在不适合学习的状态下（如不想学习、心情很差、很疲惫）仍能够坚持学习。总之，培养一些好的习惯，或为困难的工作设置惯常的仪式和流程，都有助于在不太消耗意志力的同时达到事半功倍的效果。

资料来源：

Muraven，M.，& Baumeister，R. F.（2000）. Self-regulation and depletion of limited resources：Does self-control resemble a muscle? Psychological Bulletin，126，247-259.

Galla，B. M.，& Duckworth，A. L.（2015）. More than resisting temptation：Beneficial habits mediate the relationship between self-control and positive life outcomes. Journal of Personality and Social Psychology，109（3），508-525.

Gailliot，M. T.，& Baumeister，R. F.（2007）. The physiology of willpower：Linking blood glucose to self-control. Personality and Social Psychology Review，11，303-327.

思考题

1. 什么是意志？意志有哪些特征？

2. 阐述意志理论的不同观点，并进行分析比较。

3. 什么是非人化？生活中有哪些非人化的现象？人在什么情况下会产生自我非人化？

4. 意志过程主要包括哪三个阶段？对你而言，哪个阶段是薄弱环节？如何完善？

5. 回想你最近经历的一个意志活动，在执行阶段你遇到了哪些困难？哪些困难对你来说是最难克服的，你是否找到了适合自己的克服办法？

6. 请尝试分析你具有哪些优良的意志品质？哪些品质还有待加强？
7. 你认为在你的学习与工作中，最重要的意志品质是什么？
8. 请与实际的学习与工作相结合，谈谈你如何培养自己的意志品质？
9. 依据执行功能的年龄发展特点，谈如何加强儿童意志行为的培养？
10. 为什么儿童青少年喜欢《孤勇者》这首歌？分析其内在原因。

第十一章
人　格

【本章要点】

1. 人格的概念与特性。
2. 人格的结构。
3. 人格特质理论和人格类型理论。
4. 人格成因。
5. 人格测评方法。

《红楼梦》是集百名人物于一书的古典名著。曹雪芹在书中共描写了四百多个人物，且每个人物各具风采。其中宝玉和金陵十二钗等人物性格个个鲜明。黛玉的忧郁与聪慧，宝玉的多情与反叛，宝钗的自制与圆滑，湘云的活泼与爽快，凤姐的泼辣与奸诈，探春的刚毅与精干，迎春的懦弱与温顺，惜春的冷漠与疏离，妙玉的清高与孤傲，元春的贤德与哀怨，袭人的奴性与忠诚，晴雯的抗争与刁蛮，平儿的善良与周全，小红的钻营与机灵，三姐的刚烈与痴情……大大小小的人物有血有肉，显示出人格差异的“千姿百态”。

在现实生活中，我们在周围人身上也能看到各种各样的人格差异。有的人热情奔放，有的人冷淡孤僻；有的人聪慧敏捷，有的人反应迟缓；有的人顽强果断，有的人优柔寡断；有的人善良助人，有的人恃强凌弱；等等。无论是在小说戏剧里，还是在现实生活中，处处可以看到各具特色的人格差异。

那么，什么是人格？人格为什么会表现出差异性？形形色色的人格又是如何形成的呢？人格如何测量？这就是本章要介绍的内容。

第一节 人格概念

一、什么是人格

“人格”是日常生活中经常使用的词汇。例如，“他具有健全的人格”“他的人格高尚”“他出卖了自己的人格”“勤劳是中华民族所具有的优秀人格”……这些关于人格的叙述包含了多重含义，有法律意义上的，有道德意义上的，有文学意义上的，也有社会学意义上的。数千年来，哲人、诗人、科学家们为寻求人格含义付出了他们的心力。但是，科学心理学意义上的“人格”有其独特的诠释。理解人格，要从辞源的含义和人格理论家对人格的定义入手。

从辞源上看，我国古代汉语中是没有人格这个词的，但是有人性、人品、品格。比如，孔子讲“性相近也，习相远也”，这里的“性”指的是品性，虽然这个词与人格有一定的联系，但两者并不等同。中文中的“人格”一词来源于英文的“personality”的意译，而“personality”一词来源于拉丁文的“persona”，本义是面具，就是演戏时为适应剧情需要所画的脸谱，脸谱表现了人物的性格和身份。比如，京剧中的生、旦、净、末、丑，都代表了不同人物的身份与性格。黑脸谱代表了刚直不阿的性格，红脸谱代表忠诚，白脸谱代表奸佞，小丑脸谱代表幽默的性格。心理学沿用其含义，转译为人格，认为人生如同舞台，各色人物都在扮演着不同的角色，展现着自己的特性。

科学的心理学是如何界定人格的呢？在心理学研究中，人格是探讨完整个体与个体差异的领域。但到目前为止，由于心理学家各自研究取向的不同，对人格的看法众说不一。综合各家之说，人格是个体在遗传与环境的交互作用下，个体所具有的稳定而独特的心理品质组合系统。

二、人格特性

人格是一个具有丰富内涵的概念，它反映了人的多种本质特性。

（一）独特性

“人心不同，各如其面。”这句俗语为人格的独特性做了最好的解释。一个人的人格是在遗传、成熟、环境、教育、社会等先后天因素的交互作用下形成的。不同的遗传、生存及教育环境，形成了各自独特的心理特点，表现为差异性与典型性两个方面。例如，有人外向、有人内向，是人格差异性的体现。多愁善感的林黛玉、优柔寡断的哈姆雷特是典型性的体现。独特性还体现在人格各种特征组合的不同风格。这些独特性说明了人格的千差万别、千姿百态。

（二）稳定性

俗话说：“江山易改，禀性难移。”人格的稳定性是指那些经常表现出来的特点。一时表现出的特征不能被称为人格特征。例如，一个人平时性情和善，但偶然一次突然大发脾气，人们仍然认定其人格特征为性情和善而不是坏脾气。另外，一个人的某种人格特点一旦形成，就相对稳定下来了，要想改变它，是较为困难的事情。这种稳定性还表现在，人格特征在不同时空下表现出一致性的特点。例如，一位性格内向的大学生，他不仅在陌生人面前缄默不语，在老师面前少言寡语，而且在参与学生活动时也沉默寡言。大学四年他一直如此，毕业几年后同学聚会时，他还是如此。

（三）统合性

人格心理学家卡尔·荣格说："个体发展中的一项重要任务，就是在已存在的遗传差异的基础上，努力保持人格的整体性。"综合性表现出组织性、匹配性和健康性三个方面。组织性说明人格是复杂系统，其中包含了多元化、多层面的特质。人格表现绝非静水一潭，各种人格结构的组合千变万化，使人格的表现多姿多彩。每个人的人格世界，并非是由各种特征简单堆积起来的，而是如同宇宙世界一样，依照一定的内容、秩序、规则有机结合起来的一个动力系统。匹配性说明人格是由多种成分构成的一个有机整体，具有内在的一致性，受自我意识的调控，不同人格成分可以组合成不同的元素群。例如，行侠仗义与智慧、仁爱可以构成一个元素群，鲁智深与李逵都具有行侠仗义的特点，但鲁智深有勇有谋、爱憎分明，而李逵有勇无谋、善恶不分。健康性说明当一个人的人格结构的各方面彼此和谐一致时，就会呈现出健康人格特征，否则就会使人发生心理冲突，产生各种生活适应困难，甚至出现"分裂人格"。

三面夏娃

多重人格电影——《三面夏娃》（*the three faces of Eve*）是一部根据真实的故事改编的具有里程碑意义的电影，演出后引起公众对多重人格障碍的关注。

20 世纪 50 年代一位妇女由她的丈夫带来见精神病学家，原因是她的行为非常古怪，但她不承认。两位精神病学家对其进行了治疗。在治疗过程中精神病学家发现她具有三种人格，分别为白夏娃（Eve White）、黑夏娃（Eve Black）和珍（Jane）。在一个时期内其中的一种人格占据优势，三种人格不停地变换。医生用心理分析来探索她被压抑的记忆，从中提取出一个儿童时期发生的事件，帮助她进行人格的统合。

"三面夏娃"的三重人格特征表现如下。

白夏娃：表现为单调、抑郁的家庭主妇，基本上能以正常的方式感知世界，社会化正常，但是对自己很不满意。人格困扰主要表现在自我概念上，有一点坏，有点被动，非常软弱。

黑夏娃：性感、迷人。达到的是一种极为极端的适应，她觉得自己很完美，因为她是以完全曲解的方式来感知世界，脱离社会现实，而又相当自信。如果黑夏娃认为自己是完美的，她就得承认憎恨和诈骗是好的。

珍：聪明、成熟、有见解，但又有些拘谨、呆板。珍表现得最为“健康”，她接受一般社会观念，对自己有相当满意的评价，自我概念表现不是很强，但也不弱，接近好的、主动的一端。最后珍取代了前两者，与钟情的男人建立了新的生活。

（四）功能性

有一位先哲说过：“一个人的性格就是他的命运。”人格是一个人生活成败、喜怒哀恨的根源。人格决定一个人的生活方式，甚至有时会决定一个人的命运。人们经常会使用人格特征来解释某人的言行及事件的原因。面对挫折与失败，坚强者发奋拼搏，懦弱者一蹶不振。悲痛可以使某人化为力量，也可以使某人消入消沉。当人格正确发挥其功能时，表现为健康而有力，支配着一个人的生活与成败；而当人格功能失调时，就会表现出软弱、无力、失控，甚至变态。当一个人人格功能较强时，不会屈从于命运的摆布，而是调整自我，完善自我，用健全人格将命运把握在自己的手中。

《成为更好的自己：许燕人格心理学30讲》

知识扩展

失败后的成功

人格对认知与智力的影响是人格心理学家非常重视的课题，因为它体现了人格的功能性。例如，研究“失败后的成功”这一课题，研究者发现个体对自己能力的反应会影响受挫后的成败。实验是让学生先做一些他们根本无法解出的难题，在产生挫折体验后，再给他们具有一定难度但是又能解答的问题，看这些学生在第二次解题时（受挫后）成功与失败的反应。一些研究者（Chiu，Hong & Dweck）在总结一系列研究后发现，同样聪明的儿童，由于人格不同而在挫折后的问题解决成绩明显不同。控制定向的儿童倾向于将问题看作一种挑战，在遇到困难时他们更能采取坚持的态度；无助定向的儿童倾向于自我中伤，产生消极情绪，在困难中屈服。当两组儿童面临困难问题时，控制定向的儿童能更加专注地思考问题，能对问题提出新的策略；而无助儿童则怀疑自己的能力，变得厌烦，受到无关认知的干扰。因此，控制定向的儿童会出现“失败后的成功”结果，无助定向的儿童则会出现“失败后的失败”结果。

综上所述，人格是一个具有多重属性的系统。人格独特性、稳定性、统合性与功能性构成了人格的本质特征，这也是人格心理学区别于其他心理学领域的标志特性。

三、人格结构

一般认为，人格结构由认知风格、气质、性格、自我调控系统等成分构成。

（一）认知风格

认知风格是指人们在对事物、现象或人进行认识的过程中，个人所偏爱使用的加工信息方式，也叫认知方式。认知方式有不同的种类，如场独立型—场依存型、分析型—综合型、系列型加工—同时型加工等。

1. 场独立型—场依存型

场独立型—场依存型这一人格维度主要涉及了人对外界环境的一种依赖程度。心理学家把主体之外的外界环境描述为一个“场”，这个场中包含了各种人、物和事。场独立型的人不太依赖于外界环境，他们在对信息进行加工处理时，依据内在标准或内在参照，与人交往时也很少能体察入微。而场依存型的人则很依赖于外界环境，处理问题总是依赖于“场”，他们在对信息进行加工处理时，会寻求外在参照，与别人交往时也能考虑到对方的感受。

场独立型的人处理问题比较灵活，善于抽象思维，自学能力较强，对自然科学知识更感兴趣；而场依存型的人善于体察世情，与人相处亲切融合，他们更喜欢社会定向的学科与知识。

知识扩展

镶嵌图形测验

镶嵌图形测验（embedded figures test）是认知风格研究中常用的一种鉴别场独立型和场依存型的心理测量工具。测验图形是由一种比较复杂的图形构成的，其中隐藏着一个简单图形。测验时，要求人们迅速地从复杂图形中找出形状、大小、方位同样的简单图形来（见图 11-1）。

复杂图形就如同是一个“场”，对简单图形具有掩蔽作用。场独立性的人能迅速克服“场”的干扰作用，找出简单图形；而场依存性的人则容易受“场”的干扰，找不出或要花很长时间才能找出简单图形。

2. 分析型—综合型

分析型的个体在对对象进行认知加工时，倾向于把对象整体分解为各个不同组成部分，把每个部分都看作一个分离的认

图 11-1　镶嵌图形测验

知单位，独立于其他部分以及它们周围的环境。而综合型个体更倾向于对刺激序列的“整体轮廓特征”进行提取，而不是部分特征。简单来说，分析型个体更易注意到对象的细节，更可能将一个整体看作由不同的部分组成的；而综合型个体更易注意到对象的整体特征，而不是局部信息。

3. 系列型加工—同时型加工

系列型加工认知风格的特点是，在解决问题的过程中，一步一步地分析问题，每一个步骤只考虑一种假设或一种属性，在第一种假设成立后再进一步考虑第二种假设，一环一环地推导出问题的结果。一般来说，女性擅长系列加工方式，这也就是女性的记忆功能、言语功能比男性好的原因之一。

同时型加工认知风格的特点是，在解决问题的过程中，同时考虑多种假设，并同时兼顾到各种可能性才能解决好问题。许多数学操作、空间问题的操作都要依赖于这种同时型加工方式。一般来说，男性擅长同时型加工，这也就是男性的数学能力与空间能力优于女性的原因之一。

（二）气质

气质（temperament）就是人们平常所说的脾气秉性。例如，“莽”李逵、“灵”燕青、“稳”林冲、“娇”黛玉，这种心理差异就是气质差异。气质是表现在心理活动的强度、速度、灵活性与指向性等方面的稳定的身心特征。

气质学说最先源于古希腊医生希波克拉底（Hippocrates）的体液说。他认为人体内有四种液体：黏液、黄胆汁、黑胆汁、血液。这四种体液的配合比率不同，形成了四种不同类型的人。此后约 500 年，罗马医生盖伦（Galen）进一步确定了气质类型，提出人的四种典型气质类型是胆汁质、多血质、黏液质、抑郁质。

1. 胆汁质

胆汁质的人精力旺盛，争强好斗，做事勇敢果断，为人热情直率、朴实真诚；但是这种人的思维活动常常粗枝大叶、不求甚解，遇事常欠思量、鲁莽冒失，做事也常常感情用事、刚愎自用，但表里如一。典型人物是《水浒传》里的“黑旋风”李逵，脾气暴躁，气力过人，为人耿直，忠义烈性，思想简单，行为冒失。

2. 多血质

多血质这类人外向、活泼、好动、乐观，思维灵活，善于表达，行动敏捷，对各种环境的适应力强，可塑性强，但是缺乏耐心和毅力，稳定性差，易见异思迁。典型人物是《水浒传》里的“浪子”燕青，他聪明过人，灵活善变，使枪弄刀、弹琴吹箫、交结朋友等无所不会。

3. 黏液质

黏液质这类人安静稳重，沉默寡言，喜欢沉思，表情平淡，情绪不易外露，但内心的情绪体验深刻，自制力强，不怕困难，忍耐力高，踏踏实实，表现出内刚外柔，与人交往适度，思维灵活性略差，但考虑问题细致而周到。典型人物是《水浒传》里的“豹子头”林冲，他沉着老练，身负深仇大恨，尚能忍耐持久，几经挫折，万般无奈，终于被逼上梁山。

4. 抑郁质

抑郁质这类人情绪体验深刻、细腻而又持久，主导心境消极抑郁，多愁善感，给人以温柔怯懦的感觉，聪明而富于想象力，自制力强，注重内心世界，不善交际，孤僻离群，软弱胆小，萎靡不振，行为举止缓慢而单调，虽然踏实稳重，却优柔寡断。典型人物是《红楼梦》里的林黛玉，她多愁善感，聪颖多疑，孤僻清高。

事实上，单纯地属于这四种典型气质之一的人并不多，在生活中绝大多数人是四种气质相互混合、渗透，兼而有之的人。

气质是人的天性，属于自然性人格，无好坏之分，每种气质既有其利的一面，又有其弊的一面。多血质的人虽然灵敏活泼，却失于轻浮，学习不踏实、没耐力、行事马虎；抑郁质的人虽然胆小、忧郁，但细心敏锐、见微知著、聪明过人。每种气质都各有利弊，从整体来讲，没有好坏的评价。气质只是给人们的人格或行为涂上某种色彩，它不能决定人的社会价值，也没有社会道德评价含义。一个学生的活泼与稳重不能决定这个学生为人处世的方向，任何一种气质类型的人既可以成为品德高尚的人，有益于社会的人；也可以成为道德败坏的人，有害于社会的人。气质也同样不能决定一个人的成就价值，在同一社会实践领域可以找到不同气质类型的杰出人物。例如，俄国的四大文豪虽属于不同气质类型，却都在文学领域取得了辉煌成就。普希金属于胆汁质，赫尔岑属于多血质，克雷洛夫属于黏液质，果戈理属于抑郁质。同样，在不同的社会实践领域中也可以找到相同气质类型的人。例如，果戈理、达尔文、柴可夫斯基，他们虽然都属于抑郁质类型，但他们在不同领域都取得了伟大成就。因此，任何气质的人，既可能成为具有杰出才华的人，也可能成为平庸无为的人。

（三）性格

性格是后天形成的、与社会相关最密切的人格特征，性格中镶嵌了许多社会道德含义。

在文学书海中，经常能看到一个个性格鲜明的小说人物。很多文学名著把人物性格刻画得有血有肉，个个活灵活现，栩栩如生，使读者如见其人，如闻其声。但是，鲜明突出的性格并不等于完美、健全的性格，如阿Q的愚昧、王熙凤的狠毒、堂吉诃德的呆板、葛朗台的吝啬等。正如恩格斯所说，“人物的性格不仅表现在他做什么，而且表现在他怎么做”。

性格表现了人们对现实和周围世界的态度，并显示在他的行为举止中。性格属于社会性人格，有好坏之分。例如，有的人正直无私，有的人虚伪自私。像这些具有道德评价含义的人格差异，都将其归为性格差异。性格不像气质那样具有天赋性、没有好坏之分，它是在社会环境中逐渐后天形成的，是人的最核心的人格差异，受人的价值观、人生观、世界观的影响，体现了一定的社会性与道德性。热爱祖国、助人为乐、诚实正直、公而忘私、廉洁奉公、见义勇为、自尊自强等体现了好的性格品质；冷酷无情、自私利己、凶恶残酷、虚伪狡诈、恃强凌弱、唯利是图、诽谤诬陷等都是不良的性格品质。由此可见，性格的态度系统是由人们对自己、对他人、对社会、对劳动、对物品等的态度来表现出来的，它无疑是性格结构中的主要部分，这类特征最直接地反映出一个人的道德风貌。

（四）自我调控系统

自我调控系统是人格中的内控系统，是以自我意识为核心的人格调控系统。自我意识（self-consciousness）是人对自身以及对自己与客观世界的关系的认识，具有自我认知、自我体验、自我调控三个子系统。其作用是对人格的各种成分进行调控，保证人格的完整、统一与和谐。

1. 自我认知

自我认知（self-cognition）是对自己的洞察和理解，包括自我观察和自我评价，其中自我评价是自我调节的重要条件。自我观察是对自己的感知、所思所想以及意向等内部感受的觉察，自我评价是对自己的思想、期望、行为及人格特征的判断与评估。如果一个人不能正确地认识自我，只看到自己的不足，就会自卑，丧失信心，做事畏缩不前，甚至失败；相反，过高地估价自己，盲目乐观，也会导致出现失误。因此，准确地认识自我，实事求是地评价自己，提高自我觉知能力，是自我调节和人格完善的重要途径之一。

2. 自我体验

自我体验（self-experience）是自我意识在情感上的表现，是伴随自我认识而产生的内心体验。例如，当一个人对自己做正向的评价时，就会产生自尊感；做负向评价时，便会产生自卑感。自我体验的调节作用表现在它可以使自我认识转化为信念，进而指导言行；同时，自我体验还能够伴随自我评价激励积极向上的行为或抑制不当行为。例如，当一个人认识到自己不当行为的后果时，就会产生内疚、羞愧的情绪，从而收敛并制止自己的不当行为。

3. 自我调控

自我调控（self-regulation）是自我意识在行为上的表现，是实现自我意识调节作用的最终环节。当个体认识到社会要求后，会力求使自己的行为符合社会准则，从而激发起自我调控的动机，并付诸行动。

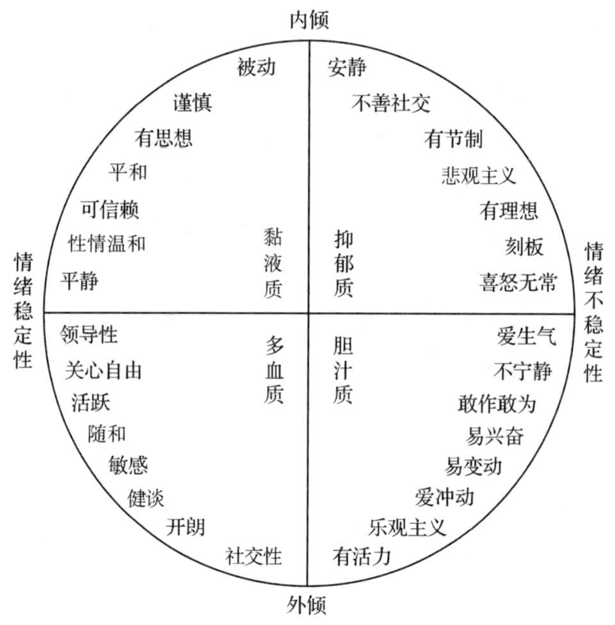

图 11-3　艾森克的二维人格类型模型

第三节　人格测评

人格差异表现在许多方面，如何鉴定这些人格差异？人格心理学家依据人格表现特征的不同、人格层次的差异，运用不同的方法来测验它们。人格测评的方法有很多，以下是几种典型的、具有代表性的人格测验方法。

一、测验法

测验法是在标准化的技术条件下，对受测者的行为和内部心理变化进行探察与鉴别的方法。其主要形式为自陈量表法，这是一种纸笔测验方法。自陈量表法是受测者（被试）对自己的人格特质予以评价的一种方法。自陈量表（self-report questionnaire）通常也被称为人格量表（personality inventory）。自陈量表所测量的是意识层面上的人格特质，因此在人格理论上遵从特质论的原理。自陈量表通常都由一系列的问题组成，每一个问题陈述一种行为，要求被试按照自己的真实情形来回答。

自陈量表式人格测验的优点是题目数固定，题目内容具体而清楚，因此施测简比如，当一个学生意识到学习对于自己的发展具有重要意义时，会激发其努力学习的动力，从而在行为上表现为刻苦学习、不怕困难、持之以恒、积极进取。自我调控包括自我监控、自我激励、自我教育等成分。

留一只眼睛看自己

意大利画家莫迪里阿尼所画的肖像画有一个突出特点，就是许多人只有一只眼睛，当别人问他是何用意时，画家的回答耐人深思："这是因为我用一只眼睛观察周围的世界，用另一只眼睛审视自己。"

有一位男士讲述了他第一次看到莫迪里阿尼画的故事：

我在无意间闲逛进入一家店铺，一进门就被悬挂在墙体上的一张肖像画深深地吸引住了——这个满目沧桑的男子的脸上只有一只眼睛。但我分明感受到他的另一只眼睛在他的心底清澈地睁开着。

"人最大的劣根性是双眼都用来盯别人，而难以自检。留一只明亮清醒的眼睛看看自己，那该是清者更清，浊者也不浊了。"店铺的店员应了我的请求，把店铺的主人请了过来，这是一个让人感觉很干净的男子，我们在相互自我介绍后，面对肖像画，他这样感叹。

…………

我闪过了他的注视，低了头，说："我在办公室已经度过了较为漫长的一段寂寥的日子。我在婚姻的旋涡中挣扎。但今天看见莫迪里阿尼的肖像画让我警醒。我在拿怎样的眼光审视婚姻？审视自己？我把过于挑剔的目光放在爱人的身上了，这让我失去平衡的度量。"

"能够看到自己的失衡，本身就是一种公正了。我始终相信自己对你的第一感觉，你的心底闪烁着一只眼睛。"店铺的主人在我缄默了很长一段时间后，告诉我："回转吧，保持良好的心态，也需要一只不断审视自己的眼睛。愿我们都能用一只眼睛观察周围的世界，用另一只眼睛审视自己。"

我抬了头，看着店铺主人的眼睛，我们的眼瞳里都将留下彼此的身影，但我更加愿意认为，我们彼此留下的是对自己更多的审视。

（节选自 2006 年 8 月 3 日《北京青年报》）

第二节 人格模式

人格心理学是研究个体心理差异的学科。研究者们提供了描述人格差异的不同模式，其中最有代表性的是特质说、类型说及维度说。

一、人格特质

特质（trait）是个体有别于他人的基本特性，是人格的有效组成元素，也是人格的测量单位。人格特质论起源于20世纪40年代的美国。

（一）传统特质理论

人格特质论的主要代表人物是美国心理学家奥尔波特和卡特尔。奥尔波特（Gordon Willard Allport）于1937年首次提出了人格特质理论。他把人格特质分为两类：一类是共同特质，是在某一社会文化形态下，大多数人或群体所具有的共同特质，如蒙古族的豪放、维吾尔族的活泼等。另一类是个人特质，指个体身上所独具的特质。个人特质又依其在生活中所起作用的大小，分为三种：其一为首要特质，指一个人最典型、最具概括性的特质，数量为0～1个，如林黛玉的多愁善感；其二为中心特质，指构成个体独特性的几个重要特质，在每个人身上大约有5～10个，如林黛玉的清高、率直、聪慧、孤僻、内向、抑郁、敏感都属于中心特质；其三为次要特质，指个体不太重要的特质，往往只有在特殊情况下才表现出来。

卡特尔进一步发展了奥尔波特的特质理论，他认为人格特质是有层次的结构：第一层次是个别特质和共同特质；第二层次是表面特质和根源特质。

表面特质（surface trait）是指外部表现能直接观察到的行为或特征，它们从表面上看是相似的特征或行为，实际上却是出于不同的原因。例如，为了让妈妈得到更多的休息而多做家务，以及为了得到零花钱而做家务，这些看似相同的行为，背后却有不同的原因。

根源特质（source trait）是指具有相互关联的特征或行为是以相同原因为基础的。例如，人们在害怕考试、体育比赛时双腿发抖都基于同一内在原因——焦虑这一根源特质。

1949年，卡特尔用因素分析方法提出了16种相互独立的根源特质，从而制作了流传久远、受到普遍应用的人格测验“卡特尔16种人格因素调查表”，简称16PF（见表11-1）。

表 11-1 卡特尔的 16 种人格特质

人格因素	低分者特征	标准分 1 2 3 4 5 6 7 8 9 10	高分者特征
乐群性	缄默孤独		乐群外向
聪慧性	迟钝、知识面窄		聪慧、富有才识
情绪稳定性	情绪激动		情绪稳定
恃强性	谦逊顺从		支配、攻击
兴奋性	严肃审慎		轻松兴奋
有恒性	权宜敷衍		有恒负责
敢为性	畏怯退缩		冒险敢为
敏感性	理智、着重实际		敏感、感情用事
怀疑性	信赖随和		怀疑刚愎
幻想性	现实、合乎成规		幻想、狂放不羁
世故性	坦白直率、天真		精明能干、世故
忧虑性	安静沉着、有自信心		忧虑抑郁、烦恼多端
激进性	保守、服从传统		自由、批评激进
独立性	依赖、随群附众		自立、当机立断
自律性	矛盾冲突、不拘小节		知己知彼、自律严谨
紧张性	心平气和		紧张困扰

卡特尔认为在每个人身上都具备这 16 种特质，只是在不同人身上的表现有程度上的差异。因此，他认为人格差异主要表现在量的差异上，可以对人格进行量化分析。

卡特尔 16PF

（二）现代特质理论

20 世纪 80 年代末以来，人格研究者们在人格描述模式上进行了探讨，发现了人格的“大五因素模式”（big five factors model）。高德伯格（Goldberg）称之为人格心理学中的“一场静悄悄的革命”。研究者们运用词汇学的方法，发现有五种特质可以涵盖人格描述的所有方面。①外倾性（extraversion）：表现出热情、社交、果断、活跃、冒险、乐观等特点。②宜人性（agreeableness）：反映出信任、直率、利他、依从、谦虚、移情等品质。③责任心（conscientiousness）：显示了胜任、公正、条理、尽职、成就、自律、谨慎、克制等特点。④神经质或情绪稳定性（neuroticism）：包括焦虑、敌对、压抑、自我意识、冲动、脆弱等特质。⑤开放性（openness）：具有想象、审美、文雅、求异、创造等特点。

这五个特质的中文译名尚有待统一。为便于记忆，可将它们的英文首字母构成“OCEAN”一词，意为“人格的海洋”。这五种人格特质也被称为“大五人格”，可以通过“大五人格”因素的测评量表（NEO-PI-R）来评定。之后，研究者又在“大五人格”的基础上，提出了“大六人格”，新增的因素是诚信/谦和。

近些年来，我国也有相关研究，与西方研究出现了不同的结果，在因素的数量上和内涵上都体现了文化的差异性。最具影响力的是“中国人人格的大七模型”，包括外向性、善良、行事风格、才干、情绪性、人际关系、处世态度七因素。还有六因素模型，提出了外倾性、神经质或情绪稳定性、开放性、宜人性、尽责性、人际关系性六因素说。五因素模型提出现代中国人的人格由勤勉性、评价性、外倾性、神经质和恭顺性五因素构成。三因素模型用动词分析获得了中国人的控制、施爱、成就三个与行为有关的因素。

知识扩展

大五人格与职业人才的选拔

心理学者对职业行为方面的兴趣，主要认为人格与人们选择的职业类型及其在该行业中业绩表现均有关系。此看法认为具有某些特性者会选择某些职业，且比其他人在该行业中有更佳表现。科斯塔（Costa）认为外向性和开放性是职业与工业心理学的两个重要因素。例如，根据五因素模式，社会和事业方面的兴趣均与外向性有关。外向者应该较偏好社会和事业方面的职业，且比内向者表现更佳。社会兴趣还与宜人性有关。再如，调查行业、艺术兴趣与求新性（开放性）呈正相关，开放者更偏好艺术与调查行业（如记者、自由作家），且职业表现也较好。由于艺术与调查性行业需要好奇心、创造力与独立思考能力，因此较适合高开放性的人。施米特（Schmit）的研究探讨了五因素模型在人事选择中的应用，结果发现谨慎性与人事选择相关很大。皮德蒙特（Piedmont）等人的研究表明高严谨性（公正性）者被一致评为优秀雇员。个体在严谨性层面量表上的差异可用于预测不同方面的工作成绩和表现。马修斯和奥地（Matthews & Oddy）关于英国工商界人士的人格特征研究显示，尽责性（谨慎性）、随和性和开放性是他们的三大特性。这些进展性研究成果说明了人格对人员选拔的重要性。

二、人格类型

人格类型说起源于20世纪三四十年代的德国。类型模式主要用以描述一类人与另一类人之间的心理差异。德国心理学家施特恩（Stern）把类型概括为三种模式：单一型模式、对立型模式、多元型模式。

（一）单一型模式

单一型模式是依据一群人是否具有某

一特殊人格来确定的。单一型的代表是美国心理学家弗兰克·法利（Franck Farley）提出的 T 型人格。

T 型人格（T-type personality）是一种好冒险、爱刺激的人格特征。依据冒险行为的积极与消极的性质，法利又将 T 型人格分为 T＋型和 T－型。如果冒险行为是朝向健康、积极、创造性和建设性的方向发展时，就是 T＋型人格；如果是破坏性和消极的刺激行为，则被视为 T－型人格，如酗酒、吸毒、暴力犯罪等反社会行为。在 T＋型人格中，依据活动特点又将他们分为体格 T＋型，如极限运动员通过身体运动来实现追求新奇、不断刷新的动机。而从事科技创新的科学家或思想家被称为智力 T＋型，如爱因斯坦等人在知识领域的探索和创新。在 T－型人格中也同样分为体格型（如暴力犯罪）和智力型（如高智商犯罪）。

（二）对立型模式

对立型模式是根据在某一人格维度所具有的相反方向上的特性来划分的模式。例如，孔子把人分为“知者”与“仁者”两类。他描述这两种人格特点是“知者乐水，仁者乐山，知者动，仁者静”。意思是说，知者喜欢把才能表现于工作中，好动，其行动如流水般不能自止；仁者则像山一样安稳，好静。

1. 内—外倾人格

瑞士著名人格心理学家荣格（Carl Gustav Jung，1875—1961）依据“心理倾向”来划分人格类型，最先提出了内—外倾人格类型学说。荣格认为，当一个人的兴趣和关注点指向外部客体时，就是外倾人格；而当一个人的兴趣和关注点指向主体时，就是内倾人格。

外倾人格（extroversion）也被称为外向型人格。在许多文学作品中，都有一群鲜明个性的人物，有心直口快的李逵，率直爽快的史湘云，有泼辣奸诈的王熙凤，刚烈无比的尤三姐，机智灵活的孙悟空，他们虽然气质不同，各自有其独特风格，但是都有一个共同的特点，即善于把心理活动展现于外，如情感外露，自由奔放，当机立断，不拘小节，独立心强，善于交际，有卓越的统率力与操作力等。

内倾人格（introversion）也被称为内向型人格。在文学作品中，还能找到另一类人，憨直善良的沙和尚，冷眼旁观的妙玉，心灵纤敏的黛玉，文弱顺从的尤二姐，而这些各具特色的人物的共同特点，是其心理活动多指向内部，并善于隐匿其丰富的内心世界，他们做事谨慎，情感内隐，藏而不露，深思熟虑，顾虑重重，不善交际，好内省，缺乏实际行动，适应环境有些困难。

任何人都具有内向和外向这两种心理机制，只是看哪一种心理机制占优势，来确定一个人是外向型人格还是内向型人格。还有一类人兼具两种心理特点，哪一种都不占优势，属均衡型人格，可以归之为中间型。

2. A—B 型人格

人们在研究人格和工作压力的关系时，常使用弗里德曼和罗森曼（Friedman & Rosenman）描述的 A—B 型人格。

A 型人格（A-type personality）的主要特点是急性子，时间紧迫感强，缺乏耐性，成就欲高，上进心强，具有苦干精神，工作投入，做事认真负责，富有竞争意识，外向，动作敏捷，办事匆忙，说话直截了当，生活常处于紧张状态，不安于现状，属不安定人格。具有这种人格特征的人易患冠心病，美国于 20 世纪 60 年代进行的一次纵向调查表明，在 257 位有冠心病的男性病人中，A 型人格的人数是 B 型的两倍多。在《三国演义》中诸葛亮阵前痛斥王朗，王朗羞怒交加，大吼一声，坠马身亡。周瑜将才出众、争强好胜、不甘示弱，但与诸葛亮相斗，总是一筹莫展，在“既生瑜，何生亮”的悲叹下，一气身亡。

B 型人格（B-type personality）与 A 型人格的特点相反，性情温和，举止稳当，对工作和生活的满足感强，喜欢慢步调的生活节奏，安于现状，在需要审慎思考和耐心的工作中，B 型人格的人往往比 A 型人格的好，他们属于较平凡之人。但是 B 型人格并非对冠心病是免疫的，对冠心病患者的调查表现，其人数占近三分之一。

（三）多元型模式

多元型模式是依据几种人格特质的不同组合构成的人格模式，如气质类型、价值观等。

1. 霍兰德的性格类型分类

美国学者霍兰德（Holland）发现不同的人在职业选择上有很大差异，他发现当人格特征与职业特征相匹配时，人会表现出最大的积极性，使其优势得到充分发挥。他依据社会形态的不同把人格分成 6 种价值观类型（见表 11-2），他的理论被人们普遍接受，并相当广泛地付诸应用。尤其是在现代的职业选拔中，已成为一种重要的心理学依据。

表 11-2　霍兰德的职业人格类型划分

类型	心理特点
现实型	重视物质、实际利益，遵守规则，喜欢安定，不爱社交，感情不丰富，缺乏洞察力，喜欢从事有明确要求的程序化操作，如机械、电工等。
研究型	好奇心强，重分析，好内省，比较慎重。喜欢从事有观察、有科学分析的创造性活动，如自然科学研究、天文观测与研究等。
社会型	乐于助人，喜欢社交，善于合作，注重友谊，责任感强。喜欢选择教育、医疗、社会服务等工作。
企业型（经营型）	支配性强，富有冒险精神，自信，精力旺盛，爱抒发个人见解。愿意从事组织、领导工作，如厂长、经理等。
艺术型	想象力丰富，热情冲动，好创作。喜欢从事非系统化的、自由度大的活动，如表演、绘画等艺术工作。
常规型（事务型）	易顺从，自制力强，想象力差，喜欢稳定、有秩序的环境。愿意从事重复性、习惯化工作，如出纳员、资料管理员等。

2. 阴阳五行说

我国春秋战国时期的著名医书《内经》按阴阳强弱，把人分为太阴、少阴、太阳、少阳、阴阳平和五种类型。①太阴之人：多阴无阳，其人格特征是悲观失望、内省孤独、不合时尚、保守谨慎。②少阴之人：多阴少阳，其人格特征是冷淡沉静、节制稳健、戒备细心、深藏不露、善辨是非、嫉妒心强、自制力强、耐受性高。③太阳之人：多阳无阴，其人格特征是勇敢刚毅、坚持己见、激昂进取、傲慢暴躁。④少阳之人：多阳少阴，其人格特征是外露、乐观、机智、随和。⑤阴阳平和：阴阳气和，其人格特征是态度从容、平静自如、尊严谦谨、适应性强、有品而不乱。

中国中医研究院教授薛崇成与助手杨秋莉依据阴阳五行说编制了我国第一个人格测评量表“五态性格测验”，用于鉴别五种人格类型。阴阳五态性格在医学心理、运动心理、航空心理等领域有广泛应用。

三、人格维度

人格维度是将人格特征差异放在一个连续变量上进行描述的方法。例如，外向与内向人格也构成一个连续的人格维度，每个人都可以在这个维度上找到自己的位置。如图 11-2 所示，甲属于典型的外向人格，乙属于偏于外向的混合人格，丙则属于内向人格。

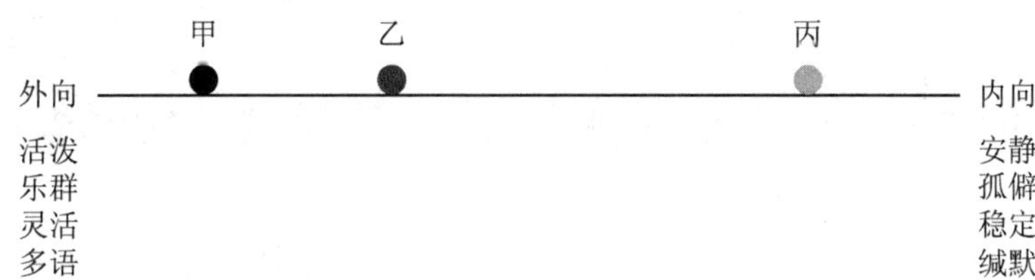

图 11-2　内、外向人格维度

艾森克是人格维度的重要代表人物，他提出了两个基本的人格维度，即外倾—内倾、情绪稳定性。两个维度构成四种人格类型。一个偏于内倾且情绪稳定的人，属于黏液质人格；一个偏于外倾且情绪不稳定的人，属于胆汁质人格；一个偏于内倾而又情绪不稳定的人，属于抑郁质人格；一个偏于外倾而且情绪稳定的人，属于多血质人格；艾森克建构的二维人格类型（见图 11-3）也成为人格特征描述的经典范式，其范式特征是：两个相互独立的维度交互构成四个象限，每个象限代表了一种人格类型。

《人格解码》

单，计分方便。其不足是会出现反应偏向。例如，社会赞许倾向使有些被试对问卷中提出的问题总是依据社会赞许的方向来作答，这种反应偏向影响人格结果的真实性。

主要的人格量表有“明尼苏达多项人格测验”“爱德华个人兴趣量表”等。

（一）明尼苏达多项人格测验

“明尼苏达多项人格测验”（Minnesota Multiphasic Personality Inventory，MMPI）是现今国外经典的人格测验之一。此量表是由美国明尼苏达大学教授哈萨威（S. R. Hathaway）和麦金利（J. C. Mckinley）编制的，适用于16岁以上、具有小学文化水平以上的群体。该量表包括健康状态、情绪反应、社会态度、身心性症状、家庭婚姻问题等26类题目，可鉴别强迫症、偏执狂、精神分裂症、抑郁性精神病等。其中有10个分量表：疑病症（Hs）、抑郁（D）、癔症（Hy）、精神变态（Pd）、性变态（Mf）、妄想狂（Pa）、精神衰弱（Pt）、精神分裂症（Sc）、轻躁狂（Ma）、社会内向（Si）。所有题目均采用“是、否、不一定”来回答，题目举例如下：

我相信有人反对我。

是□　不一定□　否□

这个测验所重视的是被试的主观感受，又因为在编制时采用正常与异常两组对照组为样本，因此MMPI不但可做临床上的诊断依据，而且也可用来评定正常人的人格，使人们对一个人的人格有个概略的了解。

明尼苏达多项人格测验

（二）爱德华个人兴趣量表

“爱德华个人兴趣量表”（Edwards Personal Preference Schedule，EPPS）是在美国心理学家莫瑞（H. A. Murray）所列举的人类15种需求的基础上，由美国心理学家爱德华（A. L. Edwards）于1953年编制的，全量表共有225个题目，每个题目通常包括两个以“我”为开头的陈述句，用“强迫选择法”，要求被试从两者中选出自己更偏好的一个。例如：

A. 我喜欢结交新朋友；

B. 当我有难时，我希望朋友能帮助我。

爱德华个人兴趣量表的主要功能是通过被试对题目的反应，评定他在15种心理需求上相对于一般人的强弱程度，然后绘出人格剖面图。

（三）加利福尼亚心理调查表

美国心理学家高夫（H. G. Gough）所编制的“加利福尼亚心理调查表”（the California Psychological Inventory，CPI）。问卷由230道题组成，让被试对每一道题给予“是”或“否”的回答，题目举例如下：

我通常感到人生很有价值。是□否□

本问卷涉及了人格四个方面，18个人格变量。第一方面涉及自在性、优越性、自信心及人际适宜性，第二方面涉及社会化、成熟度、责任心及价值结构，第三方面涉及成就潜能与智能效率，第四方面涉及智力与兴趣。“中国青少年性格问卷”就是依据此量表改编修订的。

二、投射法

投射测验（projective test）是以人格的精神分析理论为依据的。该理论强调人的行为由无意识的内驱力所推动。这些内驱力受到压抑，不为人们觉察，却影响着人们的行为。根据这种理解，人们难以通过问题直接了解一个人的情感和欲望，进而对他的人格做出评定。但是，如果给被试一些模棱两可的问题，那么他的无意识欲望有可能通过这些问题投射出来。所谓投射测验，就是根据这种思想设计出来测量潜意识层面人格的。

投射测验一般是由若干个模棱两可的刺激组成的，被试可任加解释，使自己的动机、态度、感情及性格等在不知不觉中反映出来，然后由主试将其反应加以分析，就可以推出若干人格特性。以下介绍三种著名的投射测验。

（一）罗夏克墨渍测验

罗夏克墨渍测验是由瑞士精神医学家罗夏克（H. Rorschach，1884—1922）于1921年设计的，共包括10张墨渍图片，如图11-4所示。施测时每次按顺序给被试呈现一张，同时问被试："你看到了什么？""这可能是什么东西？""这使你想到了什么？"等问题，允许被试自己转动图片从不同的角度去看。此测验属于个别施测，每次只能施测一人。施测时主试一方面要记录被试的语言反应，同时还要注意被试的情绪表现和伴随的动作。通过分析被试做反应时所使用的墨渍部位、反应依据、反应内容等，发掘被试潜藏的无意识动机和欲望。

图11-4　罗夏克墨渍测验的图片

（二）主题统觉测验

主题统觉测验（TAT）是由美国心理学家莫瑞（H. A. Murray）编制的。这种测验的性质与看图说故事的形式很相似。全套测验由30张模棱两可的图片构成，另有一张空白图片，图片内容多为人物，也有部分景物，不过每张图片中至少有一人物在内。测验时，每次给被试一张图片，让他根据所看到的内容编出一个故事（见图11-5）。故事的内容不加限制，但必须符合以下四点：图中发生了什么事情？为什么会出现这种情境？图中的人正在想些什么？故事的结局会怎样？

主题统觉测验的主要假定是，被试在面对图片情境时所编出来的故事，常会和其生活经验有联系。被试在编故事时，常常不自觉地把自己隐藏或压抑在内心的动机、欲望及矛盾，穿插在故事中，进而把个人的心理历程"投射"出来。因此，通过分析被试编的故事，有可能对其需要和动机做出分析。

图 11-5 主题统觉测验的图片

（三）句子完成法

句子完成法（sentence completion test，SCT）是以未完成的句子作为刺激，让被试自由地给予语言反应来完成未完成的部分。依据被试的反应内容来推断被试的情感、态度以及内心冲突等。例如：

“我喜欢的是________。”

“我是一个________的人。”

“别人常说我________。”

这种言语联想方法起源于德国，最初用于测查儿童的智能，后来美国研究者使用这种方法测查人格。这种方法被广泛地运用于临床预诊。而且它使用比较方便，易于掌握，既可以施测于个人，也可以施测于团体。

投射测验的优点是弹性大，可在不限制被试的状况下，任其随意反应。由于投射测验使用墨渍图或其他图片，因而便于没有阅读能力的人进行测验，进而推论其人格倾向。投射测验也有一些不足。首先，评分难度大，特别是对测验的结果解释难。同样的反应由于施测者的判断不同，解释很可能不一样。其次，这种测验对特定行为不能提供较好的预测。例如，测验结果可能发现某人具有侵犯他人的潜意识欲望，而实际上，他却很少出现相应的行为。最后，由于投射测验适于个别施测，因而它需要花费大量的时间，施测成本大。这一点不如问卷法优越。

三、情境测验

情境测验（situation test）是将被试放在类似或模拟“真实”的标准情境中，通过观察被试的实际表现以推测其能力、品行或人格的方法。情境测验来源于实践的需要。由于自陈问卷不能排除被试作假的可能，而投射测验在对被试反应的解释上缺乏信效度。而且，自陈问卷和投射测验又都是“纸上谈兵”。所以，在实践中，需要另一种测验手段来弥补前两者的不足，这样，情境测验就应运而生了。

常用的情境测验包括情境模拟、无领导小组讨论及公文筐作业等几种形式。情境测试多用于测查人的实际能力与工作要求相匹配的人格特征。

情境模拟是设置一定的模拟情况，要求被试扮演某一角色并进入角色中处理各种事务、各种问题和矛盾。主试通过对被试在情境中所表现出来的行为进行观察和记录，以测评其素质潜能，或者看其是否能适应或胜任工作。情境模拟形式多样，可以根据测试目的灵活设置。由于模拟测试的环境是拟招岗位或近似拟招岗位的环境，测试内容又是拟招岗位的某项实际工作，因而具有较强的针对性。另外，模拟测试更接近实际，考查的重点是被试分析和解决实际工作问题的能力，加之这种方式又便于观察了解被试是否具备拟任岗位职务的素质，因此普遍反映模拟测试比笔试和其他面试形式更具有可信性（见图 11-6）。

可以通过社交平台的行为判断性格吗？

图 11-6　情境模拟的一个场景

第四节　人格成因

人格是怎样形成的？这是一个复杂的问题。影响人格形成与发展的因素有很多，生理遗传因素、家庭因素、童年经历、学校教育、社会因素、自然环境、主观因素等都对人格产生了不同程度的影响。简言之，人格是在遗传与环境交互作用下逐渐发展形成的。

一、生物遗传因素

心理学家对“生物遗传因素对人格具有何种影响”的探讨已持续很久了。人格具有较强的稳定性特征，因此人格研究者更注重遗传因素对人格的影响。

双生子的研究被许多心理学家认为是研究人格遗传因素的最好方法，心理学家提出了双生子的研究原则：同卵双生子具有相同的基因形态，他们之间的任何差异都可归于环境因素。而异卵双生子的基因虽然不同，但在环境上有许多相似性，如家庭环境、母亲年龄相同等，因此也提供了环境控制的可能性，其差异的解释主要是环境因素。完整研究这两种双生子，就可以看出不同环境对相同基因的影响，或者是相同环境下不同基因的表现。在双生子的研究方法上使用了遗传率（heritability，H）。

已有的一些例证说明了遗传对人格的影响。弗洛德鲁斯（Floderus）等人于1980年对瑞典的12000名双生子做人格问卷的施测，结果表明同卵双生子在外向和神经质上的相关系数是0.50，而异卵双生子的相关系数只有0.21和0.23。这说明同卵双生子在外向和神经质上的相似性要明显高于异卵双生子，在这两项人格特征上具有较强的遗传性。一项有关高中生的双生子研究，给学生施测了“加利福尼亚心理调查表”（CPI），这一人格调查表包括18个分量表，其中有一些与社会相关较高的人格成分，如支配性、社会性、社交性、责任心等。结果仍旧显示同卵双生子比异卵双生子的相关系数高。20世纪80年代，明尼苏达大学对成年双生子的人格进行了比较研究（1984，1988），有些双生子是一起长大的，有些双生子则是分开抚养的，平均分开的时间是30年。结果发现同卵双生子的相关系数比异卵双生子的高很多，分开抚养的与未分开的同卵双生子具有同样高的相关系数。使用大五人格模型进行的研究再次证明了遗传对于人格的作用。在一项德国和荷兰合作完成的研究项目中，660对同卵双生子和340对异卵双生子同时接受了“大五人格自陈量表”以及根据自陈量表改编的“亲朋评定量表”（即由家人和朋友来评定他们在大五人格各维度上的表现）的测查，结果发现，无论是自评还是他评，同卵双生子的人格（相关系数平均约为0.52）都被评价为比异卵双生子（相关系数平均约为0.23）更加相似。

表 11-3　双生子在 MMPI 中第十个分量表及总得分的相关系数和遗传率（*H*）

分量表	r_{M2}	r_{D2}	H
Mf　性变态男性化/女性化	0.94	0.04	0.73
量表总分	0.71	0.27	0.60

注：r_{M2}为同卵双生子的相关系数，r_{D2}为异卵双生子的相关系数。

资料来源：吴彩云、蓝光华、吴爱勤等：《行为遗传的双生子研究》，载《遗传》，1994，16（2）。

研究结果显示，人格的许多特性都有遗传的可能性。我们应该如何看待遗传对人格的作用呢？虽然前面列举了一些研究，证实了遗传对人格的影响，但是遗传作用有多大，确实是一个复杂的问题。根据以往研究，对遗传的作用做出如下评价。

第一，遗传是人格不可缺少的影响因素。从现有的研究结果来看，约有 40%～50%的人格差异可以归因为遗传差异。

第二，遗传因素对人格的作用随人格特质的不同而异。通常在智力、气质这些与生物因素相关系数较大的人格特质上，遗传因素的作用较重要；而在价值观、信念、性格等与社会因素关系紧密的人格特质上，后天环境的作用可能更重要。

第三，人格的发展是遗传与环境两种因素交互作用的结果。

人既是一个生物个体，又是一个社会个体。人在胚胎状态时，环境因素的影响就已经开始了，这种影响会在人的一生中持续下去。后天的环境因素是多种多样的，小到家庭因素，大到社会文化因素。这些因素对人格的形成和发展都有重要的影响。

二、家庭环境因素

一位人格心理学家说："家庭对人的塑造力是今天我们对人格发展看法的基石。"家庭是社会的细胞，不仅具有其自然的遗传因素，也有社会的"遗传"因素。这种社会遗传因素主要表现为家庭对子女的教育作用，"有其父必有其子"的话其中不无道理。父母们按照自己的意愿和方式教育孩子，使他们逐渐形成了某些人格特征。

研究者把家庭教养方式分成三类，这三类方式造就了具有不同人格特征的孩子。第一类是民主型教养方式，父母与孩子在家庭中处于一个平等和谐的氛围中，父母尊重孩子，给孩子一定的自主权，并给孩子以积极正确的指导。父母的这种教育方式使孩子形成了一些积极的人格品质，如活泼、快乐、直爽、自立、彬彬有礼、善于交往、容易合作、思想活跃等。第二类是放纵型教养方式，这类父母对孩子过于宠爱，让孩子随心所欲，父母对孩子的教育甚至达到失控状态。这种家庭里的孩子多表现为任性、幼稚、自私、野蛮、无礼、独立性差、唯我独尊、蛮横胡闹等。第三类是权威型教养方式，这类父母在对子女的教育中，表现得过于支配，孩子的一切均由父母来控制。成长在这种教育环境下的孩子容易形成消极、被动、依赖、服从、懦弱，做事缺乏主动性，甚至会形成不诚实的人格特征。另外，在对过于保护型母亲的研究中，除对上述结论加以印证外，研究者还指出了这种母亲在和子女的关系上有三个显著特点：一是与孩子接触太多，不离孩子身边；二是人为地延长孩子的"婴儿照顾期"，把长大了的孩子还视为婴儿看待，成为"巨婴"；三是禁止孩子的独立行为。过于保护型母亲又表现出两种教养方式，这两种不同的方式又导致了孩子不同的人格特点。保护纵容型母亲会使孩子变成"小霸王型人格"，这种孩子表现为冲动、残暴、执拗、支配、自我克制力差、脾气暴躁、提过分要求等，是个被母亲宠坏了的孩子；保护支配型母亲会使孩子变成“温顺的乖孩子”，这种孩子顺从、温和、听话、胆小、整洁、有礼貌、学习勤奋，但是他们竞争力与独立性差、懦弱，男孩子会“女孩子气”。这两类母亲对孩子的教养都造成了孩子的人格弱点，需要注意家庭教养方式不当，会使孩子形成不良的人格特征。

土耳其心理学家卡其策巴希(C. Kagitcibasi)依据家庭中两代人之间的“独立—依赖”关系，归纳出了三种典型的家庭模式：①X型：家庭中父母与子女在物质与情感上的关系都是相互依赖的，亲子关系的取向是顺从，属于集体主义模式。例如，韩国和日本的母亲总是热心保持与孩子的交互作用，母亲千方百计地要把自己与孩子“焊接”起来，她们认为母子的亲密关系是儿童健康发展的重要条件。在家庭教养中，母亲总是力图创造一种“关系上的协调”，但是她们难以培养孩子的心理独立性。②Z型：家庭中两代人之间在物质和情感上都是相互独立的，亲子关系的取向是独立，属于个人主义模式。例如，美国和加拿大的母亲认为母子间的分离与个体化是孩子人格健康发展的条件。所以，母亲尽力把自己与孩子分离开，以培养孩子的独立自主性，母亲在家庭关系中创设的是一种“个体上的协调”。但是，这也会带给双方情感上的孤独与失落。③Y型：将上述两种模式辩证地综合在一起，强调在物质上独立，在情感上相互依赖。中国与土耳其的家庭近似这种模式。例如，土耳其的青年既忠于家庭，又注重本人才能的自我实现。在具有集体主义文化基础的发展中国家，大规模的城市化和现代化背景下，家庭人际关系有可能向Y型转化。

由此可见，家庭确实是“人类性格的工厂”，它塑造了人们不同的人格特征。综合家庭因素对人格影响的研究资料，可以得出以下结论。

第一，家庭是社会文化的媒介，它对人格具有强大的塑造力。

第二，父母教养方式的恰当性直接决定孩子人格特征的形成。

第三，父母在养育孩子的过程中，表现出了自己的人格，并有意无意地影响和塑造着孩子的人格，形成家庭中的“社会遗传性”。

家里藏书越多，孩子发展越好？

知识扩展

父母对子女的控制，是关怀还是嫌弃？

关于父母与孩子的“接受—厌弃理论”的主要观点是，从儿童自身感受的角度来分析父母的作用。方法是考查孩子如何感受父母对他们的控制。结果指出，父母都爱自己的孩子，但是孩子是否接受他们爱的方式不同，同样是一种爱的方式，东西方的孩子在感受时，却大相径庭，这种现象说明不同文化背景是主要的影响因素。

来自美国和德国的研究表明，少年儿童把父母的控制看作嫌弃。他们认为：父母之所以用限制性的管教方式，是因为父母讨厌和嫌弃孩子。孩子之所以产生这种感受是由于在西方文化背景中，规范性的教育方式是宽容的、非限制性的教养。这样儿童就会把父母限制性的管教视为缺乏爱心的表现。

而来自韩国和日本的结果发现，父母同样的限制性管教却使孩子感受到接纳和温暖。因为在东方的社会文化背景下，父母的严厉使孩子感受到的是关怀。当缺少父母的控制或具有很大范围的自主性时，他们感受到的是父母的嫌弃。此外，研究还发现，韩国裔的美国青少年的感受与美国青少年的感受一致，而不是与韩国青少年的感受一致。这个研究说明，社会文化因素影响着人们的观念，影响着人们的行为，最终影响了人们的人格特征。

三、早期童年经验

“早期的亲子关系定出了行为模式，塑成一切日后的行为。”这是有关早期童年经验对人格影响力的一个总结。中国也有句俗话“三岁看大，七岁看老”。人生早期所发生的事情对人格的影响，历来为人格心理学家所重视，特别是弗洛伊德。

为什么人格心理学家们如此看重早期经验对人格的作用呢？西方一些国家的调查发现，“母爱丧失”的儿童（包括受父母虐待的儿童），在婴儿早期会出现神经性呕吐、厌食、慢性腹泻、阵发性绞痛、不明原因的消瘦和反复感染，这些儿童还表现出胆小、呆板、迟钝、不与人交往、敌对、攻击、破坏等人格特点，这些人格特点会影响他们一生的顺利发展，出现情绪障碍、社会适应不良等问题。在对孤儿院里的儿童进行的研究中，研究者发现这些早期被剥夺母亲照顾的孩子，长大以后在各方面的发展均受到影响。许多孩子患了“失怙性忧郁症”，其症状表现为哭泣、僵直、退缩、表情木然。并且有人提出被遗弃的孩子会产生心理疾病，孩子会形成攻击、反叛的人格。受世界卫生组织（WHO）的委托，鲍尔比（Bowlby）对非正常家庭成长的儿童和流浪儿做了大量的调查，在提交的《母性照看与心理健康》的报告中，他得出的结论是，儿童心理健康的关键在于婴儿和年幼儿童与母亲建立的一种和谐而稳定的亲子关系。

早期童年经验的问题引发了许多的争论，如早期经验对人格产生何种影响？这种影响是否为永久性的？学者提出以下观点。

第一，人格发展的确受到童年经验的影响，幸福的童年有利于儿童向健康人格发展，不幸的童年会引发儿童不良人格的形成。但二者不存在一一对应的关系，溺爱也可使孩子形成不良人格特点，逆境也可磨炼出孩子坚强的性格。

第二，早期经验不能单独对人格起决定作用，它与其他因素共同决定人格。

第三，早期童年经验是否对人格造成永

久性影响因人而异。对于正常人来说，随着年龄的增长、心理的成熟化，童年的影响会逐渐缩小、减弱，其效果不会永久不衰。

四、学校教育因素

学校是一种有目的、有计划地向学生施加影响的教育场所。教师、学生、班集体、同学与同伴等都是学校教育的元素。

教师对学生人格的发展具有指导定向的作用。特别是教师既是学校宗旨的执行者，又是评量学生言行的标准。教师的言传身教对学生产生着巨大影响。洛奇在一项教育研究中发现：在性情冷酷、刻板、专横的教师所管辖的班级中，学生的欺骗行为增多；在友好、民主的教师气氛区中，学生欺骗行为减少。教育心理学家勒温等人也研究了不同管教风格的教师对学生人格的影响作用。他们发现在专制型、放任型和民主型的管理风格下，学生表现出不同的人格特点。教师的公正性对学生有至关重要的影响。一项有关教师公正性对中学生学业与品德发展的研究，其结果表明：学生极为看重教师对他们是否公正、公平，教师的不公正表现会导致中学生的学业成绩和道德品质的降低。“皮格马利翁效应”就说明了每个学生都需要教师的关爱，在教师的关注下，他们会朝向教师期望的方向发展。

学校是同龄群体会聚的场所，同伴群体对学生人格具有巨大的影响。班集体是学校的基本团体组织，班集体的特点、要求、舆论和评价对于学生人格的发展具有“弃恶扬善”的作用。少年同伴群体也是一个结构分明的集体，群体内有上下级关系的“统领者”和“服从者”，有平行关系的“合作者”和“互助者”。这种群体具有不同于孩童与成人的“少年亚文化”特征。与幼童不同的是，孩子离开父母或被父母拒绝是他们焦虑的最大根源；而少年的焦虑不安则主要来自同辈团体的拒绝。在少年这个相对“自由轻松”的群体中，他们实践着待人接物的礼节与团体规范，他们了解了什么样的性格容易被群体所接纳。在少年团体中，他们拥戴那些“品学兼优”的同伴，而不是那些风头十足、具有漂亮仪表以及体育成绩优异的人。他们喜欢有能力、能胜任工作、具有高智商、精力充沛、富于创造的同伴。在少年期，男孩倾向于接纳更大、更活跃的团体，他们多少会有些无视成人权威的倾向；而女孩则倾向于较合作与平和的集体。一般来说，少年同伴团体的性质是良好的，但也存在不良的少年团伙，这种团伙对少年的人格发展影响极坏。学校、家长及社会要用强有力的教育手段来“拆散”他们，要使学生远离这种群体，防止他们对学校及社会带来危害。

总之，学校对人格形成与发展的影响是不可忽视的，学校是人格社会化的主要场所。教师对学生人格发展具有导向作用，而同伴群体对人格发展具有重要的影响力。

五、社会文化因素

每个人都处于特定的社会文化中，文

化对人格的影响是极为重要的。社会文化塑造了社会成员的人格特征，使其成员的人格结构朝着相似性的方向发展，而这种相似性又具有维系一个社会稳定的功能。这种共同的人格特征又使得个人正好稳稳地“嵌入”整个文化形态里。

社会文化对人格具有塑造功能，这表现在不同文化的民族有其固有的民族性格。例如，米德等人研究了新几内亚的三个民族的人格特征，这三个民族居住在不同的自然环境中，有着不同的社会文化背景。他们在民族性格上的差异，显示了社会文化环境和自然环境对人格的影响。研究显示，居住在山丘地带的阿拉比修族，崇尚男女平等的生活原则，成员之间互助友爱、团结协作，没有恃强凌弱和争强好胜，人与人之间一派亲和景象。居住在河川地带的孟都古姆族，生活以狩猎为主，男女间有权力与地位之争，对孩子处罚严厉。这个民族的成员表现出攻击性强、冷酷无情、嫉妒心强、妄自尊大、争强好胜等人格特征。居住在湖泊地带的张布里族，男女角色差异明显，女性是这个社会的主体，她们每天劳动，掌握着经济实权。而男性则处于从属地位，其主要活动是艺术、工艺与祭祀活动，并承担孩子的养育责任。这种社会分工使女人表现出刚毅、支配、自主与快活的性格，而男人则有明显的自卑感。

社会文化对人格的影响力因文化而异，主要在于社会对顺应的要求是不是严格。社会对顺应的要求越严格，社会文化对人格的影响力就越大。影响力的强弱也视其行为的社会意义的大小，对于不太具有社会意义的行为，社会容许有较大的变异；但对在社会功能上十分重要的行为，就不容许有太大的变异，社会文化的制约作用很大。若个人极端偏离其社会文化所要求的人格基本特征，就不能融入社会文化环境中，可能就会被视为行为偏差或心理疾病。

六、自然物理因素

图 11-7　因纽特人

生态环境、气候变化、空间拥挤程度等物理因素都会影响人格。一个著名的研究实例是，巴理关于阿拉斯加州的因纽特人和非洲的特姆尼人的比较研究。这个研究说明了生态环境对人格的影响作用。

因纽特人以渔猎为生，夏天在水上打鱼，冬天在冰上打猎。他们的主食为肉，没有蔬菜，过着流浪生活，以帐篷遮风避雨（见图 11-7）。这个民族以家庭为单元，男女平等，社会结构比较松散，除了家庭约束外，很少有持久、集中的政治与宗教权威。在这种生存环境下，父母对孩子的教养原则是能够适应成人的独立生存能力。男孩由父亲在外面教打猎，女孩由母亲在家里教家务。儿女教育比较宽松、自由、不受打骂、鼓励孩子自立，使孩子逐渐形成了坚定、独立、冒险的人格特征。而特姆尼人生活在杂色灌木丛生地带，以农业为主，种田为生。居住环境固定，形成300～500人的村落。社会结构紧固，有比较分化的社会阶层，建立比较完整的部落规则。在哺乳期，父母对孩子很疼爱，断奶后孩子就要接受严格管教，使孩子形成了依赖、服从、保守的人格特点。由此可见，不同的生存环境影响了人格的形成。

另外，气温也会导致人的某些人格特征的频率提高。例如，热天会使人烦躁不安，容易对他人采取负面反应，甚至进攻，发生反社会行为。世界上炎热的地方，也是攻击行为较多的地方。

对于自然物理环境的作用，可做出如下评价。

第一，自然环境对人格不起决定性影响，更多地表现为一时性影响。

第二，自然物理环境对特定行为具有一定的解释作用。在不同的物理环境中，人可以表现出不同的行为特点。

中国的水稻人格和小麦人格

如果你在咖啡店想找一个座位坐下，但是有一个椅子挡住了你的路，你会怎么做呢？——是绕过椅子，还是移动椅子？很多人可能觉得这只是一个无关紧要的小事，然而，其实我们的选择可能和我们的祖先种植什么作物有关。

一项文化心理学研究发现，中国北方和南方人的心理差异反映了集体主义和个体主义的个体差异，而这些差异可以由几千年来二者的主要种植作物解释——南方人种植了数千年的水稻，而北方则主要种植小麦。

这项研究由弗吉尼亚大学的文化心理学博士生汤姆森（Thomas Talhelm）领导，他提出了他称之为"水稻理论"的假说：中国北方和南方的人格差异部分可以用各自地区的农业实践来解释。研究团队在中国的六个城市（三个南方城市和三个北方城市）进行了心理学实验，以及在水稻—小麦分界线附近的国家进行了调查。他们发现，中国北方人更倾向于个人取向和分析思维，而南方人则更倾向于相互依赖、整体思维和对朋友更忠诚。(分析思维者喜欢使用抽象类别，而整体思维者则关注关系。)

为什么种植不同的农作物会影响人们的心理呢?"水稻理论"认为，这与水稻和小麦种植的方式有关。水稻种植非常劳动密集，从播种到收割需要大约是小麦的两倍时间。而且，大多数水稻是在灌溉土地上种植的，这就需要社区合作建造运河和堤坝，并共享水资源。水稻种植提供了一个合作的经济动机。相比之下，小麦农民唯一需要合作的就是雨水，这使得他们有更大的独立性。

回归本文开头的例子，研究团队使用了这一咖啡店椅子挡路的情境来在现实生活中检验了这一理论。他们在中国的六个城市（北京，以及福建、广东、云南、四川和辽宁的城市）进行了这个现场试验3，记录了顾客是否移动了椅子。他们发现，在水稻区（福建、广东和云南），顾客更有可能绕过椅子，而在小麦区（北京、四川和辽宁），顾客更有可能移动椅子。这表明，水稻城市的人更倾向于适应环境，而小麦城市的人更倾向于改变环境。

这项研究不仅揭示了中国内部的文化多样性，也提供了一个新的视角来理解东西方之间的文化差异。这些数据表明，农业遗产仍然在影响现代世界的人们——我们祖先的种植与合作方式导致了两种不同的文化心理学。

资料来源：Talhelm，T.（2017）. The rice Theory of Culture. https：//doi. org/10. 18130/v3mz76

综上所述，人格是先后天的合金。在人格的培育过程中，各个因素对人格的形成与发展起到了不同的作用。遗传决定了人格发展的可能性，环境决定了人格发展的现实性，其中教育起到了关键性作用，自我调控系统是人格发展的内部决定因素。在当今儿童青少年人格教育中，启动了“家—校—社”联动机制，使“培育自尊自信、理解平和、积极向上”的人格教育目标得以实现。

思考题

1. 心理学家是如何看待人格的？人格具有哪些特性？
2. 人格结构包括哪些成分？
3. 比较并分析特质与类型两种人格模式的特点。
4. 气质分为哪四种类型？如何看待人的气质？
5. 什么是认知方式？认知方式的差异表现在哪几个方面？
6. 人格测评的主要方法有哪些？各有何特点？
7. 影响人格形成与发展的因素有哪些？分别对人格起什么作用？
8. 依据本章所学知识分析自己的人格特征，并思考如何完善人格。
9. 走访学校或社区，调研“家—校—社”一体化的人格教育运行中的经验与问题。

第十二章 社会态度与社会行为

【本章要点】

1. 社会态度的结构与形成。
2. 态度与行为的关系。
3. 社会态度的自我防卫倾向。
4. 社会态度改变的方法。
5. 印象形成过程的信息选择。
6. 归因及其影响因素。
7. 从众与服从的原因。
8. 引发依从行为的技术。
9. 社会助长与社会惰化作用。

1994 年 6 月，美国前橄榄球明星、影视界当红演员、出身贫寒的黑人辛普森的前妻和她的男友双双死于尼科尔的公寓外，辛普森被警方指控犯有双命血案，辛普森自称无罪。于是开始了一场震撼全美的“世纪审判”，规模空前。经过 474 天的审理，1995 年 10 月 3 日，由绝大多数黑人组成的陪审团在分析了 113 位证人的 1105 份证词后，判定辛普森无罪。宣读判决后，支持辛普森的人大声欢呼，而很多白人却惊诧不已，明显地出现了两种截然不同的反应。一位白人妇女泪水夺眶而出，叹了口气说：“美国完了。”然而，在黑人集中居住区，人们欢呼雀跃，载歌载舞地庆贺胜利。对于同样的事件，为何不同群体的人会有如此不同的社会态度，进而出现不同的社会行为？本章将对此给出解释。

第一节 社会态度及其改变

心理学，尤其是社会心理学一向高度关注社会态度问题的研究。心理学家认为社会态度是决定行为的内在条件，是心理学解释、预测和控制人们社会行为的主要途径。早期社会心理学家甚至认为："社会心理学就是态度的科学。"

一、社会态度的结构与形成

（一）社会态度的概念

社会态度（social attitude）的提法是从态度一词延伸出来的。由于态度涉及的问题通常是社会性的，因而也常被称作社会态度。态度一词最初指一个人的身体准备状态，即身体姿势或身体位置，后来演变为专指心理状态的术语，即对一个特定客体的反应准备。虽然目前社会心理学家对态度概念的理解尚不一致，但绝大多数人都同意态度包含认知、情感和行为三种成分。它决定着人们在现实生活环境中注意什么样的对象，怎样加工有关对象的信息；决定着人们对于有关对象的体验，以及对有关对象进行反应的先定倾向。

总结心理学家对于态度定义的各种不同理解，可以将态度定义为：个体指向一定对象，以一定观念为基础的、评价性的持久反应倾向。

通过态度来预测行为，是人们最初研究"态度"，并将它置于重要位置的原因。但是，数十年来社会心理学的大量研究指出，人们的行为更多地取决于多种因素的综合作用，而不是简单地为态度所左右。只不过态度一经产生，的确会对人们的实际行为产生影响。因此，态度是一种倾向性的心理准备状态，它有认知因素或观念的参与，不同于情感，并且具有相对稳定的特征。

（二）社会态度的构成要素

作为一种具有认知基础的心理反应倾向，态度兼具认知、情感和行动三种成分。

态度的认知成分指人们作为主体，对于一定对象的知识、观念、意象或概念，以及在此基础上形成的具有倾向性的思维方式。研究表明，人们对于一定态度对象的认知具有一定的组织性，它在头脑中构成一种既定的模式或刻板印象，表现出态度的倾向性。因此，态度的认知有别于一般的事实认知，通常带有偏见性。例如，过去在西方社会，一提到黑人，很多人会马上想到愚蠢、落后、原始等观念。这些观念不是对黑人特征的客观描述，而是一种偏见。

态度的情感成分指个人对于一定态度对象的体验，如接纳或拒绝、喜爱或厌恶、热情或冷漠、敬重或轻视等。态度反应或态度选择并不单纯是情感的反应，而是兼有认知与情感的综合性质，虽然它实质上具有情感的倾向性，却是一个理性抉择的结果。人们在选举中支持某一候选人，投票时支持某一种议案，都是有理由的选择，只不过态度的研究者们通常只关心态度的指向，而不关心选择该指向的理由。

态度的行动成分有两方面的含义。一

是态度作为一种心理准备状态和反应倾向，一经产生就必定对人们与态度对象有关的行为产生影响；二是态度具有特定的意动效应。这一点已经在心理学的意动实验中得到了科学的证明：用一根两尺长的细线拴一重物捏在手里，闭上眼睛，保持手的静止，然后头脑中想象有一股强大的磁力在吸引重物做前后或左右摆动，几分钟后，实验者会发现重物果然在按照受试者所想的方向进行摇摆。

（三）社会态度的形成

1. 经验的情绪后果

社会心理学家奥尔波特早在 1935 年就开始重视个体经历的情绪效应对态度的影响。他发现，某些导致心灵创伤的经历，哪怕仅有一次，就可以使人形成十分稳固的态度。而且，这种态度还会泛化到相关或相似对象上。“一朝被蛇咬，十年怕井绳”就是个典型例子。研究表明，各种恐惧症都是与强烈的情绪伤害联系在一起的。

2. 需要的满足

态度具有情绪体验的成分。人们对于能满足自己需要，或是能够帮助自己实现目的的对象，倾向于有积极情绪体验，产生肯定态度。反之，对于阻碍自己达到目标或引起挫折的对象，则产生消极情绪体验和否定态度。研究发现，如果一种对象与自己的需要满足相联系，那么也倾向于产生积极态度。反之，则倾向于产生拒绝的态度。但是在特定条件下，如果选择直接涉及根本信念，那么会出现个体首先根据信念而不是暂时的需要来选择的情况。例如，革命者由于对国家利益或同伴安全的责任意识，决不考虑自己暂时的需要，对敌人的利诱持拒绝态度。

3. 知识

态度具有认知成分。知识可以使人形成一定的态度，也可以使已经形成的态度发生改变。对于与自己没有直接关联的对象，知识的作用就更加明显。比如，迷信巫术，指的是知识缺乏的人最容易偏信巫术表面行善的虚假欺骗。一个社会越是贫穷、落后，缺乏与外界的沟通，迷信也越容易流行。

4. 家庭

家庭是个人社会化的第一场所，父母是个人成长过程中的第一任教师。人们对许多事物的态度，都受到父母的深刻影响。个人的许多价值观、行为习惯，都是在父母的影响下发展起来的。研究表明，80% 的小学生对政党的态度都与其父亲相同。有关宗教的研究也表明，宗教信仰在一个地区形成优势，主要是由家庭的宗教传递性质决定的。美国所做的研究显示，83% 的中学高年级学生对总统候选人的选择，都是同自己的父母亲相一致的。

5. 参照群体

参照群体是指人们在价值取向上认同的群体，它为人们提供社会同一性和自我评判的标准。个人在参照群体中的社会身份，以及通过这一身份反映的参照群体本身在大社会中的位置，是个人社会同一性构成的重要方面，对个人的自我价值意识有重要影响。通常情况下，个人的参照群体亦即他实际隶属的群体，当参照群体与隶属群体不一致时，个人会面临许多危机。

6. 文化因素

文化作为人们社会化的大背景，深刻地影响着人们态度的形成。正如著名人类学家米德（M. Mead）对三个原始部落的研究发现，文化背景直接决定人们对许多事物的态度，乃至整个思维方式。在阿尔派西部落，刚毅竞争的男人是被人看不起的；在仍保留食人肉遗风的芒都古莫部落，女子也像男子一样，行为充满敌意、攻击与暴力，而温柔、体贴、含蓄等我们社会中人们期望的女性特点则不受欢迎。20 世纪 60 年代在中非一些部落中的另一个发现更有典型意义。当人类学家奥伯特告诉这些部落的妇女，在自己的国家里，是由男子从事重体力劳动时，这些妇女的反应是，你们美国人是不是弄错了，男子生来就不能干重体力劳动。

《从玫瑰到枪炮：心理学实证研究社会关系》

二、态度与行为的关系

（一）态度

1. 态度对认知的影响

态度作为心理准备状态，一经形成就将影响人们注意事物的方式及对事物的认知。一项篮球场上的实地研究，考查了球迷的态度如何影响对赛场上犯规的知觉。方法是给两组球迷播放一场他们分别支持的两支球队比赛的实况录像，让他们判断双方队员的犯规次数，并将结果与裁判实判的双方犯规次数相比较。结果发现，双方球迷的判定都有一个共同倾向，即对己方队员判定的犯规次数比裁判判定的要少，而对对方队员判定的犯规次数远远高于裁判实判的次数。这可以解释为，因为球迷的态度都倾向于己方获胜，所以他们对比赛犯规的知觉受到明显的倾向性影响。一方面，在己方队员的动作中看不到犯规，而对对方队员的犯规动作敏感；另一方面，他们可能用不同的判断标准对待双方队员。己队的犯规动作会被理解为合理的技术动作，而对方的某些技术动作稍微冒犯己方队员就被视为犯规。当然，球迷本人对于自己的态度对判断的影响并不能知觉，双方的心理作用都是在无意识状态下发生的。

2. 态度的记忆过滤作用

人们一般对于支持自己态度的材料，学习起来较容易，信息更容易被记忆系统吸收和同化。而与个人态度相违背的材料，不仅学习、记忆起来更困难，而且获得的信息也容易被歪曲。很显然，已经形成的态度使得人在内部信息加工上有倾向于自我服务的选择作用，称为态度的过滤效应，即作为心理准备状况的态度会对信息加工过程产生制约，自动过滤掉不利于自己的信息。实验证明，态度是具有一定的自我保护效应的。积极态度能够导致人们宁可忍受更大的痛苦，也要改变他人对自身所属群体的不良印象。一个人的态度对象，越是接近他个人的核心价值，其自我保护效应也越强烈。

3. 态度的激励作用

实践中，工作和生活中各种现象都有力地证明，人们对一种事物的态度越积极、越强烈，态度本身涉及的问题越重要，人们采取行动的内驱力也越大，效果自然也越好。著名的霍桑研究发现，工厂中各种工作条件、休息时间，乃至工资等物质条件，对工作效率的影响远比人们想象的要低，而对工人的尊重程度、自由的气氛、工人对工作的责任感等心理因素却显著地影响工作效率。这足以说明，一定条件下工人的工作效率主要取决于他们对工作的态度。

（二）态度与行为关系的确定性原则

态度研究在心理学领域中的特殊地位，是从态度可以预测行为的假设中得到的。人们对于社会行为预测的普遍兴趣，使得态度研究受到特别关注。然而，尽管人们普遍认为态度可以影响行为，由态度预测行为却明显地具有不确定性。早在 20 世纪 30 年代的社会心理学研究已对此做出证明，但时至今日态度是否决定行为的问题，仍然没有得到很好的解决。

近年来，我国心理学研究者发展起一种新的理论观念：自我价值定向理论。这一理论的基本命题是，行为与态度选择取决于有关行为和态度对个人的价值。根据自我价值定向理论，一种具体的行为究竟是否发生，取决于这一行为的后果对于行为者的价值。行为者对于一种具体行为的

（一）态度系统的自我防卫

态度是理性的，与价值观有密切联系，

价值判断，一方面取决于这一行为能够给行为者带来的对预期的满足价值，另一方面取决于这一行为可能要付出的预期代价。如果预期的满足价值大于预期代价，则指向性的行为就会发生；如果预期的满足价值与预期代价相抵，或是小于预期代价，则指向性的行为就不发生。但是，由于态度自身的稳定性，在态度并不决定行为指向的情况下，它仍然会影响人们与态度对象有关的行为。只不过此时的影响不在于行为的方向，而在于行为的方式。

总结态度与行为一致性的问题，可以得出如下三个原则：①总的态度预言总的行为；②具体态度预言具体行为；③态度测量与行为的时间间隔越短，态度与行为的一致性越高。

三、态度的改变

态度改变是在一定的社会影响下，在已有态度背景上形成新态度的过程。其本质是个人的继续社会化。随着社会与周围世界的不断变化，作为行为引导系统的态度在客观上也要求发生相应的变化。因此，任何一个人，都面临着适应社会与环境改变、不断调整自己、形成新的态度的任务，否则他将难以成为一个合格的社会成员。

影响态度改变的因素很多，霍夫兰和韦斯（Hovland & Weiss）于 1951 年提出了一项被美国心理学界公认为有效的态度转变模式，如图 12-1 所示。

因而人们在面临态度改变的压力时，优势反应不是改变态度，而是拒绝接受别人的

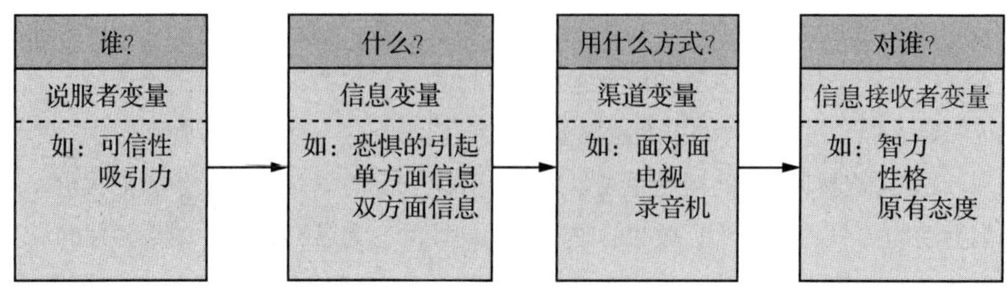

图 12-1 影响态度转变的因素

影响。研究发现，至少三个方面的心理倾向会使人们拒绝接受他人的影响。①抗拒反应。即当人们感受到自己被别人操纵时，心理上会出现自发的抵抗，维持自我控制。任何明显影响别人的企图，都可能引起人的抗拒反应。②心理惯性。人们的心理活动通常遵循费力最小原则。因此，在人们没有感受到改变的必要性时，通常尽可能少地改变自己。③"保留面子"。人们为了维护自己的尊严，需要保持一个不轻易受影响的形象。通常人们大多感到，除非在必须跟随别人才是唯一正确选择的特定条件下，如学会逃命，轻易地跟随别人是有损自己形象的。在实际生活中，人们还常常运用如下的自我防卫策略进行自我保护。

1. 笼统拒绝

当沟通信息中表明了一种与个人已有态度不一致的观念时，最简单的解决方式就是笼统拒绝该信息表明的立场。这时个人不是理性地反对或攻击新的观念，而只是表现不信服、没有明显理由地拒绝接受新态度。例如，对于戒烟宣传，吸烟者可能只简单地笼统拒绝，说："我根本不信。"

2. 贬损来源

面对沟通信息与已有态度的差异，个人也可能通过某种方式断定信息的来源不可信或具有消极性质，以减小由它带来的压力。依据平衡理论，如果一个人对另一个人是不接受的，那么他就应该不接受那个人的观点，这样才更有利于系统的平衡。攻击信息来源的方法在日常生活中很普遍。例如，在法庭审判中，当辩护律师在证人的证据无可辩驳时，常试图怀疑它的可靠性。作为自我保护手段，这种方法极为有效，因为它不仅可以消除当前论点的威胁，而且可以大大削弱对手一切后续论点的影响力。当一个人受到怀疑时，他所说的一切也就缺少分量了。

3. 歪曲信息

消除压力的一种方法，是歪曲或误解沟通的信息，以减少它与自己见解之间的差异。例如，对于宣传吸烟危害的文章，坚持吸烟者读后会将它理解成吸烟危险并非定论，从而缩小文章与自己认识上的差异。断章取义或在记忆中歪曲信息，都可以有意地缩小沟通信息与已有态度的差异。有时将沟通信息夸大到极端，使其变得荒唐可笑，也是歪曲的另一种方法。例如，环境论者希望减缓未开发地区的发展速度，限制建设引发污染的工厂等建筑，而开发商为反对这些限制，会说环境论者企图阻止一切新工厂的建立，那就是阻止创造新的就业机会，阻止经济增长。这样，环境论者的观点就被改造成了不合理立场。

4. 论点辩驳

论点辩驳是一种更为主动的自我防卫方式。人们通过强调自己立场的长处与证据，指出沟通信息的不足与缺乏根据，可以加强自己观点的可靠性，弱化沟通信息的影响。辩驳的形式可以是表现于外的或隐含不露的；也可以是口头的或书面的。辩驳的过程需要个人积极地将新的论点与先前的态度和信念联系在一起，需要重新审视自己的态度并仔细考虑沟通信息的细节。但是通常信息接收者是被动的，短时间内难以细致分析论点的正反两方面的根据，对于有计划提出的、具有充分的逻辑依据的信息进行反驳并不容易。因此，这虽然是一种理性的反对方式，却常常难以运用。

（二）信息传达者对态度改变的影响

大量的实验研究证明，信息的直接传播者——演讲者的威信、吸引力、同观众或听众的相似性以及演讲方式等，都会影响他所提供的信息的说服效果。威信越高，吸引力越大，同观众的相似性越大，演讲方式越是肯定，说服的效果越好。

1. 传达者威信

传达者的高权威性可以显著地增加人们信服的程度。在一项美学评价的实验研究中，请被试评价一篇共有九段的现代朦胧诗。针对其中被试非常不喜欢的一段，让被试看别人所做的一个较好的诗评。实验通过操作，让一半被试相信诗评出自著名诗人，而告诉另一半被试，诗评仅出自一个女性师范学生。读完诗评后，要求被试对诗文进行重新评价。结果与研究假设正相符合，即高威信的信息传达者引发了更多的态度改变。这一研究结果显示，宣传者的可信性往往比信息本身的逻辑性更重要。

2. 传达者立场和目的指向

传达者的立场会直接影响他的说服效果。研究发现，如果传达者站在自我维护的立场上，则他所提供的信息影响很小，因为人们怀疑其沟通的动机。而如果其立场是自我牺牲的，造成的影响就会很大。这可以说明为什么有些普通人的自我牺牲行动会造成很大的社会影响。此外，如果信息接收者是意外地听到有说服力的沟通信息，要比直接让他听到会有更好的说服效果。这意味着，当人们意识到他人有意识地影响自己时，他们会怀疑该人的动机，进而怀疑有关信息的可靠性，从而使信息的影响作用降低；而如果人们认为信息传达者没有操纵自己的意图，其心理上就不存在抗拒反应，从而对有关信息的接受性较高或易于受到影响而改变态度。

3. 传达者吸引力

信息传达者的个人魅力有显著的说服效果。在第二次世界大战期间，一代性感明星玛丽莲·梦露曾四处游说，鼓舞反法西斯士气，收到了非常好的社会效果。在广告业中常常用当红明星来做广告代言，就是为吸引观众的注意，从而增加购买力。

4. 信息提供方式

同样的信息不仅会因为传达者的不同而产生不同的效果，信息提供的方式同样影响沟通信息的作用。通常情况下，口头传递比印刷途径效果更好，面对面的演讲则比通过大众传播媒介效果更好。研究证明，将教师当堂教学与其同样内容的录像、录音相比较，当堂教学效果最优，录像效果居中，录音最差。原因是从当面演讲到录音，背景支持性的信息越来越少，因而有关信息的影响力也越来越弱。并且，演讲方式越是肯定，说服的效果也越好。通过电视、广播、报纸等大众传播媒介，能够迅速将信息传递给许多人，而现代网络化的信息传播方式，对大众的影响则更为迅速而广泛。

对于不同的听众，信息提供方式也应有所不同。对于普通公众，提供单一倾向的信息说服效果较好；而对于教育水平较高者，则同时提供正反两方面的信息，再通过辩驳强调目的指向的一方，说服效果更好。此外，当信息与接收者的原先态度不一致时，同时提供双方面的信息，再强调旨在引发态度改变的一面更为有利；但如果信息本身与接收者原先态度一致，则只强调支持的一面更好。

涉及信息结论给定的方式，只提供信息由接收者自己去做结论，可以更好地引发态度改变。而提供命令式的结论，则易于激起人们自我防卫机制的作用，使态度改变出现困难。对于较难的问题，在提供信息时暗示结论，会更有利。

总之，信息的直接传播者——演讲者的威信、吸引力、同观众或听众的相似性，以及演讲方式等，都会影响他所提供的信息的说服效果。演讲者的威信越高，吸引力越大。然而，高威信对一般信息源所造成的态度变化，有随时间推移而减少的趋势，低威信信息源所引发的态度变化却反之，会随时间推移有所增加。这种低威信来源信息经过一段时间后，改变态度的作用比先前更大的现象，也称为“睡眠者效应”。

睡眠者效应

著名态度问题研究者凯尔曼与霍夫兰（H. Kelman & C. Hovland）通过严格的实验研究发现，任何来源的沟通信息最终都将对人们产生一定的说服效果。从即时影响的角度看，同样的信息，由高威信的传达者提供比由低威信的传达者提供能引起更多的态度变化。但是三个星期以后，再次检查态度改变的程度却表明，各种来源的信息所造成的态度改变已经趋于一致。也就是说，原有信息来源的威信所起的作用已趋于消失。但是如果重新提醒人注意原来信息的可靠性，则原有威信的作用又重新恢复（见图 12-2）。

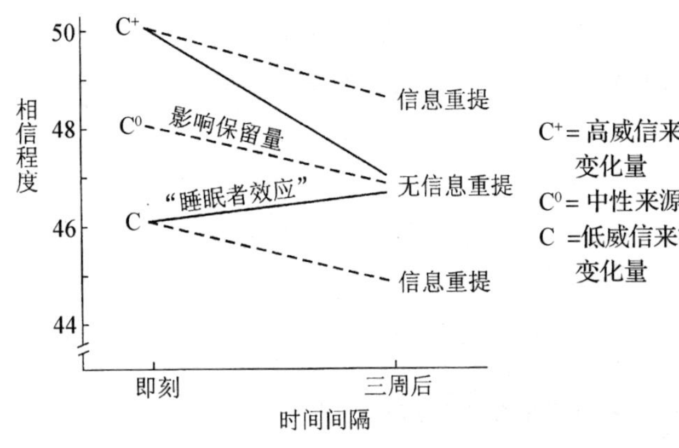

图 12-2 睡眠者效应

资料来源：金盛华、张杰：《当代社会心理学导论》，北京师范大学出版社，1995。

（三）态度改变的途径

1. 外部影响源与态度改变

外部影响手段在促使态度改变时，着重于两个方面：一是增加所提供的沟通信息的影响力，二是弱化态度主体对态度改变的自我防御。前面已经讲到，用高威信与高吸引力的传达者来提供有关信息，在提供信息时适度激发人们的情绪，将沟通信息与人的原有态度的差异调整到适当的水平，利用生动的演讲方式来提供信息等，都是有效地增加沟通信息影响力的途径。事实上，这些方法在人们的生活实践中已经在运用，如电视广告中影视明星与专家出现的频率大大增加，运用美女和婴儿的可爱性来提高信息的接受度，在弱化人们的自我防御方面，传达者尽可能使自己的立场向信息接收者靠拢，避免命令式地做出结论，适当地通过分散人们注意而减弱其自我防御倾向，以及用各种优惠条件激发人们的认同等，都是很有效的方法。这些改变态度的策略同样广泛地渗入人们的日常生活。例如，有些广告采取的立场不是简单推销，而是向公众介绍产品，甚至站在公众的立场指出产品的某些不足，结果大大增加了人们对产品的信任感。通过优惠式的试用、品尝等方式培养人们对某种产品的认同感，也越来越成为人们注意的推销方式。

2. 过度理由效应与态度改变

如果人们一种行为的理由本来是充分的，但外界条件以具有更大吸引力的刺激，如金钱，额外地增加了更多理由，那么人们对自己的行为的解释会转向这些更有吸引力的刺激，这种现象被称为“过度理由效应”。过度理由效应告诉我们，一种行为的外在理由越多，相应的内在理由越少。无论是给学习成功的金钱奖励，还是给人们道德行为强加的外在约束力量，都会使人倾向于用外在理由解释自己的行为，促使人们养成他律的人格。受外在奖励才学习的人，失去奖励就会不愿意学习；由于外在约束才强迫自己遵守道德的人，若没有形成自律的道德，外在约束一旦失去，他的行为就会超出道德的轨道。因此，为了使行为规范化，忽略内在意识的形成，过多的外在限制并不能够取得长期稳定的良好结果。

过度理由效应

心理学家德西（E. Deci）在 1971 年用实验方法，很好地证明了过度理由效应的存在。他以大学生为被试，请他们单独解决测量智力的问题。实验分三个阶段：第一阶段，每个被试自己解题不给奖励；第二阶段，被试被分为两组，实验组被试每解决一个问题就得到一美元报酬，被试通过解题可以挣不少报酬。而控制组被试则像原来一样没有报酬；第三阶段，休息时间，被试想做什么就做什么。实验目的在于考查被试是否维持对解题的兴趣。结果发现，与奖励组相比较，无奖励组在休息时仍继续解题，而奖励组在不能获得报酬的休息时间，明显失去对解题的兴趣。第二阶段时实验组的金钱奖励作为外加的过度理由，造成了明显的过度理由效应，使奖励组被试转向用获取奖励来解释自己的行为，从而使自己原来对解题本身有兴趣的态度出现了变化。到第三阶段，奖励一旦失去，对态度已经改变的被试就没有了继续解题的理由，而控制组被试对解题的兴趣没有受到过度理由效应的损害，因而第三阶段仍持有对解题的热情。

资料来源：金盛华、张杰：《当代社会心理学导论》，北京师范大学出版社，1995。

3. 行为模式变化与新态度的形成

在日常生活中，最引人注目的态度变化之一，是人们进入新的生活环境，用一种新的方式去行动；或者是履行新的社会角色之后所出现的态度改变。新的生活经验，必将导致新态度的形成。心理治疗一般是遵循建立新的行为模式改变态度的原则，运用固定角色疗法有效地改变人们的态度和行为的。心理治疗所运用的各种行为矫正方法，表面上只关心外在行为的转变，不关心内在的态度变化，然而，态度与行为事实上从来是整体的。行为变化的同时通过认知方向的调整，态度也在发生相应的变化。新的行为模式得以建立的同时，也在建立新的态度，或者说实现了旧有态度的彻底转变。

《一个叫欧维的男人决定去死》

第二节 印象形成与行为归因

形成印象是人们适应新的社会情境的一种方式。不论是参加集会还是进行面试，印象会对人产生强烈而持久的影响，经常关系到后续人们对它的评价。每一个人都需要明确周围客体及其对自己的意义，从而使自己能够有效地考虑对其应当如何反应。

一、印象形成

（一）印象与印象形成的概念

印象（impression）指人在遇到新的社会情境时，将情境中的人或事物进行归类，在主观上所形成的一个基本概念。这种对他人或事物进行主观的归类、理解，从而使自己的行为获得某种定向的过程，即印象形成过程。

印象形成具有重要的社会适应意义，根据社会心理学的符号相互作用理论，当人们运用对自己已经具有一定意义的名称来称谓新的社会情境中的其他人时，人们也就明确了这些人与周围的关系和他们的意义，对他们行为的适当性开始有所认识，从而获得了明确的行为定向。

（二）印象形成过程中的信息选择

印象形成是在极短的时间内完成的。人们首先注意到他人的哪些特征，并据此形成对他的一定印象呢？研究证实，在人们的自然特征上，人们首先根据性别、种族和外表吸引力将人进行归类；在社会特征上，首先寻求能说明一个人在社会结构中明确位置的信息，确定其社会角色，然后再根据他所属群体和社会角色来归类；在心理特征上，人们则按照具有社会评价意义的人际关系特征和智力特征来对人进行归类。最后，人们就可以据此为自己的行为进行明确的定向。

（三）首因效应与近因效应

首因效应和近因效应是人们在记忆过程中的普遍规律，在社会性认知中同样起作用。人们通常所说的印象，实际上是指第一印象或最初印象。在总体印象形成上，由第一印象所获得的初步信息比后来获得的信息影响更大，这种现象被称为首因效应。与首因效应相对应，在总的印象形成上，新近获得的信息比过去获得的信息影响更大，这种现象被称为近因效应。

在通常情况下，印象形成过程中首因效应的发生更为常见。这是因为，第一印象一旦建立起来，它对后来获得的信息的理解和组织有强烈的定向作用。由于人们具有保持认知平衡与情感平衡的心理特点，人们倾向于使后来获得信息的意义与已经建立起来的观念保持一致，为此，人们对于后来获得的信息的理解，常常是根据第一印象来完成的。比如，一位教师的第一次课讲得十分成功，在人们头脑中留下了强有力的第一印象之后，以后即使这位教师有些课讲得不够好，人们也会认为这不是能力或态度问题，而是某些暂时性客观原因造成的；相反，如果教师在第一次课上讲得很差，给人们留下了一个不称职的第一印象，那么以后即使他讲课很好了，人们也会认为只不过是碰巧而已，甚至还会在实际很好的讲课中挑出很多不足。

研究发现，提醒人们注意新的信息，警告人们注意不要固守不成熟的印象，或者是让人们在每次获得新信息时，都重新考虑审核原有印象等，都可以有效地防止首因效应带来的不良影响，消除它造成的评判误差。

二、印象管理

（一）印象管理的概念

印象管理也称印象控制，是指一个人以一定方式影响他人对自己的印象的过程。也就是个人进行自我形象的控制，通过一定的方法影响他人对自己的印象，使他人形成的有关自己的印象符合自己的期望。

印象管理是人们适应社会生活的一种方式。在现实社会生活中，对于不同的社会情境，每一个人都承担着多种不同的社会角色，而在任何一个社会情境中，社会都要求人们的行为符合一定的社会期望，否则就会遇到多种多样的社会压力使处境困难。这就意味着人们不能只考虑自己的处境，随便做自己想做的事。人们要想被周围的人接纳，就必须按照社会的期望行事，即人们若想完成良好的社会适应，在必要时必须进行有效的印象管理。

人的印象管理能力虽有不同，但其发展都从童年早期开始。印象管理的意义有两面性：一方面，印象管理可以帮助人们达到良好的社会适应；另一方面，印象管理抹杀了人们行为的自发性和独特性。此外，印象管理的策略也可能被坏人利用，作为实现某种阴谋的手段。

知识扩展

刻板印象

刻板印象指的是对某一社会群体的一种概括认识，认为该群体中的人都具有某些相同的特征，而无视成员之间实际存在的差异。刻板印象不一定是情绪性的，也不一定是负面的。通常它是人们将世界加以简化的一种方法。戈登·阿尔波特（Gordon Allport）曾将刻板印象形容为“最省力的规则”，他认为世界太复杂了，由于人们处理信息的能力有限，人们没有办法对每一件事情、每一个人都有一个差异很大的态度，只能对一部分事情采取细微准确的态度，而对其他事情采用简单概括的信念。如果刻板印象建立在经验的基础上，并且基本准确，那么它就是一种处理复杂事情的简单方法。但是人们常常会因为刻板印象而忽略群体内部个体的差异，从而很容易出现错误认识，并且可能导致偏见和其他潜在的危害。

（二）特殊的自我表现策略

在实际的人际交往中，人除了一般情况下使自己的行为符合自己的角色形象期望之外，在某些特定的情境中，还会有意识地使用一些特殊方法向别人表现自己，从而给别人留下各种不同的（不一定是符合社会期望的）印象，以达到不同的目的。总结人们常用的特殊自我表现策略，主要有以下四种：逢迎、恫吓、自我显示和恳求。它们可能根据时间、场合而被选择其中之一加以运用，也可能被同时运用。不同的人对于不同策略的偏好不同，但是，几乎每一个人都会使用某种策略来帮助自己达到预定目的。

1. 逢迎

它是用一定的策略性行为，如抬高别人、遵从别人观点、送礼等，来影响别人，以增加个人品质的吸引力，使自己看起来值得喜欢。逢迎的两种常用方法：一是赞美别人，二是赞同别人的观点。大量研究揭示，赞美只有在别人看来是可信和真诚的时候才起作用。同样，在表示赞同他人的观点时，态度或行为也必须是由衷的，否则会增加人们的反感，弄巧成拙。

2. 恫吓

与逢迎相反，恫吓是给人造成一个恐怖的印象，以使人由于害怕而完全接受控制，由此达到预定的目的。抢劫者往往首先恫吓，告诉受害者只要出声就可能有生命危险。而实际上，他们只图财物，根本没有害命的准备。如果受害者真的大喊抓强盗，他们的反应很可能是逃之夭夭。

3. 自我显示

运用自我显示策略的目的是给人以自己能力高强或品行高尚的印象。领导者有时使用这种方式来确立自己的形象，以使他人感到有差距而内疚。自我显示的人往往也承认自己的一些细小不足，或故意放弃某些轻微的利益，借以显示自己在道德上的超越，从而使自己的吹嘘变得更为可信，增加自己的影响力。

4. 恳求

恳求策略是向别人表白自己的弱点和对别人的依赖。其目的不是赢得尊重，而是引起他人的同情进而得到帮助。这是人们在其他策略都无法使用时的最后一种被动的印象管理方法。

三、行为归因

（一）归因及其作用

归因（attribution）指的是根据有关的外部信息或线索，对人的内心状态或行为表现的原因进行推测的过程。归因使人们能够对事物有预见性，从而更好地适应世界。即便是错误的归因和预见，也能够起同样的作用。

每个人都有一系列从经验中总结出来的有关人的行为及其原因的想法或理论。这些理论不够系统，也没有得到科学的验证，大多来自片面的经验。但它们在实践中真实地指导着每一个人的行为。心理学家根据研究提出了各种有关归因问题的观点，并称之为归因理论。

（二）行为原因的内外分类与可变性因素

最简单的行为原因分类是内因与外因，它是人们在进行实际的归因时首先注意的问题。行为的内因是指存在于个体内部的原因，包括人格、品质、动机、态度、情绪、心境、能力、努力程度等个体所具有的特征。这种归因的结果是将行为的原因归于个人特征，也被称作本性归因，如将学习成绩不好归因于头脑太笨或学习不够努力、将比赛失败归因于技术水平与对手还有差距等。

行为的外因是指与事件或行为发生有关的外部条件，包括各种背景因素、机遇、其他人的影响、工作的难度、特异性及其他各种人为的因素等。这种将行为的原因归于外部因素的情况，也被称作情境归因。

在许多情况下，行为或事情的发生并不是简单地只由内因或外因决定，而是兼受两方面因素的影响。如果同时将行为或事件原因归于两个方面，则被称作综合归因。

通常情况下，在行为的原因中，一部分是可变的，另一部分是稳定的。比如，人内部的情绪状态，变化起来非常容易。而个性特点、能力，则会在相当长的时间内保持一定稳定性。外部条件的工作性质与工作难度是相对稳定的。但影响工作的气候条件则是易变的。心理学家韦纳（B. Weiner）通过大量研究发现，学生倾向于将某项作业或考试上的成功或失败归于以下四种原因中的一种或几种，它们分别是能力、努力、运气和工作难度。这些可以按照原因的内、外和稳定、不稳定分为四类。虽然行为或事件的内外原因多种多样，但基本上都适合于表 12-1 中所描述的由稳定性和内外原因构成的四个种类。

表 12-1　成功与失败原因的分类

控制点 稳定性	内在的	外在的
稳定	能力	任务难度
不稳定	努力	运气

韦纳提出，行为原因除了有内外与稳定性两个维度外，还有第三个维度——可控性，即行为动因能否为行动者个人所控制。如果是可控的，意味着行动者可以通过主观努力改变行为及后果，如“努力”因素。在这种情况下，人们有可能对行为做出变化的预测。如果行为动因是不可控的，如影响成功的能力或智力因素、工作难度等，人们则可以从行为的动因对未来行为做出较为准确的预言。

《面具之内》

（三）归因共变论

社会心理学家凯利（H. H. Kelley）在他的归因理论中指出，人们在归因时会像科学家那样，在所有信息中寻求决定效应产生的规律，即影响效应发生的各种条件的规律性共变。从这个理论可以引申出，人们进行因果归因时需要有三种不同类型的信息。①特异性信息，即行为主体的反应方式是否具有针对性。他是只对这一刺激客体做这样的反应呢，还是对所有这类客体都做同样的反应？比如，一个人夸奖一部外国电影，建议人们也去看。人们就要考虑究竟是这部电影真好而使他说好呢，还是对所有外国电影他都说好。显然，两种情况的意义完全不同。②共同性信息，即对同一对象不同的主体是否做相同反应。比如，一部外国电影受到一个朋友的称赞时，你还需要考虑其他人的反应如何，他们是否也都说好？③一致性信息，即行为主体在不同背景下所做的反应是否一致。比如，朋友向你称赞一部外国电影好，你需要考虑他是只对你说好，还是对所有的人都说好，或者是正巧在他特别高兴时说了这部电影好，还是不论在任何情况下他的说法都一致。在上述称赞外国电影的例子中，只有当特异性、共同性和一致性都很高时，人们才能将朋友推荐该电影的原因归于电影确实好。这就是说，人们是从三方面信息的共变中得出结论的。

（四）影响归因的因素

1. 社会视角

随着人们在归因事件上的社会视角不同，人们对事件原因的解释也有明显的变化。尼斯伯特（R. E. Nisbett）在 1973 年以男大学生为被试，研究了被试自己和其朋友喜欢女朋友的原因以及选择专业的原因。结果表明，人们在解释自己喜欢女朋友的原因时，倾向寻找更多的外部因素，而对朋友喜欢女朋友的原因进行解释时，外部原因和个人本性的原因兼重。然而在解释选择专业的原因时，人们对自己倾向于考虑内外两方面的原因，而对朋友更倾向做内在本性决定的解释。

2. 自我价值保护倾向

人们在进行归因的过程中，对于有自我卷入的事情的解释，有明显的自我价值保护作用，即归因总是朝有利于自我价值确立的方面倾斜。

心理学家斯奈德（M. Snyder）等人于 1976 年进行的一项实验研究，很好地证明了人们在归因过程中的自我价值保护倾向。实验安排被试参加相互竞赛的游戏，并随机地安排其中一部分人在比赛中获胜；另一部分人则得到输的结果。之后，要求被试对自己及对手的输赢进行归因。表 12-2 是斯奈德等人研究的结果。

表 12-2　不同条件下归因的自我保护倾向

归因	对自己		对他人	
	成功	失败	成功	失败
内在的（技术、努力）	8.13	0.56	3.54	3.00
外在的（运气、难度）	4.25	4.74	6.00	3.38
内外之差	＋3.88	－ 4.18	－ 2.46	－ 0.38

从以上结果可以看出，如果是对自己的行为后果进行归因，那么在成功的情况下，人们更倾向于做内在个人特征的归因。但当结果失败时，人们极少用个人特征来解释，而是倾向于归因到外在因素上。这显然有利于自我价值的确立，而将失败归因于外在条件，降低个人对失败结果的负责程度，即典型的自我防卫。

在对别人的行为后果进行归因时，人们更倾向于用外在条件来解释成功，而较为平衡地用内外两个方面的因素来解释失败。因为在竞争或比赛的条件下，将别人的成功归因于外部条件，可以减轻他人的成功给周围，包括给自己造成的压力。如果把他人的成功归于个人原因，意味着抬高别人，置自己于不利位置。而当他人的结果是失败时，人们不是像解释自己的失败那样更倾向于做外部条件的归因，而是同时将失败的较多责任归于行动者本人。很明显，无论他人成功还是失败，人们的解释都把自己置于社会比较有利的地位，即有自我价值保护倾向。心理学家也将这种归因倾向称作动机性归因误差。

《社会性动物》

第三节 社会影响与人的行为

一、从众

（一）从众的概念

从众（conformity）是指个人的观念与行为由于群体的引导或压力，而向与多数人一致的方向变化的现象。日常生活中的从众，可以表现为长期性的，对占优势的观念与行为方式的接受，如顺应风俗、习惯、传统等；也可以表现为一时性的，在特定情境中对占优势的行为方式的采纳。例如，只要街头上有少数几个人在一起争论，不论内容是什么，很快就有许多人聚集围观，甚至在暴乱中有些人不问原因就跟随着搞破坏，这些都带有从众的特点。

群体的压力可以在人们意识到的情况下发生作用，使人们通过理性抉择，选择从众行为，如投票表决。群体压力也可以在人们没有意识到的情况下发生作用，使人们不自觉地跟随多数人的行动，如足球赛后的骚乱。

此外，不仅实际的群体压力可以导致从众，个人假设的群体优势倾向也会对人的行为造成压力，使人选择与设想的多数人倾向相一致的行为。比如，一个人在家里可以试着为自己装扮奇特的新装。但当他决定是否要那样穿着去参加会议时，一般会先设想一下与会的多数人将怎样反应。如果感到多数人都可能表示不欣赏，那么他可能屈从于这种想象中的压力，放弃穿新装去开会的打算。

阿希（S. Asch）曾经有一个有关群体压力的经典实验，考查了影响从众的各种因素。他事先假定，聪明的人在可以顺利看到事情的真相时不会从众。但事实证明问题并不这么简单。他将被试组成 7 人小组，请他们参加所谓的知觉判断实验，实验的真正目的是考查群体压力对从众行为的影响。7 名被试中只有排第 6 的被试为真被试，其他均为实验助手，实验者依次呈现 50 套每两张为一组的卡片。在两张卡片中，一张画有一条标准直线，另一张画有三条直线，其中一条同标准线一样长（见图 12-3）。被试的任务是在每呈现一套卡片时，判断三条线中的哪一条与标准线

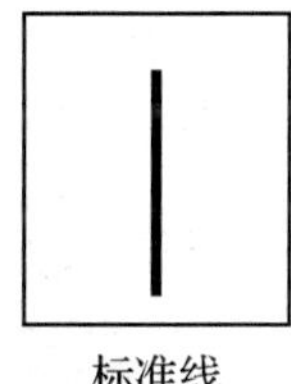
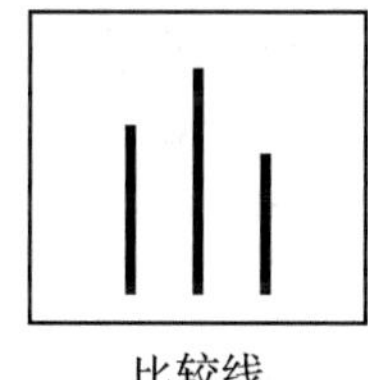

图 12-3　阿希从众实验中所用图例

资料来源：金盛华、张杰：《当代社会心理学导论》，北京师范大学出版社，1995。

一样长。实验开始后，前两次比较平静无事，群体的每个成员都正确选择了同一条线，作为第 6 个进行判断的真被试开始觉得知觉判断很容易。很快，在第三组比较时，实验助手们开始按实验安排故意做错误的判断。真被试听着这些判断，困惑越来越大。因为他要等到第 6 个才说自己的看法，必须先听前 5 个人的判断。结果，他面临着是相信自己的判断，还是跟随其他人一样做错误判断的两难问题。实验结果表明，数十名被试自己独自判断时，正确率超过 99%，但跟随大家一起判断时做出错误判断的总比率占到了全部反应的 37%，75%的被试至少有一次屈从了群体压力，做了从众的判断。

阿希还发现，当线段的客观差异变得较小，客观地进行正确回答的概率下降时，从众的比例上升。这意味着，情境的模糊性较大，人们较难做出自信判断时，更容易从众。然而，如果判断群体中再加进一名真被试，那么从众比率会明显下降。也就是说，当群体中出现个人观点的支持者时，人们更容易抗拒群体的压力。我国心理学家 20 世纪 80 年代在上海及北京所做的重复性研究，也都得出了类似的结果。

（二）从众的原因

1. 行为参照

在许多情境中，人们由于缺乏进行适当行为的知识，必须从其他途径获得行为引导。根据社会比较理论，在情境不确定的时候，其他人的行为最具有参照价值。从众所指向的是多数人的行为，自然是最可靠的首选参照系统。

通常情况下，人们在遇到不明确情境时，对于多数人的行为最为信任。一位需要用水的旅行家在沙漠绿洲上，如果看到多数人从某一口井中打水，而其他井都没有人或仅有个别人使用，他自然会认为自己也用多数人所用的井更为可靠。同样的道理，在不了解更多信息的情况下，人们更愿意到人多的商店购物，到人多的地点

旅行。人们会自然地假定，那么多人的出现必有他们的理由，而在这些理由中，自己行为的合理性也包括其中的可能性，要远远大于人数较少的情况。

2. 偏离的恐惧

“木秀于林，风必摧之。”这表明，对于群体一般状况的偏离，会面临群体的强大压力乃至严厉制裁。研究证明，任何群体都有维持群体一致性的显著倾向和执行机制。对于与群体保持一致的成员，群体的反应是喜欢、接受和优待。而对于偏离者，群体倾向于厌恶、拒绝和制裁。因此，任何人对于群体的偏离都有很大冒险性。

研究发现，群体在发现有人意见同群体不一致时，会努力施加影响，促使其与群体保持一致。所使用的方法是使偏离者相信自己是错误的，而群体是正确的。在一项实验中，安排 3 名实验助手以不同态度加入一个 6 人群体。其中一名所采取的态度与群体一致；一名开始态度偏离群体，后来取得一致；最后一名始终保持偏离状态。结果表明，群体的其他成员会花大量时间对两个偏离者施加压力，促使他们改变态度。另外，当群体的原有成员被问到对 3 名新成员如何评价时，他们明显表示喜欢与接受从众者，厌恶与拒绝偏离者，对于原先态度不一致，但在引导下改变了态度者，已经将他当作普通成员看待。而对于始终不改变态度的那一名顽固分子，则明显地倾向于将他抛弃至群体之外。

3. 群体的凝聚力

群体的凝聚力是指群体对其成员的总吸引力水平。高凝聚力群体的成员对自己所属群体有强烈的认同感。他们与群体有密切的情感联系，有对群体做出贡献和履行义务的要求。如果说由于群体的行为参照作用引发的从众是真从众，由于害怕偏离群体而产生的从众是权宜从众，那么由于群体具有高凝聚力，个人期望保持与群体的一致并由此来维护群体的利益、显示对群体的忠诚和确立自身价值而引起的从众，则是一种更深刻层次上的真从众。

由于个人与群体关联的这种深刻意义，个人在许多时候需要通过维护群体的形象来维持自我价值。研究表明，群体的凝聚力越大，与个人的关系越密切，个人也就越愿意采取与群体相一致的行为。在一个阿希式的实验中，研究者将情境变为几个小组竞赛，看哪个小组在线段对比实验中出错最少，并给以奖励，以此来增加临时性实验小组的凝聚力及与个人关联的密切程度。结果表明，与非竞赛情境相比，在竞赛情境中，群体成员更倾向于有意识地、自愿地达成一致意见。

《十二怒汉》

二、依从

依从（compliance）也是人际相互影响的基本方式之一。它指的是受他人的请求而行动，从而使该请求得到满足的行为。

（一）登门槛效应与技术

登门槛效应原意是指推销员只要能把脚踏入人家的大门，最后就能成功地实现推销的目的。后来社会心理学家通过研究，沿用登门槛效应一词来泛指在提出一个大要求之前，先提出一个相当小的要求，从而使人对大要求的态度发生改变，相应地其接受性也增大的现象。

社会心理学家弗里德曼（J. L. Freedman）在 1966 年做了一个验证登门槛效应的经典性研究。研究的第一步，是两个学生先到各家各户向家庭主妇被试提出一个很小的要求，请她们支持“安全驾驶委员会”的工作，在一份呼吁安全驾驶的请愿书上签名。研究的第二步是两周以后，由原来的两个学生主试再次找到这些主妇，问能否在她们的前院竖立一块不太美观的、上面写着“谨慎驾驶”的告示牌。结果显示先前在请愿书上签过名的人中有 55%以上同意竖立告示牌，而没有签过名的同样情况的主妇，接受这一要求的不足 17%。日后的许多研究都证明了“登门槛效应”的存在。

这种先提出较小要求，然后再提出同一指向的较大要求，以诱发人们依从的方法是普遍行之有效的，也称登门槛技术，是一种有效的态度或行为改变方法。

（二）低球技术

与登门槛技术类似的另一种很好的诱发态度改变的方法称低球技术。其具体做法是，先提出一个小的要求，别人接受这个小的要求后马上提出另一个别人要付出更大代价的要求。低球技术同样是从推销术中引申出来的社会心理技术，它比直接提出较大要求更易于为人们所接受。二手货物销售商在卖货时往往把价格标得很低，等到顾客同意购买时，又以种种借口加价。有关研究证实，用这种方法可以使人最后接受较高的价格。在日常生活中，人们如果在请别人帮助时开始就提出较大要求，容易遭到拒绝，而先提出较小要求，在别人同意后再增加要求的分量，则比较容易达到目标。

登门槛技术与低球技术同为诱发人们依从行为的渐近策略，但有两个明显区别。第一个区别是在时间间隔方面，登门槛技术的两步操作中间有时间间隔，而低球技术的两步操作是紧接在一起的，没有较长的时间间隔。第二个区别是在要求的性质方面。登门槛技术的两步要求之间没有直接联系，而低球技术的两步要求则是直接联系的。

心理学家分析，登门槛技术与低球技术的作用原理，在于接受一个要求之后，增加了人们在某个特定问题上的投入，使人们增强了责任意识，从而增加了人们对更大要求的接受性。事实上，问题更重要的关键可能在于两种技术的两步要求都使请求者与行动者进入了直接交往。因此，人际关系在其中所起的作用可能更大。由于人们需要在与自己发生交往的人面前维持一个一致的社会形象，因而一旦接受了一个要求，拒绝另一个要求的困难就明显增加了，从而使他接受更大要求的可能性提高了。

（三）留面子效应

留面子效应或称留面子技术正好与前二者相反，它是先提出了一个明知别人会拒绝的很大要求，以使人们对接受较小要求的可能性增加的方法。有一项以大学生为被试的实验为例。研究者首先提出一个社会高度支持但相当过分的要求，即请被试为县里青少年培育中心担任两年的义务咨询员。所有人都礼貌地拒绝了这一要求，但当第二步提出较小的要求，即护送孩子们去一次动物园时，很多被试欣然同意，比例高达 50%。作为比较，如果直接提出陪同孩子们去参观动物园的较小要求，同意的被试仅有 16.7%。如果同时提出两个要求让被试自己去选择，则同意去动物园的比例为 25%。

很显然，由于人际相互作用，当人们拒绝了别人的一个要求后，会愿意做出一点让步，给别人一个面子，使别人获得满足。人与人之间的交往是自我价值意识的最重要来源。他人的不愉快，是个人不愉快的最重要原因之一。因此，在人际交往中，人会自然地倾向于选择给交往双方都带来最大满足的行为。出于补偿作用，拒绝后对人的接受性有所提高。

日常生活中，留面子效应在商品交易中是一种常见的有效方法。自由市场中的售货人会将价格定得远远超过实际应有的价格。然后在讨价还价中，设法让顾客在拒绝高价后接受一个比高价低得多、而实际上又高于真实应有的价格。

（四）逆反心理反应的避免与利用

“逆反心理”的说法来自日常生活，泛指个人用反向的态度与行为对外界的劝导做出反应的现象。实质上，所谓“逆反心理”是人在适应外部环境时的一种正常心理机能，是心理抗拒反应的一种特殊形式，它并不是心理的异常反应。最典型的逆反心理反应有下列三种：超限逆反、自我价值保护逆反和禁果逆反。

1. 超限逆反

超限逆反是指机体在接受过度刺激后出现的逃避反应，对机体具有保护作用。生物学与心理学的研究都已证明，对于任何刺激，包括能够给机体带来巨大满足的刺激，机体的接受能力都是有限的。当刺激量超过一定的最适当水平后，刺激对机体的意义就会从满足转向伤害，这时机体就必须逃避该刺激。比如，美妙的音乐可以带给人享受，但音量过大则造成耳膜的痛觉和心脏的压力，人就必须躲避；美好的食品可以带给人满足，但过量后任何山珍海味都使人厌烦。很明显，一种刺激过量后，所引起的机体反应会出现根本性的逆转，无论它原有怎样的价值和意义，都会变成无意义的消极刺激，不再引起个人的积极态度反应了。

2. 自我价值保护逆反

活着有价值，是人生活富有意义的最重要理由。人是理性动物，任何时候，当外在劝导或影响威胁到自我价值时，人们都会有意无意地进行自我价值保护。人们由于自我价值保护动机，对外界劝导或影响所做的反向反应，即自我价值保护逆反。

一切被否定、被控制、被利用、“丢面子”等意识，都可能引发人们的自我价值保护逆反。当领导、教师或家长站在权威和否定的立场上批评下属、学生或孩子时，被批评者出于自我价值保护，会故意不按权威的引导去做，借此显示自己的独立和自尊。当人们意识到自己正被别人利用时，会感到自己的尊严被轻视，从而故意用与别人期望相反的行动来造成别人的困难。教师常常不理解当教师期望与同学期望相冲突时，为什么多数学生首先认同同伴的期望。其实道理很简单，同辈群体的接受是青少年学生自我价值的重要组成部分，他们不能为讨好老师而冒失去同伴支持的风险。

3. 禁果逆反

禁果逆反是指理由不充分的禁止反而会激发人们更强烈的探究欲望。它是由古希腊传说而得名，伊甸园中的夏娃受蛇的诱惑，偷食了善恶树上的禁果，受到了上帝的惩罚。禁食的果实分外甜，由于禁止反而使人们尝试的欲望更加强烈。

探究周围世界的未知事物，是人类在长期进化过程中形成的普遍的行为反应，具有生物适应的意义。对一件事物不说明原因的简单禁止，会使该事物具有区别于其他事物的特殊吸引力，人就会自然地将更多的注意转移到它上面。实验证明，对一件东西的外部禁止越严格，它对人们的吸引力越大。对于某些电影、书籍越禁止越走俏，某些重要奖项越晚发布获奖人名单，人们越想知道结果等事实，更是为人们所熟知。利用禁果逆反的心理作用，常常可以收到其他方法难以取代的效果。

“鬼苹果”的推广

在日常生活中有大量利用禁果逆反来改变人们态度的例证，土豆在法国的引种就是一个典型事例。最初在法国，土豆被称为“鬼苹果”，农民们都不愿引种。著名法国农学家帕尔曼想出了一个绝妙的办法。他受国王的特许，在一块贫瘠的土地上种植土豆，并由一支穿军礼服、全副武装的国王卫队看守。一到夜晚，卫队故意撤走。结果，人们受到“禁果”的吸引，每到晚上就前来挖土豆，引种到自己的田里，通过这种方法，土豆的种植在法国得到了迅速的推广。这就是禁果逆反现象。

资料来源：金盛华、张杰：《当代社会心理学导论》，北京师范大学出版社，1995。

三、服从

服从是指按照他人的命令做出行为，是人们在生活中产生相互影响的基本方式之一。

（一）服从的原因

任何一个社会都是按整体功能要求组织起来的结构化实体。其中，不同位置具有不同的影响力。处在社会结构特定位置的人，通过规范化的社会角色联系，自然地获得了比其他人更多的影响力，即有了指挥、命令其他人的合法权利，从而使其他人承认自己有服从的义务。例如，老师向学生提问，学生有应答的义务；警察要求司机停车，司机就必须将车开到路边停下；一个团体中的领袖，自然地是该团体的最高指挥官，团体中的成员都有义务听从他的领导与安排。然而，合法权利的效用是受情境制约的。在手术室里，一切都听从医生的指挥，但在街上试图拦停出租车时，就没有人对他特殊关照。

探讨为什么人们在有些条件下（如实验或战争）明知自己的行为对别人有伤害性后果，仍倾向于服从命令，也是社会心理学关心的问题。事实上，对自己伤害别人的行为有内心冲突，但最终还是实施了残暴行为的人占大多数。心理学家认为，出现这种结果的原因，是被试在行为归因上，将行为的责任转移给了命令者，认为自己仅仅是帮助其达到目的，不对行为后果负有责任。在这种心态下，人们关心的是如何更忠实地履行自己的义务，而不关心行为的后果。实际上，这是一种放弃自己的独立判断，降低对自身行为控制的另一种自我意识水平下降的现象，与去个性化状态有共同的特点。

研究表明，服从权威和责任转移是人们非常稳固的心理机制。人在社会化的过程中，已从社会中很好地学会了这些，并将其当作适应社会的手段在日常生活中运用。

（二）影响服从的因素

1. 他人的支持直接导致人们对权威的藐视

在一个从众实验中，实验者设计了一个有三个被试同时进行学习—电击实验的情境。在三名被试中，有两名为实验助手，只有一名为真被试。当实验电击的电压加到使人痛苦的 150 伏时，很明显，社会支持会显著增加人们对权威的反抗。在被试独自进行实验时，超过 65%的被试倾向于一直服从命令而不进行任何反抗。而在群体情境中，人们会用同伴的行为作为自己行为的参照。当人们发现不必忍受巨大的冲突、伤害时，更倾向于拒绝，而不是服从。

2. 对行为后果的意识也可以影响服从

行为后果的反馈越直接、越充分，人们服从权威，做出伤害别人行动的可能性越小。相反，被试对自己行为的后果了解越少，服从权威而对别人施加伤害性行为的可能性越大。社会心理学家分析，这一发现有令人不安的现实意义。现代武器技术已经发展到控制武器发射的人丝毫不接触受害者，这就存在一种危险，即武器系统操作人员对自己工作的危险性认识越来越缺乏，好像他们的工作对象是武器本身，而不是可能造成千百万人丧生，甚至可以毁灭城市的现代恐怖工具。

3. 个性因素影响服从

道德发展水平直接与人的服从行为有关。道德水平越高，越倾向于按照自己的独立价值观行事，拒绝盲目服从权威。很多研究证明，人的个性特点会直接影响他的服从行为。在对当代大学生选择职业的调查中，研究者发现有70%的人将“有机会运用自己的头脑”作为首要标准，甚至重于薪酬，他们同样强调的另外一个因素，是工作中有参与决策的机会。对普通蓝领工人所做的调查结果也与此类似，仅比例上略低于大学生。此外，实验研究也揭示了被试的移情越强，对别人痛苦的同情感越强烈，越倾向于拒绝服从对别人施以伤害，从而怀疑权威的合理性，并引起对权威的否定。

《浪潮》

四、社会助长与社会惰化

以上几种在社会生活中对人们行为起作用的现象——从众、依从、服从以及逆反，都表现在行为的目的方向上，它们是趋同多数，趋同自己以及趋同命令者。然而，除目的方向性外，由于人的社会性特点，在行为的强度方面，人也不是完全自主的。其表现有社会助长和社会惰化两种情况。

（一）社会助长

1. 社会助长的概念

社会助长作用（social facilitation）指有别人在场或与别人一起活动时所引起的行为效率提高。与此相反，如果别人在场或与别人一起活动，造成了行为效率的下降，就称社会干扰作用。

社会助长现象最早是在群体性的运动项目中发现的。群体性活动会明显提高人们的行为效率。研究发现让被试在三种情境下骑车完成40千米路程。结果在单独计时的情况下，平均速度为每小时38千米；有人陪同时，平均时速达到50千米；而竞争情境下平均时速为52千米，并无明显的改善。在室内条件下，让被试完成计数和跳跃等动作，也发现了同样的社会助长现象。

研究表明，社会助长作用是一种十分复杂的现象。一方面，社会助长作用的确广泛存在，不仅可以引起行为效率在数量上的增加，而且也可以在有些工作上提高行为的质量。另一方面，我们也要看到，他人在场或与别人一起工作并不总带来社会助长作用。随着工作难度的增加，社会助长作用逐渐下降，乃至最终变为社会干扰。在复杂的思维工作上，与人共同操作可以导致量的增加，但在质的评价上独自操作更好。

2. 性别助长

1989年以后人们发现，对于性意识发展成熟的人，还有一种特殊的社会助长现象，即异性比同性起更好的行为促进作用。但对于性意识尚未得到充分发展的儿童，则不存在这种性别助长现象。我国的心理学工作者于 1990 年设计了一个巧妙的研究，使性别助长效应的存在得到了很好的证明。研究者让二、四、六年级及八年级的学生在两种不同情境下完成仰卧起坐任务，结果显示：尚未进入青春期的二、四年级学生，无论男生或女生，在同性注视和异性注视两种情境之间没有显著差异；而对于已经进入青春期、性意识发展水平较高的六年级与八年级学生，男生在异性注视下所完成的仰卧起坐次数，明显地高于同性注视下所得的结果。

3. 头脑风暴作用

管理专家奥斯本（A. F. Osborn）提出，群体一起解决问题，具有个人所没有的特殊“头脑风暴”（brainstorming）作用，它可以使人们找到更多、更具独创性的问题解决方法。因此，群体讨论式的头脑风暴法，是普遍发挥人的创造性，并利用这笔最宝贵资源的有效途径，也是改革现状的最好开端。而且，头脑风暴法还可以使人们的受尊重及自我实现需要得到满足，增强人们的工作动机和对工作的满足感。

这种方法的具体步骤包括：①明确需要解决的问题，鼓励每一个群体成员努力提出各种解决方法；②群体要造成一种氛围，使每个成员不用担心意见被批评，坚信每种观点都受欢迎，甚至那些看起来是荒谬或异想天开的意见；③其他群体成员不是评价别人提出的方案，而是鼓励别人充分发表意见；④记录群体每个成员提出的意见，而不是用任何先定概念进行评价性筛选；⑤最后鼓励群体成员补充与完善所提出的每个问题的解决方案。

（二）社会惰化

社会惰化作用（social loafing）也称社会逍遥，指的是当群体一起完成一件事情时，个人所付出的努力比单独完成时偏少的现象。早在数十年前，心理学家就发现，随着共同完成一件事情的人数增加，每个人所付出的个人努力程度也会逐步下降。

用实验的方法测量在拔河比赛中每个人的用力水平，结果发现，如果一个人独自参加实验，平均拉力可达 63 千克；但如果群体一起参与，则参加人数越多，每个人所贡献的平均拉力越小。在一个实验中，2 人一起拔河时，每人平均拉力下降到 59 千克，3 人时继续下降为 53.3 千克，8 人时人均仅 31 千克。

大量研究揭示，社会惰化作用在现实生活中广泛存在。其原因是个人的被评价焦虑减弱，使个人在群体中的行为责任意识下降，行为动力也相应降低。研究发现，如果让被试相信，其行为效率可以被鉴别出来，或是对个人行为贡献单独进行测量，可以减弱社会惰化作用。单独测量使人们保持了足够的被评价焦虑，因而行为的动机也得到激发。很显然，通过单独考查每个人的独自贡献来评价个人的工作效果，是有充分心理学依据的管理方法。

然而，有时群体共同完成一项工作又是必要的。研究结果发现，在以下几种情境下由群体共同完成一项工作，是可以导致“浑水摸鱼”式的社会惰化作用较少出现的。

1. 群体成员之间关系密切。

2. 工作本身具有挑战性、号召性或有效地激发人们的卷入水平。

3. 以群体整体成功为目标的奖励引导。

4. 群体有鼓励个人投入的“团队”(group) 精神。

5. 个人相信群体成员也像自己一样努力。

综上所述，人的心理和行为活动受其社会性影响的情况异常复杂。社会经济与政治体制改革的一个重要依据，就是社会的运转机制要符合人的心理活动规律。社会心理学在这一方面是可以提供大量科学依据的。

思考题

1. 什么是态度？结合自己学习心理学的经历分析学习态度形成的原因。
2. 结合自己的行为实践，分析不同态度与行为之间性质不同的联系。
3. 结合自己的社会经验，分析改变态度的有效方法。
4. 什么是过度理由效应？分析在个人成长历程中个人兴趣被影响的心理过程。
5. 什么是归因？分析归因倾向会怎样影响人的行为趋势。
6. 什么是从众？结合大学生活分析当代大学生从众行为的心理原因。
7. 什么是逆反心理反应？试具体分析一种当代青少年逆反心理反应形成的心理原因。
8. 什么是社会助长？如何利用社会助长原理促进群体智慧的充分发挥？
9. 什么是社会惰化？试分析大学生中一种社会惰化现象的成因。

第十三章 人际交往

【本章要点】

1. 人际交往与人际沟通。
2. 人际关系的概念与发展历程。
3. 人际关系的原则。
4. 避免人际关系恶化的途径。
5. 侵犯行为的控制途径。
6. 助人行为的原因与发生过程。
7. 助人行为的促进与培养。
8. 人际吸引与爱情。

《罗密欧与朱丽叶》是威廉·莎士比亚四大悲剧作品之一。罗密欧与朱丽叶在舞会上一见钟情后方知对方身份，两大家族有深刻的世仇。两人的爱情因外界的重重阻挠而更加炽热，最后两人为爱而死。之后，心理学家研究发现，外界干涉程度越大，恋人们爱得也越深，并将此现象称之为“罗密欧与朱丽叶效应”。

一位哲人说过：人生的美好是人情的美好，人生的丰富是人际交往的丰富。无论你是在享受美好人情的温馨、宽慰、甜蜜，还是在饱经人际冲突的烦恼、茫然、愤怒，你都不会怀疑，人不能没有别人，人不能不与别人交往。设想，你一个人长期留居南极，你一个人迷失在大森林里，多日不能与别人相逢，或者你一个人被长期囚禁于单身牢房。那么，生活将会变得怎样？本章将给出答案。

第一节 人际交往与人际沟通

人是有意识、有情感的动物。无论何人，只要彼此之间有直接和间接的交往，都会导致人际关系的产生。正因为如此，人与人之间的情感联系，是人世间最具有普遍性的联系，它对于人的生活与发展有根本性的影响。

一、人际交往

（一）人际交往的概念

人际交往，简称交往。它包括两个方面的含义。从动态的角度说，它是指人与人之间的信息沟通和物质交换。人与人之间一切直接或间接的相互作用，都超不出信息沟通和物质交换的范围。从静态的角度说，人际交往是指人与人之间通过动态的相互作用形成起来的情感联系，即通常所说的人际关系，是人与人之间相对稳定的情感纽带。

（二）交往需要与独处需要

1. 交往需要

从心理学的角度来看，人际关系的建立与保持，都可归结为人们对于确立自我价值和安全感的需要。为了使自己的人生具有价值，获得明确的自我价值感，人需要了解别人，需要通过别人来了解自己，需要爱与被爱，需要归属和依赖，需要助人或得到别人帮助，需要有机会显示自己的优越与专长等。所有这些，都使人需要同他人进行交往，建立并保持一定的人际关系。另外，人为了获得安全感，需要在面临危险或困惑时得到别人帮助，在自己对情境不确定时得到别人的指引，在烦恼、忧愁或悲伤时，有别人来抚慰和排解愁闷。所有这些，形成了一个人对于别人的依赖，产生了人们对于交往和稳定人际关系的需要。

2. 独处需要

除人际交往需要之外，人存在着独处需要。人也需要有内省的经验，有无拘无束、自由表现自己的机会，因此需要有独处的时间，需要暂时地远离和逃避他人。

无论关系多么亲密，哪怕是丈夫或妻子、父母或孩子，都会对自己构成一种评价压力，对自己的行为有所限制。社会交往的情境越正式，人们受限制的感觉越强烈。社会规范和社会期望存在于人际关系中，在同别人共处时，人们是依据社会情境要求来表现言行的，展现出可被他人接受的形象。另外，在社交情境中，人们将注意力更多地投向别人，不能潜心于体味自己的经验。哲学家曾说，过多的交往使人浅薄。从心理学的角度来看，这一命题是有科学根据的。

3. 交往需要与独处需要的平衡

心理学研究表明，缺乏与人交往的经验会使人焦虑不安，过多的社会接触也会造成独处经验的缺乏，使人产生焦虑情绪。人的机体作为一个信息加工和综合性的需要系统，不仅需要使自己所接受的刺激总量保持最佳水准，也需要保持各种刺激量的匹配和平衡。如果刺激总量超出了机体的承受能力，那么机体就会以疾病方式强迫人进行调整。同样道理，对于交往性的刺激，人们也需要通过调整保持一个最佳水平。虽然不同的人交往需要和独处需要的强度是不同的，人际交往是重要的，但是人们对它的需要是有限的。

二、人际沟通

人际关系是通过沟通（communication）来实现的。沟通一般指人与人之间的信息交流过程，是人与人之间发生相互联系的最主要形式。人醒着的大约70%的时间，都用于这样或那样的沟通过程。与他人交谈、看报、读书、上课、听广播、看电视、发微信等，都是在与人进行直接或间接的沟通。

（一）沟通的作用

1. 沟通提供必要信息，保证人的身心发展

作为信息加工和能量转化系统的人类有机体，必须与内外部环境保持相互作用，接受外界的各种刺激，并做出适当反应，才能够维持正常的生命活动。更为重要的是，人与人沟通所提供的信息，不仅具有物理属性，还具有社会属性，这种信息比一般的物理刺激更为重要。对于因战争而独居深山数十年的特殊个案进行的研究发现，沟通的缺乏使人的语言能力及其他认知能力都受到损害。

2. 沟通有助于建立联系，丰富心理内容

任何人，无论精力多么充沛，他的直接经验都是有限的。人要想适应无穷无尽不断变化的外部世界，就必须凭借沟通，吸取别人的经验成果。沟通可以使人无论在思想观念还是情感上都有无限可能。

人们通过沟通来丰富自己。人们欣赏绘画、摄影作品，看电影、电视，阅读散文、诗歌、小说，实际上都是在体验作者创作的情感历程。不仅如此，受作品的激发，人们在欣赏过程中还会产生作品中没有或超越作品的情感体验和思想。正如一位哲人所说的：快乐与别人分享，快乐增加一倍；而痛苦与别人分担，痛苦减轻一半。沟通的过程，使人生真正变得丰富多彩，使人的有限生命走向无限。

《美丽心灵》

3. 沟通促进自我概念的形成

自我概念包括对自己的观察、评价，对自己的身份和角色的意识，对自己应该怎样行为及别人对自己如何评价等方面的观念，简言之，自我概念是关于自己的概念。如果一个人的自我概念是积极的，相信自己在某种挑战面前能够取得胜利，那么他会采取行动去迎接挑战；相反，如果一个人的自我概念是消极的，相信自己不能取胜，那么他只能采取退缩的行动，回避这个情境。如果一个人有自己道德清廉的自我概念，那么他会洁身自好，不轻易与人同流合污。相反，如果一个人没有自信，就会自卑自贱，失去自我完善的要求，做出破坏性或自毁性行为。

自我概念是在与他人的沟通过程中逐步发展起来的。儿童最初并不知道如何评价自己，他们的自我概念直接来自与成人的沟通。他们将成人对于自己的表情、态度和反应当成镜子，并从中看到自己是否可爱、漂亮、聪明、是不是好孩子。通过这种途径形成起来的自我概念被称为镜像自我。许多个性成熟水平较低、尚未形成独立的价值判断能力的人，自我概念也同样停留在镜像自我的水平。他们自己不能判断一件事情的好坏，不能自己解决冲突，而必须接受别人的指导。

沟通的过程不仅影响儿童的自我概念，而且通过影响自我概念的途径，也影响着儿童自我的实际发展。一个著名的教育心理学实验曾揭示了教师在与学生的沟通过程中，存在着特殊的"预言自动实现"效应，也称罗森塔尔（R. Rosenthal）效应。研究发现，那些自知被老师认为是"未来的花朵"和"学业上会有突飞猛进"的学生，一段时间后智力的提高明显优于对照组学生。老师的期待变成了现实，预言实现了。

人的自我意识的保持，离不开社会比较过程。社会比较也是通过沟通实现的。没有信息的交流，彼此对于对方的存在和状态没有意识，也就无所谓比较。人只有通过沟通，体验到他人的存在，并将自己与他人进行比较，人才可能形成对自己的概念。没有沟通，没有对他人的体验，就没有参照，没有背景，没有自我。

（二）沟通的途径

1. 身体语言

沟通的主要形式是口语、书面语言和身体语言。身体语言指非语词性的身体信号，包括目光与面部表情、身体运动与触摸、身体姿势与外表、身体之间的空间距离等。这些通过身体语言实现的沟通，被称作身体语言沟通。

心理学家经过严格的观察研究发现，"此时无声胜有声"绝对不是简单的主观感受，而是科学事实。在几个人之间的面对面的沟通中，55%以上的信息交流是通过无声的身体语言实现的。身体语言在人际沟通中，有着口头语言所不能替代的作用。

虽然，把人的身体语言当作一个专门领域来进行研究，是 20 世纪 70 年代以后的事，但人们对于身体语言的注意，已有一个漫长的历史。古希腊哲学家苏格拉底就曾经说过："高贵和尊严、自卑和好强、精明和机敏、傲慢和粗俗，都能从静止或者运动的面部表情和身体姿势上反映出来。"

2. 人际空间与人际距离

（1）人际空间

人与人之间所保持的空间距离，直接反映着人际关系中彼此相互接纳的水平。心理学家发现，任何一个人，都需要在自己的周围设定一个由自己把握的自我空间，虽然这个自我空间会随情境、单位空间内的人员密度、文化背景及个人性格等因素发生变化。但无论是谁，只要他处于清醒状态，都会有这种拥有自我空间的需要。而且，无论他走到哪里，也会将这个自我空间带到哪里。

一个人的自我空间只允许已经在心理

上建立起了安全感、情感上已经接纳的人来分享。空间距离的接近与情感的接纳水平成正比关系。情感上接纳水平越高，能够与别人分享的自我空间也越多，对空间距离接近的容忍性也越高。如果没有情感上相应的接纳，任何人闯入一个人的自我空间，都会被认为是严重侵犯，使人在心理上感受到很大压力，并产生强烈的焦虑体验。这种体验会迫使人们调整自己与别人的空间距离，直到重新有了完整的自我空间为止。

影响人们自我空间大小的最重要因素，是单位空间内的人员密度。在拥挤的公共汽车上人们的自我空间很小，彼此不得不通过躲避别人的视线和呼吸来表示与别人的距离。人们发现，无论公共汽车多么拥挤，人们的视线都朝向窗外，只有熟悉的人在谈话时才保持一定的目光接触。心理学家发现，在图书馆的阅览室里，读者倾向于按照密度等距离分布。如果不是相互熟悉，人们是不能容忍彼此坐得特别靠近的。

（2）人际距离

人类学家爱德华·霍尔（Edward T. Hall）在其经典性著作《无声的语言》一书中，将日常生活中人与人之间的空间距离分为四类，分别为亲密距离、个人距离、社交距离和公共距离。每一种距离又有近范围与远范围之分。

其一，亲密距离。

亲密距离（intimate distance）的近范围（0～15 厘米）是身体的充分接近或直接接触的空间，其远范围为 15～46 厘米，是手臂相互接触的适当距离，人们在这个距离内进行沟通时，更多地依赖触摸觉，但不能进行身体的全面接触；而视觉、听觉则退居次要地位。通常情况下，亲密距离的使用都限于个人情境，如家中或僻静处。人们只允许情侣或亲人进入这一范围。不过，在有些国家，人们也有在公共场合进行亲密接触的习俗，如拥抱、接吻等。

亲密距离只限于在情感联系高度密切的人之间使用。正如前面提到的，如果情境迫使人们在互不相识的情况下相互介入他人的亲密距离，则人们会通过躲避视线、背朝他人或被动接触，来显示彼此之间的心理距离。只有在人际空间距离可以选择的情况下，人与人之间的物理距离才与彼此的心理或情感距离相对应。

其二，个人距离。

个人距离（personal distance）是朋友之间进行沟通的适当距离（0.46～1.22 米）。

个人距离的近范围为 0.46～0.76 米。这是个可以隔断只在亲人之间适用的体热与气味交流，同时又可以相互握手，并保持正常视觉沟通的距离。在空间距离可以选择的情况下，陌生人进入这个距离会构成对别人的侵犯。有些人在与别人不熟悉的情况下就进入这个距离与人谈话，结果常常是别人边与他说话边往后退。

个人距离的远范围是 0.76～1.22 米。这是一个通常没有任何身体触碰的中介距离，熟人或陌生人都可以介入这一范围。不过，通常情况下，较为融洽的熟人之间在沟通时保持的距离更靠近远范围的近距离（0.76 米）一端。而陌生人之间谈话则更靠近远范围的远距离（1.22 米）一端。

亲密距离与个人距离通常都在非正式社交情境中使用，而社交距离则用于正式社交场合。沟通中保持的距离变为社交距离，意味着沟通不带有任何个人情感联系的色彩。

其三，社交距离。

社交距离（social distance）的近范围为 1.22～2.13 米，通常的正式社交活动、外交会谈，人们都保持这种程度的距离。社交距离的远范围为 2.13～3.66 米。这适用于更严格、更正式的事务与社交情境的人际距离。在这个距离范围内进行沟通，人们需要提高谈话的音量，需要更充分的目光接触。这种变化会直接增加正式、庄重的气氛。在这个距离范围内，如果说话者得不到对方目光的支持，他（或她）会有强烈的被忽视、被拒绝的感受。公司的经理们常用一个大而宽的办公桌，并将来访者的座位放到离桌子一段距离的地方来实现这一距离。外交谈判、政府官员向下属传达指示、单位领导接待来访者、公司经理向秘书发布命令，往往都采用这一距离。

其四，公共距离。

公共距离（public distance）是公开演说时演说者与听众所保持的距离。其近范围为 3.66～4.57 米，远范围在 7.62 米以上。在公共距离范围内，人们已不能用正常的说话语调来进行个人性质的谈话，距离的加大也使得视觉信息的精确性下降。因此，这个距离不适合进行人际沟通，只适合演讲。当演讲者试图与一个特定的听众谈话时，他必须走下讲台，使两个人的空间距离缩短为可以进行人际沟通的个人距离或社交距离，才能够实现有效的沟通。

（3）个人空间位置与沟通

人与人之间的空间位置关系，直接影响个人之间的沟通过程。研究发现，随着沟通过程中保持的距离不同，沟通也会有不同的气氛背景。在较近距离内进行沟通，容易形成融洽、合作的气氛。而当沟通的距离较大时，则很容易造成敌对、相互攻击的气氛。

沟通中空间位置的不同，还直接导致沟通者具有不同的沟通影响力。有些位置对沟通的影响力较大，有些位置则影响力较小。例如，主席台的座次多是依据影响地位来排序的，而位居有利空间位置的人，会取得对其他人的特殊影响力。站到讲台上讲话，与站在台下讲所起的作用是不同的。高高的讲台本身具有某种权威性。法官高坐在审判台上，显然对被审判者具有强大的威慑力量。

第二节 人际关系的建立与改善

一、人际关系的建立与发展

（一）人际关系的概念

通常所说的人际关系是指人与人之间由于直接交往所带来的情感联系。它是人与人之间的情感关系，是人们交往情绪体验的积淀，也是人们进一步交往的起点，并对人们的进一步交往起指导作用。

在日常生活中，人与人之间由于所处的社会位置和所担负的社会角色的不同而形成的社会角色关系，也被称作人际关系，如师生关系、上下级关系、夫妻关系、亲子关系、朋友关系、医患关系等。实际上，社会角色关系是不能简单地与属于情感联系性质的人际情感关系混为一谈的。虽然，两类人际关系有不可分割的联系，但是它们有本质的不同。

从联系的角度说，一方面，社会作为一个整体，其职能是通过处于社会各个不同位置、承担不同社会角色的个人发生各种性质不同的联系来实现的。人生来就被置于一定的社会关系中，被置于一个特定位置并承担一定角色。任何一个人，要履行自己的社会角色，必须与别人发生交往，发生一定的角色联系，并在交往的同时产生一定的情感关系。另一方面，任何人在与别人发生交往时，由于先定性的社会位置的限制和社会角色的束缚，都不可能还原成一个没有社会角色概念的抽象的人，其与别人的交往和由此形成的情感关系，都必定受到其所处的社会位置和所担负的社会角色的影响。

从区别的角度说，社会角色关系的基本指向，是人与人之间通过交往合作而履行社会角色，执行个人的社会职能。人们必须表现得符合社会期望，否则就不能得到对应的社会角色承担者的充分合作，也就不能很好地履行自己的角色，执行自己的社会职能。因此，社会角色关系应遵循社会现实原则，受社会习俗、伦理、政治与法律等原则支配。人际情感关系的基本指向，是人与人之间建立与维持一定的相互接纳和支持的友好情感。尽管这种过程对于个人的意义非常重要，广义地说也起着促进社会有效、文明与进步的作用，但它没有明确对应的社会职能。它涉及的是情感上的接纳或排斥。情感是不能强迫的。除非个人的情感自然地发生改变，任何外加的力量，都不能左右已经产生的具有倾向性的情感。这种关系的产生、发展、保持与消亡，遵循人的情感心理规律。

（二）人际关系发展的阶段

一般说来，良好的人际关系的建立和发展，从交往由浅入深的角度来看，需要经过定向、情感探索、感情交流和稳定交往四个阶段。

1. 定向阶段

定向阶段包含对交往对象的注意、抉择和初步沟通等多方面的心理活动。在熙熙攘攘的世界里，人们并不是同任何一个人都建立良好人际关系的，而是对人际关系的对象有高度的选择。通常情况下，只有具有某种能激起人们兴趣特征的人，才会引起人们的特别注意。在一个团体中，人们在人际关系方面会将这些人放在注意的中心。

注意也是选择，它本身反映着某种需要倾向。比如，在人们选择恋人时，某些与他们理想的恋人形象接近的异性，会吸引他们的注意。一场舞会下来，人们会对舞场中的许多人视而不见，只把注意力高度集中在一个或几个异性身上。

与注意不同，抉择是理性的决策，而注意的选择是自发的、非理性的。人们究竟决定选择谁作为交往对象，并与其保持良好的人际关系，往往要经过自觉的选择过程。只有那些在人们的价值观念上具有重要意义的人，人们才会选为交往和建立人际关系的对象。初步沟通是人们在选定交往对象后，试图与这一对象建立某种联系的实际行动。如果人们属于社交主动型的人，就会主动与选定的交往对象打招呼，并与之攀谈。在初步沟通的过程中，谈话只会涉及自己最表面的方面。初步沟通的目的，是对别人进行一个最初步的了解，以便使自己知道是否可以与对方有更进一步的交往，从而使彼此之间人际关系的发展获得一个明确的定向。

2. 情感探索阶段

情感探索阶段的目的，是彼此探索双方在哪些方面可以建立真实的情感联系，而不是仅仅停留在一般的正式交往模式上。在这一阶段，随着双方共同情感领域的发现，双方的沟通越来越广泛，自我暴露的深度与广度也逐渐增加。但在这一阶段，人们的话题仍避免触及别人私密性的领域，自我暴露也不涉及自己根本的方面。尽管在这一阶段，人们在双方关系上已开始有一定程度的情感卷入，但双方的交往模式仍与定向阶段类似，具有很大的正式交往特征，彼此还都仍然注意自己表现的规范性。

定向阶段和情感探索阶段的目标，都是试图建立更深刻的关系。因此，尽管人们所暴露的有关自我的信息是表面的，但人们都希望在初步沟通过程中留给对方良好的第一印象，以便使以后的关系能够顺利发展。

3. 感情交流阶段

人际关系发展到感情交流阶段，双方关系的性质开始出现实质性变化，此时双方在人际关系上的信任感、安全感已经得到确立，而且谈话也开始涉及自我的许多方面，并有较深的情感卷入。如果关系在这一阶段破裂，将会给人带来很大的心理压力。

在这一阶段，双方的表现已经超出正式交往的范围，正式交往模式的压力已经趋于消失。此时，人们会相互提供真实的评价性的反馈信息，提供建议，彼此进行真诚的赞赏和批评。

4. 稳定交往阶段

在稳定交往阶段，人们心理上的相容性会进一步增加，自我暴露也更为广泛和深刻。此时，人们已经可以允许对方进入自己高度私密性的个人领域，分享自己的生活空间和财产。但在实际生活中，很少有人达到这一情感层次的友谊关系。许多人同别人的关系并没有在第三阶段的基础上进一步发展，而仅仅在第三阶段的同一水平上简单重复。

二、人际关系建立与维系的原则

（一）真诚原则

近几十年来，人们对各种不同类型的对象做过调查，要求人们回答“在人际交往中你最喜欢什么样特征的人？自己采取什么样的交往方式？最期望别人采取什么样的交往方式?”等问题。有趣的是，对于这样几个问题，来自各种不同途径的回答，高度倾向于同一个答案：真诚。女性的这种倾向更加明显。可见，真诚的品质在人际吸引与人际交往中具有尤其特殊的地位。

在安德森的个性品质受喜爱程度的序列中，人们会发现，排在序列最前面、受喜爱程度最高的 6 种个性品质，包括真诚、诚实、理解、忠诚、真实、可信，都或多或少、直接或间接同真诚有关。而排列在序列最后，受喜爱水平最低的几个品质，如说谎、装假、不诚实、不真实等，也都同不真诚有关。结论是，真诚受人欢迎，不真诚则令人厌恶。毫无疑问，一个人要想吸引别人，赢得别人，与别人保持良好的交往，真诚是必须有的品质和交往方式。这是人际交往的一个基本原则。

（二）交互原则

在日常生活中，人们有一个共同的倾向，那就是都希望别人承认自己的价值、支持自己、接纳自己、喜欢自己。由于这种寻求自我价值确立和情绪安全感的倾向，人们在社会交往中往往更注意自己的自我表现、吸引别人的注意，处处期待别人先接纳自己、喜欢自己。这种以自我为中心，而不是以他人为中心的倾向，恰恰是人们在人际关系上常常遇到困难的最根本原因之一。社会心理学家通过大量的实验研究，发现人际关系的基础，是人与人之间的相互重视、相互支持。任何人都不会无缘无故地接纳他人、喜欢他人，喜欢他人是有前提的，彼此喜欢、彼此接纳、相互支持的人们才能喜欢或被喜欢。在人际交往中喜欢与厌恶、接近与疏远是相互的。

阿龙森与林德曾经对此做过研究。他们安排互不相识的被试参加一系列实验，使这些被试发生一系列交往。在每次交往以后，安排一名被试（实际为研究者的助手）对研究者评价另一名被试（真被试），并故意安排被评价者碰巧听到对自己的评价。评价有两种情况：一种是夸赞，并说自己喜欢一起参加实验的合作者；另一种是抱怨，并表示自己不喜欢一起实验的合作者。结果，当实验者让被评价者自己选择下一阶段实验的合作者时，受到夸赞和喜欢的被试，都倾向于选择原来的伙伴；而受到抱怨和拒绝的被试，则倾向于拒绝选择原来的搭档。

任何人都有保持自己心理平衡的稳定倾向，都要求自身同他人的关系保持某种适当性、合理性，并根据这种适当性、合理性使自己的行为以及与别人的关系得到解释。这样，当别人对人们做出一个友好的行动，对人们表示接纳和支持时，人们会感到“应该”对别人报以相应的友好应答。这种“应该”的意识，会使人们产生一种心理压力，迫使人们对别人也表示相应的接纳行动。否则，人们的行为就是不合理、不适当的，就会妨碍自己以某种观念为基础的心理平衡。

另外，人们对于行为合理性和适当性的理解，也会投射到与人们发生相互联系的人身上。当人们对他人做出一个友好的行动，对他人表示接纳以后，人们也会产生一种要求他人做出相应友好回答的期望。如果别人的行动偏离了人们的期望，或恩将仇报，人们会认为这个人不通情理，从而产生一种不愉快的、失望的情绪体验，进而终止关系或以敌对的方式回报对方。

社会心理学家强调，人们在人际交往、人际关系的建立与维持中，必须首先遵循交互原则。对于同自己发生交往的人，人们应首先接纳、喜爱他们，保持人际关系上的主动地位。不然，人们在人际关系上会困难重重，甚至为别人所拒绝。“爱人者，人恒爱之；敬人者，人恒敬之”“己所不欲，勿施于人”等名言是有心理学依据的。

《绿皮书》

（三）功利原则

1. 人际交往的本质是社会交换

人与人之间的交往，在本质上是一个社会交换过程。虽然，这种交换与市场上在买卖关系中发生的交换不完全一样，它不仅有物质交换，还包括非物质交换，如情感、信息、服务等各方面的交换。但是，发生在人际交往中的交换与发生在市场上的交换所遵循的原则都是一样的。也就是人们都希望交换对于自己来说是值得的，希望在交换过程中得大于或至少等于失，不然人们就无法保持自己心理的平衡。因此，人们的一切交往行动及一切人际关系的建立与维持，都是人们根据一定的价值观进行选择的结果。对于那些对自己来说是值得的，或得大于失的人际关系，人们倾向于建立和保持；而对于那些对自己来说不值得，或失大于得的人际关系，人们倾向于逃避、疏远或终止。

2. 人情增减规律

随着人们的价值观的倾向不同，人际交往中也存在着不同的社会交换机制。对于重内在情感价值的人来说，他们在人际关系中个人情感的卷入更多，因而有明显的重情谊、轻物质的倾向。这一类人与他人的交往目的是倾向于增值交换过程。也就是说，他们对于交往媒介的价值估计，往往高于交换行动的发出者。从而，他们在人际关系当中总感到欠别人的情分，认为“滴水之恩当涌泉相报”。因此，在他们做出回报时，往往也超出别人的期望。这种过程的良性循环往复，使得卷入增值交换过程的双方都感到得大于失。

同样，人际交往中也有与增值交换相对应的减值交换机制存在。对于那些重外在物质利益的一类人来说，他们在人际关系中，重利轻义，纯粹的物质利益交换意识多于个人情感的卷入。因而他们倾向于用物质价值来衡量自己在人际关系中的得失。这类人与他人的交往倾向于减值交换过程。也就是说，他们对于交换媒介的价值估计，往往低于交往行动的发出者。他们总感到自己在人际交往中吃亏，认为他人对他们没有做到所应该做的。这样，他们在对该交往行动做出回报时，往往低于他人的期望，从而给交往的继续造成一定的负面影响。

（四）自我价值保护原则

自我价值是指个人对自身价值的意识与评判。自我价值保护，则指人为了保持自我价值的确立，心理活动的各个方面都有一种防止自我价值遭到否定的自我支持倾向。研究证明，任何一个人，其心理活动的各个方面，从知觉信息的选择到内部的信息加工，从对行为的解释到人际交往，都具有明显的自我价值保护倾向。

在对行为的解释上，自我价值保护的倾向更加明显。当人们获得成功时，一般将成功的原因归于自身，以显示自己比他人优越。而当他人取得成功，自己在社会比较上处于不利地位时，则会将他人的成绩归因于外部条件，以说明他们自身的条件并不很优越。比如，当自己出国时，他们会解释成这是自己能力优于他人所致；而他人同样是出国，却认为那仅仅是由于他的机会赶得好，学外语的年头多，如此等等。

社会心理学家有关自我阻抑策略的最新研究，使人们的自我价值保护倾向得到了更好的证明。所谓自我阻抑策略（self-handicapping strategies），是指以保护或促进自己自我胜任的概念为目的，为未来可能的失败制造保护性借口所采取的措施。人们总希望事情的结果有利于自己，希望自己获得成功，使自我胜任感得到确认和加强，因此，当人们面临能力的挑战时，就会不由自主地用一定的方法来阻抑自己，在客观上增加了自己获取成功的困难。这样，如果结果是失败，人们就有了合理解释失败的借口，从而避免自己面临“无能”标签的威胁；如果结果是成功，人们就可以更好地证明自己的高能力。自我阻抑作用通常都是在人们意识不到的情况下发生的。人们对于未来的重要挑战越是缺乏信心，恐惧感越强，所引发的无意识的自我阻抑作用也越强。有些运动员在大赛前有习惯性的扭脚、感冒等症状，其实质可能都是一种自我保护性的自我阻抑反应。

（五）情境控制原则

人们可能注意到猴子在进入新情境时的行为，它们总是东张西望，这摸摸，那拍拍，好像要弄清“这是什么”。其实这是一种动物和人共有的探究反射。其作用在于了解环境意义，从而把握环境，使自己在该环境中的行为有一个明确的定向。

情境的不明确，或不能达到对情境的把握，会引起机体的强烈焦虑。例如，人们深夜听到窗子“咣当”一声，接着又是“啪”的一声响。一般若不弄清楚声音的来源，是绝难重新安然入睡的。只有起来查看一番，确信是一阵大风吹开窗子，打碎了花瓶，才能继续入睡。因为此时声音的意义已经明确，它不是危险的信号，所以人们可以安然入睡了。人们走夜路害怕、到陌生的地方不安、旅途上感到焦躁等，都是由不能达到对情境的控制引起的。

对于人来说，不仅对地理环境的不明确和不能把握会引起焦虑，而且对社会人际环境的不明确和不能把握，同样会引起机体处于高度紧张的自我防卫状态。人们可能都经历过，在刚入学或新调入某一工作单位时，由于对周围环境和人都缺乏了解，自己会在相当一段时间内都处于高度紧张的自我防卫状态。直到熟悉了周围的环境，了解了经常发生联系的同学、教师或同事，才感到比较轻松，真正适应了环境。

情境控制的原则是指人需要达到对所处情境的自我控制。因此，要想使别人从内心深处真正接纳自己，人们就必须保证在与别人共处时能够实现对情境的自我控制，保持表现自己的自由。如果增加了对情境自我控制的困难，使人的自我表现受到限制，而不得不保持一定水平的自我防卫，那么，别人实际上不可能对你有深层的接纳，人们之间的关系也只能停留在正式的、表层的水平。

研究发现，任何一种关系，无论社会位置意义上的关系多么紧密，只要关联的双方对于情境的控制是不均衡的，一方必须受到另一方的限制，那么这种关系必定不能深入，必定缺乏深刻的情感联系，即使是亲子关系、夫妇关系也不例外。因此，当父母或领导以权威的身份出现在人们面前时，无论他们多么强烈地希望了解人们的内心世界，人们都难以对其报以真正的信任，并暴露自己的深刻方面。当教师抱怨难以了解学生、家长抱怨孩子不信任自己、领导者抱怨下属不容易合作时，更可能是因为他们没有摆脱权威身份的束缚，不能与人们保持真正平等的交往。在这种情况下，无论人们的关系在表面上看来如何接近，他们之间必定缺乏实质性的情感纽带，而情感纽带正是真正良好的人际关系的本质。

三、人际关系的破裂与防止

每个人都希望拥有美好的友谊、爱情和亲情。但事实上，在一个人所交往过的人群中，很多都或早或迟地分道扬镳了。在现实生活中，人们必须首先了解这些与愿望背道而驰的情感历程，才可能有机会在人际关系走向终结的初始阶段防微杜渐，使自己同他人的真挚情谊之树常青。

（一）人际关系破裂的过程

人际关系从融洽的状态走向终结，通常要经历五个阶段。

1. 分歧

人际关系的本质是情感的相互联系、相互卷入。人际关系的基础，是卷入关系的双方必须有共同的情感与思想。而分歧正是共同情感的消失或意见分歧的开端。分歧意味着人际关系双方不同点的扩大，心理距离增加和彼此的接纳性下降。随之而来的，是双方在知觉和理解上都朝不利于双方关系的方面倾斜，彼此都感到难以准确地判断对方。

2. 收敛

当关系开始出现裂痕时，双方总的沟通量会出现下降。此时谈话会高度注意、高度选择，并都尽力减少彼此的紧张和分歧。实际上，此时彼此的关系已出现明显的困难。双方自发沟通减少，实际上就会降低双方自然的情感融洽的程度。一般而言，如果第一阶段出现的分歧没有得到顺利解决，导致双方较长时期都以收敛的方式交往，则关系会出现进一步的恶化。

3. 冷漠

在这一阶段，交往的双方开始放弃增进沟通的努力，人际关系的气氛变得冷淡。通常情况下，此时人们已不太愿意进行直接的谈话，而是凭没有热情的非语词方式来实现必要的沟通和协调。许多人在这一阶段的关系将维持很长时间。其原因一方面是期望关系仍然朝好的方向发展，不愿意一下子就明确终止关系；另一方面是考虑到自身的利益，人们在情感上和实际生活的许多方面，如经济支持或相互服务等方面，很难适应突然失去某种关系的支持。这就促使人们即使是勉强的，也需要在一定程度上维持着关系。

4. 逃避

随着关系进一步恶化，人际交往的双方会尽可能地相互回避，特别是避免只有两个人在一起无所适从的窘境。这时，人们往往感到很难判断对方的情感状态和预言对方的行为反应。在知觉和理解上，这一阶段很容易发生误解。因为在这种状态下，人们都有强烈的自我保护倾向，对许多本来正常的人际行为都有过敏的反应。

5. 终止

关系的终止可能是立即完成的，也可能拖延很久。关系终止的方式也各种各样，有时，关系终止有一个明显的标志，即在先前关系恶化的基础上发生一次直接的、激烈的冲突。也有时终止是前几个阶段关系恶化的自然延续。随着彼此相互交往的隔断，或彼此利益依存关系的解脱，冷漠和逃避的关系状态会转变为关系的最后终结。

（二）人际关系冲突的平息

认清人际冲突或分歧的本质，并学会建设性地处理分歧或冲突，可以有效地减少人际关系恶化和破裂的发生。

人们必须懂得，由于每个人都有不同于任何其他人的经历，有自己独特的情感、理解和利益背景，人与人之间出现不一致或冲突是不可避免的。因此，人们在同任何人交往的过程中，都应对可能出现的冲突有所准备。

预计冲突是正确了解冲突，并建设性地处理冲突，避免在冲突中付出不必要的更大代价的最有效途径。在实际生活中，更多的人际冲突都是可以避免的。学会用移情的方式去体验别人为什么有那样的言行，可以有效地帮助人们正确理解别人，避免判断错误，也可以防止发生不恰当的体验和行为。

对于已经发生的冲突，如果处理得当，就事论事，往往不会给人际关系带来太大危害。心理学家经过研究，提出了解决冲突的有效步骤。实践证明，这些步骤可以有效地帮助人们控制和消除冲突。具体内容如下：①相信一切冲突都可以理性而建设性地获得解决；②客观地了解冲突的原因；③具体地描述冲突；④向别人核对自己有关冲突的观念是否客观；⑤提出可能的解决冲突的办法；⑥对提出的办法逐一评价，以对双方都最为有益为原则，筛选出最佳的解决途径；⑦尝试使用选出的最佳方法；⑧评估实现最佳方案的实际效应，并按照给双方带来最大利益和有利于维持良好人际关系为原则给予修正。

《沟通的艺术》

第三节 助人与侵犯

一、助人行为与旁观者效应

（一）助人行为

助人行为是指以个人为对象的亲社会行为。亲社会行为泛指一切符合社会期望而对他人、群体或社会有益的行为。实际生活中，无论是社会还是个人，都希望当有人处于危难中时，他人能够给予及时的援助。然而，不管是国内还是国外，新闻媒介既有令人鼓舞的陌生人解救别人于危难的报道，也有令人神伤的众多旁观者见死不救，致使惨剧成为现实的故事。

为什么有些人对别人的危难奋勇救援，能够不顾自己的危险而去帮助别人，而另一些人却目睹别人遭受苦难而袖手旁观呢？社会心理学家拉特纳（B. Latane）和达利（J. M. Darley）受美国纽约曾发生过的一件为世人关注的吉诺维斯案件所激发，进行了一系列实验研究，于 20 世纪 80 年代初总结出由于很多人在场，导致了责任分散的规律性问题。研究指出，自己一个人及与别人在一起时的助人行为是不同的，独自一人时帮助别人的可能性更大。公众目睹别人身临危难却不去救援的原因，不是公众人性的丧失，而是其他人在场所产生的相互影响，抑制了人们的援助动机。

助人行为能减轻自身身体疼痛

生活中的心理学

旁观者效应

旁观者效应源于吉诺维斯案件，这是1964年在美国纽约发生的一起凶杀案。案发那天的凌晨3点，一位名叫吉诺维斯的姑娘返回她的公寓，被一歹徒持刀杀害。案件的特别之处，是遇害者的38个邻居在整个案发的30分钟内听到了呼救声，其中许多人还走到窗前看了很长时间。然而，在遇害者与歹徒搏斗的30多分钟里，居然没有一个人去救援她，甚至没有人行举手之劳，打电话及时报警，致使一件不该发生的惨剧成为现实。

很明显，有关亲社会行为的研究，首先需要解释为什么人们会存在这样的行为方式。

当拉特纳和达利两位心理学家试图解释吉诺维斯这个个案，揭示人们目睹事件发生而不给予帮助的原因时，首先想到了别人的在场，抑制了个人帮助别人的动机。他们假设，多个人在场，导致了社会责任的分散。在吉诺维斯案件中，当每个目击者看到其他窗户上也有人影闪现时，他们会感到自己没有必要行动，或者认为既然别人也看到了事情的发生，别人可能已经通知了警察。为了验证责任分散假设，拉特纳和达利设计了一系列实验研究。结果显示，人们在单独一人时，70%的人会试图以不同方式对应急情境中的受害者提供帮助；如果是两个人在场时，出现其中一人试图提供帮助的比例为40%；而如果旁观者换成无动于衷的假被试，则仅有7%的真被试尝试提供帮助。别人的存在与态度，造成了明显的观众抑制作用。

（二）助人的决策过程

研究发现，日常生活中的助人行为，不是一个简单的全或无的过程，而需要经过一个复杂的、多步骤的决策序列。只有在决策的每一个步骤上，选择都指向做出助人行为，实际的助人行为才会发生。

助人决策的第一步，是注意到事件的发生。相对而言，个人独自一人时更容易注意到周围环境中特殊事件的发生，而在群体背景中对同样事件的注意就缓慢得多。另外，当人的思维集中在某一件事情上时，如有紧急的事情赶着要做，人对周围事情的注意力也会下降。如何解释周围的特殊事件，是否把事件当成应急事件，是助人决策的第二步。在日常生活中，对于同样一个事件，人们可能有不同的解释。一个女青年在桥头默默地独依凭栏，可以被解释成受挫折后试图自杀，也可以被解释成正常的散心。前者为需要帮助的应急事件，后者则并不需要帮助。助人决策的第三步，是确定自己是否有干预应急事件的责任。如果结论是有责任干预，则倾向于发生助人行为。如果认为没有干预责任，就会成为纯粹的旁观者。在此阶段中，有明显的旁观者效应存在，即其他旁观者的存在，会降低个人提供帮助或实施干预的可能性。

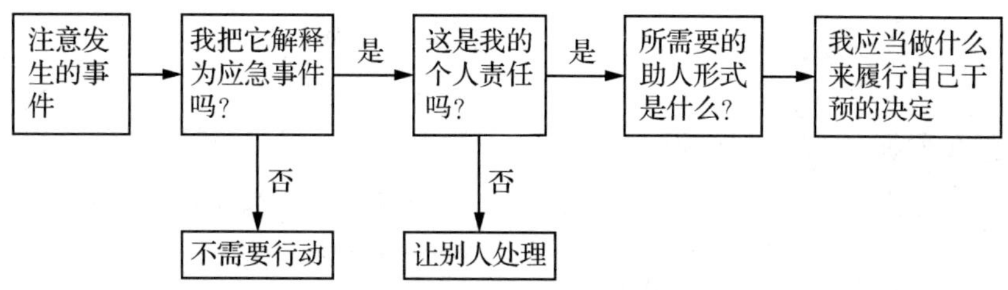

图 13-1 助人行为决策图

实际上，图 13-1 的助人行为决策图还不完整。确定设法帮助后，个人还需评价自己是否有能力帮助、用什么方式帮助。只有在人们确认自己有能力帮助，并且可以在现场找到合适的帮助方式时，个人才会采取对事件的直接干预。如果个人无力帮助，或现场无法实现帮助，则可以用呼吁其他帮助途径的方式，进行间接干预。间接干预尽管表现形式不同，但其中蕴含的利他主义意义是共同的。

二、侵犯行为及其控制途径

（一）侵犯行为及其生物学基础

侵犯行为，也称攻击行为。它是指有意伤害别人且不为社会规范所许可的行为。伤害行动、伤害意图与社会评价，是侵犯概念的三个要素。

在侵犯行为中，实际造成伤害的行为和可能造成伤害的行为都是侵犯行为。例如，开枪杀人，但子弹没有命中目标，未造成实际伤害，也仍然是侵犯行为。有意性是侵犯行为的一个重要特征。意欲伤害别人的行为，尽管没有造成伤害，也是侵犯行为。此外，与其他有意伤害行为不同，侵犯是社会所不允许的。警察在追捕罪犯时，为防止罪犯伤害自己或他人而采取的制服措施，个人在受到侵犯时的正当防卫，虽都是有意伤害行为，但在社会许可的范围内，因而也不是侵犯行为。

人作为最高级的动物，虽然在长期的进化过程中，其发展水平在本质上已不同于其他动物，但具有生物保护意义的自卫功能并没有丧失。为了保护自己和保证种族繁衍，有机体的自然结构和功能机制使人类也同样具有侵犯性或称侵犯的可能性。

大量的动物研究和生理学研究证明，无论是动物还是人类，机体对于危急情境，都有一致的应激反应模式。应激反应被激发时，机体的肾上腺素分泌增加，心跳加快，血压上升，呼吸急促，肌肉紧张度提高，对于外界刺激更加敏感，反应更加迅速。在这种状态中，机体处于高度的防卫和攻击准备状态，随时可以对其他对象实施有效袭击或迅速逃避。

人类的侵犯性行为具有生物学基础，一个是在高等动物和人类中枢神经系统中，都具有直接同侵犯性行为有关的神经结构——怒中枢；另一个是人类的侵犯性直接同情绪的唤起水平有关。情绪的唤起水平越高，人们的侵犯性也越高。再有，侵犯性可以遗传。大量生理学与心理学研究都证明了这一点。

（二）减少侵犯的方法与途径

1. 宣泄

宣泄的思想可以追溯到古希腊的亚里士多德。他认为，通过实际的经验，某种情绪可以得到释放。因此，看经典的悲剧，可以满足人的同情心和消除恐惧，使相应的情绪得到宣泄。宣泄的基本假设是，侵犯性的精神能量是一个常数，一切实际的侵犯行动或在想象中实施侵犯行为，都可以使侵犯性的精神能量得到释放，从而减少侵犯性冲动，达到减少侵犯行为的目的。宣泄对于减少侵犯的作用，得到了大量事实证据的支持。心理学家霍坎逊（J. E. Hokanson）的研究发现，当一组被试（A 组）受到假被试（实验助手）的侮辱被激怒后，被试的血压升高、心跳加快、生理紧张度增加，处于一种高唤起水平的攻击准备状态。然后，实验安排其中一半人（A1）有机会用电击侮辱另一组（B 组）假被试。另一半人（A2）作为控制组则没有这样的机会。事后都进行生理测量，结果显示：实际施行了攻击行为的 A1 组被试血压回降、心跳恢复正常、生理紧张性下降，表明高唤起水平的攻击准备状态已经消失；而没有实施攻击机会的 A2 组被试，则攻击准备状态依然存在。

2. 侵犯行为的社会制约

在人们自我意识正常的情况下，侵犯行为是在行为本身对个人有价值的情况下做出的。如果行为的预期代价超过行为能够带来的满足，行为就会被抑制。因此，社会增加对侵犯行为惩罚的强度，可以实现侵犯行为的外部控制。

必须指出的是，依靠社会的外部制约来减少侵犯的发生，并没有使存在于个人身上的侵犯性消失。因此，社会控制不是减少侵犯的根本方法，而仅仅是变通的措施。侵犯问题的最终解决，需要使个人的侵犯性得到改造。

心理活动高度集中于外界事物，以及药物、酒精或催眠等影响，都可造成人的自我意识和控制水平极度降低，使人处于去个性化状态。人们在群体中，一旦去个性化状态出现，个人的行为将较少受自己的个性支配，而倾向于跟随整个群体的状态。群体的规模越大，气氛越强烈，越易于引发人的去个性化状态。投入群体暴乱活动的个人，往往处于去个性化状态。

去个性化状态使人最大限度地降低了自我观察和自我评价的意识，降低了对社会评价的关注，因而通常的内疚、羞愧、恐惧和承诺等行为控制力量都被削弱，从而使压抑行为外露的阈值降低，使人表现出通常社会不允许的行为，也使人的侵犯行为增加。

有关去个性化的研究表明，适度的自我评价和自我控制，是个人维持正常的社会角色和社会责任意识所必需的。如果一个人极度丧失自我意识，则其正常的行为调节力量就会失去作用，从而使人倾向于成为一个缺乏应有自我调节能力的有机体，使人的行为具有不可预言的破坏性。实际上，精神分裂患者之所以对行为有难以预计的破坏性，原因正在于他们丧失了自我调节和自我控制的能力。

侵犯是一种给别人带来伤害性后果的行为。个人只有在保持一定自我意识的情况下，才能觉察和评价自己行为的后果，有意识地避免伤害别人。因此，有意识地保持行为的自我控制。特别是在被大规模群体的激情所裹挟时，保持对自己行为的理性判断和控制就更为重要。不然，个人就可能卷入带来严重后果的暴乱或破坏性、毁灭性的侵犯行动。

3. 提高道德发展水平

有关去个性化和道德发展水平同侵犯行为关系性质的研究表明，侵犯行为的真正控制依赖于个人。从全社会乃至全人类的角度说，只有当整个人群的个性发展达到了对侵犯行为的有效控制时，社会的侵犯行为才可能有实质性的减少。而任何依靠外在力量所造成的侵犯行为的暂时制约，都不可能从根本上减少侵犯的发生。

三、助人行为的促进与培养

（一）增加责任明确性与人际相互作用

研究揭示，如果帮助人们正确地解释事件，并去承担责任，可以增加人们对于事件的卷入。

人际相互作用对助人行为有促进作用，可以直接利用个人影响来呼吁帮助。研究证明，利用增加人际相互作用来激发人们助人动机的方法，在实际生活中可以被广泛地运用。例如，免费搭车者如果直接看着开车人的眼睛，而不是注意过来了什么样的汽车，那么他搭到车的机会将增加一倍。西方许多慈善机构也开始用给捐助者寄被资助儿童的个人照片与成长资料，来促进人们继续捐助贫困儿童。有长途旅行经验的人也知道，如果人们先与素不相识的人打过招呼，或简单相互自我介绍过旅行目的地与社会身份，那么人们可以更容易得到别人的帮助。从自身的立场上，与没有招呼过或相互自我介绍的情况相比，人们在与别人逐渐相熟后也更愿意帮助别人。

（二）提供亲社会榜样

研究表明，电视节目中的亲社会榜样对人的影响比反社会榜样还要大。如果给一个观看者看亲社会节目，而不是中性节目，那么他的亲社会行为会有很大程度的增加。而且这些亲社会行为都是典型的利他行为。

张桂梅颁奖词

（三）将助人行为归因于利他主义动机

如果用引导人们内在动机的方法使人们以充分的内在理由促进一种有益的行为，则可以帮助人们最大限度地通过实施这种行为而使他们获得满足与快乐。在一个研究中，实验者引导部分被试相信帮助别人是依从于压力，而使另一部分被试相信自己帮助别人是出于同情。随后，当被试被问到是否愿意为地方服务机构提供自愿帮助时，前一种被试只有 25%同意帮助，而后一种被试可达 60%。

很显然，人们在解释“我为什么要帮

别人”这一问题时，最好的回答是：“因为有人需要帮助，我是一个关怀、奉献和乐于助人的人。”并且，人们越是相信自己帮助别人是出于高尚的利他动机，以后在遇到别人需要帮助时，做出助人行为的可能性就越大。研究发现，如果研究者告诉某些被试，个性测验显示“你是一个善良而关怀他人的人”。则与其他被试相比，他们会在后来遇到需要帮助的人时，显得更为友好与关怀。

（四）运用社会影响策略

仔细研究运用态度改变方式与策略引起态度改变的例证，我们可以发现，二步式社会影响策略实际上也是很好地促进人们亲社会行为的方法。不仅如此，心理学家的进一步研究还发现，如果将多种二步式社会影响策略结合在一起使用，可以更有效地促进人们的亲社会行为。

1986 年，心理学家戈尔德曼（M. Goldman）将“留面子技术”和“登门槛技术”结合到一起使用，结果使更多的人同意提供帮助的请求。研究者以地方动物园的名义，请附近居民装 75 封信并写上地址。直接提这一要求时，仅有 22%的被试同意。对于另一些被试，研究者以留面子技术提出请求，先提出给 150 人打电话，做有关动物园的调查这一过大的要求，然后再提有关 75 封信的要求，同意的比例上升到了 42%。对于第三组被试，研究者先用“留面子技术”，随后再用“登门槛技术”。即先提过分要求，然后提出很容易的采访要求，最后才提出 75 封信的要求。结果，被试同意的比例又上升到了 57%。

个人对自己社会形象的关注，使人们需要维持一个起码的利他主义自我形象。一个非常有趣的研究是请求人们给美国癌症学会捐款，结果表明，被要求捐小数目的人比被要求捐大数目的人实际捐助的比例更大，并且捐款的数目高于平均数。很明显，人们为了保持自己的利他主义自我形象，更难以拒绝做一点小小的奉献。在被要求较大数目时，人们可以用没有太多的钱等理由拒绝而不伤害自己的利他主义形象。而被要求的数目小到每个人实际上都可以负担时，人们就没有理由再拒绝。拒绝则会被认为是缺乏起码的利他主义奉献精神，很少有人愿意承受如此巨大的自我否定。而一旦人们在实际进行捐助时，他又会拿出一个有利于自己形象确立的社会可接受数目。

（五）通过行为实践培养亲社会行为

助人行为有两个最关键的因素：一是对不幸者的状态进行设身处地地设想和体验的能力，即移情能力；二是掌握如何帮助别人的知识或技能。因此，通过训练儿童的移情能力和实践如何助人的行为，可以培养儿童的助人行为。

斯陶布用三种亲社会行为来检测训练的效果，一是帮助隔壁房间里一个因摔倒而哭喊的女孩，二是帮助一个把曲别针散落一地的成人，三是给被试儿童糖果，然后要求他与其他没有糖果的儿童分享。研究结果表明，角色扮演的游戏训练收到了良好的效果。与控制组相比，实验组表现出更多的亲社会行为，并且效果至少可以保持一个星期。实验证明通过行为实践来培养亲社会行为是一种有效的方法，可以成功提高人们以后助人的可能性。

第四节 爱情

爱情是古今中外人们关心的永恒主题之一。弗洛伊德写了第一本《爱情心理学》，但对爱情展开定量化的科学研究，则是到 20 世纪 70 年代才发生的事。

一、爱的特征

（一）什么是爱

金代诗人元好问《摸鱼儿》中一句“问世间，情为何物，直教人生死相许”让一代代的人不断地感叹与思考。

对爱情（Love）诠释最到位的是心理学家弗洛姆（E. Fromm）在《爱的艺术》（*The Art of Loving*）中的阐述，他认为爱是关怀，爱是责任，爱是尊敬，爱是了解。

（二）爱的类型

关于爱情的分类众说纷纭，没有统一的标准。不同的人依据自己对爱情的理解进行了不同的描述，其中加拿大社会学家约翰·李（John Alan Lee）经由文献收集及调查访谈两阶段的研究，将男女之间的爱情分成六种形态。①情欲之爱（eros）：建立在理想化的外在美的基础上的爱，表现为罗曼蒂克、激情的爱情。②游戏之爱（ludus）：将爱情视为一场让异性青睐的游戏，缺少真实的情感投入，易变换对象，重视的是过程而非结果。③友谊之爱（storge）：起于青梅竹马般的感情，经过一种细水长流型的过程，建立起长久稳定的爱。④依附之爱（mania）：对于情感的需求强，对伴侣具有较强的占有性。⑤现实之爱（pragama）：权衡利弊，分析对方的现实条件，以期让自己的酬赏增加且减少付出成本的爱情。⑥利他之爱（agape）：具有牺牲、奉献的精神，追求爱情且不求对方回报。

（三）爱情与喜爱

“初恋时我们不懂爱情”，什么是爱情？什么是喜欢？这是初谈恋爱的青年男女经常困惑的问题。社会心理学家鲁宾（Z. Rubin）在 20 世纪 70 年代初期对爱情与喜欢的关系与区别进行了系统研究。结果确认，喜欢与爱情是两种既相互密切关联但又各不相同的情感（见表 13-1）。有关研究揭示，喜欢的两个最主要因素，一是人际吸引的双方有共同的理解，二是喜欢的主体对所喜欢的对象有积极的评价和尊重。

爱情与喜欢不同，它有如下三个最重要因素。①依恋。卷入爱情的恋人在感到孤独时，会高度特意地去寻求自己恋人的陪伴和宽慰。而别人不能有同样的慰藉作用。②关怀与奉献。恋人之间彼此会高度关怀对方的情感状态，感到让对方快乐和幸福是自己的责任，并对对方的不足表现出高度宽容。在爱情关系没有受到他人威胁时，表现关怀与奉献的一方对自己的行为往往有纯粹无私的崇高感。③亲密。被爱情裹挟的恋人，不仅有着对对方的高度信赖，并且有特殊的身体接触的需要。虽然这种身体接触最终会自然地卷入性的意味，但在恋爱之初，这种身体接触需要是泛化的高度依恋需要的反映。在一定意义上，它很像高度依恋母亲的幼儿对母亲爱抚的需要。

表 13-1　喜欢与爱的区别

喜欢	爱
短暂的、一时的感受	对某一个人强烈而温馨的长远感受
生理上的互动	心灵与情感上的互动
喜欢某一方面	接受一个人的一切
不安全感、不稳定	给予对方安全感、责任感
多个对象	唯一、排他
功利、索取	奉献

通常情况下，一个成熟的青年人有较为明确的喜欢与爱情概念，可以很好地区别自己对别人的喜欢与爱情情感。但对于刚刚进入青春萌动时期的少年男女，由于依赖、尊重、喜欢与新出现的性意味的朦胧爱情还没有出现明确分化，因而常常把对自己偶像的崇敬、尊重、对长者的依赖和喜欢与爱情混淆到一起。

二、爱情理论

斯腾伯格（Robert J. Sternberg），认为爱情就是个三角形，它的三个顶点是爱情的三个要素：亲密、激情、承诺。如果这个三角形不是正三角形，就说明三个要素是不均衡的。

要素一：亲密（intimacy），是指彼此亲近的感觉与温暖的体验。

要素二：激情（passion），包括强烈的情感和各项需求，如思念、兴奋、身体接触、性等，这些驱动可以引发浪漫的体验。

要素三：承诺（decision/commitment），体现了维持爱情的决心，可以通过誓约、忠实等行动来传达承诺，如海誓山盟、天长地久。

爱情是一个动态变化的过程。随着时间的推移，爱情的成分会发生变化，成分的强度也会变化，彼此之间的关系也就不一样了。

根据爱情三种成分的变化，斯腾伯格把恋爱关系分为八类。①无爱（nonlove）：爱情的三种成分都没有，是随机的人际交往。②喜欢（liking）：只有亲密，如友情使人感觉到亲近。③迷恋（infatuated love）：只有激情，如单相思、一见钟情。④空爱（empty love）：只有承诺，如那些“依父母之命、媒妁之言”结成的、没有感情的婚姻。⑤浪漫之爱（romantic love）：由亲密和激情组成，恋爱中的男女渴望亲近、感情强烈，但他们未必认为这是一种长期的关系。⑥伴侣之爱（companionate love）：包括亲密和承诺，如结婚多年之后，激情已经退却，但双方仍然相互依赖，共同经营着长期的婚姻关系。⑦荒唐之爱（fatuous love）：只有激情和承诺，这样的爱情来得猛烈迅速，消退的速度也很快。⑧圆满之爱（consummate love）：是亲密、激情、承诺的结合，是一种最令人向往的爱情。

三、爱情的阶段

培根曾说：“在人生中，妻子是青年时代的情人，中年时代的伴侣，暮年时代的守护……美满的婚姻是难得一遇的。”

穆思坦（Murstein）于 1987 年提出“SVR”理论，他认为亲密关系的发展，依双方接触的次数多少来看，可分为刺激（stimulus）、价值（value）和角色（role）三阶段。

刺激阶段：指双方第一次接触的阶段。在这个阶段中，双方彼此间互相吸引，这一阶段的主要特征建立在外在条件上，双方的外貌、身材是相互吸引的主要因素。

价值阶段：指双方大约第 2 次至第 7 次的接触阶段。在这个阶段中，彼此情感上的吸引与依附，主要建立在彼此相似的价值观和信念的基础上。

角色阶段：指双方大约第 8 次以后的接触阶段。在这个阶段中，彼此的承诺主要建立在个体是否能成功地扮演好在此关系中的角色，符合角色要求。

虽然亲密关系包含刺激、价值和角色三阶段，但事实上在亲密关系的每个阶段，这三种因素对关系都有影响，只是在每个阶段中各有一个因素是主导的影响因素。

四、影响爱情的因素

张爱玲曾说：“不管你的条件有多差，总会有个人在爱你；不管你的条件有多好，也总有个人不爱你。”影响人际吸引的那些因素也会影响爱情，因为爱情发生的前提条件就是要相互吸引。

（一）依恋类型

儿童对他们的看护者产生的依恋类型会一直持续到成人，并影响成人期的关系。

1. 安全型依恋

把儿童放到一个陌生的环境里，安全型依恋的儿童在母亲在身边的时候能够舒适地玩耍，母亲一旦离开，他们就会变得紧张。母亲回来后，他们会去寻找母亲的爱护、亲近，然后又继续玩耍。大约70%的成人属于安全型依恋的类型。他们容易与别人接近，但又不会过于依赖别人。这样的恋人可以在恋爱关系中充分享受性爱，他们和爱人能够发展出温馨的感情，他们的关系也更为愉快和持久，彼此信任，相互支持。

2. 回避型依恋

回避型依恋的儿童在母亲离开时很少有紧张不安的表现，母亲回来时他们也不太理会，而是自己玩自己的。回避型的成人大约占20%，他们对亲密的关系不太感兴趣，常常回避甚至想摆脱这些关系。这些个体不主动接近别人，也排斥别人的亲近，他们可能更喜欢那些没有感情只有性的关系。

3. 焦虑型依恋

焦虑型依恋的儿童在母亲离开时大哭大叫，但母亲回来后，他们又会对母亲产生敌意和抗拒。焦虑型依恋的成人大约占10%。他们对别人不够信任，具有较强的占有欲和嫉妒心。他们的关系往往时好时坏，反复无常。

（二）自我表露

斯腾伯格认为，“若没有了表达，则最伟大的爱情也会枯死”。对爱人表达自己内在的感受能够向爱人展现真实的自我，增加对彼此的了解和信任，促进亲密关系。研究者发现，经常对对方敞开心扉的情侣或夫妻，对爱情有着更高的满意度，并且更容易保持长久的爱情。彼此分享最隐私的情感以及想法的夫妻，对婚姻的满意度最高。

（三）价值观

在中国传统婚姻观中，“门当户对”是一个重要的择偶条件。所谓“门当户对”就是双方是否具有相似的价值观，特别是原生家庭对婚恋双方的价值观有重要的影响。因此，相似的价值观是幸福婚姻的重要前提之一。婚恋期间双方所发生的不可调和的冲突均源于二人价值观的不同。

（四）心理弹性

婚恋匹配的研究（许燕，2008）结果发现，当面对婚姻问题时，心理弹性决定婚姻的质量与稳定。例如，如果双方门不当户不对，并非不能建设美好姻缘，心理弹性是解决双方冲突的重要品质。

在婚姻中所表现出的心理弹性，也被称为婚恋弹性（marital resilience），它是有助于个体有效应对婚姻问题的对自身、伴侣和事件的正向态度。婚恋弹性的结构如下。

1. 针对自己——自我效能

个体表现出对问题解决的自信，相信自己能够解决婚姻相关的问题，对问题采取积极态度、不悲观，相信自己的努力会换来好结果，对婚姻具有长期坚持的态度。

2. 针对对方——悦纳态度

悦纳态度是指对对方的差异、不足甚至失误的态度或接受程度，给予对方信任，给对方改变的空间和机会，相信对方会改善，在处理双方关系时懂得退让和放弃。

3. 针对问题——正向解释

正向解释是指对生活本身，以及对不幸、痛苦做正向的解释，能看到事件积极的一面，认为生活本就充满挑战，不抱怨，不怨天尤人，知足，珍惜所拥有的。

4. 针对前景——积极预期

积极预期是指对夫妻关系给予积极的态度，相信问题总会解决；对未来期望好结果会发生，相信明天会更好。

（五）投资心理

投资心理是指以社会交换论的观点来看亲密关系的发展，以一种理性且公平的评估方式，衡量自己在此关系中的得与失，并以此评估为基准，决定其对今后关系的应对方式。鲁斯布尔特（Rusbult）的投资模式是最具代表性的理论。他认为男女亲密关系中的“承诺（commitment）”，是由满意度（satisfaction）、替代性（alternatives）及投资量（investments）等因素所共同决定的，可用一个方程式来说明：

满意度-替代性＋投资量＝承诺

根据投资模式的预测，当亲密关系中的个体对关系有较高的满意度，知觉到较差的替代性品质，以及投资了较多或较重要的资源时，便会对此亲密关系做出较强的承诺，也就是不会轻易放弃亲密关系。

满意度：当实际结果越好，预期水准越低，则满意度越高。

替代性：对放弃此亲密关系的“可能结果”的好坏判断，“可能结果”包括发展另一段亲密关系，周旋在不同的约会对象间，或是选择保持没有任何亲密关系的单身状态等。

投资量：个体投入在亲密关系中的资源。这种投资通常不能独立地从关系中抽取出来，而且当关系结束时，“投资”无法回收，而会随着关系的结束一并消失。因此，投资会增加结束关系的成本，使个体较不愿也不易放弃此关系，从另一方面来看，也增强了个体对此关系的承诺。

承诺：会使个体设法维持这份关系，以及感觉依附在此关系中的倾向。因此承诺的定义包含两个部分：行为的意向与情感的依附。

（六）干扰因素

对爱情展开科学研究的另一个重要发现，就是确认了如果出现干扰恋爱双方爱情关系的外在力量，恋爱的双方情感反而会加强，恋爱关系也因此更加牢固。这种现象可被称为“罗密欧与朱丽叶效应”。

《爱情心理学》

无论何种人际关系都体现了人在社会生活中的生存状态，良好的人际关系反映出一个人的社会适应能力。因此，作为社会元素的人，要了解人际关系的原则与规律，可以帮助人们更好地立足社会，促进和谐的社会环境的形成。

思考题

1. 分析人际交往需要与独处需要的关系。
2. 试根据自己的经验分析犯错误效应的心理原因。
3. 结合自己的交往实践，分析沟通对人社会生活的重要性。
4. 试结合个人交往实践，分析人际交往原则的实用价值。
5. 什么是自我阻抑作用？分析其产生的原因。
6. 结合个人交往实践，分析人际关系破裂的原因及预防的方法。
7. 什么是责任分散？如何在社会现实中有效减少责任分散的发生。
8. 如何理解人类侵犯行为的心理根源。
9. 如何理解爱情。

第十四章
毕生发展

【本章要点】

1. 天性和教养，哪一个才是发展的决定力量？

2. 发展是分阶段进行的吗？

3. 儿童的认知能力是如何发展起来的？

4. 认知发展和社会性发展之间有怎样的关联？

5. 青春期会遭遇哪些发展问题？

心理学家华生曾经说过一段话："请给我一打健康而无缺陷的婴儿，……我都能够训练他成为一个医生，或一个律师，或一个艺术家，或一个商人，或者甚至可以使他成为一个乞丐或窃贼。"这一经典表述引出了对人生发展的思考。

图中那个可爱的最小的宝宝长大后会变成什么样子？他会成为音乐家？医生？教师？还是科学家？从童年到成年，最后成为老者，这一漫长的过程，种种变化似乎在意料之中，却又充满着诸多未知的可能。从心理学的角度来讲，生命的发展到底是怎样一个奇妙的过程，哪些力量影响或者推动了这一过程，这就是发展心理学家研究的课题。

本章分四个部分系统介绍与发展有关的重要概念、理论和研究结果。首先，从心理学的角度解释什么是发展，以及发展过程中的重要影响因素；之后，分三节依次介绍婴儿及儿童期、青少年期以及成年和老年期生理的发展、认知的发展和社会性的发展。

第一节 发展概述

一、发展的含义

从心理学的角度来讲，所谓发展，是指个体在从受精卵到死亡的过程中，发生的连续而系统的变化。所谓连续，是指个体的变化具有跨时间的稳定性；所谓系统，是指这些变化是有序的、模式化并且相对持久的。

心理学家将人的一生分解为 8 个发展阶段，每个阶段都有各自的年龄界限和发展特征。如表 14-1 所示，一般来说，发展是一个从低级到高级、从简单到复杂的过程，但是，发展并非仅仅意味着增长，它同时包含着生长和衰退、获得和丧失。例如，个体到中年以后，代表一般的学习和行为能力的流体智力明显衰退，而代表已经获得的知识和技能的晶体智力仍然在不断增长。

表 14-1　毕生发展阶段及其主要特征

序号	阶段	年龄	主要特征
1	产前期	受孕到出生	身体的发展
2	婴儿期	出生到 18 个月	动作技巧，基本语言，社会依附关系
3	儿童前期	18 个月到 6 岁	语言建立，性别认同，团体游戏，准备上学
4	儿童后期	6 岁到 13 岁	认知发展，动作技能与社会技能发展
5	青年期	13 岁到 20 岁	高层次认知发展，人格逐渐独立，两性关系分化
6	成年早期	20 岁到 45 岁	职业与家庭的发展
7	中年期	45 岁到 65 岁	事业发展高峰，对自我重新评价，退休
8	老年期	65 岁以后	享受家庭生活，依赖，失去配偶，健康不良

二、发展的过程——天性与教养

人类的发展受到两个重要因素的推动。第一个因素是成熟。个体按照遗传基因中预先设定好的生物程序一步步展开生命的蓝图，这个程序让不同肤色不同地区的人按照大致相同的时间表走向生理和心理的成熟。这种共同的“种族遗传性”是人类在很多方面相似的重要原因。但是，人类的发展并不是按程序被动进行的，个体会积极地与周围的环境进行交互作用，如观察父母、老师、同伴或者其他重要的人，模仿他们，与他们进行互动，等等，从而导致许多发展性的变化。这一过程被称为“学习”，是发展的第二个推动因素。在人类发展的各个阶段，成熟和学习具体是怎样发挥效力的？两个因素如何相互影响？是否有主次之分？这些问题对于解释人类发展至关重要，引发了心理学界中的“天性与教养之争”。

所谓天性，是指遗传，强调基因在发展中的作用；所谓教养，是指环境，包括父母、兄弟姐妹、朋友、学校、疾病、营养，社会文化，以及个体接触到的其他经验，等等。遗传和环境，哪个因素在个体发展过程中发挥更大的作用，是心理学家一直在探索的问题。最初人们对这一问题的认识比较片面，而且走极端，一派心理学家认为儿童心理发展完全是由遗传决定的，环境不起多大的作用，这种理论被称为“遗传决定论”；另一派心理学家则主张儿童发展是由环境决定的，与遗传无关，他们的理论被称为“环境决定论”。在现实生活中，这两种因素难以分开。个体的发展离不开环境的影响。这种影响从个体出生以前就开始了。例如，父母亲吸烟、酗酒，以及母亲在怀孕期间营养不良、生病、心理出现障碍等都会影响胎儿的发展，这种影响可能波及终生。同时，环境也不能脱离遗传而发挥作用。例如，5 岁以下的儿童很难学会打乒乓球，因为他们的身高一般都不足以使肘关节高于球台，从而难以避免很多错误的动作，而且，他们的认知能力还有待发展，他们可能不大容易理解老师的指导，也很难长时间集中注意力。所以，现在普遍得到认可的观点是，个体是在遗传和环境两种因素的交互作用下发展起来的。遗传提供了发展的潜能，并限定了发展的极限，环境给予的经验决定了人实现潜能的方式。

仅仅承认天性与教养共同影响人类的发展，不足以指导现实生活中个体的成长，还需要了解天性和教养在个体发展过程中怎样发挥作用，以及用哪些方式交互影响个体的发展。

1. 遗传

在发展领域的研究中，对于天性或者遗传而言，最重要的一个要素是前文提到的成熟，它用于形容神经系统和其他身体组织的成长，这种生理上的成长是系统有序的。就如前面所讲的，成熟是推动个体发展的重要力量，很多随年龄而出现的变化都是生理成熟的结果，在成熟的基础上，环境才能真正将个体的行为、能力、习惯以及个性等塑造成形。比如，对于儿童的如厕训练，大约 2 岁是最佳的训练年龄，因为 2 岁之前的儿童，还没有达到足够的成熟水平，而在 2～3 岁，大部分儿童都能很快学会使用厕所了。一个双胞胎实验为此提供了实例证明。一男孩儿 50 天大时，就开始接受如厕训练，但是他直到 20 个月大时才出现真正的进步；他的双胞胎兄弟希尔顿快到 2 岁时才开始训练，不过从一开始就进展迅速。不管儿童进行如厕训练的时间早还是晚，他们都在大致相同的年龄段学会使用厕所。这充分说明，只有当儿童达到相应的成熟水平，才能进行有效的学习。

2. 环境

环境影响的实现需要等待生理的成熟，如果成熟到来时，环境影响或者教养缺席，对个体的发展会有怎样的影响？某些个体的异常经历，揭示了早期的环境影响对发展的重要作用。

1920 年，辛格博士在印度的一个小村庄里发现了两个由狼抚养长大的女孩，小的约两岁，叫亚玛拉，发现不久就死了；大的八九岁，叫卡玛拉，一直活到 1929 年在她十七八岁的时候才死去。她们刚被发现时，生活习惯完全是狼的习性，喜欢晚上活动，用四肢爬行，虽然经过长期训练可以直立行走，但如果想要快速跑动，就要四肢并用。她们不喜欢吃熟食，而喜欢吃生肉，夜间常常发出狼一样的嚎叫，并经常伺机跑回森林里。卡玛拉直到死去时，才仅仅学会一百多个单词，智力水平仅相当于 4 岁儿童水平。相似地，1798 年，在法国的阿韦龙附近发现了一个在森林中由动物抚养长大的 12 岁男孩维克多。研究者进行了帮助他回归人群的强化训练。起初，训练似乎卓有成效，维克多变得有感情，举止得体，会听从指示，但是 5 年之后，他的进步就停止了。为什么人类的种族遗传基因，没能让这些儿童在训练中回归到正常的发展轨道呢？这是因为他们错过了发展的时机，也就是发展心理学上所说的关键期。在人类发展的过程中，有一些重要的发展时段，即关键期，在这些时段提供合适的环境或者训练，个体的某些机能能够得到迅速发展，如果错过这些时期再进行训练，发展就会出现困难，甚至出现各种问题。比如，如果儿童在 1 岁以前没有听到正常的语言，就会出现语言能力障碍。而上述例子所讲到的脱离人群生存的儿童的自然实验结果说明，早期的社会接触对个体的心理发展起着非常关键的作用。

早在一百多年前，弗洛伊德就指出了早期经验对个体发展的重要性，他认为个体成年后出现的很多心理问题都源于儿时的经历。虽然被动物养大的不幸儿童只是极个别的现象，但是现今社会仍有很多问题会严重威胁儿童的健康发展，如贫穷、被虐待、父母离婚等。值得庆幸的是，很多心理学研究表明，发展具有可塑性，在非常有利的环境下，早期经历对儿童发展造成的后果在某种程度上是可以改变的。比如，在孤儿院因为缺少关爱而抑郁的婴儿，一旦被很好的家庭收养，良好的社会性刺激增多，就会变得快乐。攻击性很强的儿童，在接受社交技巧的训练后，受欢迎程度和社会地位都会提高，发展会进入良性循环中。但是，值得注意的是，极好的环境刺激才能显著改善异常的早期经验对发展造成的消极影响，如果只是一般化的环境改变，对个体发展的影响可能会不太明显。

换个角度来看早期的环境影响。为正常家庭的儿童提供丰富的环境刺激，可以提高儿童的能力，促进其健康发展。比如，父母可以布置一个丰富而安全的家庭环境，让婴儿自由自在地进行探索，多看、多听、多摸、多尝，将婴儿的眼耳口鼻手充分动员起来，尽可能增加其感觉体验。环境的丰富化可以促进婴儿神经系统以及各项身体机能的快速发展。

童年受同伴欺凌的经历会影响青少年心理健康发展

知识扩展

印刻现象

1937年，生物学家劳伦兹（K. Lorenz，1937）深入研究了小鹅出生后的行为。他发现小鹅生下来就会出现跟随的倾向，它们会跟随任何可以移动的、有声音的物体，包括它们的母亲、鸭子甚至人类。而且，它们一旦开始跟随某个物体，就会始终如一，不再跟随其他物体，包括自己的妈妈。所以说，如果小鹅的妈妈外出捕食错过了小鹅的孵化，小鹅第一眼看到了一只公鸡，就会一直跟着公鸡长大。劳伦兹将这种特殊的早期经验称为印刻。这种现象只会发生在小鹅一生中一个短暂而敏感的时期，如果在这个关键时期不发生印刻现象，那么它可能不会再发生。劳伦兹认为这是一种由进化形成的适应性反应。幼子跟随母亲可以获得赖以生存的食物，使自己免受死亡威胁，从而将基因传递下去。在印刻研究的基础上，心理学家提出了解释人类依恋行为的习性学理论。

3. 遗传和环境的交互作用

在某种程度上，遗传基因影响物种的身高、体形、智力、运动潜力、个性特征、性取向以及其他很多特点。但是，即使是具有很强遗传力的人类属性，也要依赖于环境的影响。心理学家提出了很多有关遗传和环境相互作用的观点与理论，本章节将介绍其中的三种方式。首先，与被动的基因/环境相关。父母为儿童提供与自己的基因型相匹配的家庭环境，遗传了父母基因的儿童在这种养育环境中就会发展出相应的能力或者个性。比如，从事音乐工作的父母，其子女可能同样会涉足音乐领域。因为这些有音乐天赋的父母可能会为儿童创造一个富有音乐气息的家庭环境，并且会鼓励儿童积极进行音乐活动。这些有利于音乐才能发展的环境和基因，更有可能发挥儿童的音乐潜力，发展出比其他儿童更好的音乐能力。其次，与唤起的基因/环境相关。儿童受基因影响较大的特质，如气质类型，会影响到他人对待他/她的方式，从而塑造出一个与基因类型相匹配的环境。比如，漂亮开朗的儿童会得到父母和老师更多的喜爱，从而接受更多积极的环境刺激，这些对于健全人格的形成有非常重要的作用。最后，与主动的基因/环境相关。儿童喜欢寻求与自己的基因类型相一致的环境。比如，遗传了运动基因的儿童可能会积极参加各种体育活动，与同样爱好和擅长体育运动的人交往，这样的环境会加速儿童运动能力的发展。也就是说，个体会为自己选择与自身基因相匹配的环境，这个环境会对个体生理及心理发展有强大的影响。

发展中的波动

孩子的发展是充满了变动的，即使他们处在一个典型的环境中。孩子们的发展过程各有不同，并且从一个阶段发展到另一个阶段的速度也不同。因此，一个孩子完全可以比另一个孩子早几个月开始说话或走路。当我们观看关于孩子开始坐、走和说话等的一般性年龄发展图表时，我们必须记住偏离常态并不意味着什么，不同于平均水平是很寻常的事，不是例外。一些大的变异值需要与教育学家和心理学家讨论，但是小的波动不必成为关心的重点。

对于儿童的自身发展来说，波动是不可避免的。一些比同龄人矮的孩子常常突然间长得比同伴们都高，一个暴躁的孩子会变得文静和快乐，而一个智商很高的 4 岁小孩或许在 9 岁的时候变得平庸。发展的不连续性是常态，不是例外。

资料来源：Lahey，B. B.，Psychology，2008。

第二节 婴儿期与儿童期的发展

一、生理的发展

婴儿先天具有优良的感知能力。从一出生，婴儿就利用感官认识这个世界，并用自己的方式对外界做出反应，继而形成自己最初的社会关系。

婴儿在出生前就能够听到声音，并且能辨别出母亲的声音。相比其他女性的声音，新生儿在听到母亲的声音时，吮吸奶嘴的频率会显著增加。如果母亲在婴儿出生前 6 个星期经常读某段故事，那么婴儿出生后，当听到母亲再读这段故事时，吮吸奶嘴的速度和强度都会增加。这表明婴儿在子宫里就可以听到并且记忆声音。更值得注意的是，婴儿可以辨识基本的语言单位——音素，他们的这种分辨能力比成人还要强。而且，婴儿能够辨认经常听到的词语。四五个月的婴儿听到有人叫自己的名字时，就会把头转向声源。

婴儿刚出生时，视觉系统的许多组成部分还没有发育成熟。婴儿能看见 30 厘米以内的物体，更远一点的景象对于他们来说就是一片浑浊，不过这个距离足以使他们看到看护者。尽管如此，他们仍有视觉偏好。出生 3 天，婴儿就喜欢看棋盘和箭靶等复杂图案，而不是简单的彩色图形。4 个月时，婴儿就开始偏爱轮廓鲜明的物体，以及构造复杂的物体。而且，婴儿喜欢看人类的面孔，而不是其他圆形图案。更不可思议的是，给出生 4 天的婴儿同时呈现母亲的面孔和陌生人的面孔，他们看母亲面孔的时间是看陌生人面孔的两倍。这表明出生 4 天的婴儿就有能力辨识出母亲的脸。从第 2 周到第 2 月，婴儿的可视范围逐步扩大，到 6 个月时，视力到达正常范围。

对于不同的气味和滋味，婴儿也会做出反应。他们偏爱甜味，对于不同的味道刺激，会呈现不同的面部表情。母乳喂养的婴儿在出生 1～2 周时，就能通过哺乳垫辨别出母亲的气味。

随着婴儿运动能力的发展，他们的活动范围逐渐扩大，其他感知能力也逐渐发展起来。在著名的视崖实验中（图 14-1），婴儿爬向浅端，不愿意接近深端，即视觉上看起来低于所在平面的一端。这表明婴儿已经有了深度知觉，知晓深端可能带来的风险，所以惧怕深度。不过这仅限于学会爬行的婴儿，不会爬行的婴儿并没有对深度的恐惧，这种经验是在婴儿探索世界的过程中习得的。

在生命的第 1 年，个体发展变化的速度是一生中最快的。身体各部分的生理发育并不同时进行，神经系统的发育最为迅速。婴儿的大脑具有高度的可塑性，它超额制造出大量神经元和神经突触。经常受到刺激的神经元和突触存活下来，不经常受到刺激的神经元会失去突触。这证明了在生命早期提供充满丰富刺激的环境，对儿童大脑的发育具有重要作用。

对于大多数儿童来讲，生理发育伴随着运动能力的成熟，而各项运动能力的成熟是按照一个时间表有序进行的。我国民间所说的“三翻六坐七滚八爬周岁走”大致描述了婴儿在第一年里运动能力的发展。个体在运动能力发展上可能会出现波动，这种波动是正常的。外界环境的刺激可能会加速或者延缓某项能力的成熟。比如，土著美洲人习惯将婴儿紧紧包裹起来，背在身上，这会妨碍婴儿学步。不过一旦解开儿童身上的包裹，他们很快就能学会走路。

图 14-1　视崖实验

二、认知的发展

简单地说，认知是指人对世界的认识。心理学把认知看作一种认识的心理过程，一般包括感知觉、记忆、注意、思维等过程。认知的特性可以归结为四个方面：认知方式、认知策略、认知速度和认知成绩。

为了更好地揭示人如何获得和使用知识，心理学家从整体出发来研究认知，把认知看作各种结构组成的一个整体系统。从活动的观点来看，参与认知活动的认知成分有感知、记忆、比较、分析、综合、归纳、演绎、论证等。从发展的观点来看，认知可以分为感觉运动阶段认知、前运算阶段认知、具体运算阶段认知和形式运算阶段认知。在下面的内容中，我们将按照皮亚杰所划分的认知发展阶段，描述儿童在各个时期认知发展的主要特点。

（一）感知运动阶段（0～2 岁）

根据皮亚杰的观点，0～2 岁的儿童处于感知运动阶段。这一阶段的儿童，从纯粹的反射动作发展为可以协调感觉和动作。从 2 个月开始，他们就积极与外界环境进行互动。他们不再满足被动地注视物体，而是开始推、拉和咬物体。用手脚改变环境从而主动地引发感知觉的变化，这对于运动行为的发展（如爬行）是非常重要的。

从 2 个月开始，婴儿就可以记住一些经历过的事情了。心理学家罗维-科利耶（Rovee-Collier）做了这样一个有趣的实验。在婴儿床头悬挂会因拉拽而转动的玩具，绳子一端连接玩具，另一端系在婴儿的脚踝上，婴儿踢腿会导致玩具转动，这种结果强化了婴儿的踢腿行为，增加了踢腿的频率。训练结束后，计算婴儿在未连接绳子情况下的踢腿次数，如果比最初踢腿次数增多，表明他们记住了这个学习过程。实验结果表明，6 个月的婴儿可以记住 2 周。用类似的方法检验其他年龄段儿童的记忆时间，结果发现，1 岁的儿童对于这种学习任务的记忆时间是 8 周，18 个月的儿童可以记住 12 周。

皮亚杰认为，婴儿期最重要的认知发展是对这个世界形成心理表征的能力。在 6～9 个月，儿童开始意识到客体永久性。9 个月的婴儿知道，当他们把勺子丢到地上，勺子还会在那里，不会消失。婴儿快速学会并且非常享受这种丢弃游戏。生产商利用婴儿的这一发展特征，开始将多个勺子或叉子打包销售，减少了在儿童进餐过程不停清洗餐具的麻烦，很受父母欢迎。到了 14 个月，婴儿甚至开始寻找 24 小时以前丢弃的物体。这个阶段的婴儿，虽然形成了对某些事物的心理表征，但是他们不能用这个表征进行推理。

2 个月的时候，婴儿开始发出类似元音的咕咕声。4～6 个月时，婴儿发出元音、辅音组合的咿呀声。7～8 个月的时候，婴儿懂得了交替说话的规则。8～10 个月的时候，婴儿开始用手势和表情进行沟通，一些有代表性的手势像单词一样发挥作用。例如，手放在耳边表示接电话，挥手表示再见。9 个月时，婴儿开始理解一些名词，如奶和香蕉。10～12 个月的婴儿，常会在特定场合发出特定的声音，这表示他们已经开始准备说话。这些变化代表了一个更为复杂的认知水平的开始。到了 12 个月，大多数婴儿可以说出几个单词，18～24 个月，婴儿每周可能学会 10～

20个新单词，词汇量迅猛增长，到2岁的时候差不多已经学会了200个单词，可以说出词组。但是婴儿说出的通常是电报语句，如“牛奶没”和“宝宝乖”，只是说出了必须说的单词而已。婴儿还学会了一些语言使用的规则，如提出要求的时候要有礼貌。

如何正确地回应婴儿的咿呀学语

（二）前运算阶段（2～7岁）

从2岁开始，儿童进入皮亚杰理论的第二阶段——前运算阶段。这一阶段的儿童，认知能力会发生巨大变化。儿童开始使用心理图像或符号，两三岁的儿童已经可以思考和比较不在眼前的事物，但此时的儿童还不能进行有逻辑的心埋推导。正如前面章节所言，思维的自我中心性是这一阶段重要的认知特点之一。这并不是说儿童是自私的，而是说他们不能从别人的角度看待事物。但是，儿童的这种自我中心性也不是绝对的。4岁的儿童在给2岁的儿童解释一个玩具的玩法时，会使用简单短小的词句，而对同伴或成人讲解时，就会使用复杂得多的语言。既然儿童能根据不同类型听众的接受程度改变交流策略，就说明儿童并不是完全以自我为中心的。

前运算阶段的儿童具有泛灵化的倾向，常将无生命的东西赋予生命特质，如认为月亮在陪自己走路，风吹来给自己降温。在这一阶段，儿童的想象力非常活跃，但是由于思维的自我中心性，他们很难区分什么是真实，什么是想象。正因为如此，这个年龄段的很多儿童，都将想象中的朋友当作真实的朋友。

推理错误对于前运算阶段的儿童是很常见的，他们的认知能力在很多方面还有待发展。比如，他们还不能同时思考两个维度，5岁的儿童可以从罐子里挑选出蓝色弹珠或者大号弹珠，但是他不能挑出大号的蓝色弹珠。

在这个阶段，儿童开始萌发出自我感，并且能记住自己生活中的某些事件，我们称之为“自传体记忆”。这些记忆可以延续到成人以后。

前运算阶段语言的发展令人印象深刻。到6岁时，儿童的单词量超过14000个。不同于2岁时只能进行两三个单词的组合，儿童在这个阶段学会了很多的语法。比如，儿童能将陈述句改成疑问句、否定句等其他句型。这个阶段的儿童已经能像成人一样说出复杂的语句，语法错误也越来越少。

（三）具体运算阶段（7～11岁）

一般来说，7岁是小学教育的开始，在这一年龄段，儿童获得了认知操作能力，能够修改和重组已有的表象与符号，得出符合逻辑的结论。他们能正确地理解数量关系和逻辑关系。比如，他们能根据物体的大小、重量和其他维度进行排序，能理解逻辑运算的可逆性，对于$2+3=5$，他们很容易看出$5-2=3$。

此外，根据皮亚杰的理论，这一阶段的孩子已经懂得守恒的概念。把一个烧杯中的水倒入另一个又高又细的烧杯，年龄小的儿童通常会认为高烧杯中的水更多，因为水面更高，但是 7 岁以上的儿童能透过表面现象，做出两个烧杯中的水是等量的判断。皮亚杰认为，7 岁以后的儿童懂得守恒概念，这是因为思维已经去中心化，他们可以同时考虑多个维度的问题。这种认知能力的快速增长是建立在信息加工速度和短时记忆容量的增加之上的。

这一时期儿童的语言沟通技能获得进一步发展。在一项实验中，研究者让儿童向同伴描述一些图画，这些同伴看不到图画的样子。学前儿童的描述很失败，既没有与同伴多沟通，也没能让同伴明白是怎样的图画。而 8～10 岁的儿童能够提供更多的有用信息，因为他们意识到听者不能看到他们描述的图画。

三、情绪和社会化发展

新生儿只有三种情绪：惊讶、快乐和悲伤。到了第 2 个月，他们展现了第一个社会性行为——对看护者的微笑。尽管这种微笑并不针对任何人，却会引发看护者更多的关注和感情，加强婴儿与看护者之间的联系。4 个月大的时候，第四种情绪——愤怒——出现。在 6 个月以前，婴儿面对任何可以照顾他的人都很放松，但这之后，婴儿会对除了父母和看护者之外的陌生人表现出恐惧。在 6～9 个月，婴儿对打针也开始产生恐惧。

到了 2 岁，儿童的情绪变得更加复杂。他们会在犯错后表现出内疚，成功后表现出骄傲，失败后表现出羞耻，这些被称为自我评价性的情绪。同时，2 岁的儿童和父母或其他看护者建立了紧密的依恋关系。儿童会用尽所有方法，如抱、握、抓等让父母和自己在一起；与父母分开时，儿童会表现出分离焦虑；同时，面对陌生人，儿童开始觉得恐惧。

2 岁以后，儿童的情绪情感变得更加丰富和细致。大多数情绪的精细化都是和认知的发展联系起来的。比如，儿童不会对没有经历过的事物（如火、溺水）产生恐惧，直到他们意识到这些恐惧背后的意思。

在社会性方面，儿童的同伴关系随年龄发展发生显著变化。大约 6 个月的时候，婴儿之间就会出现互动，他们对彼此微笑、发声或者打手势，不过大多数时候不会得到回应。12～18 个月时，儿童更多把同伴当作可以做反应的玩具，以为自己可以控制他们。到 18 个月的时候，真正的社会性同伴交往出现了，儿童之间会进行游戏式的模仿。20～24 个月的时候，儿童已经能够使用语言和同伴进行游戏。2 岁之后，儿童的同伴交往出现新的特点，社交关系日益复杂。2 岁时，多数儿童喜欢自己玩，这种单独游戏的时间在 2～5 岁时迅速下降，逐渐由平行游戏取代，即两个儿童做相似的游戏，但是彼此间没有交集。在前运算阶段的后期，涉及平等交换的合作游戏成为主导。游戏方式的改变与认知发展也是相关的。在前运算阶段的早期，思维的自我中心性限制了合作性的发展，直到自我中心性消失，合作游戏才开始出现。6～10 岁儿童的同伴交往中出现了同伴群体，这种交往方式有助于儿童理解和学习团队合作、责任和忠诚等概念。

大约三分之二的孩子在 2～7 岁时会有想象伙伴。而且，在这个年龄阶段，象征性游戏大量出现。儿童会假扮成妈妈等人物，并使用一些物体作为假想的道具。这些想象中的伙伴和象征性的游戏对儿童的发展很有利，可以帮助儿童发展对人和事物的认知，意识到别人的情绪，学会和别人相处。

这个阶段的情绪爆发也有显著变化。两三岁的孩子在大发脾气时并不指向任何人，但是 4～7 岁的儿童在生气时会直接攻击某个人。尽管这种行为并不友善，但的确具有更多的社交性质，更少的自我中心色彩。

到了 2 岁，儿童的行为开始展示出性别特征。男孩玩小卡车、飞机、积木等，女孩钟情于洋娃娃、毛绒玩具、漂亮服饰。2 岁半开始，儿童似乎已经有意识地知觉自己的性别，也理解了文化在服饰、职业和娱乐等方面的性别刻板印象。5～7 岁时，儿童能够理解性别是一种不能改变的特征。3～7 岁的儿童认为性别角色标准不容侵犯，不能容忍不符合性别角色的行为，8～9 岁时这种态度有所缓解。父母对待儿童的态度以及对待彼此的态度对儿童的性别角色的社会化有重要作用。

《什么是最好的父母》

在 7～11 岁这段时期，儿童在情绪表达上没有什么大的变化，但是社会关系和以前迥然不同。除了和父母的紧密关系，儿童和同伴的关系变得越来越重要。7 岁之前的儿童友谊既不持久也不亲密，但是在 7 岁之后，同伴关系对儿童来说越来越重要和持久，大多数友谊发生在同性朋友之间。

知识扩展

埃里克森的人格发展理论

人格心理学家埃里克森将人生分为八个心理社会阶段。他认为，我们在生命的每个阶段都要面对特有的心理困境或“危机”，每种危机如果能顺利得到解决，个体就能成功过渡到下一个阶段，得到健康发展；如果某个阶段的问题没能得到解决，个人成长就会受到阻碍。每个阶段的名称实际上就是此阶段两种可能的发展结果，这个结果对人的一生有深远的影响。表 14-2 列出了关于埃里克森提出的八个心理社会阶段的详细内容。

表 13-2　埃里克森的八个心理社会阶段

年龄	心理社会危机	有意义的事件和社会影响
出生～1 岁	基本信任对基本不信任	婴儿必须学会相信别人可以照顾好自己的基本需要。如果照顾者表现出拒绝或前后不一致，婴儿可能认为世界是危险的，这里的人是不可信或不可靠的。主要的社会动因是照顾者。

续表

年龄	心理社会危机	有意义的事件和社会影响
1～3 岁	自主对羞耻和疑虑	儿童必须学会“自主”——自己吃饭、穿衣、讲卫生等。如果不能实现这种自立，儿童可能就会怀疑自己的能力，感到羞耻。主要的社会动因是父母。
3～6 岁	主动对内疚	儿童试图像成人一样做事，试图承担他们力所不能及的责任。有时候，他们的目标或行动与父母及其他家庭成员是冲突的，这些冲突可能使他们感到内疚。成功地解决这个危机要求达到一种平衡：儿童保持这种主动性，但是要学会不侵犯他人的权利、利益和目标。主要的社会动因是家庭。
6～12 岁	勤奋对自卑	儿童必须掌握重要的社会技能和学习技能。在这一阶段，儿童经常将自己与同伴相比较。如果很勤奋，儿童将获得社会技能和学习技能，从而感到很自信。不能掌握这些技能会使儿童感到自卑。主要的社会动因是老师和同伴。
12～20 岁	同一性对角色混乱	这一阶段是童年向成熟迈进的重要转折点。青少年反复思考“我是谁”。他们必须建立基本的社会同一性和职业同一性，否则就会对自己成年的角色感到困惑。主要的社会动因是社区中的同伴。
20～40 岁（成年早期）	亲密对孤独	这一阶段的主要任务是建立亲密关系，与他人结成爱侣或同伴关系（或共享同一性）。没有建立亲密关系会使个体感到孤独或孤立。主要的社会动因是爱人、配偶或亲密朋友（同性或异性）。
40～65 岁（成年中期）	繁衍对停滞	在这 ·阶段，成人面对的主要任务是繁衍。他们要承担工作、照顾家庭和抚养孩子的责任。“繁衍”的标准是由文化来界定的。不能或不愿意承担这种责任会变得停滞或自我中心。主要的社会动因是配偶、孩子和文化准则。
65 岁以后（老年期）	自我整合对绝望	老年人回想过去的生活，认为是有意义的、成功的和幸福的，或者是失望的、没有履行承诺和实现目标的。个体的生活经验，尤其是社会经历，决定最终的生活危机的结果。

资料来源：［美］谢弗（Shaffer，D. R.）：《发展心理学》，邹泓等译，北京，中国轻工业出版社，2009。

第三节 青年期的发展

一、生理的发展

青年期（adolescence）是童年和成年之间的一个发展过渡期。一般认为它处于十二三岁到十八九岁或二十岁。青年期成熟的早期征兆之一是个体身高和体重的急剧增加，这是自婴儿时期以来身体的第二次快速生长，女孩一般发生在 9.5～14.5 岁，男孩发生在 10.5～16 岁。

与身高体重的变化同时发生的是生殖系统的成熟。个体在此期间达到性成熟，并且具有了生殖能力。

（一）第一性征

第一性征（primary sex characteristic）是生殖所必需的器官。女性器官为卵巢、子宫和阴道，男性器官为睾丸、前列腺、阴茎和精囊。这些器官的不断发育导致了性成熟。

女性性成熟的基本征兆为月经，男性则为尿液中出现精子。月经的开始和尿液中精子的首度出现时间差异极大。男孩在 11 岁到 12 岁间有 2%左右发育成熟，而到 15 岁左右则有约 24%发育成熟。一般来说，女孩的发育比男孩早。

（二）第二性征

第二性征（secondary sex characteristics）是和性器官无直接关系的性成熟征兆。它包括生理的变化（如女孩胸部的发育和男孩肩膀的变化）、声音的变化、皮肤的变化，以及阴毛、鬓须、腋毛和体毛的变化。

女孩进入青春期的第一个迹象通常是胸部的发育，各类毛鬓的生长也是成熟的信号。男孩和女孩在青春期都会体验到皮肤的变化，即变得较粗较油腻，脂肪腺的分泌增加促使粉刺的出现。粉刺多见于男性，似乎与男性荷尔蒙的分泌有关。男女的声音此时都有变化，尤其是男孩的声音变得较低沉，这种情况一方面是由于喉头的成长，另一方面是由于男性荷尔蒙的影响。

青年期的生理变化常常会带来心理上的变化，其中身体的早熟与晚熟会影响个体的心理。研究表明，早熟的男孩较平衡、放松、自然、受同伴的欢迎，较多成为学校里的学生领导；而较晚成熟的男孩常常觉得自己能力不足、被拒绝、被支配，并较依赖、较富攻击性、缺乏安全感、反抗父母，而且较少想到自己。虽然某些研究表明，早熟者在智力上的优势一直持续到青年期后期和成年期，但许多差异到了成年期就都已消失了。早熟与晚熟所产生的影响在女孩身上表现得并不明显。

除此之外，青年期另一重要的生理变化发生在大脑。大脑边缘系统和额叶的结构与组织发生了很大变化，使得青少年的冒险行为、新异刺激的寻求以及对压力的情绪反应都提升到了较高水平。到青春期晚期，大脑发展出成人化的组织结构后，这些症状会消失。斯皮尔（Spear）推测，青春期的这些变化作为哺乳动物的典型行为，可能可以帮助青少年远离家庭和其他家庭的人繁育下一代，从而避免了近亲繁殖。

青年期处于心理断乳期，也是一个危险的时期，如果教育不当，青少年就会产生一些问题，表现为身体上、心理上或社会上的一些问题。从身体上来说，诸如营养失调而导致肥胖症、厌食症等；从心理上来说，青少年身体急剧变化而产生恐惧感、焦虑甚至自我中心；从社会的角度来看，青少年的犯罪、药物滥用、抽烟酗酒等都会给社会带来诸多不良影响。

二、认知的发展

大多数个体在步入青年期以后，在认知发展方面，开始迈入皮亚杰理论的形式运算阶段。在这一阶段，个体不再受具体事物的限制，而能够进行抽象思维、处理抽象概念、提出各种假设，并看出各种可能性。形式运算阶段的个体能够进行演绎推理（从一般到特殊），也能进行归纳推理（从特殊到一般）。这种思维方式为青少年提供了许多获得新知识的机会。

通过不同认知发展阶段的个体对皮亚杰钟摆问题的不同答案，可以看出各个阶段个体的认知差异。在这个实验中，研究者让被试说明在绳子的长度、物体的重量、物体悬下的长度、推动物体的力量等因素中，哪个或者哪些因素决定了钟摆的摆动速度。处于前运算阶段的儿童对这样的问题只能是猜测。处于具体运算阶段的儿童观察了几种可能的解决方式，而且还部分说中了答案，但是他们不能用系统的方法去尝试每一种可能的解决方法。而处于形式运算阶段的儿童可以提出这样的假设，“若有一个特定的变量影响单摆的摆动周期，则这一效应只能出现在改变这一变量，而其他变量保持不变的情况下”。这样，在控制各个变量恒定的条件下，尝试改变其中一个变量，考查所有的可能性，逐一验证每个假设的结果。这种科学推理的能力是形式运算阶段的个体认知的重要特点。

青少年形式运算能力的发展，推动了词汇量的扩大。他们学会了许多抽象的单词，如“讽刺的”。这种单词是他们以前不能理解的。

尽管大多数青少年已经到达形式运算阶段，但是，因为缺乏实践经验，他们的认知还是不够成熟。大卫·埃尔金德（David Elkind）指出，青少年具有一种不同于幼儿的自我中心思想，他们会扭曲对现实的知觉，导致与父母或他人的沟通困难。根据埃尔金德的研究，青少年自我中心的特征如下。

第一，假想观众。许多青少年相信有人会观看他们的一举一动。如果他们摔倒、结巴或者穿了错误的衣服，所有人都会注意并且讨论这件事。

第二，个人神话。青少年常常相信不可能有人经历或者理解他们所面临的问题。

第三，伪善。青少年会互相抄作业，但是对老师因为接私人电话而离开班级的行为，他们会觉得很不负责。

第四，假装愚蠢。青少年常常使用过度简化的逻辑。比如，他们认为，既然吸烟者知道吸烟会致癌，为什么不能戒掉？

他们没有考虑其他导致烟草成瘾的因素。

三、情绪和社会化的发展

青年期开始于青春期。现有研究表明，80%的青少年在青春期适应良好，但在某些方面有比较突出的问题。

图 14-2 青少年的反叛

首先是亲子冲突。如图 14-2 所示，青少年与父母之间常常彼此不喜欢对方，无法和睦相处，西方社会把这种情况称为青少年的反叛（adolescent rebellion）。这种反叛不仅是家庭中的冲突，也是对成人社会的普遍疏远和对价值观的普遍敌意。其根源在于年轻人有一种与父母分开而独立生活的需要，但同时又必须依赖父母，从而产生一种持续的紧张与压力。父母也有同样的感受，一方面希望自己的孩子独立，另一方面又希望孩子继续依赖他们。这种矛盾常常导致青少年与父母之间的冲突。一般说来，青少年与父母之间的冲突并非表现在经济、宗教、社会或政治价值观方面，而常常表现在功课、家务、交友、约会和外出时间等方面。亲子冲突从青少年早期开始增加，逐渐成为常态，最后到青少年晚期开始减少。这些冲突一般是关于约会的，即青少年可以出门多久以及他们可以和谁待在一起。

当青少年与家庭关系日渐恶劣时，同伴关系却获得重要发展。虽然同伴关系从儿童晚期就变得很重要，但是在青春期，同伴往往被视为最重要的人。青少年和同伴待在一起的时间远远多于父母，即使是在周末。在青春期早期，青少年的同伴交往呈现出小帮派或小团体的形式，个体在这种组织中可以表达自己的价值观，尝试新角色，认识自我，并学习与同性及异性交往。同伴团体是同情、感情和理解的来源之一，是个人寻求自主和独立的一个支持所在。在青春期早期（11～13 岁），青少年从父母到同伴的转变意味着越来越多的对同伴群体思想和判断的认同。但是从 15 岁开始，这种认同开始下降。

和儿童期、成年期相比，青少年经历了更多的情绪改变，体验到更多的极端积极和消极的情绪。和儿童与成人相比，青少年能体会到更多的自我意识，尴尬、窘迫、孤独、紧张和被忽视。心理抑郁在青少年早期有所增加，原因可能在于伴随着性成熟的心理和激素变化，青少年生活压力增大。不过，对于大多数青少年来说，这种消极趋势到青少年中期就会有所缓解，从成年早期开始个体的情绪会变得更积极。

值得关注的是，青少年会参与更多的危险行为。喝醉、药物使用、危险驾驶（车祸和死亡）、不安全性行为、攻击和违法行为急速增加，直到成年早期。

在性别化发展方面，青春期早期的个体对男性女性化和女性男性化表现出强烈的抗拒。男孩重视男子气概，而女孩强调女性特征。这与同伴影响有很大关系。青少年逐渐意识到，遵循传统的性别角色标准可以得到异性的青睐，因此，男孩努力展现阳刚强悍的一面，而女孩尽量表现得温柔平和。进入高中以后，个体对跨性别行为的态度重新变得灵活。

青春期与额叶皮质

第四节 成年期的发展

成年期可以划分为三个阶段：成年早期（20～45 岁）、中年期（45～65 岁）和老年期（65 岁以后）。在经历了 20 年生理和心理的成长之后，生命还会发生怎样的发展变化，是这一节要阐述的主要问题。首先，我们还是从生理发展谈起。

一、生理的发展

生理变化在人的一生中是持续进行的。步入成年期后，身体的生长速度开始减慢，速度和耐力开始降低。皮肤出现皱纹，白头发越来越多，各种感知觉功能都逐渐呈现出下降的趋势。对于这些生理变化，其中有一些变化不是因为衰老，而是因为不使用，这就是所说的“用进废退”。但还有另外一些发展变化是不可阻挡的。比如，视力下降，需要佩戴眼镜进行矫正，65 岁以上的人可能会丧失某些视觉功能。听高频音的能力在 20 岁后开始下降，而到了 60 岁，人开始丧失听低频声音的能力。味觉和嗅觉也开始下降，人会觉得食物越来越乏味。大多数女人在 50 岁左右经历更年期，月经和排卵停止，失去生育能力。而男性虽然能更久地保持生育能力，但精子的数量在 60 岁后开始降低。

二、认知的发展

一般认为，流体智力随年龄增加呈现下降趋势，晶体智力会持续增长继而保持稳定。的确，流体智力在 20 岁时达到高峰，而后下降。这种下降主要是因为加工速度的减慢，不能在短时间内进行大量心理操作。但是对于健康个体来说，流体智力下降的速度并不快。就算将患阿尔茨海默病的人计算在内，平均来说，80 岁时流体智力也只是退化了三分之一，健康人群的退化速度更慢。而且，不同的人退化的速度也不同。同样是“用进废退”的道理，接受高度环境刺激的老人能长时间保持较高的智力。

年龄增长所带来的另一个重要的认知变化是记忆力的衰退。衰老对信息的有效组织、存储和提取产生消极的影响，而生物性的记忆损伤，如阿尔茨海默病，会导致更严重的记忆丧失。

《死亡诗社》

三、情绪和社会性发展

影响成年人情绪和社会性发展的重要因素之一，是除父母之外的新的家庭关系。成年早期，大多数人会建立起稳定的恋爱关系或者婚姻关系。根据埃里克森的理论，成年早期的主题就是亲密感的建立。良好的家庭关系所带来的亲密感，是成年期心理健康的先决条件。孩子的出生增加了女性的家庭负担和男性的经济压力，这可能对婚姻关系产生消极影响。孩子进入青春期后骤增的亲子冲突，也可能会伤害家庭关系。

进入成年中期后，成年男女还要面临“空巢”问题，即孩子离家后所带来的改变。以孩子为中心的父母，此时会产生“失落”和“无用”的感觉，这被称为“空巢孤独”。不过也有研究指出，子女离家后的时期是最快乐的时光，因为父母已经完成了对子女的抚育责任，可以放松心情，拥有多年来失去的二人世界。

如果婚姻生活不幸福，那么从生理到心理，女性会受到比男性更多的消极影响。女性更倾向于忍受配偶的缺陷，试图治愈破裂的婚姻，相反，男性则更多地避免冲突。对于婚姻美满的家庭，老年时期的丧偶让个体很难适应。配偶死亡在引发老年人疾病的社会紧张刺激中占最突出的地位，需要最大的再适应。这是老年期最艰难的重担，尤其是对于女性而言。“只要丈夫还在身旁，你就不会老，”一名新近丧偶的 75 岁老妇说道，“一旦他过世，老年便骤然而至。”丧偶会引起巨大的情绪问题，因为生者失去的不仅是爱人，而且是好友、知己、朝夕共处的伴侣。另外，老年人的兴趣（尤其是社交的兴趣）通常都比较少，很难再发展新的兴趣以弥补孤寂的生活。对丧偶一事适应良好的人常保持忙碌，发展出新的角色（如从事一项志愿活动），并常去看望朋友。

成年中期，或者说中年期，是个体从青年到老年的过渡时期。在这一时期，人们要面对生理和心理所发生的一系列变化（如衰老、记忆减退、更年期等），以及家庭和工作所带来的挑战与压力。很多人会遭遇所谓的“中年危机”。心理学家调查了中年男性，认为中年危机有三种模式：第一种是生活沉入低谷，说明所选择的工作或生活方式行不通；第二种是在物质成功之后，发现自己所做的事缺乏意义；第三种是发现自己的生活有严重缺陷，于是放弃一切从头再来。从这个结果来看，与其说是中年危机，不如称其为中期修正，即在人生走过一半之后，重新审视和评价自己的生活，制订自己的目标或者改变航向。不管男性还是女性，在步入中年之后，可能都会有一些改变，如转换工作甚至职业、进入新项目、搬家、离婚。这些转变通常会提升自我认同、自我导向及自我能力。在经历这一段动荡时期后，大多数人能找到平静和稳定，并收获更好的人生。

在成人期经历了各种重大生活事件之后，我们的人格是否会发生改变？心理学家对1000名18岁的男女施测了人格测验，之后每10年施测1次，直到被试90岁。结果发现，这一时期的人格发展是非常稳定的。在20岁时情绪性上得分很高的人，在之后的测试中得分仍然很高。个体在多数人格维度上得分的排名不变，18岁时低于或者高于他人的话，之后依然如此，但是，平均的人格分数是随时间而变化的。一般来说，随着年龄的增长，人们变得没有那么焦虑、情绪化、爱社交和有创造性，但是他们更为可靠、和气和坚韧。此外，一些人格的性别差异随年龄增长而减弱，女性更为坚定、自信和独立，男性有了越来越多的审美和情感的需求。

最值得回忆的岁月

任何人所经历的一生中都有许多酸、甜、苦、辣的回忆，然而一生中最值得回忆的岁月是人生的哪一阶段呢？美国心理学家曾访问了纽约和艾奥瓦州的退休老人，结果如表14-3所示。

表 14-3　最值得回忆的岁月调查表

时期	纽约	艾奥瓦州
5～15岁（约为儿童期）	15%	11%
15～25岁（约为青年期）	19%	19%
25～45岁（约为成年前期）	49%	51%
45～60岁（约为中年期）	12%	6%
60岁以上（约为老年期）	5%	5%
未作答	0%	8%
合计	100%	100%
总人数	370%	450%

结果显示，近半数老人回答 25～45 岁这一时期能给人最愉快的回忆。在这一时期内，他们经历了人生许多重要的事情，如完成学业、获得工作、结婚生子等。这一时期充满了幸福与艰辛，生活富有挑战性，个人付出许多努力，有挫折感，也有成就感。这说明只有过来人才会在回味中去欣赏人生的奋斗历程。

研究还发现一个值得注意的现象，回答儿童期或青年期最为愉快的人，多数为独身或未结婚者。这说明家庭生活与婚姻生活对人生的重要意义。独身者只有在儿童期和青年期时，依靠父母的家庭生活给他们留下了美好的回忆。

资料来源：张春兴：《心理学》，台北，台湾东华书局股份有限公司，1986。

生活中的心理学

幸福老年

学会补偿年老引起的变化是保持老年人积极向上和幸福的关键。事实上，如何利用好你的潜力，是任何年龄段都面临的挑战。老年学家保罗·巴尔特斯（Paul Baltes）认为，当人们采用“带有补偿性的选择最优化”策略时，保持老年健康和积极向上的目标就能够达到。这种做法就是说，老年人应该关注他们仍能做的事情，尽量把它做得更好，以补偿那些由年龄带来的损失。巴尔特斯举例说，钢琴家阿瑟-鲁宾斯坦在一期电视节目中，被问到为何在 80 岁高龄仍能保持高水准的演奏水平，他介绍了三个策略：首先，精选曲目，不再像以前弹奏那么广泛（选择策略）；其次，集中练习这些曲目以达到最优（优化策略）；最后，为了弥补逐渐失掉的弹奏速度，他用了一个小技巧，即在弹快节奏章节前，有意地把速度放慢，使得后来的节奏相对而言听起来快些（补偿策略）。

另一个保证老年幸福的方法，就是尽可能多地做自己觉得有意义的事情。混日子的做法只会降低老年的幸福感。最后需要说明的是，如果人们能保持对自己生活的控制感，就会在步入老年后过得很愉快。

资料来源：[美] 库恩（Coon D.），米德雷尔（Mitterer J. O.）：《心理学导论：思想与行为的认识之路》，郑钢等译，北京，中国轻工业出版社，2007。

思考题

1. 如何理解心理学中发展的含义？试举例说明。

2. 遗传和环境是怎样相互作用，影响个体发展的？请举例说明。

3. 家庭和同伴哪一个对发展的影响更大？考虑自身的发展结果，从多个方面比较和论述。

4. 思考皮亚杰的发展阶段理论，总结各个阶段认知发展的重要特点，并尝试为感知运动阶段和前运算阶段的儿童设计一个合适的游戏活动。

5. 想想自己的发展轨迹，你是否觉得自己的某些人格特点发生了变化？你认为未来还会有怎样的变化？

6. 当今的儿童青少年的青春期出现了生理早熟和心理晚熟的特征，请用发展心理学知识解释之。

第十五章 心理健康与异常

【本章要点】

1. 心理健康的科学概念及具体标准。
2. 心理异常与正常的判断标准。
3. 常见的心理异常类型及行为表现。
4. 心理咨询与心理治疗的区别。
5. 增进心理健康的原则、途径与方法。

20世纪初，美国耶鲁大学学生比尔斯(C. W. Beers)有个患癫痫病的哥哥，其癫痫病发作时，痛苦万状。比尔斯每当看到哥哥发病，他都感到非常害怕，担心自己有朝一日也会如此，终日生活在紧张忧虑中。终于有一天他精神崩溃了，因长期焦虑、担忧、恐惧而精神失常，自杀未遂住进了精神病院。3年后病愈出院，他不再继续自己的工商管理学业，立志投身于心理卫生事业。1908年3月他根据亲身经历和体会，用生动的文笔写成并出版了《自觉之心》(*A Mind That Found Itself*)一书。当时哈佛大学心理学教授威廉·詹姆斯为书作序，并给予了高度评价。由此，一场以保持和促进心理健康、预防和治疗心理疾病、维护和增进人类幸福为主题的心理健康运动兴起，并很快从美国扩展到世界各地。

心理健康(mental health)是指一种良好的、完善的心理状态，在这种状态下，人的生命具有活力、人的潜能得到开发、人的价值能够实现。然而，在现代社会中，生活方式的巨大改变、价值观念的多元发展、工作节奏的大大加快，对人们身心健康构成的威胁和危害越来越大。2019年世界卫生组织指出全球有9.7亿人有精神疾患，三年疫情使得全球精神疾患的发病率迅速上升。如何保持心理健康已成为现代社会中人人关心的问题。本章将介绍心理健康的标准、心理异常对人们身心健康的影响，并提供研究心理健康过程中应倡导的策略与方法。

第一节 心理健康及其标准

一、科学的健康观念

（一）健康概念

健康（healthy）是每一个人都关心和向往的。心理健康是科学健康观念的重要组成部分。所谓健康，是指身心健全和体能充沛的一种状态，而不仅仅是没有病痛。1948 年，世界卫生组织成立时在其宪章中明确指出："健康不仅仅是没有疾病和衰弱的表现，而是生理上、心理上和社会适应方面一种完好的状态"，并且提出了衡量健康的十条标准。

第一，有足够充沛的精力，能从容不迫地应付日常生活和工作压力而不感到过分紧张。

第二，态度积极，乐于承担责任，不论事情大小都不挑剔。

第三，善于休息，睡眠良好。

第四，能适应外界环境的各种变化，具有应变能力。

第五，能抵抗一般性的感冒和传染病。

第六，体重得当，身材均匀，站立时头、肩、臂的位置协调。

第七，反应敏锐，眼睛明亮，眼睑不发炎。

第八，牙齿清洁无空洞、无痛感，牙龈颜色正常。

第九，头发有光泽、无头屑。

第十，肌肉和皮肤富有弹性，走路轻松匀称。

由此可见，健康包括身心两个方面，缺一不可。衡量一个人是否健康必须从生理、心理、行为等因素方面分析，不仅看他有没有器质性或功能性异常，还要看他有没有主观不适感，有没有社会公认的不健康行为。

但是，长期以来传统的"无病即健康"的片面认识影响久远，人们往往只注重生理健康而忽视心理健康，只锻炼身体而不加强良好心理素质的培养。随着科技的进步和社会的发展，健康医疗已走出了传统的生物医学模式，形成了生物—心理—社会（bio-psycho-social）模式，即从生理、心理、社会的角度开展医学临床和科研工作。

许多科学实验已经证明：心理状态能够影响疾病的易感性和抵抗力，心理因素和许多威胁现代人健康的主要疾病。例如，心脏病、癌症、脑出血、胃及十二指肠溃疡、高血压、偏头痛、糖尿病、哮喘等疾病与人的心理状况有密切关系。而且，良好的卫生习惯、生活方式和行为特征与低死亡率有关。据美国的统计资料，每 4 个人中有 1 人在其一生中因心理方面的原因而引起躯体疾病；每 12 个人中就有 1 人因心理困扰而住院；每 22 个人中就有 1 人在其一生中会患比较严重的心理疾病，并因此而影响工作与正常生活。事实证明了古罗马时期西塞罗的论断：心理疾病比生理疾病为数更多，危害更大。

1978 年 9 月，国际初级卫生保健大会发表了《阿拉木图宣言》。宣言中提出：健康是基本人权，达到尽可能高的健康水平是世界范围内一项最重要的社会性目标。而健康的目标是追求一种更积极的状态，更高层次的适应与发展，是身心健康、社会幸福的完满状态。如果说身体健康是医学研究的对象，那么心理健康则是心理学研究的领域。

1989 年，世界卫生组织又提出了 21 世纪健康新概念："健康不仅仅是没有疾病，而是身体健康、心理健康、社会适应良好和道德健康。"世界卫生组织首次将道德健康放入健康概念中。

（二）亚健康概念

20 世纪 80 年代世界卫生组织提出了"亚健康"的概念，亚健康（sub-health）是介于健康与疾病之间的一种"第三状态"，或称为"灰色状态"。这一状态主要表现为机体没有出现器质性病变，但是个体自觉身心有不适的特征，整体活力减低。亚健康状态具有以下几个特征。

第一，无器质性病变，但有功能性改变。

第二，体征有改变，自觉有生病的特征，但是医学技术检查没有发现病理改变。

第三，生命质量差，长期处于低健康水平中。

亚健康状态的出现多源于个体生存环境中的各种自然与社会因素，如环境污染、交通拥挤、环境变化、经济窘迫、压力过大、自我忧虑等。处在高度紧张的工作与学习状态中的现代人，越来越多地表现出亚健康状态，如失眠、头疼、乏力、无食欲、易疲劳、心悸，抵抗力差、易激怒、经常性感冒或口腔溃疡、浮肿、便秘等。在现代中国高速发展变化的环境下，快节奏的大城市中有 60%～70%的职业人或多或少地出现了亚健康状态。亚健康问题越来越多地引发人们的关注。

二、心理健康

心理健康对人成长与发展有重要的影响。健康的心理状态是正常生活、工作、学习和交往的保证。如果一个人经常地、过度地处于焦虑、郁闷、孤僻、自卑、暴怒、怨恨、猜疑等不良心态中，轻则妨碍潜能开发，重则导致心理变态。那么，一个人的心理怎样才算健康呢？又用什么标准来衡量？

（一）心理健康的概念

1946 年，第三届国际心理卫生大会对心理健康进行了一个包括身体、智能及情感三方面的界定，指出“心理健康是指在与他人的心理健康不相矛盾的范围内，将个人心境发展成最佳的状态”。大会提出心理健康标准：一是身体、智力、情绪的和谐；二是适应环境，在人际关系中能彼此谦让；三是有幸福感；四是在工作和职业中，能够充分发挥自己的能力，过有效率的生活。总之，从广义上讲，心理健康指一种高效而满意的持续的心理状态；从狭义上讲，心理健康是指人的基本心理活动的过程内容完整、协调一致，即知、情、意、行、人格完整协调，能适应社会。

界定一个人心理健康与否应遵循以下三条基本原则。

第一，心理活动与外部环境是否具有同一性。一个人的所思所想、所作所为是否能正确地反映外部世界，有无明显差异。

第二，心理过程是否具有完整性和协调性。一个人的认知过程、情绪情感过程、意志过程内容是否完整协调。

第三，个性心理特征是否具有相对稳定性。在没有重大的外部环境改变的前提下，人的气质、性格、能力等个性特征是否相对稳定，行为是否表现出一贯性。

（二）心理健康水平的划分

根据国内外的研究与实践，人的心理健康水平大致可划分为三个等级。

1. 一般常态心理

一般常态心理表现为心情经常愉快满意、适应能力强、善于与他人相处，能较好地完成同龄人发展水平应做的活动，具有承受挫折、调节情绪的能力。

2. 轻度失调心理

轻度失调心理不具有同龄人所应有的愉快满意心境，和他人相处略感困难，独立应对生活工作有些吃力。若能主动调节或请专业人士帮助，可以恢复常态。

3. 严重病态心理

严重病态心理表现为明显的适应失调，长期处于焦虑、痛苦等消极情绪中难以自拔，严重影响正常的生活和工作。如果不及时矫治，发展下去会成为精神病患者。

（三）心理健康的标准

我们知道心理的常态与病态、正常与异常是相对的，不像生理健康那样具有精确的、易于度量的指标。心理学家们一般从个体适应环境的角度提出心理健康的标准，包括自我意识水平、情绪调控能力、挫折耐受能力、社会交往能力、环境适应能力等。具体而言，心理健康的标准包括以下五条。

1. 智力正常

智力是人的观察力、注意力、想象力、记忆力、思维力的综合。正常的智力是人一切活动的最基本的心理前提。如果智力有缺陷，则社会化的过程难以进展，心理发展水平必然受到障碍，难以独立生存。心理健康的人能在工作学习生活中保持好奇心、求知欲，能发挥自己的智慧和能力，获取成就。

2. 了解并接纳自己

人贵有自知之明，对自我有适当的了解和恰当的评价，并有愉悦的接纳态度，知己所长所短，愿意扬长避短开发潜能，不苛求自己，既不妄自尊大也不妄自菲薄，自信乐观。

3. 调节与控制情绪

情绪影响人的健康、工作效率和人际关系，在心理异常中起重要作用。心理健康的人能经常保持愉快、开朗、乐观、满足的心境，对生活和未来充满希望。虽然也有悲、忧、哀、愁等消极体验，但能适当发泄、主动调节和控制情绪，喜不狂、忧不绝、胜不骄、败不馁。

4. 能与他人建立和谐的关系

人际关系状况最能体现和反映人的心理健康水平。心理健康的人乐于与他人交往，能以尊重、信任、理解、宽容、友善的态度与人相处，能分享、接受与给予爱和友谊，有稳定的人际关系，拥有可信赖的朋友，社会支持系统强而有力。

5. 良好的环境适应能力

环境适应能力包括正确认识环境及处理个人与环境的关系。心理健康的人是环境的良好适应者，对所处环境有客观的认识和评价，使自己与社会保持良好的接触，生活理想不脱离现实，能面对现实修正自己的需要与欲望，使自己的思想行为与社会协调统一。

以上五条心理健康的标准不仅为我们衡量检验心理健康状况提供了线索，而且也为我们提高心理健康水平指出了努力方向。一般而言，一个人能够在社会生活中正常地、有效地工作、学习和交往，就是达到了心理健康的基本标准。但是，心理健康状态不是固定不变的，它随着人的成长、环境改变、经验积累而变化。每个人不仅要努力达到心理健康的基本要求，而且应该追求心理发展的更高层次，不断开发自己的身心潜能。

三、增进心理健康的途径与方法

探讨人类如何维护与增进心理健康是心理卫生学的任务。心理卫生包括一切旨在改进及保持心理健康的措施。诸如精神疾病的康复，精神病的预防，减轻充满冲突的世界带来的精神压力，以及使人处于能按其身心潜能进行活动的健康水平等。心理卫生学研究并揭示影响人的心理健康的因素及作用的规律，发现个体和群体的心理卫生问题，提出维护和促进心理健康的措施与方法，开展心理健康知识的宣传教育以及提供咨询和服务，以增进人们的心理健康水平，其内容丰富而广泛。

（一）增进心理健康的原则

1. 生理与心理统一原则

健康是包括生理健康与心理健康的统一整体，两者相互联系相互影响。健康的身体寓于健全的心理，而健全的心理寓于健康的身体。医学研究证明：生理方面的疾病或异常会明显地引起心理行为方面的症状，而长期不良的心理刺激会引起生理器官与功能失调等病变，导致躯体疾病。因此，通过体育运动、卫生保健，增强体质和生理功能有助于增进心理健康，而坚强的意志、乐观的情绪、健康的行为习惯和科学的生活方式可以使人强壮、长寿，战胜躯体疾病。

2. 个体与群体协调原则

每个个体都生活在一定群体中，个体的心理健康维护依赖于群体的心理健康水平。家庭是最基本的社会群体，家庭关系的协调、父母教养子女的态度是个体心理健康发展的关键因素。独生子女的不健康心理特点，如自我中心、自私、任性、依赖等主要源于家庭教育的不当，而非独生子女必有的特征。青少年的心理健康与否直接与学校的教育、班风、社会风气、大众传播有关。因此创建良好的群体心理健康氛围有助于促进个体心理健康。

3. 理论与实践结合原则

心理健康的维护既取决于心理卫生知识与理论的掌握，又取决于理论指导下的实践成果。长期以来，心理健康教育没有得到应有的重视，缺乏心理卫生知识而产生的不健康行为随处可见，危害了人们的健康。加强心理健康研究，普及心理卫生知识，有助于人们科学理解自身的心理和行为，并付诸实践，指导行为，自我保健。

4. 防治与发展并重原则

早期的心理卫生工作重视心理障碍与精神疾病的矫治和预防，强调防止和减少心理疾病的发生，对心理疾病患者做到尽早发现，及时提供干预，改善社会适应能力。而现代心理卫生工作更强调发展与完善的价值，通过培养健康的心理、健全的人格，促进人的全面发展。

（二）增进心理健康的途径

促进心理健康的活动包括生理、心理和社会三方面内容。

1. 生理方面

生理方面指从孕育期到老年期在人生各个阶段，对人体脑神经系统的保护和预防损伤的各种卫生保健服务。包括优生优育减少遗传性疾病、定期体检早期发现器质性异常、加强锻炼增强体质、合理休息及时消除疲劳、改善饮食保证营养等。

2. 心理方面

心理方面指从出生到老年的各个发展阶段，心理需要能获得基本满足，情绪困扰减到最低程度，社会化进程顺利。例如，婴幼儿时期良好亲子关系的建立、智力早期开发、良好情感和性格的培养；青少年时期性心理发展的指导、健康自我形象的确立、挫折承受能力的提高、情绪调控能力的培养、人际交往与社会责任感的培养等。无论对于哪个年龄段的人来说，在面临人生转折时期，尤其是升学、就业、婚恋、生育、搬迁、失业、退休、丧偶等，最容易出现心理困扰和障碍，更应该加强心理健康的指导，疏导和宣泄不良情绪，改善环境适应能力。

3. 社会方面

社会方面指社会环境、社会制度和社会组织各方面功能的强化，包括建设精神文明、净化生活环境、提供娱乐设施、减轻社会压力、改善医疗条件、指导科学的生活方式等。

（三）增进心理健康的方法

人们的心理健康不仅关系到个人的生活、学习、成长、幸福，也关系到社会的发展、民族的兴衰。家庭、学校、社会等应该通过具体可操作的方法，增进心理健康，减少心理疾患。

1. 开展心理健康教育

通过心理健康讲座、展览、报纸、杂志等形式，有针对性地普及心理卫生知识，唤起心理保健意识。比如，国内许多学校都已开设了心理健康或心理卫生选修课，定期举办专题讲座，针对青少年成长中的困惑，给予有效指导。一般而言，心理健康教育内容包括智力发展教育、非智力因素培养、环境知识教育、人际关系和谐教育、人格健康发展教育等。

2. 建立心理健康保健网络

心理健康是一项全社会的事业，需要上下配合，左右协调，共同努力。初级保健是指在大众中培养一批心理卫生工作的骨干，他们生活在基层，起宣传心理健康、及时发现问题、联系专业人员寻求帮助的作用。中级保健是指在基层组织的党政、工会、妇联、共青团中受过一定专业培训的人员，他们具有区分心理问题与思想问题的能力，具有对一般心理适应问题给予指导和援助的能力。高级保健是指社会与学校的心理健康专业机构所开展的研究、咨询、治疗工作。

3. 增设心理健康专业机构

促进心理健康、预防心理疾病、矫治心理障碍是一项专业化很强的工作，需要受过专业训练的心理咨询员、社会工作者、临床心理学家、精神科医生实施。但当前国内专业机构还很少，远远不能满足大众增进心理健康的要求。目前，各级各类学校设立了心理辅导或咨询中心，为师生服务，推动了心理卫生事业的发展。

4. 创造良好的社会环境

良好的社会环境包括文化环境与自然环境、心理环境与物质环境。环境会对人的心理健康产生重要的影响。优美整洁的环境、丰富多彩的文体活动、团结向上的心理氛围，可以使人心情舒畅、消除疲劳、缓解压力、扩展交往空间，获得社会支持，心理更健康，生活更愉快。习近平总书记提出了“培育自尊自信、理性平和、积极向上的社会心态”，对于实现健康中国的目标具有重要意义。

让心理保持健康的四种方法

“5・25”大学生心理健康节

2000 年，由北京师范大学心理学院发起的“5・25”大学生心理健康节拉开帷幕，健康节取“5·25”的谐音“我爱我”，意为关爱自我的心理成长和健康，能爱自己才能更好地爱他人。其主题的创意源于心理健康的第一条标准——认识自我、接纳自我，能体验到自己存在的价值，乐观自信，这样的人才能用尊重、信任、友爱、宽容的态度与人相处，能分享、接受、给予爱和友谊，能与他人同心协力。学校每年确立一个主题，在5月25日开展大学生心理健康知识普及与推广活动。

2004年，教育部、共青团中央学校部全国学联办公室向全国大学生发出倡议，把每年的5月25日确定为全国大学生心理健康日。这一活动得到了全国高校的认同，各高校都在这一段时间开展多种形式的心理健康教育活动。

第二节 心理异常

1997年秋，世界精神病学协会在北京召开年会，与会专家提出一种观点：从疾病发展史来看，人类已经从“传染病时代”“躯体疾病时代”，进入“精神病时代”，心理疾病已经成为人类生命和健康的主要威胁。

一、心理异常概述

心理异常（mental disorder 或 psychological disorder）又称变态心理或心理障碍。美国出版的《心理异常诊断与统计手册》（DSM-Ⅴ）将心理异常定义为：“发生于个体的一种临床上有意义的行为或心理症候，其特征是与一直痛苦的症状相联系，或涉及一种以上重要功能的损害。”

心理学对心理异常、变态心理的定义，和人们日常生活的理解有所不同。平素生活语言中所形容的“疯子、变态、精神病”，仅仅是心理学研究心理异常中的一小部分严重变异情况（见图15-1）。心理异常的内涵很广泛，既包含那些严重的异常行

图15-1　过去心理异常的个体常常要遭受毒打，以驱除体内邪恶的灵魂

为，如精神分裂，也包括一些比较轻微的异常行为。

（一）心理正常与异常的判断标准

当心理健康被看作一个连续体时，正常和异常的界限是相对的，大多数人都处于连续体的中间状态。因此，如果说异常和变态在每个人身上都存在，相信谁也不会太过吃惊。首先，必须要提醒的是，请不要将本章中提到的心理异常症状和自己或他人随意联系在一起。心理异常的诊断是一件严肃的事情，任何诊断都可能对个体的心理状态产生巨大影响。

1. 正态分布的标准

将某种在一般人生活中表现最多的行为视为正常，凡表现独特怪异的视为异常。比如，洗手是一种正常的行为。一天洗3～5次或8～9次，不会有人注意。但如果一个人频频不断地洗手，一天洗几十次，就是偏于异常了。

2. 社会规范的标准

符合社会规范的行为属于正常，反社会规范的行为则是异常。社会规范是社会对个人行为的要求。每个社会都有一套被人们所接受的标准。例如，偶尔喝酒或因保健等特殊需要而喝少量的酒是正常的，若天天在无应酬的情况下喝得酩酊大醉的酗酒就不正常了。需要注意的是这类标准可能因社会的变迁而改变。

3. 生活适应的标准

生活适应良好的人为正常，生活适应困难的人则为异常。例如，有人怀疑别人都在害自己，而拒绝与别人接触，甚至对别人采取攻击行为，出现异于常人的行为。

4. 心理成熟的标准

个体身心两方面成熟程度相当的人为正常，心理成熟度远远低于实际年龄的人为异常。例如，一位十八九岁的青年自己不敢出门、不会购物、害怕交往、必须要父母陪伴，这样的人就不能被视为心理正常。

5. 个体感受的标准

根据个体内在感受来判别一个人是否正常，而不是以可观察的行为作为标准。例如，一个人常常感到不安、惶恐、压抑、恐惧，但又没有明显的、客观存在的原因，这就属于心理异常。

目前，国际上用以诊断心理异常的通用标准有两种：一是美国精神医学会出版的《心理异常诊断与统计手册》（DSM），它对200多种心理异常进行了分类、定义和描述，DSM的诊断标准，综合考虑了生物、社会、心理三个方面对个体的影响，除了对个体进行临床诊断外，还要考虑社会医疗状况、个体独特经历等因素，使得诊断更全面合理。二是世界卫生组织确定的《国际疾病分类》（ICD）。

依据美国《心理异常诊断与统计手册》，有以下七个诊断心理异常的要素。

第一，痛苦。一个试图自杀的人，感到生活充满痛苦，看不到希望而想结束生命。

第二，适应不良。异常行为妨碍个体达成既定目标。例如，酗酒者常常喝得酩酊大醉而无法正常生活工作，这种行为严重干扰了个体与他人的社会关系。

第三，不合理。假如一个人总怀疑外星人要偷走她的东西，就被理解为异常行为。

第四，不可预知。当一个温婉善良的女性无缘无故残害小动物时，这种行为无法预知，可以说她是失控的。

第五，少见的和非传统性的。那些极少见、不受社会欢迎的行为往往容易被视为变态。

第六，引起观察者的不适。一个裸体女人在大街上行走，会令周围人感到不舒服。

第七，违背标准。个体违反社会规范的行为会被看作异常行为。

需要特别说明的是，以上元素存在得越多，判断为变态的可能性越大。但并没有哪一个条件是必需的，也没有哪一种变态行为包含了以上所有元素。以痛苦为例，一个患有躁狂症的人几天几夜不睡觉并不会觉得痛苦，相反他会感到热烈而兴奋。

此外，判断心理异常在不同判断者、不同文化、不同场所、不同社会规范中存在巨大差异。这也再次说明了正常与异常之间的差别并非绝对。

（二）心理异常的主要类别

根据 DSM-Ⅳ 分类系统，心理异常可以被分为以下十几种主要类别（见表 15-1）。

表 15-1　心理异常的主要类别

障碍类别	精神障碍子类别及举例
（1）在幼年、儿童和青少年时期显现的障碍	多动症、孤独症等
（2）精神错乱、痴呆、遗忘症及其他认知障碍	血管性痴呆等
（3）由躯体状况引起、在其他处未提及的精神障碍	
（4）与物质有关的精神障碍	酗酒、尼古丁依赖等
（5）精神分裂及其他精神病性障碍	精神分裂症等
（6）心境障碍	双向障碍、严重抑郁症等
（7）焦虑障碍	社交恐惧症、强迫症等
（8）躯体形式障碍	疑病症等
（9）做作性障碍	
（10）分裂型障碍	分离性同一性障碍等
（11）性及性身份识别障碍	性别认同障碍、露阴癖等
（12）进食障碍	神经性厌食症、神经性贪食症等
（13）睡眠障碍	睡眠恐惧症等
（14）冲动控制障碍	纵火狂、病理性赌博等
（15）适应障碍	
（16）人格障碍	反社会人格、边缘性人格障碍等

到底谁是疯子?

精神疾病的诊断和一般躯体疾病的诊断有很大不同，常常依赖于判断者的个人经验和对患者的症状观察。到底是病人本身的特征，还是观察者所处情境导致了疾病的诊断呢?罗森汉恩在1973年进行了一项很有意思的研究。

罗森汉恩招募了包括他自己在内的8名“假病人”。他们的任务是把自己送进位于美国东、西海岸的12所精神病院中。所有的假病人先打电话预约医生，到了医院说自己能够听到“空的”“轰的”“砰”等声音。其他方面都与常人表现无异。结果除一名假病人外，其他所有被试都被诊断为精神分裂症，并被收入不同医院。住院期间竟然没有一个假病人被医务人员识破！出院后，他们仍被认为处于“精神病恢复期”。假病人在住院期间记录自己经历的行为也被医护人员看作精神症状之一。

更令人啼笑皆非的是，虽然没有一个医务人员识破假病人的身份，但在3个假病人所在的医院，118名真病人中有35人表示怀疑被试是记者或编辑，目的在于检查医院工作。

罗森汉恩的实验轰动了整个精神卫生领域，精神卫生机构不能区分心智健全和心智不全，医院本身就构成了影响诊断的情境性因素。

这个经典的心理学实验再次告诉我们，心理异常和正常的界限是模糊不清的。心理异常的诊断受到很多因素的影响。现有的精神卫生机构本身就是影响诊断的重要情境性因素之一。

另外，给病人贴上诊断标签是一种危险行为。下诊断的初衷在于便于对疾病进行治疗和研究，但当这种诊断标签使病人的个体特殊情况被忽略，医生和心理学家就必须注意关注个体独特性的层面，并努力消除这种诊断标签带给病人的羞耻感。

资料来源：[美] 罗杰·哈克（Roger R. Hock）:《改变心理学的40项研究——探索心理学研究的历史》，白学军等译，北京，中国轻工业出版社，2004。

二、心理异常的成因

科学研究表明，心理异常的形成原因非常复杂，主要是生理、心理、社会诸多因素共同作用于个体的结果。

(一) 生物学理论

生物学理论强调生物性因素在心理异常形成中的重要性。产生心理的器官是大脑，脑部功能不全必然出现心理异常。遗传学研究认为，人的身心健康与遗传因素关系密切，特别是体型、气质、神经结构的活动特点，能力与性格的某些成分都受遗传因素的明显影响。例如，家族中有精神分裂症患者的人，患精神分裂症的比率要比一般人高。此外，病菌、病毒感染、脑外伤、化学中毒、躯体疾病等也可能导致心理异常。通过服用药物产生的生化改变可以消除某些心理异常的症状。常用的药物有抗精神病剂、抗焦虑剂、抗抑郁剂。西方也有人通过心理手术，即脑前叶前侧切开术，使强迫症、焦虑症、精神分裂症等心理异常者改变情绪状态和行为方式。

（二）心理学解释

心理学在探讨各种功能性的心理异常时，不同理论有不同的解释。任何一种理论都难以完全解释所有的心理异常，但从不同角度为人们提供了认识心理异常的线索。精神分析理论认为，人的潜意识的动机与不被接受的冲动的压抑是心理异常最主要的起因；行为主义的观点认为，不适应的行为与适应的行为一样是习得的，不适应行为的产生在于人们以不适当的应对策略来解决他们的问题及生活压力；认知理论认为，在心理异常中，情绪失调不是由人们经历的压力事件或生活刺激直接引起的，而是由人们对这些事件的知觉和解释引起的。错误的推论、不适当的归因、不良的解决问题方式都会是导致心理困扰的原因。

青年期是人的一生中心理发展变化最急剧的时期。由于这时心理发展不成熟、情绪不稳定，心理冲突矛盾时有发生，容易出现心理异常。影响大学生心理异常的心理因素可以概括如下。

1. 自我同一性危机

自我同一性是指个体在寻求自我的发展中，对自我的确认和对有关自我发展的一些重大问题，如理想、职业、价值观、人生观等的思考和选择。在这一过程中必然要涉及个体的过去、现在和将来这一发展的时间维度。在青年期阶段的大学生会不断地反省自我、探索自我、思考人生，以确定“自我同一性”，在这期间他们经历种种内心矛盾和迷惘，情感起伏大，容易诱发心理问题。

2. 人格缺陷

心理异常与人格有直接关系。性格过于封闭的人、心胸狭窄而斤斤计较的人、孤僻内向的人、自卑忧郁的人、急躁冲动的人、固执多疑的人、爱慕虚荣的人、娇生惯养而感情脆弱的人，都比个性开朗大度、乐观的人更易产生心理疾病。

3. 抗逆力差

不少青年学生自制能力差，对挫折缺乏应有的承受能力，惧怕失败，一遇到矛盾就自责自怨或一味埋怨社会和他人，灰心失望，精神不振，由此造成恶性循环，陷入消极的心理状态，久之，就形成了心理疾病。

4. 情绪发展不稳定

青年学生的情绪处在最丰富、最动荡和最复杂的时期，其鲜明的特征是情绪的两极性。他们情绪起伏过大，左右不定，缺乏对事物的客观判断。强烈的情感需求与内心的闭锁、情绪激荡而缺乏冷静的思考，容易使他们走向极端，常常体验着人生各种苦恼，由此产生内心的冲突而诱发各种心理障碍。

《积极情绪的力量》

5. 性的生物性与社会性的冲突

青年期由于性机能的成熟产生了性的欲望与冲动。但由于社会道德习俗、法律和理智的约束，这种欲望常被限制和压抑。大多数学生通过学习、娱乐、社会交往等途径使生理能量得到正当释放、升华或补偿。但有一部分学生不能正确处理和调节，存在性压抑，出现焦虑不安感，甚至以某种变态的形式表现出来。由于性的生理要求与社会约束之间的冲突调适不当而产生心理疾病的实例在青年学生中时有发生。

（三）社会环境的影响

许多心理异常是由于对环境的不良适应而引起的。现代社会，人们的生活方式改变导致价值观念发生了重大变化，人们的心理活动较以前更复杂。大量新的社会刺激对人们的心理健康威胁越来越大，心理障碍发生率逐年增多。

1. 社会文化的影响

随着经济全球化趋势的加强，现代社会存在东西方文化交叉、多种价值观冲突的现象。就文化特征而言，东方重义，西方重利；东方尚礼，西方尚法；东方重和谐，西方重竞争；东方讲群体利益，西方重个人利益；等等。面对不同于以往的文化背景和多种价值选择，人们常常感到茫然、疑虑、混乱，因而陷入压抑、紧张的状态，在多种人生选择上处于两难或多难的境地。心理上的冲突必然带来心理失调，出现适应不良的种种反应。

2. 大众传播媒介的影响

现代社会的大众传播手段越来越丰富。随着电视机和手机的普及，广播电视节目播放时间的延长、频道增加，报纸杂志增多，网络信息的建设，大众传播媒介对人们的心理健康影响越来越大。纷乱众多的杂志、网站，以及观点多元化的书籍报刊、影视作品、微博和微信等，对人们的思想及行为带来了积极或消极的影响，其中网络成瘾阻碍了身心健康。

3. 家庭环境的影响

现代心理学的研究证明，家庭环境对人的一生发展产生重大的影响，特别是早年形成的人格结构，会在以后的心理发展中打下深深的烙印。家庭环境包括家庭人际关系、父母教育方式、父母人格特征等。国外学者对恐怖症、强迫症、焦虑症和抑郁症四种神经症患者的早期经历与家庭关系的调查表明，这四种神经症患者的父母与正常个体的父母相比，表现出较少的情感温暖、较多的拒绝态度或者较多的过分保护。儿童早期的信任感和安全感的缺乏，随着心理发展而逐渐产生一种孤独无助的性格，难以与人相处，因而容易形成心理异常。

总之，心理异常产生的原因是多方面的，生物因素、心理因素、社会因素常常交织在一起，互相联系、互相作用、互相制约。某种先天因素的不健全，加上不良的社会文化环境影响，它们共同造成的心理发展中的异常，必然导致心理疾病。

第三节 常见的心理异常类型

一、行为与人格偏离

行为偏离、人格失常、性行为变态等异常问题比较常见。有的可以是固定的、持续的，有的是一时性的。一般来说，有这种障碍的人智力正常，意识清醒，不具有精神失常的症状。

（一）行为偏离问题

行为偏离问题（deviate behavior）多发生在青少年身上，是指在没有智力落后和精神失常症状的情况下，行为与其所处的社会情景与社会评价相违背，显著地与常态不同，并且妨碍着青少年对正常社会生活的适应，如饮食方面的怪癖行为、吸毒行为、药物依赖行为、盗窃行为、暴力行为、反社会行为、逃学行为等。

1. 物质滥用与药物依赖

物质滥用是指频繁使用烟酒、迷幻剂、大麻、海洛因等物品，沉迷在服食这些物品获得的一时解脱和飘飘然的感觉中，以致引起心理上、生理上的各种危害。例如，物质滥用者大多有离家出走、偷窃、暴力等行为记录。

酒有抑制中枢神经的作用，少量饮用可使人解除紧张、减低焦虑。但过量饮用或长期饮用会引起心理、生理病变，乃至威胁生命。当人体血液中酒精浓度为0.1％～0.15％时，人会醉倒而失去知觉；达到0.4％时，人会昏迷不醒而导致死亡。长期酗酒可以造成肝与脑的损害，使大脑功能降低，判断力减弱，记忆力衰退，引起知觉错乱，出现幻觉。长期吸烟的人还会影响智力，反应迟钝，注意力涣散，工作、学习效率下降。吸烟不仅危害自己，也危害周围的人。

除了众所周知的物质滥用之外，现代医学所采用的一些药物，如抗精神病性药物、安眠药、止痛药、兴奋剂、抗抑郁药物等物品的摄入通常会影响人的心境、情绪、行为和意识状态，因此被称为精神活性物质。如果不经医嘱，只为寻求获得恍惚、舒适或兴奋等效果，或因受心理或生理上的成瘾作用，自己无法控制或停止服用，结果也会导致病态性地滥用精神活性物质，引起不良精神状态，显著影响日常生活与工作，这就被称为药物依赖。

2. 进食障碍

进食障碍首先发现于西方发达国家，

最近几十年我国进食障碍患者数量猛增。进食障碍主要有厌食症、狂食症、暴食症及其他进食障碍。下面主要介绍狂食症和厌食症。狂食症和厌食症常常存在交叉。狂食症患者一般有厌食症病史。

厌食症患者从不对自己的体重感到满意，只要体重稍有增加或保持不变，他们就会感到恐慌和焦虑。如图 15-2 所示，看到镜子里的自己骨瘦如柴，厌食症患者仍然会觉得自己很胖，或者认为胳膊、臀部等部位需要继续减肥。体重持续下降，长期营养不良，会导致器官衰竭而死亡。美国著名歌手卡彭特就是因为厌食症而丧命的。

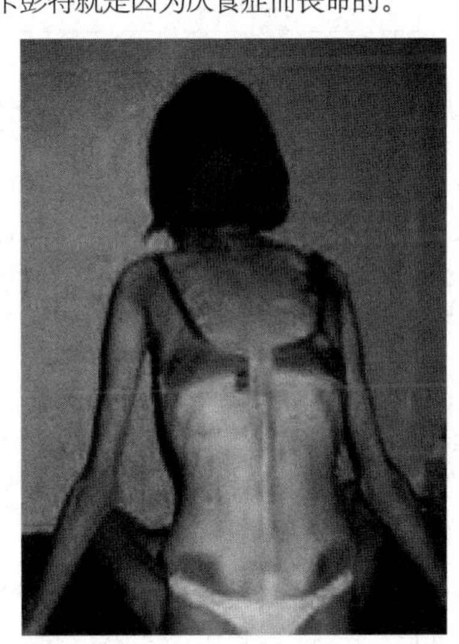

图 15-2　瑞士苏黎世医学院研究发现，女性厌食症患者自杀倾向更严重

狂食症患者的主要表现是，相同情况下比大多数人一次摄入更多的食物，并且通常都是垃圾食物。为了弥补大量进食对体重产生的影响，狂食症患者又会服用泻药或者利尿剂将摄入的食物排出体外，或者干脆直接用手指抠喉咙。狂食症患者还有一个特点，如果他们取得某方面的成功，都会归因于自己的体重和身材控制得好，换言之，他们的自信是建立在自己的体型上的。对狂食症患者的治疗，除了帮助她们制订科学的减肥计划之外，更重要的是引导她们正确看待自己的身体和精神财富，从内心深处找到自信和骄傲。

（二）性行为异常

性行为异常这种性变态（paraphilia）是指与生殖活动没有直接联系，在寻求性满足的对象和方式上与常人不同，且违反社会习俗。性变态者对于正常的性生活通常没有要求，甚至心怀恐惧，其行为常带有强迫性、反复性，受惩罚后也会感到悔恨，但又难以自控而往往重犯。性变态最常见的有异装癖、易性癖、恋物癖、裸露癖、窥视癖、施虐癖等十多种类型。性变态的发生率远比人们想象的要多得多。

另外，性取向有同性恋、异性恋和双性恋三种形态，大学生所出现的同性恋和双性恋现象也引起人们的关注。同性恋与性别认同障碍不同，性别认同障碍的个体不认同现有的性别角色，希望以异性的行为方式生活。同性恋主要体现在个体的性取向差异上。同性恋的个体对同性个体有强烈亲近渴望，但他们对自己的性别没有怀疑，并不想变成异性。目前，同性恋已经不再被作为一种心理障碍看待。许多国家在法律上已经承认了同性婚姻的合法性。

（三）人格异常

人格异常（personality disorder）是指

明显偏离正常人格并与他人和社会相悖的，一种长期牢固的适应不良的情绪及行为反应方式。人格异常的人虽然自觉没有心理和生理症状，但他们的行为经常呈现固定形态的异常反应，不遵循社会行为的规范，严重地破坏个人社交或工作上的正常功能。他们没有幻觉妄想之类的精神病性症状，其思维、推理、认知能力属于正常范围。人格异常一般始于幼年，并持续终生。人格障碍一旦形成便难以改变、难以治疗，并且它深入影响个体的思维、情绪、行为等方方面面。按照《心理异常诊断与统计手册》（DSM-5，2013）的分类，人格障碍有以下几种类型（见表 15-2）。

表 15-2　人格障碍的类型

类别	子类别	临床描述
A 簇人格障碍（思维障碍和真实感缺失）	妄想型人格障碍（paranoid personality disorder）	经常怀疑他人利用、伤害或欺骗自己，怀疑人际关系的忠诚和信用，不敢轻易向他人表露自己，怕受骗或被利用，负性曲解他人的言行，总是抱怨生活。
	分裂型人格障碍（schizotypal personality disorder）	经常出现社会关系分离，拒绝亲密关系，性冷淡，少有娱乐活动，经常单独活动，情感冷漠，无精打采。
	类精神分裂人格障碍（schizoid personality disorder）	有牵连观念，出现亚文化（巫术、邪教等）相关的古怪信念和想法并影响行为，多疑，不恰当的或狭隘的情感，缺少亲密朋友，异常知觉体验，常认为一些不相干的事情与自己有关。
B 簇人格障碍（社交障碍）	反社会型人格障碍（antisocial personality disorder）	不能遵守法律和社会规范，不诚实行为，易冲动且具侵犯性，易怒，缺乏同情心，不顾及自己和他人的安全。
	边缘型人格障碍（borderline personality disorder）	对存在或虚构的被抛弃感到害怕，人际关系、情感不稳定，自我同一性紊乱，长期有空虚感，易怒且难以控制愤怒，有自杀、自伤和物质滥用倾向。
	表演型人格障碍（histrionic personality disorder）	当不受关注时感到不适，自我吹嘘，通过外貌吸引注意、寻求赞美，通过不恰当的性诱惑进行人际交往，易受他人影响，把人际关系看得异常亲密。
	自恋型人格障碍（narcissistic personality disorder）	夸大自我的重要性，充满对无限的成功、权利、美丽和理想爱情的幻想，缺乏同情心，嫉妒他人或认为他人嫉妒自己，剥削人际关系，认为自己理应得到他人的崇拜。

续表

类别	子类别	临床描述
C簇人格障碍（焦虑障碍）	回避型人格障碍（avoidant personality disorder）	对他人观点极度敏感，抑制亲密的人际关系以避免害羞，害怕被拒绝或批评，对自己的人际交往能力缺乏自信，害怕冒险或创新。
	依赖型人格障碍（dependent personality disorder）	要求他人为自己做决定，担负责任，不敢拒绝他人，没有勇气单独做一件事，常需他人陪伴，独处时感到无助和不适，经常感到莫名的恐惧。
	强迫型人格障碍（compulsive personality disorder）	过分在意细节、规则、秩序、组织性和安排，过分在意工作，缺乏休闲和人际交往，过分谨慎小心，完美主义，不舍得丢掉废弃物品，凡事亲力亲为，刻板，倔强。
其他类型人格障碍	由于身体疾病导致的人格变化，包括：心境不定型（labile type），脱抑制性型（disinhibited type），攻击型（aggressive type），冷漠型（apathetic type），妄想型（paranoid type）及其他复合的或未分类的类型	

资料来源：American Psychiatric Association，*Diagnostic and statistical manual of mental disorders* (DSM-5)，American Psychiatric Pub，2013。

其中，反社会型人格障碍对社会的危害最大，备受心理学家的关注。反社会型人格障碍的人对他人和社会缺乏责任感，无道德感，情感冷漠，自我中心，具有高度攻击性和冲动性，耐挫折能力差。这些个体易发生违法、违规，甚至犯罪行为。一般反社会型人格障碍的形成，都有家庭方面的因素。童年时期父母离异，受到身体或情感虐待等，极易对个体造成终生的负面影响。

边缘型人格障碍个体主要以人格的不稳定性为特征。患者情绪起伏变化极其显著，极易愤怒，人际关系紧张，自我意象不稳定，常常出现自伤行为。边缘型人格障碍虽然不如精神分裂、双向障碍为人们所熟知，但它是很常见的。大约2%的美国人患有边缘型人格障碍，尤其是女性比男性更易患有此症。

人格障碍个体一般不会主动求医，而且治疗难度也较大。人格异常者虽然在客观上显示出生活适应困难，但其主观上并不因自己行为偏差而感到焦虑不安，也不会从错误中吸取教训，行为危及他人；精神病患者与现实脱节，而人格异常者不但未脱离现实，反而善于利用现实以达到个人的目的。此外，人格异常的人常表现出情绪不稳定，行为好冲动的特征，感情冷漠甚至冷酷无情，常与周围人发生冲突，自制力差。

二、焦虑症

焦虑症（anxiety disorder）在精神疾患中的发病率位于首位，焦虑症是以紧张、不安、忧虑、恐惧为主的轻度心理异常。焦虑作为一种情绪体验，人人都曾有过。暂时性的焦虑不等于心理异常。按照 DSM 的分类，作为心理异常的焦虑症包括恐怖症、泛虑症、强迫症。

（一）恐怖症

恐怖症（phobia）是指对某种不具任何伤害性事物的不合理的恐怖反应。患者明知自己的害怕不切实际，但无法控制。如果客观环境确有危险存在，由此产生害怕的情绪是一种正常的反应，而恐怖症患者所恐怖的对象不具有危险。在恐怖发作时，患者的心跳加速，呼吸短促，脸色发白，四肢发抖，出冷汗，极力想逃避，甚至影响了正常的生活。恐怖症因恐怖的对象不同而分成多种类型（见表 15-3）。

表 15-3　常见的恐怖症种类

恐怖症种类	恐怖的事物
恐高症	高处
恐尖症	尖物品（菜刀、剪子等）
恐黑症	黑暗
旷野恐怖症	空旷的地方（广场、郊外等）
动物恐怖症	各种小动物（猫、鼠、蛇等）
社交恐怖症	大庭广众与交往
疾病恐怖症	疾病
视线恐怖症	被他人目光注视

事实上，任何刺激都可能成为恐怖反应的对象。在临床资料中，我们大约可以找出上百种恐怖症。有一个学生在看书时害怕看到逗号，一看到就出现焦虑症状，由于任何书上都少不了逗号，结果学习无法正常进行。

（二）泛虑症

泛虑症（generalized anxiety disorder）是指任何时间、任何事物都会引起焦虑反应，没有特定的刺激，也没有明显的外因，个体却感到非常焦虑，且持续一段时间。焦虑症患者的症状表现为：第一，持续的紧张不安，总担心会有不幸发生；第二，过分注意周围的一切和个人内在的反应，导致注意力不集中、情绪不稳定；第三，头昏、心悸、身心疲倦、失眠；第四，肌肉紧张、头痛、四肢颤抖、恶心等。如果这种焦虑状态持久地存在，对人生理和心理有很大的损害，容易受到疾病感染，引发心脏病发作。

（三）强迫症

强迫症（obsessive-compulsive disorder）是指患者主观上感到有某种不可抗拒的和被迫无奈的观念、情绪、意向或行为的存在。病人清楚地认识到，强行进入的、自己并不愿意的思想，纠缠不清的观念或行为都是毫无意义的，明知没有必要，但不能自我控制和克服，因而感到痛苦。强迫症的心理异常表现为强迫观念、强迫意向和强迫行为。

1. 强迫观念

强迫观念可以表现为脑海里不自主地反复呈现某种想法或某句话，而影响正常的生活；也可以表现为强迫怀疑，对自己做过的事产生不必要的怀疑，甚至反复确认后仍不放心，如反复锁门、投信时总怀疑自己是否已投入信箱等；还可以表现为强迫回忆和强迫联想，如对以前的事反复回忆而痛苦不堪，看到树就联想到森林、野兽等。

2. 强迫意向

强迫意向的患者常常被一些与正常心理状态相反的欲望和意向纠缠，从而产生一些可能导致可怕后果的冲动，如到河边就出现想跳下去的意向、拿刀时会出现砍人的意向等。尽管患者不会真正做出这种行为，但为无法摆脱的意向而感到焦虑和苦恼。

3. 强迫行为

强迫行为可以表现为强迫计数，不由自主地数台阶、脚步、楼层、电线杆等，明知无意义却仍然如此；也可以表现为强迫性仪式动作；还可以表现为强迫洗手、强迫洗衣等行为。这多与不洁恐怖或疾病恐怖有关。

强迫症的致病因素与心理社会因素有密切关系，强烈或持久的精神因素的作用及激烈的情绪体验的影响往往是此病发生的直接原因。同时，研究者们认为，强迫症与人格特点有关。患强迫症的人在性格上常常表现出主观任性、胆小怕事、优柔寡断、过分拘谨、生活刻板、思虑过多等特点。

（四）创伤后应激障碍

很多灾难事件，如战争、强奸、绑架、雪崩、海啸等过后，幸存者仍长期处于阴影下。灾难事件会使人出现不同程度的心理创伤反应，如适应障碍、急性应激障碍、创伤后应激障碍等。

1. 适应障碍

适应障碍（adjustment disorder，AD）因突发灾难或困难处境，使人表现出焦虑、烦恼、抑郁等情感障碍，品行与行为退行等适应不良的行为障碍，饮食与睡眠等生理功能障碍，也会导致社会功能受损。病程一般不超过 6 个月。

2. 急性应激障碍

急性应激障碍（acute stress disorder，ASD）以急剧、严重的心理应激作为直接原因。在受刺激后立刻（1 小时内）发病。表现出强烈恐惧体验的精神运动性兴奋，行为的盲目性，或者出现精神运动性抑制，甚至木僵，心因性抑郁状态/躁狂状态。症状往往历时短暂，一般持续数小时至1周，1个月内缓解，预后良好。

3. 创伤后应激障碍

创伤后应激障碍（post-traumatic stress disorder，PTSD）是指因威胁性或灾难性心理创伤而延迟出现和长期持续的精神障碍。表现为以下症状：①病理性重现，闪回。虽然那些事件不再发生，但当事人常常感到恐惧、无助、焦虑，反复体验创伤性事件，如侵入性的回忆和反复出现的噩梦，过去的画面常常浮现在脑海中，挥之不去。②高度警觉的症状。他们对周围充满了警觉，一旦有相似信号出现，就会唤起极强的恐惧，如惊跳反应，并试图极力回避。有时候这种症状会持续多年，如越战幸存的美国战士，战争的炮轰声和死亡场景，在战后的数十年仍常常闪回在脑海中，使他们无法体会生活的平静和安逸。③保护性的反应。例如，持续回避与创伤相关的刺激，情感麻木，解离（盲目的行为），选择性遗忘等。

创伤后应激障碍（PTSD）分为三种类型：①急性PTSD，症状的持续时间超过1个月，小于3个月；②慢性PTSD，症状约持续时间大于3个月；③延迟PTSD，症状开始于创伤性事件发生6个月后，男性较多。

国外研究表明，50%以上的普通人在一生中至少有一次曾暴露于创伤事件，其中PTSD的患病率为7%～12%；女性创伤暴露率为51.2%，PTSD的患病率为10.4%；男性创伤暴露率为60.7%，PTSD的患病率为5.0%；男性PTSD患者比女性更易合并物质滥用和反社会人格障碍（男性减压方式）。心理健康、对创伤有准备的人患上创伤后应激障碍的可能性相对较小，但当创伤性事件非常具有破坏力，心理健康的个体也有可能患上此症。最典型的例子是美国的“9·11”恐怖袭击事件过后，相当多的目击者、幸存者求助于心理咨询，那些骇人的经历已经严重影响他们的日常生活。士兵也相当容易患上此症，尤其是那些曾在前线作战的士兵，退伍多年后很有可能要借助酒精、药物、毒品等帮助自己摆脱那些梦魇般的记忆。

汶川地震后的灾后心理援助

2008年5月12日，四川汶川发生了8级强度、11度烈度的特大地震，给人民群众造成了巨大的经济损失和精神创伤。

汶川地震造成的创伤属于集体性创伤事件，每一个见证到灾难的人均会被灾难影响，包括受灾者、援救者、记者、医护人员，以及了解灾难后果的远距离外围群体等出现的替代性创伤反应。

创伤心理复原有三个阶段：第一阶段为回避阶段，重新建立安全感；第二阶段为面对阶段，对失去事物的追忆与哀悼；第三阶段为适应阶段，与正常生活再度联系的阶段。

针对危机干预相应的应对方式也分为三个阶段。

一是应激管理（critical incident stress debriefing，CISD）：也称为初期干预，是帮助当事人有效地应对当前的处境，而不是处理过往的创伤。帮助受灾者恢复心理正常化，筛查创伤后应激障碍人群。75％的受灾者会自然疗愈。

二是哀伤辅导（debriefing）：危机事件发生后几天到几周，处理的多是丧失亲人或朋友的哀伤心理，对创伤心理进行个体辅导、团体辅导或家庭辅导等。

三是创伤治疗（theraphy）：危机事件发生后几周或更长时间，主要针对创伤后应激障碍患者进行临床治疗。

面对突如其来的自然灾害，在生命救援后，心理救援至关重要。灾后的心理危机干预、心理创伤的治疗以及健康心理的重建是一个长期而艰巨的任务。

三、精神病

精神病（psychosis）是指人脑机能活动失调，丧失自知力，不能应付正常生活，不能与现实保持恰当接触的严重的心理异常。精神病主要有以下三方面的异常表现。

第一，病人的反映机能受到严重损害，对客观现实的反映是歪曲的，如幻觉、妄想、思维错乱、行为怪异、情感失常等，因而丧失正常的言行、理智与行为反应。

第二，社会功能有严重损失，病人不能正常处理人际关系，不能正常参与社会活动，甚至会给公众的社会生活造成危害。

第三，病人不能理解和认识自身状态，不承认自己有精神病，对自己的处境完全丧失自知力。

精神病的种类很多，常见的主要有情感症、妄想症以及精神分裂症。

（一）情感症

情感症（affective disorder）是以情绪障碍为主要病症的精神疾病。人的情绪情感具有两极性特征，在情绪高涨的时候干什么都有劲，心中充满希望；但在情绪低落的时候什么都不想干，对什么都没兴趣。对于一般人而言，两极情绪体验比较短暂，大多数时间处于中间状态，心情比较平静。但情感症患者的情绪不是高涨，就是低落，或两者交替出现，症状特征可见表15-4。作为心理异常的情感症可分为躁狂症、抑郁症和躁郁症。

表 15-4 情感症特征

种类＼内容	躁狂症（三高）	抑郁症（三低）
情感	高涨、欢快	低落、忧伤
思维	思维迟缓	思维奔逸
动作	增多	减少、迟钝

躁狂症（mania）患者的情绪处于极度兴奋激昂、狂放、急躁状态下，无休止地活动、滔滔不绝、食欲增加、性欲亢进、联想增快、过度乐观、忙碌不停、有攻击倾向。症状常常维持一星期左右。

抑郁症（depression）患者的情绪处于极度低落状态，悲观、哀伤、沮丧、失望，对任何事情都没有兴趣，有强烈的罪恶感，觉得自己没有价值，反应迟缓、发呆发愣、失眠、无食欲、四肢无力，常常有自杀念头。抑郁症是各种心理异常中发病率最高的一种。

躁郁症（manic depression）也称两极性情感症，症状兼有躁狂症与抑郁症两者的特点，患者情绪极不稳定，一段时间极度兴奋、躁狂，而后又突然转入另一极端，陷入抑郁状态，两种状态交替出现，也称为双相障碍。

（二）妄想症

妄想症（paranoid disorder）是以持续性的妄想为特征的一种精神病，表现为对某种事件做出主观的、非事实的、错误的解释，并深信不疑。妄想症的种类颇多，常见的有以下四种：①被害妄想，患者毫无根据地怀疑有人要谋害他；②关系妄想，患者认为别人的言行都和自己有关，都在议论自己，影射自己；③嫉妒妄想，患者没有正当理由地怀疑自己的配偶不忠实、有外遇，常会出现跟踪、监视等行为；④夸大妄想，患者相信自己具有特殊能力，会成为伟人。

妄想症患者除了妄想以外，没有其他病理的征兆，他人不易识别。妄想症患者一般有较高的智商，缺乏自我批评与反省能力，一味地把责任全部推给他人，埋怨、责备、怀疑他人。

（三）精神分裂症

在各种心理异常中，精神分裂症（schizophrenia disorder）是最严重的一种，发病年龄多为青壮年期。此病心理异常的表现主要是精神活动分裂，具体表现为以下症状。

第一，思维紊乱。患者表现为联想松弛、思考贫乏、脱离现实、语无伦次。

第二，知觉扭曲。患者常出现幻觉和妄想，如幻听、幻视、幻嗅等。

第三，情感错乱。患者情绪表达明显异于常人，喜怒无常，或表情冷漠，或狂喜痛哭，情绪表达与现实无法配合。

第四，人格解体。患者自我界限丧失，

无法明确区别自己与外界的关系，出现自我障碍；生活上极端退缩，不与他人交往，不与环境接触，离群索居。

第五，行为怪异。患者动作减少，表现奇特，或僵直或频繁，动作表现与外在环境无关，无法让人理解。

精神分裂症的发病原因和机理尚不清楚，通常认为与遗传因素、环境刺激、个人精神素质等有关。

《精神分裂症》

第四节 心理咨询与治疗

由于各种因素的影响，社会上对心理异常存在种种误解。例如，不论症状如何，人们把心理异常统称为“神经病”，视心理异常为不治之症，简单地与思想问题画等号，羞于承认心理有病等。其实，神经病是指神经系统的疾病，是由于感染、中毒、外伤、血管病变等引起的神经系统的疾病，如脑血管疾病、中风等。恐怖症、焦虑症等因心理因素造成的非器质性的心理异常，不是精神病，患者有充分的自知力，并主动求医，生活能力、社会适应基本没有缺损。即使是重性精神病，只要早期预防或及时治疗，大多数患者是可以治愈或可以控制的。

心理异常不是不治之症。心理治疗的实践已证明，心理异常不仅可以治疗，而且可以预防。心理疾病和人的躯体疾病一样是常见现象，患者及家人切不可讳疾忌医，以此为耻，羞于承认而延误治疗。心理异常的诊断是专业人员的任务。一般人在生活中或多或少会出现一些不良的心态和心理症状，切不可过于敏感，对号入座，轻易给自己“戴帽子”“贴标签”。若发现有心理异常，一方面应主动求治，另一方面应自我调节，改变认知方面的不良习惯，掌握调节和控制情绪的方法，不断改善适应。社会对心理异常者不应歧视、厌恶，而应理解、关心、帮助，为他们提供康复的环境。

一、心理咨询与心理治疗概述

心理咨询、心理治疗与心理健康有密切的关系，是保持和维护心理健康，预防和矫治心理异常的重要途径。在维护和促进心理健康中，除了自我调节、社会支持外，可以寻求专业工作者的帮助。特别是当我们感到心理压力过大、心理冲突激烈、自我调节无法奏效时，接受心理咨询和心理治疗是最好的选择。

（一）心理咨询与心理治疗的异同

心理咨询（counseling）是指受过专门训练的咨询人员运用心理学的理论、方法及技巧为那些解决自己所面临的问题有一定困难的人提供帮助、指导和支持，找出心理问题产生的原因，探讨摆脱困境的对策，从而缓解心理冲突，提高环境适应能力，促进人格成长。心理咨询的目的是帮助那些人格正常但又存在心理重负的人解决其在学习、生活、工作、交往等方面存在的不适应，从而在认识、情感、态度和行为方面有所变化，更好地适应环境。

心理治疗（psychotherapy）是指在良好的治疗关系基础上，由经过专业训练的治疗者运用心理治疗的有关理论与技术，对在精神和情感等方面有障碍或疾患的人进行治疗的过程。心理治疗的目的是改善病人的不良心态与适应方式，解除其症状与痛苦，促进人格改善，增进身心健康。

从心理咨询与心理治疗的定义不难看出，两者有许多相似之处。具体表现在：两者所采用的理论方法常常是一致的，在强调帮助求助者成长和改变方面是相似的，两者都注重在帮助者与求助者之间建立良好的人际关系，认为这是帮助求助者改变的必要条件，两者的目标都是维护和增进心理健康等。因此，心理咨询与心理治疗常被当作同义词看待。

尽管心理咨询与心理治疗有许多相似之处，但两者的区别也是显而易见的。具体表现在：心理咨询的对象主要是正常人，他们的主要困难是现实生活中的适应与发展问题，而心理治疗的对象主要是有较重心理障碍的人，如人格障碍、神经症等；心理咨询着重处理的是日常生活中的人际关系的问题、职业选择的问题、教育过程中的问题等，心理治疗的适应范围是性变态、神经症、身心疾病、精神病患者康复期适应等。心理咨询与心理治疗的区别可见表 15-5。

表 15-5　心理咨询与心理治疗的区别

	心理治疗	心理咨询
接受帮助者	可称作病人。主要有：①精神病人；②焦虑症等患者；③精神上受了打击的人；④越轨者。	称作来访者、当事人或求询者。这些人是在适应和发展方面发生困难的正常人。
给予帮助者	①精神病医生。主要接受医学训练，较少经过系统的心理学训练。 ②临床心理学家。主要接受心理学训练。	①咨询者或咨询心理学家，接受心理学的专业训练。 ②社会工作者。
障碍的性质	焦虑症、人格失常、行为障碍、身心疾病、性心理变态、处在缓解期的某些精神病等。	正常人在适应和发展方面的障碍，如人际关系方面的、学业方面的、升学就业方面的、婚姻家庭方面的，也涉及一些变态行为。

续表

	心理治疗	心理咨询
干预的特点	强调人格的塑造和行为矫正，重视症状的消除。有的治疗流派不重视病人理智的作用，如心理分析和行为治疗。费时较长，从数周到数年不等。	强调教育的原则和发展原则，重视对象理性的作用，强调发掘、利用其潜在积极因素，自己解决困难。费时较少，从一次至若干次不等。

心理咨询与心理治疗是应用心理学的重要领域，是一项专业性很强的工作，咨询和治疗过程有很多方法和技术问题，不同于一般的开导、劝慰、谈心、帮助。

（二）心理咨询与心理治疗的作用

心理咨询与治疗可以使人们从不同的角度看待自己和社会，用新的方式体验和表达他们的思想情感，并产生出全新的思维与行为方式。对于那些心理行为属于正常范围的人，咨询所提供的新经验可以使他们排除成长道路上的障碍，更好地发挥个人的才干；对于那些有心理障碍的人，心理治疗可以帮助他们改变不适应社会的思维和行为方式，学会新的适应环境的方式。具体来说有以下几个方面。

第一，帮助人们认识到自身的问题很大一部分是由于尚未解决的内部冲突，而不是外界的影响，只有改变了自己的内部冲突，才能解决问题，并获得成长。

第二，为人们更加有效地面对现实提供了机会，使他们更全面、客观地认识自己和现实，采取积极的方式去面对现实。

第三，深化求助者对自身的认识，引导他们去发现真实的自我，从而根据自己的心理状况设计自己的行为，获得实实在在的成长。

第四，纠正求助者的某些错误观念，以更准确的观念取而代之，从而获得适应社会的行为。

第五，为求助者提供一种新的学习经验和机会，通过与咨询员的交流，体会新感觉，学习新经验，纠正不适应行为。

第六，为求助者提供一种建立新型人际关系的机会，彼此信任，充满安全感，平等参与，可降低求助者的心理防御反应。

（三）对心理咨询与治疗的误解

由于心理咨询与治疗事业在我国发展的历史不长，还不为人们所广泛了解，因此社会上存在一些误解与偏见。

人们一般存在这样的认识，即我的问题是我自己的事，没有严重到非得请别人帮忙不可。这是对心理咨询与治疗的一种误解。其实，在生活中所有的人都可以接受心理咨询和治疗，不论其问题的大小与严重程度。尽管有许多人在经过一段时间后也能自行解决自己的问题，但接受心理咨询的帮助可能更有助于问题的有效解决。

况且，心理咨询不是直接替求询者解决问题，只是帮助他们认清问题的实质，分析问题的成因，并由他们自己选择解决的办法，咨询者只起到建议、指导的作用。因此，认为自己的事只有自己才能解决，有“病”才需要心理咨询的看法是错误的。人们在生活中遇到任何问题，如果自己感到难以应付或不好解决，都可以接受心理医生的指导和帮助。

由于社会上对心理咨询与治疗存在偏见，一些人害怕自己去心理咨询被人发现而被扣上“不正常、有问题、有精神病”的帽子。其实心理异常与其他疾病是一样的。因此，不应该因有心理问题去咨询而忐忑不安。无论什么样的心理问题，都应及时求助和治疗。

到底要不要去做心理咨询？

二、心理咨询与心理治疗的方法

心理咨询与心理治疗的目标是以心理健康取代心理困扰，以有效的应对方式或态度取代不适应的行为。心理咨询与心理治疗的过程一般包括以下几个步骤。

第一，收集资料。通过倾听求询者主诉、提问、心理测验等方法，充分了解求询者的信息。

第二，分析诊断。确认求询者的问题类型，分析造成心理异常的原因。

第三，确立目标。根据问题性质，提出咨询或治疗的目标及运用的方法。

第四，实施治疗。按目标进行咨询或治疗，减轻或消除心理症状。

第五，结束及评估。目标达到，结束咨询或治疗，并对效果进行评估。

心理咨询与治疗必须遵循心理学的理论、原则与方法。其理论与方法有许多，一般可分为四大类，即心理分析疗法、行为疗法、人本主义疗法、认知疗法（见表 15-6）。

表 15-6　心理咨询与心理治疗常用方法

类别	方法
心理分析疗法	疏泄疗法、自由联想法、分析心理治疗、领悟疗法、暗示疗法、心理动力学治疗、认知领悟疗法、箱庭疗法
行为疗法	系统脱敏法、厌恶疗法、暴露疗法、代币治疗法、行为塑造法、冲击疗法、松弛反应训练、生物反馈法、刺激疗法、运动疗法、强化法
人本主义疗法	咨询者中心疗法、交朋友小组、支持心理治疗、现实疗法、存在分析治疗
认知疗法	合理情绪疗法、自我指导训练、应对技巧训练、认知改变法
团体咨询与治疗	家庭疗法、游戏疗法、心理剧疗法、敏感性训练、社会影响疗法

续表

类别	方法
其他疗法	森田疗法、暗示疗法、催眠疗法、生活分析疗法、想象疗法、气功疗法、音乐疗法、内观疗法
其他行为治疗	体育疗法、书画疗法、阅读疗法、舞蹈疗法、作业疗法

事实上，心理治疗并不是百分之百有效，而每个求治者有效的程度亦存在差异。究其原因可以发现，心理治疗的过程是非常复杂的心理互动过程，受到多种因素的影响与制约。其中一个重要的因素是治疗方法的选择。每一种心理治疗方法都有其局限性及贡献。心理分析疗法可以促使求治者的人格发生整体变化，但这对治疗者的专业训练有很高的要求，且花费时间较长，费用昂贵；行为疗法有明确的治疗目标，疗效显著，但不涉及动机、情绪和思维异常类的问题；人本主义疗法促进求治者自我成长，但对治疗者的人格有高要求，适合于具有良好表达能力和思考能力的求治者；认知疗法可以从根本上改变错误观念，但不适合用于受潜意识过程影响的偏差行为。

为了使治疗显效，在运用具体治疗方法时应遵循以下原则。①针对性原则。根据求治者的问题类型、影响程度、个性特征，选择适合的方法。②发展性原则。遵循人的心理发展变化的规律，所用方法应有助于求治者的成长。同时，考虑心理问题形成的历史，不急于求成，根据实际情况随时调整方法。③综合性原则。治疗者必须学习各种治疗方法，了解各种方法的特点与适用范围，在治疗过程中综合选择，而不局限于一种方法。

思考题

1. 什么是健康？什么是心理健康？如何衡量心理健康与否？
2. 怎样才能保持心理健康？
3. 最常用的心理异常分类标准是什么？
4. 常见的心理异常有哪几种？
5. 普通人体会到抑郁情绪就意味着得了抑郁症吗？
6. 心理咨询与心理治疗有哪些联系与区别？
7. 当出现心理难题时，你运用过哪些有效的自助方法？
8. 当周围的人（同学、家人等）出现心理危机时，你应该如何应对？

第十六章 压力与挫折应对

【本章要点】

1. 压力产生的原因及对人身心健康的影响。
2. 压力处理的策略与方法。
3. 挫折与心理健康的关系。
4. 自杀的鉴别与预防。
5. 抗压力与挫折承受能力的提高。

凌晨 4 点，某居民区的一幢住宅的 6 楼，一扇窗口打开了，一位 15 岁的少女站在窗台上，夜色朦胧。忽然她一闭眼，纵身跳下。两小时后，她被行人发现送进医院，成为高位截瘫的残疾人，将在病榻上度过余生。

这是一位曾获得“市优秀少先队员”称号，因品学兼优被保送进重点学校读书的高中一年级学生，成绩名列前茅。她为什么要跳楼？为什么想结束生命？这起内攻击行为的起因非常简单，仅仅是她曾和同学背后议论老师胖而被班主任训斥为骂老师，班主任要她向那位老师赔礼道歉，如果态度不好就让教务处给处分。她感到委屈，自己只是说老师胖，没有骂老师，事情竟然这么严重，受了处分还能有什么出息，自己以前所有的努力全部付诸东流了，活着还有什么意思。夜深人静，她选择了死。这一悲惨事件引发了社会、学校、家庭的强烈反响，呼吁要对青少年开展“挫折教育”，提高应对各种生活、社会和学习压力，提高耐受压力与挫折的能力，提高身心健康水平。

本章将介绍应对压力的有关理论，分析挫折对人的影响，讨论如何才能提高抗压能力和对挫折的耐受力。

第一节 压力与身心健康

一、压力及其来源

压力是在现代社会中人们最普遍的心理体验。压力存在于社会生活的各个方面，人人都经历过，如第一次上台演讲、第一次求职面试、亲人患病或死亡、工作变动和丧失。承受压力是生活中不可避免的，但过度的压力会损害身心健康。

（一）压力的概念

压力（stress）这一概念最早于 1936 年由加拿大著名的生理心理学家汉斯·谢利（Hans Selye）提出。他认为，压力是表现出某种特殊症状的一种状态，这种状态是由生理系统中应对刺激的反应引发的非特定性变化所形成的。

目前心理学对压力的比较普遍的看法是，当个体面对具有威胁性刺激情境时，伴有躯体机能以及心理活动改变的一种身心紧张状态，也称应激状态。

应激已经成为现代人的健康观中的重要元素。1989 年世界卫生组织对健康概念又做了进一步的描述："健康就是精力旺盛地、敏捷地、不感觉疲劳地从事日常活动，保持乐观、蓬勃向上及有应激能力。"美国学者杜巴认为："真正的健康并不是全无疾病的理想境界，而是在一个现成的环境中有效运作的能力。环境在不断变化，所谓健康就是不断适应无数每日威胁人们的微生物、刺激物、压力和问题。"随着现代社会环境特征的变化，能够抵抗压力、面对挫折、迎接挑战成为对一个身心健康人的要求。

（二）压力的种类

1. 急性压力和慢性压力

依据压力持续的时间，压力可分为暂时性压力和持久性压力，或称急性压力和慢性压力。暂时性压力或称急性压力是突发灾难或短时事件给人带来的心理反应，如重大考试、突发灾难等；持久性压力也称慢性压力，是持久的或日常生活中存在的稳态事件给人带来的心理反应，如生存困境或职业压力等。

2. 积极压力和消极压力

依据压力对人所产生结果的性质，压力可分为积极压力和消极压力。积极压力给人之后的行为带来好的结果与影响，如化悲痛为力量，失败是成功之母等；消极压力给人带来负面影响或结果，如失败后的萎靡不振、破罐子破摔等。

（三）压力源

压力产生于压力源，压力源是压力产生的原因。我们生活中所遇到的压力源可能存在于自身，也可能存在于环境中。自身的压力源也称内因性压力源，包括痛苦、疾病、罪恶感、不良自我概念等；环境的压力源也称外因性压力源，包括热、冷、噪声等环境变化因素，以及自然灾害与社会事件等刺激情境。但是，人类最主要的压力源是人，人际关系是压力的最主要来源。

心理学家在研究中把造成压力的各种生活事件做了分析，提出了四种类型的压力源。

1. 躯体性压力源

躯体性压力源是指通过对人的躯体直接发生刺激作用而造成身心紧张状态的刺激物，包括物理的、化学的、生物的刺激物，如过高或过低的温度、微生物、变质食物、酸碱刺激等，还有身体的疾病状态等，这一类刺激是引起生理压力和压力的生理反应的主要原因。

2. 心理性压力源

心理性压力源是指来自人们头脑中的紧张性信息，如心理冲突与挫折、不切实际的期望、不祥预感，以及与工作责任有关的压力与紧张等。心理性压力源与其他类压力源的显著不同之处在于它直接来自人们的头脑中，反映了心理方面的困难。生活中的压力事件处处可见，但为什么有的人无动于衷，有的人却耿耿于怀。区别常常源于人们内心对压力的认知。如果过分夸大压力的威胁，就会制造一种自我验证的预言："我会失败""我应付不了"。长此下去，会产生所谓的长期性压力感，畏惧压力。

弗里德曼和罗森曼（Friedman & Rosenman）两位学者在对心脏病患者的研究中发现了一种被称为A型性格（Type A personality）的行为方式。这是一种有冲劲、精力旺盛、竞争性强的性格，这种人求胜心切，总想在最短时间内处理无数难以确定的事物。而这种长期处于压力下的紧张状态付出的代价是导致心血管疾病。美国心脏医学会在1981年将A型性格列为罹患心脏病的危险因素之一。

知识扩展

压力易感性人格

压力的影响因素有很多，虽然环境因素是主导，但是个体的内部人格因素也是一个重要的成因。压力易感性人格是一种更易启动强压力感的人格特质，如A型性格、完美主义和焦虑特质等。

A型人格与血型无关，是与罹患心脏病相关的人格，它也是一种做事品质，在职场上也被称为职业人格。A型人格的主要人格特点是时间紧迫感强，性情急，情绪不稳，缺乏耐性，追求高成就，喜欢竞争，争强好胜，攻击性强，不畏困难，做事效率高，压力感强，工作忙碌，身心负荷重。因此，他们在工作中处于又快、又多、又好的拼搏状态，工作业绩突出，事业进步快，属于优秀群体的特征。但是，由于持续的身心能量的高付出，又忽视休息的身体调整，易患身体疾病。

完美主义也将所做事情至高质量的工作要求。具有完美主义的人其工作价值观是追求完美、尽善尽美、精益求精，进取，生命不息，奋斗不止，永争第一，不容失败。其工作状态是严于律己，但对他人要求也严厉，是非分明，眼睛里不揉沙子，喜欢吹毛求疵，挑剔不足。他们的工作质量较高，但是由于对人严苛，容易引发人际冲突，容易出现强迫性观念和行为。

焦虑人格则是更能体现压力负性反应的人格特质，这类人风险意识很强，警觉威胁性信息，害怕失败，思虑过度，总是处于担忧、谨慎的状态，伴随着紧张、恐惧、痛苦的消极情绪。适度焦虑可以降低风险，但是过度焦虑就会导致负向结果，使人胡思乱想，产生毒性思维，破坏工作效率。这类人要警惕癌症的侵袭。

了解压力易感型人格，有助于在压力状态下进行自我心理调整，防止过强的压力对身心健康产生破坏作用。

3. 社会性压力源

社会性压力源主要是指造成个人生活方式上的变化并要求人们对其做出调整和适应的情境与事件。社会性压力源小到个人生活中的变化，大到社会生活中的重要事件。

个人生活的改变常常会给人带来压力。心理学家霍曼和瑞希（T. Holmes & R. Rahe）编制的“生活改变与压力感量表”（见表 16-1），列出了 43 种大部分人都经历过的生活事件。由 400 位不同职业、阶层、身份、年龄的人对这些事件产生的压力大小打分，发现其中 24 个项目直接与家庭内人际关系的变化有关。

表 16-1　生活改变与压力感量表

生活改变事件	压力感	生活改变事件	压力感
1. 配偶亡故	100	23. 子女成年离家	29
2. 离婚	73	24. 涉讼	29
3. 夫妻分居	65	25. 个人有杰出成就	28
4. 牢狱之灾	63	26. 妻子新就业或刚离职	26
5. 家族亲人亡故	63	27. 初入学或毕业	26
6. 个人患病或受伤	53	28. 改变生活条件	25
7. 新婚	50	29. 个人改变习惯	24
8. 失业	47	30. 与上司不和睦	23
9. 分居夫妻恢复同居	45	31. 改变上班时间或环境	20
10. 退休	45	32. 搬家	20
11. 家庭中有人生病	44	33. 转学	20

续表

生活改变事件	压力感	生活改变事件	压力感
12. 怀孕	40	34. 改变休闲方式	19
13. 性关系适应困难	39	35. 改变宗教活动	19
14. 家庭添进人口	39	36. 改变社会活动	18
15. 事业重新整顿	39	37. 适度的贷款或抵押	17
16. 财务状况改变	38	38. 改变睡眠习惯	16
17. 亲友亡故	37	39. 家庭成员团聚	15
18. 改变行业	36	40. 改变饮食习惯	15
19. 夫妻争吵加剧	35	41. 度假	13
20. 大额抵押贷款	31	42. 过圣诞节	12
21. 负债未还，抵押被没收	30	43. 涉讼事件	11
22. 改变工作职位	29		

资料来源：Holmes & Rahe，“The social readjustment rating scale”，*Journal of Psychosomatic Research*，1967，11 (2)，pp. 213-218.

社会生活中的重要事件包括灾害、社会变迁、政治动荡、经济衰退、环境污染、过度拥挤、战争创伤等。由于城市人口的急剧增长，城里人不论住房、走路、乘车、逛商场都离不开一个“挤”字。到处是人，处处要挤，于是“拥挤综合征”出现了。拥挤嘈杂的环境容易使人高度紧张，焦虑、烦躁、易怒，出现失眠、易怒、头痛、乏力、心悸等症状。此外，核泄漏事故、海湾战争、艾滋病威胁等社会事件也给人们造成巨大压力。不仅当事者有压力感，知情者也会产生压力。例如，灾害出现，诸如地震、洪水、车祸、飞机失事等不仅对受害者造成重大打击，而且那些目击者、救援者，乃至亲戚朋友也会感到或大或小的压力。

4. 文化性压力源

文化性压力源最常见的是文化性迁移，即从一种语言环境或文化背景进入另一种语言环境或文化背景中，使人面临全新的生活环境、陌生的风俗习惯、不同的生活方式，从而产生压力。若不改变原有习惯，去适应新的变化常常会出现不良的心理反应，甚至积郁成疾。例如，出国留学或移民，如果缺乏对环境改变应有的心理准备，没有一定的外语水平，那么在异国文化背景下难以适应，无法交流，难以沟通，不得不中断学业或引发疾病的事例就会时有发生。

二、压力的身心反应

当人们面临压力时会产生一系列身体

上和心理上的反应。这些反应在一定程度上是机体主动适应环境变化的需要，它能唤起和发挥机体的潜能、增强抵御和抗病能力。但是如果反应过于强烈或持久就可能导致生理心理功能的紊乱。压力反应通常表现在生理、心理和行为方面，主要有以下几种。

（一）压力下的生理反应

压力下的生理反应表现为两种情况：一种是压力引发的真实的生理变化，另一种是压力引发的躯体化反应。

1. 生理性反应

个体在压力状态下会出现一系列生理反应，主要表现在自主神经系统、内分泌系统和免疫系统等方面的变化。例如，压力导致心率加快、血压增高、呼吸急促，激素分泌增加、血糖升高、消化道蠕动和分泌减少、出汗、肌肉紧张等。加拿大心理学家汉斯·塞里（Hans Selye）在20世纪50年代以白鼠为研究对象从事多项压力的实验研究，指出压力状态下的身体反应分成三个阶段。

第一阶段是警觉阶段。在这一阶段中，由刺激的突然出现而产生情绪的紧张和注意力提高，体温与血压下降，肾上腺分泌增加，进入应激状态。如果压力继续存在，身体就进入第二个阶段。

第二阶段是抗拒阶段。个体企图对身体上任何受损的部分加以维护复原，因此产生大量调节身体的激素。

第三阶段是衰竭阶段。压力存在太久，应付压力的精力耗尽，免疫力降低，身体各功能突然缓慢下来，适应能力丧失（见图16-1）。

可见，压力下的生理反应可以调动机体的潜在能量，提高机体对外界刺激的感受和适应能力，从而使机体更有效地应对变化。但过久的压力会使人适应能力下降。

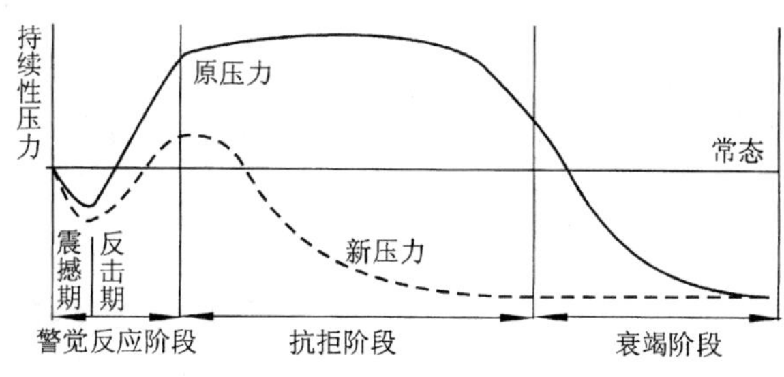

图16-1 压力下的一般反应状态

2. 躯体化反应

压力所产生的心理问题也会表现为躯体化反应。有人因为对心理问题缺少正确认识，认为心理问题就是精神病，害怕别人因此而歧视自己或影响自己的前程。不让自己的心理问题外显化，却以社会所允许的方式表现出来，社会不会对患生理疾病的人具有任何指责。因而，有些人会以生病的方式来替代心理问题。

临床医生经常会碰到这样一类“患

者”：他们有很多躯体主诉，描述自己的症状也很真实，到各医院检查却“查无实据”，也不能接受医生的“无病”结论，他们常常辗转于就医的途中，疲惫不堪。严重者会出现躯体形式障碍（somatoform disorders，SFD），属于精神科的疾病范畴。

躯体化反应有以下几个特点。

第一，患者主诉症状繁多，但含糊不清，涉及多系统，病程至少 2 年，患者为此而不安，到处求医或服药。

第二，患者不能接受多位医生关于其症状没有躯体病变的解释，不断拒绝医生的忠告。

第三，症状和其所致行为造成一定程度的社会和家庭功能损害。

第四，症状出现具有生物、心理、社会环境等诱发因素，其中心理因素在医生启发下可能会充分暴露出来。

第五，患者常借“生病”的症状来应付压力，表达困扰，而外部因素会表示同情、关怀与理解，不自觉地扮演了支持性角色；患者又会进一步获得“社会性收益”，而另一方面却又增强了原先的心理生理症状。

（二）压力下的心理反应

压力引起的心理反应有警觉、注意力集中、思维敏捷、精神振奋，这是适应的心理反应，有助于个体应对环境。例如，学生考试，运动员参赛，人们在适度压力下竞争容易出成绩。但是，过度的压力会带来负面反应，出现消极的情绪，如忧虑、焦躁、愤怒、沮丧、悲观失望、抑郁等，会使人思维狭窄、自我评价降低、自信心减弱、注意力分散、记忆力下降，表现出消极被动。心理学研究还表明，过度的压力会影响智能，压力越大，认知效能越差。

个体在压力状态下的心理反应存在很大差异，这取决于个体对压力的知觉和解释，以及处理压力的能力。当个体面临压力时会有各种行为变化，这些变化取决于压力的程度以及个体所处环境。压力下的行为反应可分为直接反应与间接反应。直接反应是指直接面对引起紧张的刺激时，为了消除刺激源而做出的反应。例如，路遇歹徒，或与其搏斗或逃避。间接反应是指借助某些物质，暂时减轻与压力体验有关的苦恼，如借酒消愁，破财消灾等。

《黑天鹅》

一般而言，轻度的压力会促进或增强一些正向的行为反应，如寻求他人支持，学习处理压力的技巧。但压力过大过久，会引发不良适应的行为反应，如说话结巴、刻板动作、过度饮食、攻击行为、失眠等。

三、压力与心身疾病

压力是生活的一部分，就像人们离不开食物与水分一样。适度的压力是维持正常心理功能和生理功能的必要条件，有助于人们适应环境，提高能力。如果生活中缺乏压力，我们会感到厌烦、无聊，难以保持工作、学习适当的效率。但是过多的压力会对人的身心两方面造成不良影响，危及健康，引发生理疾病与心理疾病。压力源、压力反应与疾病的关系见图 16-2。

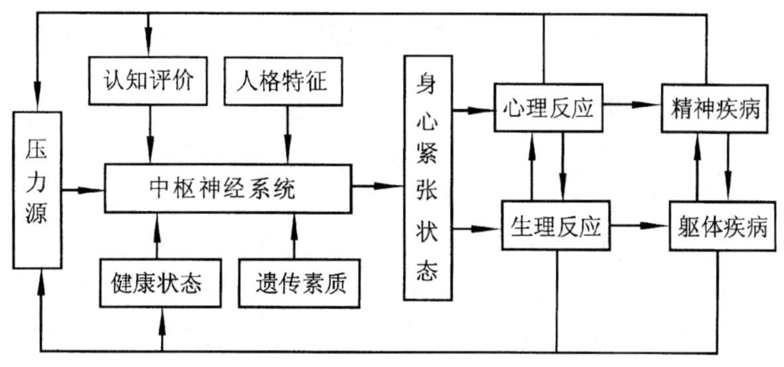

图 16-2 压力源、压力反应与疾病的关系

心理学研究发现，所有疾病中的一半以上与压力有关。压力导致身心失调，进而引发疾病。与压力有关的疾病症状最常发生在神经系统、呼吸、心肺和内脏四个身体系统上。压力因素占有很高比例的疾病包括高血压、胃溃疡、偏头痛、肥胖、哮喘、癌症等。心理学家对动物的实验研究证明，面临压力而长期情绪紧张，将影响个体消化系统的功能，产生溃疡病。有的心理学研究发现，医学院的学生在学期末考试的一周之内，其免疫系统的功能较平时大为降低，但降低程度因人而异。

传统医学最早不承认心理因素会造成器质性疾病的观点。但 1935 年弗兰德斯·邓巴（Flanders Dunbar）撰写的《情绪与身体变化》一书，提出了“心因性疾病（psychogenic disease）”的观念后，心身医学开始发展，心身疾病逐渐成为新的研究领域。心身疾病（psychoso-matic disorder）是指心理社会因素在疾病发生、发展、变化过程中的主导作用，是具有明显的生理结构和功能障碍的一类躯体疾病。而压力引发的持续紧张状态常常是致病的主要原因。心身疾病的诊断具有五个基本条件：①心理方面的压力来源出现在任何身体症状显现之前；②情绪的兴奋并不是有意识的，或者个体知道情绪兴奋，却没有能力去改变；③压力源所促成的自主神经系统的活动是长期的、持久的；④通常在调节高压力的生活情境上有效的防御机制已衰退，或者无效的防御被过度使用，造成压力加大；⑤个体器官组织有某些构造上的弱点，这些弱点或是遗传或是源于早期经验的创伤。

一项对 117 位住院心脏病患者所做的调查显示，有 20%的病人在心脏病发作时并没有明显的器质性疾病，但发现他们在发病前 24 时内都曾经体验突发性的心理困扰，如愤怒、恐惧、过度激动等情绪反应。事实证明了压力与心理生理疾病的密切关联。

生活中的心理学

失眠与压力

失眠是指实际睡眠时间过短（包括入睡困难、睡眠表浅、噩梦多以及早醒）或睡眠时间失常，缺乏睡眠感。失眠会造成慢性的疲劳状态，降低白天的活力，容易动怒且忧郁不安，导致工作学习效率不佳，而且也易引发身心疾病。

失眠与压力有关。当遇到压力事件时，无论是急性压力或慢性压力，都使人们的情绪处于紧张状态，首先受影响的就是睡眠。当人们承受的压力较大时，常常躺在床上辗转反侧，终不成眠。失眠也与失眠者的心理密切相关，即失眠引发了“失眠心理”，而“失眠心理”又加重了失眠状况。失眠心理是把失眠的消极后果无限扩大，从而形成“消极后果链”。

失眠不等于失眠症。失眠症是指以失眠为主要特征并持续较长的一种睡眠障碍。一些压力事件或特殊原因导致的暂时失眠或睡眠不足不等于失眠症。偶尔失眠是一般人都可能遇到的事情，是正常现象。失眠也不等于神经衰弱。不必夸大失眠对人的影响而造成巨大的心理负担。

造成失眠的原因有多种：①心理因素。各种事件引起的紧张、焦虑、忧虑或兴奋、激动的心理状态持续而久久不能平静，导致失眠，或卧床后一些不良的心理暗示，如过于担心睡不着而导致失眠。②生理因素。睡眠前过饱、饥饿、口渴等也会直接影响睡眠。③疾病因素。因重感冒流涕鼻塞而呼吸不畅通，外伤引发的疼痛难忍，其他疾病导致的严重不适感都可能影响睡眠。④物质因素。临睡前饮用酒精类饮料，或咖啡、浓茶等能够引起兴奋的物质而造成大脑兴奋难以入睡。⑤环境因素。睡眠环境直接影响睡眠质量。寝室人多嘈杂、睡前争论、床板太硬、被褥不适、温度过冷或过热等都影响睡眠。认真分析，找出原因，有针对性地调整，可以有效改善睡眠。

睡眠的质和量存在个别差异。睡眠所需时间因人的年龄、健康状况、神经类型等不同而存在差异。不必苛求每天必须睡满 8 小时。另外，睡眠是否充足，除了时间因素之外，还要看睡眠质量，即睡眠的深浅程度。只要第二天精神状态好，就不必为睡眠时间的多少而过虑。

应积极正确地对待失眠。失眠本身对人的影响远没有失眠者对失眠的认识和态度不良而带来的思想负担和心理压力大。有些人出现失眠症状就紧张，产生恐惧心理，害怕神经衰弱，心理负担很重，或者一有失眠就服安眠药、补脑药，效果反而差。

第二节 压力处理的策略与方法

一、影响压力的因素

压力是刺激引起的。不良的刺激会引起压力，愉悦的刺激也会带来压力。生活中压力是自然的、不可避免的。但每个人感受到的压力是不同的。即使是同样的刺激，不同的人压力感不同。为了生存、成长和发展，我们必须学会有效地处理压力，以减轻过度压力给我们身心带来的伤害。不同的人的压力感有很大差异。主要因素可以归结为以下几个方面。

（一）经验

当面对同一事件或情境时，经验影响人们对压力的感受。对两组跳伞者的压力状况进行调查发现，有过 100 次跳伞经验的人不但恐惧感小，而且会自觉地控制情绪；而无经验的人在整个跳伞过程中恐惧感强，并且越接近起跳越害怕。同样的道理，一帆风顺的人一旦遇到打击就会惊慌失措，不知如何应对；而人生坎坷的人，同样的打击却不会引起重大伤害。可见，经验丰富能增强抵抗压力的能力。

（二）准备状态

对即将面临的压力事件是否有心理准备也会影响压力的感受。心理学家曾对两组接受手术的患者做实验。对其中一组在术前向他们讲明了手术的过程及后果，使患者对手术有了准备，对手术带来的痛苦视为正常现象并坦然接受；另一组不做特别介绍，患者对手术一无所知，对术后的痛苦过分担忧，对手术是否成功持怀疑态度。结果，手术后有准备组比无准备组用更少量的止痛药，而且平均提前三天出院。因此，有应对压力的准备也是减轻伤害的重要因素。

（三）认知

认知评估在增加压力感和缓解压力中有重要作用。同样的压力情境使有些人苦不堪言，而另一些人则平静地对待，这与认知因素有关。当一个人面对压力时，在没有任何实际的压力反应之前他会先辨认压力和评价压力。如果他把压力的威胁性估计过大，对自己应对压力的能力估计过低，那么压力反应也必然大。例如，你在安静的书房里看书，忽然听到走廊里响起一串脚步声，如果你认为是将要入室抢劫的坏人来了，就会惊慌恐惧；如果你认为是朋友全家来拜访，就会轻松愉快。正如一位哲学家所说，“人类不是被问题本身所困扰，而是被他们对问题的看法所困扰”。

对压力的认知评估可以分为两个阶段：初步评估是评定压力来源的严重性，二级评估是评定处理压力的可能性。如果压力严重，又无可利用的应对压力的资源，必然产生一种持续性的紧张状态。

因此，态度决定一切，如何看待压力，决定了应对压力的结果。将压力视为挑战，会直面困难，勇往直前；如果将压力视为阻碍，就会逃避。

（四）人格

不同性格特征的人对压力的感受不同。那些竞争意识强烈、工作努力奋斗、争强好胜、缺乏耐心、成就动机高、说话办事讲求效率、时间紧迫感强、成天忙忙碌碌的A型性格，也被称为工作狂性格，具有这种特征的人在面对压力时，性格中的不利因素就会显现出来，而且A型性格与冠心病有密切的关系。研究发现，A型性格者患心脏病的人数是B型性格者的2～3倍。B型性格的特征是个性随和，生活悠闲，对工作要求不高，对成败得失看得淡薄。完美主义者也是高压人格，这类人做事情精益求精，不容许自己失败，对他人也要求严格，不断提高标准，当结果不能达到尽善尽美时其会产生遗憾与压力。

完美主义关注的人，压力更大，睡眠质量也更差

（五）环境

一个人的压力来源与他所处的小环境有直接关系，小环境主要是指工作单位或学校及家庭。工作过度、角色不明、支持不足、沟通不良等都会使人产生压力感。家庭的压力常常来自夫妻关系、子女教育、经济问题、家务劳动分配、邻里关系等。如果工作称心如意，家庭和睦美满，来自环境的压力必然小，则心情舒畅，身心健康。

二、压力测量

如前所述，适度的压力有助于提高人们的学习工作生活效率，但过度的压力会危害健康。个体所承受的压力是适当还是不足或过度，可以通过压力测试表来分析判断。当压力过度时应主动调节。

国际压力与紧张控制学会是一个关注压力研究及压力处理问题的国际学术组织。华莱士（J. Macdonald Wallace）研究开发的压力测试表“心理身体紧张松弛测试表”（psycho-somatic-tension-relaxation inventory，PSTRI），简便适用，通过测试，可了解自己的压力程度。你可用大约10分钟时间填写“心理身体紧张松弛测试表”，不要在每一题上费很多时间考虑（见表16-2）。回答完毕把总分加起来，再从分数解释表上找到你的总分所在位置及后面的解释（见表16-3），如你的分数是43～65分，表明你的压力适中，不必寻求对生活状态的改变；如果分数低于43分或高于65分，则需要调整生活状态。高分者需要减轻压力。

表 16-2 心理身体紧张松弛测试表

依据每项题目中所述情况出现的频率，写出评分：总是——4 分，经常——3 分，有时——2 分，很少——1 分，从未——0 分。			
题目	评分	题目	评分
1. 我受背痛之苦		26. 我喝酒	
2. 我的睡眠不定且睡不安稳		27. 我很敏感	
3. 我有头痛		28. 我觉得自己像被四分五裂了似的	
4. 我腭部疼痛		29. 我的眼睛又酸又累	
5. 若需等候，我会不安		30. 我的腿或脚抽筋	
6. 我的后颈感到疼痛		31. 我的心跳快速	
7. 我比多数人更神经紧张		32. 我怕结识人	
8. 我很难入睡		33. 我手脚冰冷	
9. 我的头感到紧或痛		34. 我患便秘	
10. 我的胃有毛病		35. 我未经医师指示使用各种药物	
11. 我对自己没有信心		36. 我发现自己很容易哭	
12. 我对自己说话		37. 我消化不良	
13. 我忧虑财务问题		38. 我咬指甲	
14. 与人见面时，我会窘怯		39. 我耳中有嗡嗡声	
15. 我怕发生可怕的事		40. 我小便频密	
16. 白天我觉得累		41. 我有胃溃疡的毛病	
17. 下午我感到喉咙痛，但非由于染上感冒		42. 我有皮肤方面的毛病	
18. 我心情不安，无法静坐		43. 我的咽喉很紧	
19. 我感到非常口干		44. 我有十二指肠溃疡的毛病	
20. 我有心脏毛病		45. 我担心我的工作	
21. 我觉得自己不是很有用		46. 我口腔溃烂	
22. 我吸烟		47. 我为琐事忧虑	
23. 我肚子不舒服		48. 我呼吸浅促	
24. 我觉得不快乐		49. 我觉得胸部紧迫	
25. 我流汗		50. 我发现很难做决定	
		总分：________	

表 16-3　PSTRI 压力程度分析表

分数/分	分析
98 （93 或以上）	这个分数表示你确实正在承受极度的压力，并且压力在损害你自己的健康。你需要专业心理治疗师给予一些忠告，他可以帮助你减轻你对压力源的知觉，并帮助你提高生活的质量。
87 （82～92）	这个分数表示你正经历太多的压力，且压力正在损害你的健康，令你的人际关系发生问题。你的行为会伤害自己，也可能会影响他人。因此，对于你来说，学习如何减除自己的压力反应是非常重要的。你可能必须花许多时间做练习，学习控制压力，也可以寻求专家的帮助。
76 （71～81）	这个分数显示你的压力程度中等，可能正开始对健康不利。你可以仔细反省自己对压力源如何做出反应，并学习在压力出现时，控制自己的肌肉紧张，以消除生理激活反应。好老师会对你有帮助，要不然就选用适合的肌肉松弛录音带。
65 （60～70）	这个分数指出你生活中的兴奋与压力量也许是相当适中的。偶尔会有一段时间压力太多，但你也许有能力去享受压力，并且很快地回到平静的状态，因此压力对你的健康并不会造成威胁。做一些松弛的练习仍是有益的。
54 （49～59）	这个分数表示你能够控制你自己的压力反应，你是一个相当放松的人。也许你面对所遇到的各种压力源时，并没有将它们解释为威胁，所以你很容易与人相处，可以毫不惧怕地担任工作，也没有失去自信。
43 （38～48）	这个分数表示你很不易被遭遇的压力事件所动，甚至是不当一回事，好像它们并没有发生过一样。这对你的健康不会有什么负面的影响，但你的生活缺乏适度的兴奋，因此趣味也就有限。
32 （27～37）	这个分数表示你的生活可能是相当沉闷的，即使刺激或有趣的事情发生了，你也很少做反应。可能你必须参与更多的社会活动或娱乐活动，以增加你的压力激活反应。
21 （16～26）	如果你的分数只落在这个范围内，也许意味着你在生活中所经历的压力经验不够，或是你并没有正确地分析自己。你最好更主动些，在工作、社交、娱乐等活动上多寻求刺激。做松弛练习对你没有什么用，但找一些辅导也许会有帮助。

三、处理压力的方法

所谓压力处理是指当压力对我们可能造成伤害时，我们用一些方法与技巧去应对，以减低压力带来的消极影响。为了有效地处理压力，我们应该了解面对压力时解决问题的过程、策略及具体方法。

（一）压力应对的阶段

个体从面临压力到解决问题一般要经

过三个不同的阶段。

第一阶段为冲击阶段，发生在压力来临时。如果刺激过强过大，会使人感到眩晕、发蒙、麻木、呆板、不知所措，常会出现“类似休克状态”。比如，突然听到亲人过世，大多数人发愣、惊慌，甚至歇斯底里，只有少数人能保持镇定和冷静。

第二阶段为安定阶段。此时，当事人在经历了震惊、冲击之后，努力想恢复心理上的平衡，设法控制焦虑和情绪紊乱，恢复受到损害的认知功能，运用心理防卫机制或争取亲友的帮助。

第三阶段为解决阶段。当事人将自己的注意力转向产生压力的刺激，冷静地分析压力产生的原因，逃避或远离产生压力的情境事件，或提高自己的应对能力，直接面对压力去解决问题。

（二）压力应对的策略

一般而言，应对压力的策略有两类：战或逃。“战”是处理困扰与减轻不适感。“逃”是指不直接解决问题，而是调节自己消解不良反应。

压力的应对方式有三个级别，下面将分别进行介绍。

一级应对—— 转危为安：以问题为中心的应对方式。首先我们要解决问题，减少、改变或消除压力源，建立支持性的和健康的工作环境，将外部压力最小化。

二级应对——自我调适：以情感或回避为中心的应对方式。当压力事件无法改变时，我们要改进个体与组织对压力源的反应，进行自我调适，启动防御方式，调适情绪，学习使用压力管理方法与技术进行自我调整。

三级应对——寻求帮助：寻求社会支持或心理干预。我们要治疗个体或组织的消极压力症状，关注已遭受压力身心反应困扰的个体康复。

《压力管理策略：健康和幸福之道（第九版）》

上述压力的三级应对方式是有顺序的，当一级应对不行时可启动二级应对，之后再启动三级应对（见图 16-3）。不当的阶段逾越，可以导致不良应对。例如，面对问题只是抱怨（情绪应对）而不去解决问题（问题应对），是一种不良的应对习惯。

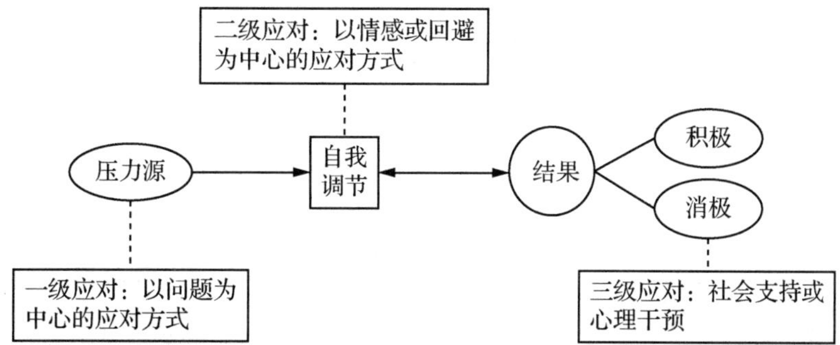

图 16-3 压力的三级应对方式

（三）压力应对的方法

无论是直接面对压力来源还是调节自我，都有许多方法可以采用。但这些方法有的效果是暂时的，有的效果是长远的；有的方法有助于成长，也有的方法会造成其他不良影响。

1. 不良的应对方法

第一，依赖药物。服用一些镇静剂可以起到暂时减轻压力的作用，但不能解决产生压力的根源。长期服用容易形成对药物的依赖，失去个人尊严，甚至引发其他疾病。

第二，酗酒抽烟。酒精是神经系统的刺激物，同时也是一种镇静剂；烟草是一种兴奋剂，也有一定的镇静作用。抽烟、喝闷酒虽然能够暂时起到抑制中枢神经系统的作用，缓解紧张状态。但如果经常饮酒，就容易导致酒精中毒，香烟带来的副作用更是危害无穷。其他不良的应对方法还有沉溺于幻想、攻击自己或他人等。

第三，懦弱逃避。在应对初期就采取逃跑策略，不经努力或尝试解决问题，放弃性地逃避，或视而不见地回避问题。这种回避式的应对方式可能导致现存的问题像滚雪球一样越来越大，由可以解决的状态变成无法解决的状态，错失解决问题的良机。

2. 正确的应对方法

认识压力的作用及其可能导致的后果，对可能出现的过度压力有心理准备，并主动学习处理压力的方法，就可以有效地控制压力。常用的方法如下。

第一，了解自己的能力，制订切实可行的目标。

第二，劳逸结合，积极休息，培养业余兴趣爱好。

第三，加强体育锻炼，生活有规律，睡眠充足。

第四，建立和扩展良好的社会支持系统，拥有朋友。

第五，积极面对人生，自信豁达，知足常乐，笑口常开。

第六，改变不合理观念，通过有意地改变自己的内部语言来改变不适应状况（见表 16-4）。

表 16-4　对考试压力的认知调整

易产生压力的认知	调整后的认知
1. 考试成功是人生最重要的事情	1. 考试不是人生最重要的事情
2. 考试失败说明自己无能	2. 失败是成功之母
3. 考不好丢面子	3. 不及格并不是绝路
4. 觉得对不起父母的期望	4. 读书是自己的事，只要尽力就可以
5. 别人成绩好我受不了	5. 同学成绩比我好我为他们高兴

3. 放松训练

放松（relaxation training）是指身体和精神由紧张状态朝向松弛状态的过程。放松的方法有许多种。

放松主要是消除肌肉的紧张。在所有生理系统中，只有肌肉系统是我们可以直接控制的。当压力事件出现时，紧张不断积累，压力体验逐渐增强。此刻，持续几分钟的完全放松比一小时睡眠效果更好。放松可以通过呼吸放松、想象放松、静坐放松、自律放松等方法。那么，是否需要放松？何时放松为好？除了压力测试外，可以从身体、精神方面了解自己。从身体方面了解可以观察饮食是否正常、营养是否充分、睡眠是否充足、有无适量运动等；从精神方面了解可以观察处事是否镇定、注意力是否集中、是否心平气和。如果回答都是“是”，说明比较放松；如果回答大部分“不是”，就需要借助放松来调整。

放松训练是一种自我调整的方法，通过机体主动放松来增强对自我控制的有效手段。一般是在安静的环境中按照一定要求来完成特定的动作程序，通过反复的练习，使人们学会有意识地控制自身的心理生理活动，以达到降低机体唤醒水平，增强适应能力，调整因过度紧张而造成的生理心理功能失调，起到预防及治疗作用。

放松训练的方法有很多，下面介绍单个的程序，读者可以利用早上醒来或晚上临睡前的几分钟时间练习。

放松一：想象放松（imaginative relaxation training）。

（1）选一个安静的房间，平躺在床上或坐在沙发上。

（2）闭上双眼，想象放松每一部分紧张的肌肉。

（3）想一处你熟悉的令人欢喜的、具有快乐联想的景致，或是校园或是公园。

（4）仔细看着它，寻找细致之处。如果是花园，找到花坛、树林的位置，看着它们的颜色和形状，尽量准确地观察它。

（5）此时，敞开想象的翅膀，幻想你来到一个海滩（或草原），你躺在海边，周围风平浪静，波光粼粼，一望无际，使你心旷神怡，内心充满宁静、祥和。

（6）随着景象越来越清晰，你幻想自己越来越轻柔，飘飘悠悠离开躺着的地方，融进环境中。阳光、微风轻拂着你。你已成为景象的一部分，没有事要做，没有压力，只有宁静和轻松。

（7）在这种状态下停留一会儿，然后想象自己慢慢地又躺回海边，景象渐渐离你而去。再躺一会儿，周围是蓝天白云，碧海沙滩。然后做好准备，睁开眼睛，回到现实。此时，头脑平静、全身轻松，非常舒服。

放松二：渐进放松法（progressive relaxation training）。

（1）选一间安静的房间，躺在床上或坐在沙发上。

（2）松开衣服，调整姿态，尽量舒服些。

（3）右脚和右脚腕肌肉紧张，扭动脚趾，感觉如何？收紧肌肉，再放松，反复做几次，记住你在紧张和放松时不同的感觉。

（4）左脚和左脚腕重复同样的练习。

（5）收紧小腿肌肉，先右后左，重复紧张和放松。

（6）收紧大腿肌肉，先右后左。体会大腿肌肉紧张是怎样影响膝盖和膝关节的。

（7）再移到臀部和腰部，注意紧张和松弛两种状态的不同感觉。

（8）向上练习腹部、胸部、背部、肩膀的肌肉。

（9）练习前臂与手，抬起放下，握拳放松，先右后左，反复练习。

（10）最后到脖颈、面部、前额和头皮。

放松顺序也可以自上而下，每天花几分钟时间练习，坚持下去必有收获。

此外，腹式呼吸、正念都是缓解压力的有效方法。

第三节 挫折与自杀

一、挫折及其作用

（一）挫折概念

挫折（frustration）是指个体在通向目标的过程中遇到难以克服的障碍或干扰，在目标不能达到，需要无法满足时，所产生的不愉快情绪反应。挫折既包括挫折情境，又包括挫折感受，两者关系密切。挫折情境导致挫折感受。挫折感受是一种复杂的内心体验，包括烦恼、困惑、焦虑、愤怒等各种负面情绪交织在一起而形成的心理感受。心理学家们分析在挫折情境下个体产生的挫折感，以及研究如何提高人的挫折承受能力。如果许多挫折感交织在一起，就会形成心理压力。例如，一个学业优秀的大学生，刻苦学习，准备报考自己理想大学的研究生。但考试前几天，一场大病把他送进医院，他无法参加考试，他的考研目标因此而受阻，他感到很痛苦。

（二）挫折原因

挫折的外在因素主要是环境方面的，包括自然条件和社会条件。外在因素常常是非个人意志或能力可以左右的，如个人无法预料的天灾人祸、意外事件、社会动乱等。例如，辛勤耕作一年的农民眼看丰收在望喜上眉梢，盘算着丰厚的收益如何用来改善生活，一场突如其来的洪涝灾害冲走了庄稼，也冲垮了他的愿望。

挫折的内在因素主要是指由于自身条件的限制阻碍了目标的实现，包括个人的生活条件、心理状态、经济水平等。例如，身材矮小而酷爱篮球的人，无法实现当职业运动员的理想；自我估计过高的人，因设定的目标不现实，很多愿望常常难以实现。挫折对人的影响具有两重性，既有利也有弊。法国大文豪巴尔扎克根据自己丰富的人生体验，形象地把挫折比喻成一块石头。石头本身是中性的，无所谓好坏。但对于不同的人就会产生不同的影响。对于强者它可以成为垫脚石，让人站得更高；对于弱者它可以作为绊脚石，使人一蹶不振。经历挫折，可以使人从失败中吸取经验教训，磨炼意志，增加克服困难的勇气，提高解决问题、适应环境的能力。俗话说“吃一堑长一智”“失败是成功之母”就是这个道理。相反，挫折承受能力差的人会由此产生心理上的痛苦、情绪不稳、行为失态，甚至导致生理心理疾病。可见挫折犹如一把刀，它可以为我们所用，也可以使我们被割伤，这要看我们究竟是抓住了刀柄还是抓了刀刃。

二、自杀

从心理学角度分析，自杀者多数是由于生活中遭遇挫折，从而产生激烈的心理冲突，陷入危机状态不能自拔，难以承受，或心理异常而产生自毁行为。自杀是一种有意识地、自愿地结束自己生命的行为。人类的自杀行为自古就有，但现代社会自杀率不断增加已成为十分突出的问题。自杀与挫折有密切关系，自杀已成为心理卫生学研究的重要内容。

（一）自杀率

世界卫生组织声明，自杀已成为全球日益严重的公共卫生问题。

世界卫生组织估计，每年大约有100万人因自杀而死，占全世界死亡人数的3%。老年人自杀率最高，自杀也是许多国家青少年死亡的主要原因之一，对于成人来说，每年自杀比战争和谋杀加在一起导致的死亡人数还要多。此外，据保守估计，每年自杀未遂的数目比自杀而死的数目还要高出10至20倍。按照世界卫生组织制定的国际标准，每年自杀发生率每10万人中少于10人的为低自杀率国家，高于20人的为高自杀率国家。进入21世纪，中国已经成为高自杀率国家。

世界卫生组织和国际预防自杀协会决定从2003年开始，每年9月10日为“世界预防自杀日”。2006年9月“世界预防自杀日”宣传资料中有一段话：“全世界每40秒就有1人自杀身亡。在中国，2分钟就有1人自杀身亡，有8人自杀未遂。自杀虽然是我国人口死亡原因的第5位，但在15岁至34岁人群中，自杀则是死亡原因的首位。我国每年有28.7万人自杀身亡，有200万人自杀未遂。有150万人因家人或朋友自杀出现长期而严重的心理创伤，有16万小于18岁的孩子因父亲或者母亲自杀而变成单亲家庭……”

据世界卫生组织的估计，一个人的自杀会使6个家人或朋友的生活深受影响。根据这一推算，中国每年有150万人承受着自杀事件带来的严重心理创伤。其中大约有13.5万名小于17岁的孩子经历过父亲或母亲死于自杀的悲剧。这种严重的心理影响会持续十余年，甚至会持续影响他们的后半生。

（二）自杀的高危人群

自杀的高危人群似乎拥有放弃自己生命的特殊理由，这类人的自杀率要比一般人群高。对于这类人群，我们需要时刻保持警惕，注意他们的情绪变化，因为他们随时都可能选择自杀的方式主动结束自己的生命。

1. 严重的精神疾病患者

精神疾病被认为是自杀的重要原因之一，因为精神疾病而自杀的个案占到所有自杀个案的30%～40%，各种精神疾病总的自杀率为51/100000，比普通人群高6～12倍。精神病人本身的疾病症状很少致死，所以自杀成了精神病人死亡的主要原因。在各种精神疾病中，抑郁症患者和精神分裂症患者的自杀危险度较高。

2. 严重的躯体疾病患者

一些人不幸罹患了严重的疾病，甚至是不治之症，但最后夺去他们生命的并非身体上的病变本身，而是由此产生的巨大心理压力所导致的精神崩溃，从而使他们最终选择了提前自行结束自己的生命。还有一些突如其来的意外事故导致躯体残疾，当事人也可能因为无法接受或改变残酷的现实，自觉无力承受痛苦而选择自杀。

3. 某些极端狂热的宗教信徒

有一些极端的教派蛊惑人心，教唆信徒放弃生命，追求天国极乐，因此出现了一些宗教信徒自杀或集体自杀现象。

4. 模仿性自杀者

自杀具有传染性。在某一自杀事件出现后，有些人会受到诱导，从而模仿自杀者的行为，我们称其为模仿性自杀者。例如，同病相怜者，追星族等。青少年容易产生模仿性自杀行为。

5. 遭遇重大生活事件的普通人

因为环境中存在着一些潜在的自杀助长因素，特别是一些重大的生活事件，如突然遭遇到的创伤或者压力事件，它们发生在自杀行为之前，可以说是自杀的直接诱因。单一因素很少单独导致自杀，通常是多种因素交织在一起，造成心理负担合力过大，才导致崩溃。

（三）自杀的原因

自杀者中以青少年与老年人居多。在美国青少年死亡原因中，自杀已跃升为第二位。研究探讨自杀的原因是预防自杀的重要环节。一般认为自杀是由主观上或客观上无法解脱的心理冲突或挫折情境造成的。从主观因素来看，自卑或消极人格、解决问题的能力不足、挫折耐受力差、对自杀的错误认知等都可能会导致自杀。从客观原因看，人际关系紧张、竞争激烈、天灾人祸、家庭纠纷与破裂、经济困难、社会动荡、严重疾病等都可能导致自杀行为发生。从个体角度分析，搬迁、调动等生活变化而引发的情绪问题，个人体力或智力条件限制达不到目的，能力经验不足难以胜任工作等都可能引发严重的心理冲突，从而产生强烈的挫折感而对生活失去信心，以自杀作为解脱烦恼的方式。临床观察发现，20%左右的自杀企图者有精神疾病症状，其中以精神分裂症、抑郁症、酒精中毒者为多。

青少年是自杀高危险年龄段。因为青少年期心理变化激烈，自我评价不稳定，心理矛盾冲突多。对于青少年来说，要特别注意模仿性自杀。模仿型自杀常出现在16～23岁的青少年身上，他们情感不稳定，容易由于盲目崇拜偶像而产生模仿自杀的意向甚至行为。一些名人自杀后，经常能见到青少年模仿自杀的报告。媒体报道自杀事件会导致自杀率上升，报道越详细，引起的自杀率上升幅度越大，少女上升 13%，少男上升 5%。易发生模仿自杀的个人特征有情绪化、冲动性、欠缺理智和冷静分析、抑郁、外控个性、解决问题弱、价值缺失等。青少年价值系统正处于形成期，以依附价值为主，自我价值缺失。一旦他们所依附的价值出现问题时，如他们所崇拜的歌星、影星、球星等出现身亡情况时，就会导致自我价值伴随性消逝。

大学生自杀问题也得到了社会的关注。2005 年在对国内四大省市的 16 所知名高校进行调研后统计出：国内大学生自杀率只在 2/100000 ～ 4/100000，远远低于 23/100000 的自杀率，也低于同龄人的 15/100000 的自杀率。大学生自杀多是由于个人的烦恼，如学业不顺、恋爱受挫、发展受阻、人际冲突、亲子矛盾、求职问题等。

（四）自杀的阶段

自杀行为有一个发展过程，一般经历以下四个阶段。

1. 自杀念头或自杀动机形成阶段

对于生活、学习中的挫折和打击事件，个体无法坚强、勇敢地面对，不能积极解决走出问题困境，为了逃避现实，解脱自己，个体准备把自杀当作解决手段，认为一死百了，什么问题和烦恼都没有了。在这一阶段有自杀倾向的人心理比较脆弱，情绪占据上风。

2. 矛盾冲突阶段

自杀念头形成后，求生的本能可能使自杀者陷入一种生与死的矛盾冲突中，难以最终做出自杀决定。此时，自杀者会经常谈论与自杀有关的话题，预言、暗示自杀，或以自杀来威胁别人，从而表现出直接或间接的自杀意图。其实，此时可以将这些看作是自杀者发出的寻求帮助或引起别人注意的信号。如果亲属、同伴等能及时敏锐地抓住这些求助信号，给予关怀和支持，帮助他找到问题解决的办法，自杀者很可能减轻或打消自杀的企图。但在生活中，周围的人往往忽略了有自杀意念者的信号，因而错失了救助的良好时机（见图 16-4）。

图 16-4　矛盾、彷徨、徘徊是自杀者实施自杀行为之前所经历的漫长而痛苦的过程，他们这时非常需要专业人士的心理帮助

3. 平静和准备自杀阶段

在这一阶段，自杀者从矛盾冲突中走出来，不再谈论或暗示自杀，情绪平静，抑郁减轻。周围的人会以为他的心理状态好转了，从而放松警惕，其实这很可能是他不再犹豫、坚定自杀意志的表现，或是他为了摆脱别人对自杀行为的阻碍和干预所做的掩饰。坚定了自杀的决心后，自杀者就会悄悄地做自杀的准备。他们会考虑自杀的时间、地点以及自杀方式，准备自

杀工具，如药物、绳子、刀子等，有的还会写遗书、交代后事等。

4. 实施自杀行为阶段

如果在上一阶段，自杀者的准备行为不能被及时地发现和阻止，一旦抓住机会，自杀者就会实施自杀，结束自己的生命。自杀的结果有两种可能：一是自杀成功，为自杀已遂；二是被人阻止或抢救过来，为自杀未遂。

了解上述自杀的过程，有助于我们及时评估自杀者的心理变化历程，及时有效地帮助他们摆脱困境，及时挽救他们的生命。

（五）自杀者的心理

1. 自杀者的性格特征

自杀者的性格多表现出内向、孤僻、焦虑、偏执、过分认真、责任感过强、缺乏兴趣爱好、情绪不稳定、心情多变等特征。这些性格特征往往与偏颇的父母教养态度、不健全的家庭关系有关。少数自杀者性格属外向型，表现出冲动、自我中心、情绪变化大等特征。

2. 自杀时的心理状态

想自杀的人共同的心理特征是孤独，他们认为谁也帮不了自己，谁也不理解自己，因此对生活感到绝望，想以自杀来解脱，常表现出矛盾心态、偏差认知、关系失调、冲动行为。

3. 自杀前的征兆

自杀者在采取行动前，常常处于想死又同时渴望救助的矛盾心理，从言谈举止中或多或少会流露出以下一些征兆：对自己关系亲近的人表达想死的念头，或在日记、绘画、信函中流露出来；情绪明显不同于往常，焦躁不安，哭泣，行为怪异；陷入抑郁状态，食欲不良，沉默寡言，失眠；回避与他人接触；性格行为突然改变；无缘无故收拾东西，向人道谢、告别、赠纪念品等。这些征兆为自杀预防提供了线索。

《人对抗自己：自杀心理研究》

（六）自杀预防方法

想自杀的人大多经历过令其困惑的挫折情境，从自杀意念的产生到自杀行为的实施有一个发展过程，自杀前会出现种种征兆，因此，自杀预防是有可能做到的。

1. 研究自杀现象，摸清自杀规律

关于自杀的心理学研究，目前比较多地集中在自杀类型、自杀原因、性别差异、职业差异、年龄差异等方面。

2. 调查自杀倾向，鉴别有危险者

运用一些心理测验量表进行自杀危险性的临床评定。国内外一些学者还专门设计了自杀可能性问卷和自杀调查问题等，用于自杀倾向的早期发现。

3. 设置生命电话，提供热线服务

自 1953 年世界上第一条用于自杀预防的生命电话“撒玛利亚”，在伦敦开办以来，全球陆续建立了 200 多个生命线服务中心，24 小时昼夜服务，为处于心理危机状态下的人提供实用、方便、及时、有效的服务。

4. 充实心理咨询，进行危机处理

自杀危机的处理首先是去除死亡的危险，稳定当事人的情绪，然后通过心理咨询和治疗与自杀者建立信任的关系，协助其分析现实的困扰，培养其应对困扰的能力。

5. 开展预防教育，培训学校师生

为了有效地减少青少年自杀，一些学校面向师生开设了自杀预防课程，让大家了解自杀危险的信号，如何向专业机构求助，如何与想自杀的人相处等。

从根本上讲，自杀预防的措施和方法，应该引导人们树立正确的人生观世界观，培养积极进取的生活态度，建立尊重生命善待生命的观念，提高对挫折的承受能力，优化人格品质，改善人际关系。

如何应对青少年的自杀倾向？

除了预防自杀行为，还要关注自残行为，以生理痛来缓解心理痛。特别要关注学生群体的自残现象。

三、提高挫折承受力

（一）挫折阈与承受力

生活中挫折情境出现难以避免。面对同样的挫折，不同人的反应却有明显差异。有人反应轻微，持续时间短暂，有人反应强烈，持续时间长；有人一遇挫折便放弃原有目标，有人屡遭挫折仍锲而不舍向既定目标前进。这种差异与每个人的挫折阈与承受力有关。挫折阈是指引起人产生挫折感的最小刺激量。挫折阈的高低与挫折承受力的强弱成正比。承受力是指遭受挫折时免于心理失常的能力。挫折承受力强的人其挫折阈必然高，常表现为挫折反应小，消极影响少，不气馁不动摇，百折不挠；挫折承受能力差的人，其挫折阈必然低，常表现为挫折反应大，情绪消沉低落。

（二）影响挫折承受力的因素

心理学家研究认为，一个人的挫折承受力受多种因素影响，主要有以下几种。

第一，生理因素。身体强壮的人比体弱多病的人更能经受挫折。某些基因也会使一些人更容易产生自杀行为。

第二，思想境界。有崇高理想和明确生活目标的人比缺乏理想信念、对人生持消极态度的人更能适应挫折。

第三，性格特征。乐观开朗、意志坚强的人比消沉抑郁、意志薄弱、心胸狭隘的人更能应对挫折。

第四，生活阅历。生活阅历丰富，饱经风霜的人比生活一帆风顺、涉世未深的人更能承受挫折。

第五，资源条件。家庭和睦、人际关系协调的人在遭受挫折后可利用的援助力量多，比孤独无援的人更易走出挫折情境。

第六，目标理解。行为所指向的目标对人越重要，受到挫折后的反应越强烈。

第七，目标距离。对挫折的承受力与接近目标的远近有关系。如果个体在接近目标时发生挫折，则其对挫折的承受能力越大。即一个人在几乎达到目标时经历失败，他会不甘心而继续努力尝试。而如果一开始就失败，反而会早早放弃，挫折承受力小。

（三）怎样提高挫折承受力

挫折承受力（frustration tolerance）标志着一个人适应环境的能力。这种能力不是先天就有的，是后天学习、实践、锻炼的结果。提高挫折承受力，对于正处在学习、成长中的青年尤为重要，不仅可以使意志更加坚强，人格更趋成熟，而且有能力应对充满挑战和机遇的社会。

1. 正确认识挫折

要提高承受挫折的能力，最重要的是要正确认识挫折，建立正确的挫折观。挫折是人生不可避免的。在现实生活中，考试不理想、人际关系困难、生活不适应等挫折几乎每个人都曾遇到过。有的人总认为生活中的挫折、困境、失败是消极的、令人恐惧的，因此受挫折后消极悲观、沉闷抑郁，个别人甚至丧失了生活的勇气。

事实上，挫折也可以成为自强不息、奋起拼搏、争取成功的动力和精神催化剂。生活中许多优秀人物就是在挫折的磨炼中成熟，在困境中崛起的。可以说，挫折也是一种机会。只要对挫折不害怕、不气馁，对挫折坦然面对，树立战胜挫折的勇气和信心，就可以适应任何变化中的环境。

2. 改变不合理观念

心理学研究表明，引起强烈挫折感的与其说是挫折、冲突，不如说是受挫者对所受挫折的看法，以及所采取的态度。常见的不合理观念有以下几种。

第一，此事不该发生。有些人把生活中的不顺利，学习和交往中的挫折、失败看作不应该发生的事情。他们认为，生活应该是愉快的、丰富的，工作应该是顺利的、成功的，人际关系应该是和谐的、互助的。一旦生活中出现诸如生活条件不足、人与人之间的冲突、成绩滑坡、好友背叛、评不上优秀等事件，就认为它不应该发生，而变得烦躁易怒、束手无策、痛苦不堪、失去信心。

第二，以偏概全。有些人常以片面的思维方式看待事物，简单地以个别事件来断言全部生活，一叶障目。例如，一次考试不如人意，就认为自己彻底失败，不是读书的材料；一次失恋就认为自己对异性没有吸引力等，从而导致自责自怨、自卑自弃的心理而焦虑、抑郁。以偏概全不仅表现在对自己的认识上，也表现在对他人、对社会的认识中。例如，因一事有错而对他人全盘否定，因社会有缺陷，存在阴暗面，就看不到光明，而彻底丧失信心。

第三，无限夸大后果。有些人遇到一些小挫折，却把后果想象得非常糟糕、可怕。夸大后果的结果是使人越想越消沉，情绪越陷越恶劣，最后难以自拔。例如，一门功课考试不及格，就认为自己能力不行，学不下去，毕不了业，找不到工作，人生没前途，生命没价值。这实际上是给自己施加压力的做法。

只有改变不良的认知方式，纠正错误的观念，才能实事求是地评价挫折带来的后果，从困难中看到希望。

知识扩展

十种非理性信念

挫折感的产生不仅取决于人们所面临的社会刺激，而且取决于人们的认知。绝对化的、概括化的、片面的认知形成的非理性信念影响心理健康，妨碍社会适应。美国心理学家艾利斯（Albert Ellis）将常见的非理性信念归纳为十条。

1. 每个人在自己生活环境中都应该得到对自己重要的人的喜爱和赞许。

2. 一个人必须能力十足，在各方面有成就，这样的人才是有价值的。

3. 有些人是坏的、卑劣的、恶性的，为了他们的恶行，他们应该受到严厉的责备与惩罚。

4. 假如发生的事情不是自己喜欢的或期待的，那么它是很糟糕的、很可怕的。事情应该是自己喜欢和期待的那样。

5. 人的不快乐是外在因素引起的，一个人很少有或根本没有能力控制自己的忧伤和烦闷。

6. 一个人对于危险或可怕的事物应该非常挂心，而且应该随时考虑到它可能发生。

7. 逃避困难、挑战与责任要比面对它们更容易。

8. 一个人应该依靠别人，而且需要有一个比自己强的人做依靠。

9. 一个人过去的历史对他目前的行为是极重要的决定因素，因为某事曾影响一个人，它会继续，甚至永远具有同样的影响效果。

10. 一个人碰到种种问题，应该有一个正确、妥当及完善的解决途径。如果无法找到解决办法，那将是糟糕的事情。

以上非理性的认知可以通过自我辩论、他人协助进行纠正，建立合理的信念将增加自信，改善人的心理适应。下面举例说明合理的信念。

1. 我并不是生活中唯一承担痛苦的人，其实生活中的每个人都会有这样或那样的痛苦和忧虑。

2. 我并不像我以前想象的那么无助，我和别人一样拥有许多可利用的社会资源。

3. 我并不一定需要每个人都喜欢我、夸奖我，这实际是任何人都做不到的。

4. 我并不是一无是处，我也有很多人欣赏的地方，我比以前认为的可爱得多。

5. 要改变自己的行为必须付出努力，即使前途坎坷，但我仍抱有希望。

3. 加强修养勇于实践

为了提高挫折承受力，就应该主动地、自觉地将自己置身于充满矛盾的、复杂的社会环境中去磨炼，向生活学习，而不是逃避社会。同时，必须提高自身的思想修养、道德修养、知识素养、培养“慎独”精神，养成冷静思考的习惯，经常自我分析、自我反省、自我激励。从心理发展的角度看，积极主动地适应，勇敢顽强地拼搏，反复不懈地磨炼，会使心理更趋成熟，增强承受挫折、化解冲突的能力，促进心理朝着健康、向上的方向发展。

4. **优化自身人格品质**

挫折承受力与人格特征有关。以下几种人格类型的人常常更容易引起挫折感。

第一，性情急躁的人。他们情绪变化大、易动怒、火暴脾气一点就着，常常因为一点芝麻绿豆的小事而引起挫折感。

第二，心胸狭窄的人。他们气量小、好猜疑、喜欢斤斤计较、容易体验消极的情感。

第三，意志薄弱的人。他们做事缺乏耐力和持久，患得患失、害怕困难，只看眼前利益，经不起打击和挫折。

第四，自我偏颇的人。他们缺乏自知之明，或者自高自大、目空一切，或者自卑自贱、畏首畏尾。

为了提高挫折承受能力，每个人都应主动地培养自己良好的人格品质，改变那些不适应发展的不良的人格品质。重点应培养自信乐观、自强不息、宽容豁达、开拓创新等品质。自信才能乐观，乐观才能自信，两者相辅相成。当遇到挫折、困境时，如果相信自己一定能战胜，那就会积极改变现实、克服困难、战胜挫折，这是自信的作用。乐观者在面临挫折困境时，不会被眼前的困难吓倒，而能够透过表面的不利看到蕴藏在背后的希望，相信明天是美好的，从而信心十足地去战胜困难。

自强不息是良好的意志品质，是一切成功者的共同特征。生命不息、奋斗不止。通向成功的道路不是平坦的，挫折、逆境常常会出现，只有坚强不屈、顽强拼搏，才能到达光辉的顶点。而那些一遇挫折就偃旗息鼓者，只能半途而废，永远不可能成功。

宽容豁达和积极向上的人胸怀宽阔，对挫折不是被动地适应、一味忍耐，而是面向未来，积极进取，勇于创造新生活。

因此，提高承受挫折的能力应从培养良好的人格品质入手，从细微小事中严格要求自己，努力在实践中锻炼自己，使自己的心理得到充分、有效的发展，心理健康达到高水平的状态。

思考题

1. 压力对人的身心健康有哪些影响？
2. 生活压力与哪些因素有关？
3. 你的压力是否适度？如果压力过大该怎样处理？
4. 举例说明压力应对的“战”与“逃”方式的利与弊。

5. 挫折对心理健康有什么影响?

6. 如何鉴别和预防自杀?

7. 影响挫折承受力的因素有哪些?

8. 如何提高挫折承受力?

图书在版编目（CIP）数据

心理学导论 / 张厚粲，许燕著. —2 版. —北京：北京师范大学出版社，2024.6（2025.7 重印）

（心理学系列教材）

ISBN 978-7-303-28953-0

Ⅰ. ①心… Ⅱ. ①张… ②许… Ⅲ. ①心理学—高等学校—教材 Ⅳ. ①B84

中国国家版本馆 CIP 数据核字（2023）第 034149 号

XINLIXUE DAOLUN

出版发行：北京师范大学出版社 https：//www. bnupg. com

北京市西城区新街口外大街 12-3 号

邮政编码：100088

印　　刷：保定市中画美凯印刷有限公司

经　　销：全国新华书店

开　　本：787 mm×1092 mm　1/16

印　　张：25

字　　数：485 千字

版　　次：2024 年 6 月第 2 版

印　　次：2025 年 7 月第 8 次印刷

定　　价：58.00 元

策划编辑：周雪梅　　　　责任编辑：周雪梅　李司月

美术编辑：焦　丽　李向昕　　　　装帧设计：焦　丽　李向昕

责任校对：康　悦　　　　责任印制：马　洁